2025

社会福祉士国試対策

過去問題集

共通科目編

M3 Education

は じ め に

　社会福祉士は，社会福祉の専門的知識および技術を用いて福祉に関する相談・助言・関係者との連絡調整を行うことを業務とする専門職であり，「社会福祉士及び介護福祉士法」を根拠とする国家資格です。1987（昭和62）年に法律が整備され，1989（平成元）年より国家試験が開始されて以来，2024（令和6）年には第36回目の試験を迎えました。

　創設当初の社会福祉士は，核家族化の進行・家庭内扶養の低下を背景に主に障害者や急速に増加している高齢者の相談援助を担う者として，その活躍が期待されていました。それから30年以上が経過し，高齢者や障害者などの地域生活に関する問題，貧困に関する問題，子ども・子育てに関する問題，家庭内や施設内での虐待，また司法分野との連携による社会福祉的な援助といった社会福祉士が介入すべき分野は質・量ともに高まっています。さらには，生活課題を複合的に抱えるクライエントや，既存の制度では対応が難しい課題を抱えるクライエントの増加も指摘されています。社会福祉士は関係各分野とも協働しながら地域共生社会を実現し，新たな福祉ニーズに対応する実践者としての役割を期待されているのです。

　いよいよ令和6年度に実施される第37回国試から新カリキュラムに対応した新出題基準からの出題となります。試験は6科目群19科目での出題となり，また，合格基準も変更され，6科目群のすべてで得点し，19科目で6割以上の得点が求められる予定です。19科目という広範にわたる科目を扱うと同時に，より実践的かつ深い理解も必要とされる問題も出題されることを考慮すれば，合格率の数値から受ける印象以上に難易度は高いということがいえます。

　出題基準の変更点としては，地域福祉にかかわる科目の内容が見直され，ソーシャルワークにかかわる科目の再構築が行われました。同時に，社会保障や社会福祉にかかわる各制度の理解を深め，保健医療・権利擁護などについても体系立った学習を行うことが求められます。本書では，こうした改訂事項にいち早く対応し，学習の便宜を図るため，最新の第36回試験問題を中心に，科目ごとに学習に必要な過去問の回数を設定，試験問題を新出題基準に基づき再配列しています。

　解説にあたられた先生方は，社会福祉や医療の実践・研究・教育に熱心に取り組まれている方々であり，限られた紙面のなかで，ポイントをおさえ学習に役立つ情報をできうる限り盛り込んでいただきました。

　本書は，国家試験のための過去問題集としてだけではなく，広く社会福祉士教育の参考書として意義をもつものです。

　社会福祉士を目指す方には，本書をご利用いただき，合格を果たされますことをお祈りいたします。また，指導にあたられる先生方には，本書を福祉教育にお役立ていただければ幸いです。

2024年4月

福祉教育カレッジ

社会福祉士国試対策過去問題集2025共通科目編
●CONTENTS●

社会福祉士国家試験 科目一覧

■ 共通科目編 ■

- 医学概論
- 心理学と心理的支援
- 社会学と社会システム
- 社会福祉の原理と政策
- 社会保障
- 権利擁護を支える法制度
- 地域福祉と包括的支援体制
- 障害者福祉
- 刑事司法と福祉
- ソーシャルワークの基盤と専門職
- ソーシャルワークの理論と方法
- 社会福祉調査の基礎

■ 専門科目編 ■

- 高齢者福祉
- 児童・家庭福祉
- 貧困に対する支援
- 保健医療と福祉
- ソーシャルワークの基盤と専門職（専門）
- ソーシャルワークの理論と方法（専門）
- 福祉サービスの組織と経営

社会福祉士
国家試験のあらまし

・「社会福祉士及び介護福祉士法」に基づいて行われ，実施は厚生労働省に代わって公益財団法人社会福祉振興・試験センター（〒150-0002　東京都渋谷区渋谷 1-5-6　SEMPOS（センポス）ビル　TEL：03-3486-7559　ホームページ：https://www.sssc.or.jp）が担当します。
・1 年に 1 度，筆記試験のみで実施されます。
・受験するには，受験資格が必要です。

▶資格を取得するまで　※日付は第 36 回国試による

　試験の手続・実施概要などに関する「第 36 回社会福祉士国家試験の施行」は，令和 5 年 8 月 4 日に官報にて発表されました。まずは，官報の記事を読み，試験センターに「受験の手引」を請求することが，手続の第一歩です。

①申込書類提出 9/7〜10/6 ☞ ②受験票交付 ☞ ③試験本番 2/4 ☞ ④合格発表 3/5 ☞ ⑤登　録 ⑥社会福祉士

▶試験の方法

・筆記試験で，マークシートに解答します。
・出題形式は五肢択一（5 つの選択肢から正解を 1 つを選ぶ）を基本とした多選択形式です。
・出題数は 129 問（予定）です。
・試験地（参考／第 36 回国試）：24 試験地（北海道，青森県，岩手県，宮城県，埼玉県，千葉県，東京都，神奈川県，新潟県，石川県，岐阜県，愛知県，京都府，大阪府，兵庫県，島根県，岡山県，広島県，香川県，愛媛県，福岡県，熊本県，鹿児島県，沖縄県）

▶出題数（予定）

【午前／共通科目】

試験科目	出題数	科目群
医学概論	6	①
心理学と心理的支援	6	①
社会学と社会システム	6	①
社会福祉の原理と政策	9	②
社会保障	9	②
権利擁護を支える法制度	6	②
地域福祉と包括的支援体制	9	③
障害者福祉	6	③
刑事司法と福祉	6	③
ソーシャルワークの基盤と専門職	6	④
ソーシャルワークの理論と方法	9	④
社会福祉調査の基礎	6	④
合　計	84	

【午後／専門科目】

試験科目	出題数	科目群
高齢者福祉	6	⑤
児童・家庭福祉	6	⑤
貧困に対する支援	6	⑤
保健医療と福祉	6	⑤
ソーシャルワークの基盤と専門職（専門）	6	⑤
ソーシャルワークの理論と方法（専門）	9	⑥
福祉サービスの組織と経営	6	⑥
合　計	45	

※第 36 回国試では，午前 135 分・83 問，午後 105 分・67 問の全 19 科目 150 問が出題されました。

▶試験の合格基準（予定）

・次の2つの条件を満たした者が合格者とされています。
(1) 問題の総得点の60％程度を基準として，問題の難易度で補正した点数以上の得点の者。
(2) (1) を満たした者のうち，上記の6科目群（試験科目の一部免除を受けた受験者は2科目群）すべてにおいて得点があった者。
(注) 配点は，1問1点の129点満点です。
※第36回国試では，総得点150点に対して合格点90点以上（試験科目の一部免除を受けた受験者は総得点67点に対して合格点41点以上）でした。

▶これまでの試験結果

第1回〜第36回の試験結果は下表のとおりです。

	受験者数（人）	合格者数（人）	合格率（％）		受験者数（人）	合格者数（人）	合格率（％）
第1回	1,033	180	17.4	第19回	45,022	12,345	27.4
第2回	1,617	378	23.4	第20回	45,324	13,865	30.6
第3回	2,565	528	20.6	第21回	46,099	13,436	29.1
第4回	3,309	874	26.4	第22回	43,631	11,989	27.5
第5回	3,886	924	23.8	第23回	43,568	12,255	28.1
第6回	4,698	1,049	22.3	第24回	42,882	11,282	26.3
第7回	5,887	1,560	26.5	第25回	42,841	8,058	18.8
第8回	7,633	2,291	30.0	第26回	45,578	12,540	27.5
第9回	9,649	2,832	29.4	第27回	45,187	12,181	27.0
第10回	12,535	3,460	27.6	第28回	44,764	11,735	26.2
第11回	16,206	4,774	29.5	第29回	45,849	11,828	25.8
第12回	19,812	5,749	29.0	第30回	43,937	13,288	30.2
第13回	22,962	6,074	26.5	第31回	41,639	12,456	29.9
第14回	28,329	8,343	29.5	第32回	39,629	11,612	29.3
第15回	33,452	10,501	31.4	第33回	35,287	10,333	29.3
第16回	37,657	10,733	28.5	第34回	34,563	10,742	31.1
第17回	41,044	12,241	29.8	第35回	36,974	16,338	44.2
第18回	43,701	12,222	28.0	第36回	34,539	20,050	58.1

社会福祉士のネットワーク

公益社団法人 日本社会福祉士会

公益社団法人日本社会福祉士会は、「社会福祉士」の職能団体です。

「社会福祉士」とは 1987（昭和 62）年に定められた国家資格で、専門的知識および技術を用い、福祉に関する相談に応じ、助言、支援、関係者等との連携・調整などを行う専門職です。

○組　織

全都道府県に法人格を有する社会福祉士会があります。

都道府県社会福祉士会の会員は、2024 年 2 月末現在、45,488 人です。

○沿　革

1987 年 5 月　「社会福祉士及び介護福祉士法」公布
1989 年 3 月　第 1 回社会福祉士国家試験実施（登録開始）
1993 年 1 月　日本社会福祉士会（任意団体）を設立
1994 年 12 月　全都道府県に社会福祉士会を設置
1995 年 1 月　「ソーシャルワーカーの倫理綱領」を採択
1996 年 4 月　社団法人日本社会福祉士会を設立（任意団体から組織変更）
1998 年 7 月　国際ソーシャルワーカー連盟に正式加盟
2005 年 6 月　「社会福祉士の倫理綱領」採択
2007 年 12 月　「社会福祉士及び介護福祉士法」改正
2010 年 3 月　47 都道府県すべての社会福祉士会が法人格を取得
2011 年 10 月　認定社会福祉士認証・認定機構設立
2012 年 4 月　連合体組織に移行
2014 年 4 月　公益社団法人に移行
2015 年 6 月　公益社団法人日本社会福祉士会憲章制定
2020 年 6 月　「社会福祉士の倫理綱領」改定
2021 年 3 月　「社会福祉士の行動規範」改定

○目　的

本会は、社会福祉士の倫理を確立し、専門的技能を研鑽し、社会福祉士の資質と社会的地位の向上に努めるとともに、社会福祉の援助を必要とする人々の生活と権利の擁護および社会福祉の増進に寄与することを目的としています。

○経済規模

◆収支（2022 年度実績）
　収支規模：約 3 億 3 千 1 百万円

◆事務局職員
　15 人

◆助成事業（主要助成元）
　会費収入による事業展開の他、さまざまな公的団体及び民間団体からの助成を受け、事業を実施しています。

○活　動

◆研修・調査・研究

・専門性の維持・向上

　　社会福祉士は、より良い相談支援ができるよう、知識・技術の向上に努める義務があります。日本社会福祉士会は「生涯研修制度」を通して、社会福祉士の自己研鑽をサポートしています。

・さまざまな研修の開催

　　日本社会福祉士会では、社会福祉士が共通に必要とされる力量を身につけるための研修や専門性を深める研修を開催しています。

　　・地域包括ケアに関する研修や全国実践研究集会
　　・後見に関する研修　　　　　　　　　・虐待対応のための研修
　　・独立型社会福祉士に関する研修　　　・生活困窮者支援に関する研修
　　・保健医療分野のソーシャルワークに係る研修
　　　その他、全国 47 の都道府県社会福祉士会でさまざまな研修を開催

・豊富な e-ラーニング講座を無料もしくは会員価格で視聴できます。

・認定社会福祉士制度の運用の推進

　　認定社会福祉士制度は、社会福祉士のより高い実践力や専門性を認定する制度です。この制度は、認定社会福祉士認証・認定機構が運営をしています。本会は機構の正会員として、機構の運営に参画するとともに、その活用が進むよう、取得のためのフォローアップや環境整備を行っています。また、認定社会福祉士登録機関として、機構の審査に合格した社会福祉士の登録を行っています。

・調査・研究事業

　　ソーシャルワーク実践に関する調査・研究やそれに基づく援助ツールの開発、マニュアルの作成、国の調査事業等の受託を行っています。

・研究成果の発表

　　毎年 1 回、実践を共有する研究発表の場として、全国大会に合わせて「社会福祉士学会」を開催しています。また、研究誌『社会福祉士』を毎年発行しています。

・世界のソーシャルワーカーとの連携

　　日本社会福祉士会は、国際ソーシャルワーカー連盟（IFSW）に加盟しています。IFSW を通じて、諸外国との交流や情報交換を行っています。

・独立型社会福祉士の研修・名簿登録等

　　行政や既存の福祉サービス提供者に所属せず、地域で独立し、社会福祉士としての専門性に基づいて相談援助を提供する「独立型社会福祉士」に関する研修・名簿登録等を行っています。

◆事　業

・権利擁護センターぱあとなあ事業

　　権利擁護センターぱあとなあは、後見活動（成年・未成年）や虐待防止に関する広報、人材育成、調査研究、政策提言等の取組をはじめ、広く人びとの権利を擁護するための地域の権利擁護体制の整備を推進していくための取組を行っています。

・出版事業

　　ソーシャルワークに関する書籍を幅広く出版しています。

◆広　報

・日本社会福祉士会ニュース（年 4 回発行）

　　社会福祉士に必要な最新情報や日本社会福祉士会の活動について掲載しています。

・ホームページ

　　社会福祉士のこと、日本社会福祉士会の情報や研修情報を見ることができます。

公益社団法人　日本社会福祉士会

〒160-0004 東京都新宿区四谷 1-13 カタオカビル 2 階
TEL 03-3355-6541　FAX 03-3355-6543
URL: https://www.jacsw.or.jp/
E-Mail: info@jacsw.or.jp

マークシート方式とは

　国家試験の出題形式は五肢択一を基本とする多肢選択形式です。各設問には1～5の答えがありますので，設問文に対応した答えを選び，マークシートの解答欄のその番号を塗りつぶす（マークする）ことになります。第25回の国家試験から，答えを2つ選ぶ形式も登場しました。問題文をよく読んで，注意してください。

〔例〕問題201　次のうち，県庁所在地として，正しいものを1つ選びなさい。
　　　1　函館市
　　　2　郡山市
　　　3　横浜市
　　　4　米子市
　　　5　北九州市

上の問題の答えは3です。解答欄に問題151　① ② ● ④ ⑤　とマークします。
〈悪い解答の例〉　⊘ ⊗ ⊘ ◍ ◉ ◖ ◯
このような場合は正答であっても解答したことになりません。

▶マークシートでは！

1. 受験番号は必ず「確認」 漢字氏名を「記入」する
……………… 午前・午後ともテストをはじめたら一番に漢字で氏名を記入し，提出前に再びカナ氏名，受験番号，漢字氏名を確認する習慣をつけましょう。

2. 余計な印はつけない
……………… コンピュータの誤読を避けるためレ印や不要な線などを書かないようにします。

3. わからなくても 必ず解答を選び記入しておく
……………… 無記入にしないこと。1点もおろそかにできません。ヤマカンでも1／5の確率で正解になるかもしれません。

▶マークでは！

1. 鉛筆，プラスチック製 消しゴム（無色）を使用すること
……………… シャープペンシルは構いませんが，ボールペンだとコンピュータが読み取れません。また，シートを傷つけず完全に消すことができる消しゴムを使いましょう。

2. 枠内をきちんと塗りつぶす
……………… コンピュータが読み取れるよう過不足なくマークします。

3. 訂正部は消しゴムで完全に消す
……………… 消し残しが"二重マークのため無解答"という扱いになるのを避けるためです。●は消したことになりません。

▶マークシートの記入例

※下の解答用紙は実際の国家試験のものとは異なります。

マークシート

（例）受験番号　S010-12345 の場合

社 会 福 祉 士　国家試験
精神保健福祉士
（午前）解 答 用 紙

会　　場	福祉大学
1	第1教室

カ　ナ	シャカイ　フクコ
氏　名	社会　福子

受験番号　S010-12345

問題1　● ● ③ ④ ⑤
問題2　① ② ③ ● ⑤
問題3　① ② ● ④ ⑤
問題4　① ● ③ ④ ⑤
問題5　① ② ③ ④ ●
問題6　① ② ③ ④ ●
問題7　● ② ③ ④ ⑤
問題8　① ② ③ ④ ●
問題9　① ② ③ ● ⑤
問題10　① ● ③ ④ ⑤
問題11　① ② ● ④ ⑤
問題12　① ● ③ ④ ⑤
問題13　① ② ● ④ ⑤
問題14　● ② ③ ④ ⑤
問題15　● ② ③ ④ ⑤
問題16　① ② ③ ④ ●
問題17　① ② ③ ④ ⑤
問題18　① ● ③ ④ ⑤
問題19　① ② ③ ④ ⑤
問題20　① ● ③ ● ⑤
問題21　● ② ③ ④ ⑤
問題22　① ② ● ④ ⑤
問題23　① ② ③ ④ ●
問題24　① ● ③ ④ ⑤
問題25　① ② ③ ● ⑤

問題26　● ② ③ ④ ⑤
問題27　① ● ③ ④ ⑤
問題28　① ② ● ④ ⑤
問題29　● ② ③ ④ ⑤
問題30　① ② ③ ④ ●
問題31　① ② ③ ④ ●
問題32　① ② ③ ④ ●
問題33　① ② ③ ● ⑤
問題34　① ② ● ④ ⑤
問題35　① ● ③ ④ ⑤
問題36　● ② ③ ④ ⑤
問題37　① ② ③ ● ⑤
問題38　① ② ③ ● ⑤
問題39　① ② ③ ● ⑤
問題40　① ② ③ ● ⑤
問題41　● ② ③ ④ ⑤
問題42　① ② ③ ④ ⑤
問題43　① ② ③ ● ⑤
問題44　① ● ③ ④ ⑤
問題45　① ● ③ ④ ⑤
問題46　① ● ③ ④ ⑤
問題47　● ② ③ ④ ⑤
問題48　① ② ③ ● ⑤
問題49　① ② ● ④ ⑤
問題50　● ② ③ ④ ⑤

問題51　① ② ③ ● ⑤
問題52　① ● ③ ④ ⑤
問題53　① ② ③ ④ ●
問題54　● ② ③ ④ ⑤
問題55　● ② ③ ④ ⑤
問題56　① ② ③ ④ ●
問題57　① ② ③ ● ⑤
問題58　① ● ③ ④ ⑤
問題59　① ② ● ④ ⑤
問題60　① ② ③ ● ⑤
問題61　① ② ③ ④ ●
問題62　● ② ③ ④ ⑤
問題63　① ● ③ ④ ●
問題64　① ● ③ ④ ⑤
問題65　① ② ③ ④ ⑤
問題66　● ② ③ ④ ⑤
問題67　① ② ③ ● ⑤
問題68　① ② ③ ● ⑤
問題69　● ② ③ ④ ⑤
問題70　① ● ③ ④ ⑤

本書の利用法

過去問の活用こそがベストの国試対策

2023（令和5）年7月，公益財団法人社会福祉振興・試験センターより新カリキュラムに対応した「社会福祉士国家試験の出題基準・合格基準」が公表されたことで，学習の指針が明確になりました。より的をしぼった学習が可能となったのです。

そこで，国試対策として最新第36回を含む過去の国試問題を新出題基準で再編成し，科目ごとに並べ替えて整理したのが本書です。

本書は，単なる過去問のサンプル集ではなく，出題傾向を体系的に学び，その傾向を踏まえた発展的な学習ができる国試対策のための参考書・問題集です。十分に活用していただき，国試合格に向けた学習を深めていってください。

▶なぜ科目によって過去問の数が違うのか？

本書を手にされた方々は，「限られた時間のなかで最大限の効果が得られる」ことを目標にされているはずです。膨大な問題数をがむしゃらに解いていくだけでは，むしろ時間の浪費に陥ってしまいます。

今回の2025年版の編集にあたっては，最短の時間で最大の効果が得られるよう，以下の点に考慮しています。

①出題傾向を把握するために，教科ごとに振り返る過去問の年数は違います。例えば『医学概論』などは3年前からの出題内容で十分です。それ以前の問題は，法改正などによって現状にそぐわないものが多く，今後の出題が期待できない内容となっています。科目によって4年〜3年の違いがあります。

②問題そのものの問われ方が変わっても，内容的には過去の国試と似通ったものが少なくありません。そのような問題は，2025年版用に最新のデータや情報に対応するように問題を改変しました。なお，改変した箇所には 改変 マークや 注 マークを付し，解説にてその内容を明記しました。

以上の2点をポイントとして，第36回の国試問題を中心に厳選しました。

▶出題傾向やポイントをつかむ

過去の国試問題をまず科目ごとに集め，各科目のなかで出題基準の項目ごとに並べ替えをしました（科目の冒頭に掲載）。出題基準の項目ごとに「何問，どのような形式で，どのような内容の問題が出題されているのか」を知ることは，効率的に国試対策を進めるうえでの大きな力となるはずです。

▶問題を何度も繰り返し解く

各試験問題には，解説担当者が示した難易度がついています。例えば「難易度3」の問題を集めて解いてみるといった形で活用することもできます。また，自分の苦手としている科目だけを解いてみる，「索引」から逆引きしてテーマをしぼって解いてみるなど，何度も繰り返し解き復習を行ってみてください。理解がどんどん深まります。

▶問題集で力だめし！

本書の巻末には，2024（令和6）年2月4日に実施された第36回社会福祉士国家試験の問題を綴じ込みました。マークシートの解答用紙もつけましたので，時間をはかって，実際の試験のように解くことができます。試験のシミュレーションに最適なのはもちろん，本書の解説を読む前に挑戦すれば自分の弱点を把握でき，あるいは過去問をみっちり学習してから問題集を解けば，どれだけ力がついたか確認できます。

出題項目
出題項目については，「社会福祉士国家試験出題基準・合格基準」の「試験科目別出題基準」を参考にしています

難易度　難易度の目安を5段階の目盛で示します
・難易度1：専門分野の知識がなくても常識レベルでできる問題
・難易度2：専門分野の視点があればできる問題
・難易度3：参考書等を通読していればできる問題
・難易度4：参考書等を熟読していなければできない問題
・難易度5：最新の動向や文書等を知らなければできない問題

国家試験の番号

NEW　各　36回-1

最新36回問題

それ以外の過去問題

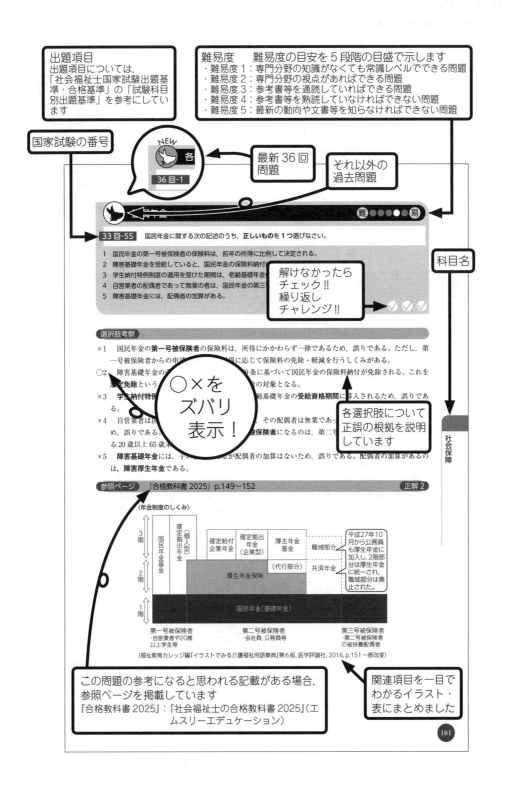

33回-55　国民年金に関する次の記述のうち，正しいものを1つ選びなさい。

1　国民年金の第一号被保険者の保険料は，前年の所得に比例して決定される。
2　障害基礎年金を受給していると，国民年金の保険料納付
3　学生納付特例制度の適用を受けた期間は，老齢基礎年金
4　自営業者の配偶者であって無業の者は，国民年金の第三
5　障害基礎年金には，配偶者の加算がある。

解けなかったらチェック!!
繰り返しチャレンジ!!

✓✓✓

選択肢考察

×1　国民年金の第一号被保険者の保険料は，所得にかかわらず一律であるため，誤りである。ただし，第一号被保険者からの申請　　　　　に応じて保険料の免除・軽減を行うしくみがある。

○2　障害基礎年金の　　　　　　20条に基づいて国民年金の保険料納付が免除される。これを法定免除という　　　　　　　　　　　金の対象となる。

○×をズバリ表示！

×3　学生納付特例　　　　　　　　齢基礎年金の受給資格期間に算入されるため，誤りである。

×4　自営業者は国　　　　　　　　　その配偶者は無業であ　　　め，誤りである。　　　　　被保険者になるのは，第二号　　　　る20歳以上65歳　　

各選択肢について正誤の根拠を説明しています

×5　障害基礎年金には，子　　　　　　が配偶者の加算はないため，誤りである。配偶者の加算があるのは，障害厚生年金である。

参照ページ　『合格教科書2025』p.149～152　　　　　　正解 2

〈年金制度のしくみ〉

						平成27年10月から公務員も厚生年金に加入し，2階部分は厚生年金に統一され，職域部分は廃止された。
3階	国民年金基金	確定拠出年金（個人型）	確定給付企業年金	確定拠出年金（企業型）	厚生年金基金	職域部分	
2階				厚生年金保険	（代行部分）	共済年金	
1階			国民年金（基礎年金）				

第一号被保険者・自営業者や20歳以上学生等　　　　第二号被保険者・会社員,公務員等　　　　第三号被保険者・第二号被保険者の被扶養配偶者

（福祉教育カレッジ編「イラストでみる介護福祉用語事典」第6版, 医学評論社, 2016, p.151一部改変）

科目名

社会保障

この問題の参考になると思われる記載がある場合，参照ページを掲載しています
『合格教科書2025』：『社会福祉士の合格教科書2025』（エムスリーエデュケーション）

関連項目を一目でわかるイラスト・表にまとめました

181

出題基準 国試はココから出題される！ 要チェック！！

　第37回から使用される出題基準（予定版）を下表に示しますので，必ずチェックしておきましょう！

※令和6年（2024年）初夏，（公社）社会福祉振興・試験センターにて確定版が公開予定です。

　出題基準で示された項目以外にも，法改正による制度の重大な変更，法律・政省令等の規定事項，厚生労働白書など公刊物の記載事項からの出題もありますので，要チェックです。

● 試験科目別出題基準（予定版）●

科目	大項目	中項目	小項目
医学概論	1 ライフステージにおける心身の変化と健康課題	1）ライフステージにおける心身の変化と健康課題	
		2）心身の加齢・老化	
		3）ライフステージ別の健康課題	乳幼児期，学童期，思春期，青年期，壮年期，前期高齢期，後期高齢期
	2 健康及び疾病の捉え方	1）健康の概念	WHO憲章
		2）疾病の概念	疾患，疾病，病気の違い
		3）国際生活機能分類（ICF）	国際生活機能分類（ICF）の概要（コーディング，活用事例を含む）
	3 身体構造と心身機能	1）人体部位の名称	
		2）基幹系と臓器の役割	
	4 疾病と障害の成り立ち及び回復過程	1）疾病の発生原因	外的要因
			内的要因
		2）病変の成立機序	炎症，変性，虚血，発がん，免疫反応 等
		3）障害の概要	視覚障害，聴覚障害，平衡機能障害，肢体不自由，内部障害，知的障害，精神障害（DSMを含む），発達障害，認知症，高次脳機能障害 等
		4）リハビリテーションの概念と範囲	リハビリテーションの定義，目的，対象，方法
		5）疾病と障害及びその予防・治療・予後・リハビリテーション	がん
			生活習慣病
			脳血管疾患
			心疾患
			感染症
			神経疾患
			先天性疾患
			肺疾患
			腎・泌尿器疾患
			消化器疾患
			骨・関節の疾患
			血液疾患
			目・耳の疾患
			精神疾患
			高齢者に多い疾患

科目	大項目	中項目	小項目
医学概論	5 公衆衛生	1)公衆衛生の概要	公衆衛生の考え方
		1)公衆衛生の概要	健康の社会的決定要因(SDH)
		2)健康増進と保健医療対策	母子保健対策，成人保健対策(生活習慣病予防対策及びがん対策)，高齢者保健対策，精神保健対策，感染症対策 等
心理学と心理的支援	1 心理学の視点	1)心理学の歴史と対象	心理学の起源
			心理学の発展と対象
		2)心を探究する方法の発展	生態学的心理学
			進化心理学的アプローチ
			認知行動科学
			行動遺伝学
	2 人の心の基本的な仕組みと機能	1)心の生物学的基盤	脳の構造
			神経機能
			遺伝
		2)感情・動機づけ・欲求	感情の仕組み・機能
			動機づけ理論
		3)感覚・知覚	知覚の情報処理過程
			感覚モダリティ
			アフォーダンス
		4)学習・行動	馴化・鋭敏化
			古典的条件づけ
			道具的条件づけ
		5)認知	記憶・注意
			思考
			認知バイアス
		6)個人差	知能
			パーソナリティ
		7)人と環境	集団・組織
			対人関係
			自己
	3 人の心の発達過程	1)生涯発達	発達の定義
			ライフステージと発達課題
		2)心の発達の基盤	認知発達理論
			言語発達
			アタッチメント理論
			道徳性の発達
	4 日常生活と心の健康	1)心の不適応	不適応の理論
			ストレス理論(コーピングを含む)
			燃え尽き症候群
			トラウマ
			依存症
		2)健康生成論	レジリエンス
			首尾一貫感覚(SOC)
	5 心理学の理論を基礎としたアセスメントと支援の基本	1)心理アセスメント	事例定式化
		2)心理的支援の基本的技法	支持的精神療法
			マイクロカウンセリング
			動機づけ面接
		3)心理療法におけるアセスメントと介入技法の概要	精神分析
			認知行動療法(SST を含む)
			応用行動分析
			家族療法
			ブリーフ・セラピー
			対人関係療法
		4)心理の専門職	公認心理師

科目	大項目	中項目	小項目
社会学と社会システム	1 社会学の視点	1)社会学の歴史と対象	社会学の発展と対象
	2 社会構造と変動	1)社会システム	社会システムの概念
			社会的行為，文化・規範，社会構造，社会意識，産業と職業，社会階級と社会階層，社会指標
		2)組織と集団	社会集団の概念
			第一次集団，第二次集団
			準拠集団
			組織の概念，官僚制
			企業，学校，病院，施設(全制的施設)，NPO
		3)人口	人口の概念
			人口構造，人口動態，人口減少，人口問題，少子高齢化，超高齢社会，人口転換
		4)グローバリゼーション	国境を超える移動(人・モノ・資本・情報等)
			エスニシティ，移民，多文化，国籍
			グローバル・エイジング
		5)社会変動	社会変動の概念
			近代化，産業化，情報化
			第2の近代
		6)地域	地域の概念，コミュニティの概念
			コミュニティの再生，社会関係資本(ソーシャルキャピタル)
			都市化と地域社会，過疎化と地域社会，中山間地域の課題
			地域社会の集団・組織
		7)環境	気候変動
			環境破壊
			持続可能性
	3 市民社会と公共性	1)社会的格差	所得，教育，健康，住宅
		2)社会政策と社会問題	雇用
			福祉国家と福祉社会，福祉レジーム
			社会政策
			福祉政策
			社会運動
			公共空間
		3)差別と偏見	ラベリング理論，構築主義理論，逸脱，社会統制
			マイノリティ(性的少数者等を含む)
			社会的排除，排斥
		4)災害と復興	避難計画，生活破壊，生活再建
			災害時要援護者
			ボランティア
	4 生活と人生	1)家族とジェンダー	家族の概念，家族の変容，家族の個人化
			世帯の概念
			男女共同参画，ジェンダー平等
			ひとり親，子育て，介護，8050問題
			虐待，DV
		2)健康	社会モデルと医学モデル
			心身の障害，慢性疾患
			治療と仕事の両立
			依存症
			自殺

科目	大項目	中項目	小項目
社会学と社会システム	4 生活と人生	3）労働	ワークライフバランス
			女性の活躍推進
			ジェンダー平等
			正規雇用，非正規雇用
			失業
			過労死
		4）世代	ライフステージ，ライフコース
			世代間交流
			個人化
			いじめ，ハラスメント
			社会的孤立と孤独
	5 自己と他者	1）自己と他者	相互作用，間主観性
			社会的自我
		2）社会化	役割取得，アイデンティティ
			生涯発達
		3）相互行為	シンボリック相互作用論
			親密性
			コミュニケーション（SNS を含む）
			ひきこもり
社会福祉の原理と政策	1 社会福祉の原理	1）社会福祉の原理を学ぶ視点	社会福祉の歴史，思想・哲学，理論，社会福祉の原理と実践
			社会福祉学の構造と特徴
	2 社会福祉の歴史	1）社会福祉の歴史を学ぶ視点	歴史観，政策史，実践史，発達史，時代区分
			日本と欧米の社会福祉の比較史の視点
		2）日本の社会福祉の歴史的展開	慈善事業，博愛事業
			社会事業
			厚生事業
			社会福祉事業
			社会福祉基礎構造改革
		3）欧米の社会福祉の歴史的展開	救貧法
			慈善事業，博愛事業
			社会事業，社会保険
			福祉国家，福祉社会
			国際的潮流
	3 社会福祉の思想・哲学，理論	1）社会福祉の思想・哲学	社会福祉の思想・哲学の考え方
			人間の尊厳
			社会正義
			平和主義
			人権，市民権（シティズンシップ）等
		2）社会福祉の理論	社会福祉の理論の基本的な考え方
			戦後社会福祉の展開と社会福祉理論
			社会福祉の理論（政策論，技術論，固有論，統合論，運動論，経営論）
			欧米の社会福祉の理論
		3）社会福祉の論点	公私関係，効率性と公平性，普遍主義と選別主義，自立と依存，自己選択・自己決定とパターナリズム，参加とエンパワメント，再分配と承認，ジェンダー，社会的包摂（ソーシャルインクルージョン）
		4）社会福祉の対象とニーズ	ニーズと需要の概念
			社会福祉の対象とニーズ
			ニーズの種類と次元
			ニーズの理論とその課題

科目	大項目	中項目	小項目
社会福祉の原理と政策	4 社会問題と社会構造	1)現代における社会問題	貧困，孤立，失業，要援護性，偏見と差別，社会的排除，ヴァルネラビリティ，新しい社会的リスク，依存症，自殺
		2)社会問題の構造的背景	低成長経済，グローバル化，少子高齢化，人口減少社会，格差，貧困，社会意識・価値観の変化
	5 福祉政策の基本的な視点	1)福祉政策の概念・理念	現代の社会問題と福祉政策
			福祉政策の概念・理念
			福祉政策と社会保障，社会政策
			福祉レジームと福祉政策
			社会的包摂（ソーシャルインクルージョン）
			人権，社会権
			諸外国における差別禁止立法
	6 福祉政策におけるニーズと資源	1)ニーズ	種類と内容
			把握方法
		2)資源	種類と内容
			把握方法
			開発方法
	7 福祉政策の構成要素と過程	1)福祉政策の構成要素	福祉政策の構成要素とその役割・機能
			政府，市場（経済市場，準市場，社会市場），事業者，国民（利用者を含む）
			措置制度
			多元化する福祉サービス提供方法
		2)福祉政策の過程	政策決定，実施，評価
			福祉政策の方法・手段
			福祉政策の政策評価・行政評価
			福祉政策と福祉計画
	8 福祉政策の動向と課題	1)福祉政策と包括的支援	社会福祉法
			地域包括ケアシステム
			地域共生社会
			多文化共生
			持続可能性（SDGs 等）
			環境問題
			気候変動
			グローバリゼーション（グローバル化）
	9 福祉政策と関連施策	1)関連政策	保健医療政策，教育政策，住宅政策，労働政策，経済政策
	10 福祉サービスの供給と利用過程	1)福祉供給部門	公的部門（政府・地方公共団体）
			民間部門（営利・非営利）部門，ボランタリー部門，インフォーマル部門
			部門間の調整・連携・協働
		2)福祉供給過程	公私（民）関係
			再分配，割当（ラショニング）
			市場，準市場
			福祉行財政，福祉計画
			福祉開発
		3)福祉利用過程	スティグマ，情報の非対称性，受給資格とシティズンシップ
	11 福祉政策の国際比較	1)福祉政策の国際比較	国際比較の視点と方法
			福祉政策の類型（欧米，東アジア等）
社会保障	1 社会保障制度	1)人口動態の変化	少子高齢化，人口減少社会
		2)経済環境の変化	低成長社会と社会保障の持続可能性
		3)労働環境の変化	労働関係の法制度（男女雇用機会均等法等）
			ワークライフバランス
			正規雇用と非正規雇用

科目	大項目	中項目	小項目
社会保障	2 社会保障の概念や対象及びその理念	1)社会保障の概念と範囲	
		2)社会保障の目的	
		3)社会保障の機能	セーフティネット，所得再分配
		4)社会保障の対象	
		5)社会保障制度の歴史	社会保障制度の歴史
	3 社会保障と財政	1)社会保障給付費	内訳
			推移
		2)社会保障の費用負担	社会保険料
			公費負担(国庫負担，地方自治体の負担)
			利用者負担
			財政調整
	4 社会保険と社会扶助の関係	1)社会保険の概念と範囲	
		2)社会扶助の概念と範囲	
	5 公的保険制度と民間保険制度の関係	1)公的保険と民間保険の現状	公的保険と民間保険の主な制度
			公的保険と民間保険の違い
	6 社会保障制度の体系	1)医療保険制度の概要	制度の目的，対象，給付，費用負担
			公費負担医療
		2)介護保険制度の概要	制度の目的，対象，給付，費用負担
		3)年金保険制度の概要	制度の目的，対象，給付，費用負担
		4)労災保険制度と雇用保険制度の概要	制度の目的，対象，給付，費用負担
		5)生活保護制度の概要	制度の目的，対象，給付，費用負担
		6)社会手当制度の概要	制度の目的，対象，給付，費用負担
		7)社会福祉制度の概要	制度の目的，対象，給付，費用負担
	7 諸外国における社会保障制度	1)諸外国における社会保障制度の概要	先進諸国の社会保障制度の歴史と概要
		2)社会保障制度の国際比較	高齢化と社会保障の規模
			社会保障給付費の内訳など
権利擁護を支える法制度	1 法の基礎	1)法と規範	法の規範との関係
			法と道徳の関係
		2)法の体系，種類，機能	成文法と不文法
			公法と私法
			実体法と手続法
			法規範の特質と機能
		3)法律の基礎知識，法の解釈	法律条文の構造
			法解釈の基準と方法
		4)裁判制度，判例を学ぶ意義	裁判の種類，判決の種類
			判例とは
	2 ソーシャルワークと法の関わり	1)憲法	憲法の概要(最高法規性，日本国憲法の基本原理)
			基本的人権(基本的人権と公共の福祉，平等性，自由権，社会権)
			幸福追求権
		2)民法	民法総則(権利の主体・客体，権利の変動，無効と取消し)
			契約(売買，賃貸借等)
			不法行為(不法行為の要件，不法行為の効果(損害賠償))
			親族(婚姻，離婚，親権，扶養，成年後見制度)
			遺産管理

科目	大項目	中項目	小項目
権利擁護を支える法制度	2 ソーシャルワークと法の関わり	3)行政法	行政組織(国，地方公共団体の組織，公務員)
			行政の行為形式(行政処分)
			行政上の義務履行確保(行政強制，行政罰)
			行政訴訟制度(行政不服申立て，行政訴訟)
			国家の責任(国家賠償)
			地方自治体(国と自治体の関係)
	3 権利擁護の意義と支える仕組み	1)権利擁護の意義	
		2)福祉サービスの適切な利用	運営適正化委員会
			国民健康保険団体連合会
		3)苦情解決の仕組み	事業者による苦情解決
			自治体等による苦情解決
		4)虐待防止法の概要	高齢者虐待防止法
			児童虐待防止法
			障害者虐待防止法
		5)差別禁止法の概要	障害者差別解消法
		6)意思決定支援ガイドライン	障害福祉サービス等の提供に係る意思決定支援ガイドライン
			人生の最終段階における医療・ケアの決定プロセスに関するガイドライン
			認知症の人の日常生活・社会生活における意思決定支援ガイドライン
	4 権利擁護活動で直面しうる法的諸問題	1)インフォームド・コンセント	法的概念としてのインフォームド・コンセント
			インフォームド・コンセントに関する判例
		2)秘密・プライバシー・個人情報	秘密
			プライバシー
			個人情報
			情報共有
		3)権利擁護活動と社会の安全	守秘義務
			通報，警告義務
	5 権利擁護に関わる組織，団体，専門職	1)権利擁護に関わる組織，団体の役割	家庭裁判所，法務局
			市町村
			社会福祉協議会
			権利擁護支援の地域連携ネットワークの中核機関
			弁護士，司法書士
	6 成年後見制度	1)成年後見の概要	法定後見，任意後見
			専門職後見
		2)後見の概要	成年被後見人の行為能力
			成年後見人の役割
		3)保佐の概要	被保佐人の行為能力
			保佐人の役割
		4)補助の概要	補助人の役割
		6)成年後見制度の最近の動向	利用動向
			成年後見制度利用促進法
			成年後見制度利用促進基本計画
			意思決定支援
		7)成年後見制度利用支援事業	
		8)日常生活自立支援事業	日常生活自立支援事業の動向
			専門員の役割
			生活支援員の役割
地域福祉と包括的支援体制	1 地域福祉の基本的な考え方	1)地域福祉の概念と理論	地域福祉の概念，地域福祉の構造と機能
			福祉コミュニティ論，在宅福祉サービス論，ボランティア・市民活動論
			共生社会

科目	大項目	中項目	小項目
地域福祉と包括的支援体制	1 地域福祉の基本的な考え方	2）地域福祉の歴史	セツルメント，COS（慈善組織協会），社会事業，社会福祉協議会，民生委員・児童委員，共同募金，在宅福祉，施設の社会化，地方分権，社会福祉基礎構造改革，地域自立生活，地域包括ケア，地域共生社会
		3）地域福祉の動向	コミュニティソーシャルワーク，コミュニティサービス，地域再生，ケアリングコミュニティ
		4）地域福祉の推進主体	地方自治体
			NPO，市民活動組織，中間支援組織
			町内会，自治会等地縁組織
			民生委員・児童委員，主任児童委員，保護司
			当事者団体
			社会福祉協議会
			共同募金
			企業
		5）地域福祉の主体と形成	当事者，代弁者
			ボランティア
			市民活動，住民自治，住民主体
			参加と協働，エンパワメント，アドボカシー
			福祉教育
	2 福祉行財政システム	1）国の役割	法定受託事務と自治事務
		2）都道府県の役割	福祉行政の広域的調整，事業者の指導監督
		3）市町村の役割	サービスの運営主体
			条例
			社会福祉審議会
		4）国と地方の関係	地方分権，地方自治，地域主権，地方創生
		5）福祉行政の組織及び専門職の役割	福祉事務所，児童相談所，身体障害者更生相談所，知的障害者更生相談所，精神保健福祉センター，女性相談支援センター，地域包括支援センター等
			福祉事務所の現業員，査察指導員
			児童福祉司，身体障害者福祉司，知的障害者福祉司，精神保健福祉相談員 等
		6）福祉における財源	国の財源，地方の財源，保険料財源
			民間の財源
	3 福祉計画の意義と種類，策定と運用	1）福祉計画の意義・目的と展開	福祉行財政と福祉計画の関係
			福祉計画の歴史
			福祉計画の種類（地域福祉計画，老人福祉計画，介護保険事業計画，障害福祉計画，子ども・子育て支援事業計画，民間の福祉計画等）
		2）市町村地域福祉計画・都道府県地域福祉支援計画の内容	地域福祉と計画行政の関係
			市町村地域福祉計画及び都道府県地域福祉支援計画の定義，機能
			地域福祉活動計画との関係
		3）福祉計画の策定過程と方法	課題把握・分析
			協議と合意形成
		4）福祉計画の実施と評価	モニタリング
			サービス評価
			プログラム評価
	4 地域社会の変化と多様化・複雑化した地域生活課題	1）地域社会の概念と理論	地域社会の概念
			地域社会の理論
		2）地域社会の変化	世帯数，世帯構成
			過疎化，都市化，地域間格差
			外国人住民の増加

科目	大項目	中項目	小項目
地域福祉と包括的支援体制	4 地域社会の変化と多様化・複雑化した地域生活課題	3) 多様化・複雑化した地域生活課題の現状とニーズ	ひきこもり，ニート，ヤングケアラー，8050問題，ダブルケア，依存症，多文化共生，自殺，災害等
		4) 地域福祉と社会的孤立	社会的孤立，社会的排除
			セルフネグレクト
	5 地域共生社会の実現に向けた包括的支援体制	1) 包括的支援体制	包括的支援体制の考え方
			包括的支援体制の展開
		2) 地域包括ケアシステム	地域包括ケアシステムの考え方
			地域包括ケアシステムの展開
			精神障害にも対応した地域包括ケアシステムの展開
			子育て世代包括支援センター
		3) 生活困窮者自立支援の考え方	生活困窮者自立支援制度と理念
			自立相談支援機関による支援過程と方法，実際
			伴走型の支援と対象者横断的な包括的相談支援
			個人及び世帯の支援
			居住支援，就労支援，家計支援，子どもの学習・生活支援
		4) 地域共生社会の実現に向けた各種施策	多機関協働による包括的支援体制
			住民に身近な圏域における相談支援体制
			重層的支援体制整備事業
	6 地域共生社会の実現に向けた多機関協働	1) 多機関協働を促進する仕組み	総合相談
			各種相談機関の連携
			協議体
			地域ケア会議
			地域包括支援センター運営協議会
			要保護児童対策地域協議会
			協議会（障害者自立支援協議会）
		2) 多職種連携	保健・医療・福祉に関わる多職種連携
			生活支援全般に関わるネットワーク
			多職種連携等における個人情報保護
		3) 福祉以外の分野との機関協働の実際	社会的企業
			農福連携
			観光，商工労働等との連携
			地方創生
	7 災害時における総合的かつ包括的な支援体制	1) 非常時や災害時における法制度	災害対策基本法，災害救助法
			各自治体等の避難計画
		2) 非常時や災害時における総合的かつ包括的な支援	災害時要援護者支援
			BCP（事業継続計画）
			福祉避難所運営
			災害ボランティア
	8 地域福祉と包括的支援体制の課題と展望	1) 地域福祉ガバナンス	ガバナンスの考え方
			多様化・複雑化した課題と多機関協働の必要性
			社会福祉法における包括的な支援体制づくり
			住民の参加と協働，住民自治
			プラットフォームの形成と運営
		2) 地域共生社会の構築	地域共生社会
			地域力の強化，包括的支援体制
障害者福祉	1 障害概念と特性	1) 国際生活機能分類（ICF）	ICIDHからICFへ
			ICFの構造
		2) 障害者の定義と特性	身体障害（肢体不自由，視覚障害，聴覚障害，内部障害，難病等）
			知的障害
			精神障害
			発達障害

科目	大項目	中項目	小項目
障害者福祉	2 障害者の生活実態とこれを取り巻く社会環境	1)障害者の生活実態	地域移行
			居住
			就学，就労
			高齢化
			介護需要
			障害者の芸術，スポーツ
		2)障害者を取り巻く社会環境	バリアフリー
			コンフリクト
			障害者虐待
			親亡き後問題，きょうだいへの支援
	3 障害者福祉の歴史	1)障害者福祉の理念	リハビリテーション
			ノーマライゼーション
			完全参加と平等
			社会的包摂(ソーシャルインクルージョン)
		2)障害観の変遷	偏見と差別
			障害者の権利条約の批准の経緯
			障害者基本法の変遷
		3)障害者処遇の変遷	明治以前の障害者の処遇
			明治以降の障害者の処遇
			戦後の障害者の処遇
		4)障害者の権利に関する条約(障害者権利条約)と障害者基本法	障害者権利条約の概要
			障害者基本法の概要
		5)障害者福祉制度の発展過程	
	4 障害者に対する法制度	1)障害者の日常生活及び社会生活を総合的に支援するための法律(障害者総合支援法)	障害者総合支援法の概要
			障害福祉サービス及び相談支援
			障害支援区分及び支給決定
			自立支援医療
			補装具
			地域生活支援事業
			障害福祉計画
		2)身体障害者福祉法	身体障害者福祉法の概要
			身体障害者手帳，身体障害者福祉法に基づく措置
		3)知的障害者福祉法	知的障害者福祉法の概要
			療育手帳，知的障害者福祉法に基づく措置
		4)精神保健及び精神障害者福祉に関する法律(精神保健福祉法)	精神保健福祉法の概要
			精神障害者保健福祉手帳
			精神保健福祉法における入院形態
			精神科病院における処遇
		5)児童福祉法	児童福祉法における障害児支援の概要
			発達支援，家族支援，地域支援
		6)発達障害者支援法	発達障害者支援法の概要
			発達障害者支援センターの役割
		7)障害者虐待の防止，障害者の養護者に対する支援等に関する法律(障害者虐待防止法)	障害者虐待防止法の概要
			障害者虐待の未然防止
			通報義務，早期発見
		8)障害を理由とする差別の解消の推進に関する法律(障害者差別解消法)	障害者差別解消法の概要
			障害を理由とする差別を解消するための措置(合理的な配慮)
		9)高齢者，障害者等の移動等の円滑化の促進に関する法律(バリアフリー法)	バリアフリー法の概要
			施設設置管理者等の責務

科目	大項目	中項目	小項目
障害者福祉	4 障害者に対する法制度	10)障害者の雇用の促進等に関する法律(障害者雇用促進法)	障害者雇用促進法の概要
			事業主の責務，法定雇用率
		11)国等による障害者就労施設等からの物品等の調達の推進等に関する法律(障害者優先調達推進法)	障害者優先調達推進法の概要
			障害者就労施設
	5 障害者と家族等の支援における関係機関と専門職の役割	1)障害者と家族等の支援における関係機関の役割	国，都道府県，市町村
			障害者に対する法制度の基づく施設，事業所
			特別支援学校
			ハローワーク，地域障害者職業センター，障害者就業・生活支援センター
		2)関連する専門職等の役割	医師，保健師，看護師，理学療法士，作業療法士等
			相談支援専門員，サービス管理責任者，居宅介護従事者 等
			ピアサポーター
			養護教諭，スクールソーシャルワーカー
			障害者職業カウンセラー，職場適応援助者(ジョブコーチ)等
			家族，住民，ボランティア 等
	6 障害者と家族等に対する支援の実際	1)社会福祉士及び精神保健福祉士の役割	
		2)障害者と家族等に対する支援の実際(多職種連携を含む)	地域生活支援
			地域移行支援
			就労支援
			虐待防止，差別解消に向けた支援
刑事司法と福祉	1 刑事司法における近年の動向とこれを取り巻く社会環境	1)刑事司法における近年の動向	犯罪の動向(認知件数と発生率，再犯率等)
		2)刑事司法を取り巻く社会環境	高齢者，障害者等の社会復帰支援
			再犯の防止等の推進に関する法律(再犯防止推進法)
			就労支援(刑務所出所者等総合的就労支援対策)
			薬物依存者の再犯防止，回復支援
			修復的司法
			農福連携 等
		3)社会福祉士及び精神保健福祉士の役割	検察庁や矯正施設，保護観察所，地域生活定着支援センター，精神保健福祉センター等における役割
	2 刑事司法	1)刑法	刑法の基本原理
			犯罪の成立要件と責任能力
			刑罰
		2)刑事事件の手続き，処遇	刑事手続き
			刑事施設内での処遇
	3 少年司法	1)少年法	少年法の基本原理
			児童福祉法との関係
		2)少年事件の手続き，処遇	非行少年に対する手続き
			少年鑑別所，少年院での処遇
			児童福祉法による措置
	4 更生保護制度	1)制度の概要	意義，歴史，更生保護法制
			更生保護施設
		2)生活環境の調整	目的，機能，手続き，関係機関との連携
			特別調整
		3)仮釈放等	仮釈放と仮退院，意義，許可基準，手続き
		4)保護観察	目的，方法，対象，内容，運用状況
		5)更生緊急保護	目的，対象，期間，内容，手続き

科目	大項目	中項目	小項目
刑事司法と福祉	4 更生保護制度	6)団体・専門職等の役割と連携	福祉事務所，児童相談所
			保護観察官
			保護司
			更生保護施設
			民間協力者(更生保護女性会，BBS会，協力雇用主等)
			法テラス(日本司法支援センター)
			ハローワーク
	5 医療観察制度	1)制度の概要	目的
			制度導入の背景
			対象者
		2)審判・処遇の流れと内容	審判の手続き
			処遇の流れ
			入院処遇の概要
			通院処遇の概要
			精神保健観察
		3)関係機関・専門職等の役割と連携	裁判所・裁判官
			精神保健審判員，精神保健参与員
			指定医療機関(指定入院医療機関，指定通院医療機関)
			社会復帰調整官
			保護観察所
			都道府県，市町村
			障害福祉サービス事業所
	6 犯罪被害者支援	1)犯罪被害者の法的地位	犯罪被害者の地位の変遷
		2)犯罪被害者支援に関する法	犯罪被害者等基本法
			DV防止法
			ストーカー規制法
		3)犯罪被害者支援に関する制度	被害者等通知制度，意見等聴取制度，心情等伝達制度，相談・支援
		4)団体・専門職等の役割と連携	被害者支援員制度
			被害者ホットライン
			犯罪被害相談窓口
			被害者支援センター
ソーシャルワークの基盤と専門職	1 社会福祉士及び精神保健福祉士の法的な位置づけ	1)社会福祉士及び介護福祉士法	定義，義務
			法制度成立の背景
			法制度見直しの背景
		2)精神保健福祉士法	定義，義務
			法制度成立の背景
			法制度見直しの背景
		3)社会福祉士及び精神保健福祉士の専門性	
	2 ソーシャルワークの概念	1)ソーシャルワークの定義	ソーシャルワーク専門職のグローバル定義
	3 ソーシャルワークの基盤となる考え方	1)ソーシャルワークの原理	社会主義
			人権尊重
			集団的責任
			多様性の尊重

科目	大項目	中項目	小項目
ソーシャルワークの基盤と専門職	3 ソーシャルワークの基盤となる考え方	2）ソーシャルワークの理念	当事者主権
			尊厳の保持
			権利擁護
			権利擁護
			自立支援
			社会的包摂（ソーシャルインクルージョン）
			ノーマライゼーション
		3）ソーシャルワークの援助関係の意義	クライエント主体
			パートナーシップ
	4 ソーシャルワークの形成過程	1）ソーシャルワークの形成過程	セツルメント運動
			COS（慈善組織協会）
			医学モデルから生活モデルへ
			ソーシャルワークの統合化
	5 ソーシャルワークの倫理	1）専門職倫理の概念	
		2）専門職の倫理綱領	ソーシャルワーカーの倫理綱領
			社会福祉士の倫理綱領
			精神保健福祉士の倫理綱領
		3）倫理的ジレンマ	
ソーシャルワークの理論と方法	1 人と環境との交互作用に関する理論とミクロ・メゾ・マクロレベルにおけるソーシャルワーク	1）システム理論	一般システム理論，サイバネティックス，自己組織性
		2）生態学理論	
		3）バイオ・サイコ・ソーシャルモデル	
		4）ミクロ・メゾ・マクロレベルにおけるソーシャルワーク	
	2 ソーシャルワークの実践モデルとアプローチ	1）ソーシャルワークの様々な実践モデルとアプローチ	医学モデル
			生活モデル
			ストレングスモデル
			心理社会的アプローチ
			機能的アプローチ
			問題解決アプローチ
			課題中心アプローチ
			危機介入アプローチ
			実存主義アプローチ
			フェミニストアプローチ
			行動変容アプローチ
			エンパワメントアプローチ
			ナラティヴアプローチ
			解決志向アプローチ
	3 ソーシャルワークの過程	1）ケースの発見	アウトリーチ
			スクリーニング
		2）エンゲージメント（インテーク）	エンゲージメント（インテーク）の意義，目的，方法，留意点
			契約
		3）アセスメント	アセスメントの意義，目的，方法，留意点
		4）プランニング	プランニングの意義，目的，方法，留意点
			効果と限界の予測
			支援方針・内容の説明・同意
		5）支援の実施	支援の意義，目的，方法，留意点
		6）モニタリング	モニタリングの意義，目的，方法，留意点
			効果測定
		7）支援の終結と事後評価	支援の終結と事後評価の目的，方法，留意点
		8）フォローアップ	フォローアップの目的，方法，留意点

科目	大項目	中項目	小項目
ソーシャルワークの理論と方法	4 ソーシャルワークの記録	1)記録の意義と目的	ソーシャルワークの質の向上
			支援の継続性，一貫性
			機関の運営管理
			教育，研究
			アカウンタビリティ
		2)記録の方法と実際	記録の文体(叙述体，要約体，説明体等)
			項目式(フェースシート等)
			図表式(ジェノグラム，エコマップ等)
	5 ケアマネジメント	1)ケアマネジメントの原則	ケアマネジメントの歴史
			適用と対象
		2)ケアマネジメントの意義と方法	ケアマネジメントの意義
			ケアマネジメントのプロセス
			ケアマネジメントのモデル
	6 集団を活用した支援	1)グループワークの意義と目的	グループダイナミクス
		2)グループワークの原則	個別化の原則
			受容の原則
			参加の原則
			体験の原則
			葛藤解決の原則
			制限の原則
			継続評価の原則
		3)グループワークの展開過程	準備期，開始期，作業期，終結期
		4)セルフヘルプグループ	共感性，分かち合い
			ヘルパーセラピー原則
			体験的知識
			役割モデルの習得
			援助者の役割
	7 コミュニティワーク	1)コミュニティワークの意義と目的	社会的包摂(ソーシャルインクルージョン)
			住民参加
		2)コミュニティワークの展開	地域アセスメント
			地域課題の発見・認識
			実施計画とモニタリング
			組織化
			社会資源の開発
			評価と実施計画の更新
	8 スーパービジョンとコンサルテーション	1)スーパービジョンの意義，目的，方法	スーパービジョンの定義
			スーパーバイザーとスーパーバイジーの関係性
			スーパービジョンの機能
			スーパービジョンの形態と方法
		2)コンサルテーションの意義，目的，方法	コンサルテーションの定義
			コンサルタントとコンサルティーの関係性
			コンサルテーションの方法
社会福祉調査の基礎	1 社会福祉調査の意義と目的	1)社会福祉調査の意義と目的	ソーシャルワーク実践の可視化
			ソーシャルワーク実践の理論化
			アクション・リサーチ
			公的統計と政策決定
			ソーシャルワークの価値や倫理と社会福祉調査の関連
		2)社会福祉調査と社会福祉の歴史的関係	古典(ブース，ラウントリー，タウンゼント等)
		3)統計法	統計法の概要

科目	大項目	中項目	小項目
社会福祉調査の基礎	2 社会福祉調査における倫理と個人情報保護	1)社会福祉調査における倫理	倫理的配慮
		2)社会福祉調査における個人情報保護	個人情報保護法の概要
	3 社会福祉調査のデザイン	1)調査における考え方・論理	理論と調査の関係
			演繹法と帰納法
			共変関係
			因果関係
			内因妥当性と外因妥当性
		2)社会福祉調査の目的と対象	目的(探索, 記述, 説明)
			分析単位(個人, 家族, グループ, コミュニティ, 社会関係, 現象等)
			母集団, 標本, 標本の代表性
			標本抽出(有意抽出, 無作為抽出)
		3)社会福祉調査でのデータ収集・分析	量的調査と質的調査
			フィールド調査
			文献や既存のデータを用いた調査
			実験
			評価のための調査
		4)社会福祉調査のプロセス	問の設定, 概念化・操作化, 対象と方法の選択, データ収集, 分析, 考察
	4 量的調査の方法	1)量的調査の概要	多数把握, 実態把握, 因果関係の推論
			経験の詳細な理解
		2)量的調査の種類と方法	全数調査と標本調査, Web 調査
			横断調査, 縦断調査
			比較調査, 繰り返し調査, パネル調査, コホート調査
			母集団, 標本, 標本の代表性
			標本抽出(有意抽出, 無作為抽出)
			二次分析
		3)質問紙の作成方法と留意点	ワーディングとその他の留意点
			パーソナルな質問とインパーソナルな質問
			測定(測定の水準, 測定の信頼性と妥当性等)
			プレコーディングとアフターコーディング
			自計式(自記式), 他計式
		4)質問紙の配布と回収	訪問面接, 郵送, 留置, 集合, 電話, インターネット
		5)量的調査の集計と分析	エディティング
			コーディング
			単純集計と記述統計, クロス集計, 散布図, 相関と回帰, 多変量解析
	5 質的調査の方法	1)質的調査の概要	個人の経験の詳細な理解及び他者との相互作用の詳細な理解
		2)観察法	参与観察法, 非参与観察法, 統制的観察法
		3)面接法	構造化面接法, 半構造化面接法, 自由面接法
			フォーカス・グループ・インタビュー
			インタビューガイド, 逐語録
		4)質的調査における記録の方法と留意点	観察や面接の記録方法
			音声, 映像, テキストのデータの扱い方
			実践の記録や会議資料等の活用
			資料収集における ICT の活用

科目	大項目	中項目	小項目
社会福祉調査の基礎	5 質的調査の方法	5)質的調査のデータの分析方法	事例研究
			グラウンデッドセオリーアプローチ
			ナラティヴアプローチ
			ライフストーリー，ライフヒストリー
			エスノグラフィー
			アクション・リサーチ
			テキストマイニング
	6 ソーシャルワークにおける評価	1)ソーシャルワークにおける評価の意義	ミクロ・メゾ・マクロレベルにおける実践の評価
			根拠に基づく実践(EBP)とナラティヴに基づく実践(NBP)
			アカウンタビリティ
		2)ソーシャルワークにおける評価対象	実践，プログラム，政策
			構造(ストラクチャー)
			過程(プロセス)
			結果(アウトカム)
			影響(インパクト)
		3)ソーシャルワークにおける評価方法	シングル・システム・デザイン
			実験計画法
			質的な評価法

医学概論

● 内容一覧 ●

傾向と対策

● 傾向分析表【医学概論】●

項　目　名	第36回	第35回	第34回	問題数
ライフステージにおける心身の変化と健康課題	●	●		2
心身の加齢・老化			●	1
国際生活機能分類（ICF）	●	●	●	3
障害の概要	●●●	●●	●●	7
リハビリテーションの概念と範囲			●	1
疾病と障害及びその予防・治療・予後・リハビリテーション	●●	●●●	●●	7
問　題　数	7問	7問	7問	21問

●傾向と対策

　本科目は「知識を問う問題」が圧倒的に多い。すなわち知っていなければ解けない問題であるが，ある程度の知識をもてば，決して難しい科目ではない。知識を問う問題であるので，難しい問題，簡単な問題と存在している。受験生それぞれ知識の差はあるが，学習を進めていけば得意分野になることも考えられる。

　「医学概論」が全体的に出題されているというよりは，高齢者にかかわる疾患や，人体の機能などの問題が中心に出題されている。おそらくこの傾向は続くと思われる。身体・精神的な疾患などは高齢者がらみのことを意識しながら勉強に取り組むとよい。

●頻出項目
①国際生活機能分類（ICF）
　各構成要素の具体例
②脳の構造と機能
③生活習慣病
　糖尿病・高血圧症・脂質異常症，メタボリックシンドローム
④難　病
⑤感染症
　結核やウイルス性肝炎などの感染症，インフルエンザについて
⑥高齢者と疾患
　廃用症候群・褥瘡・誤嚥性肺炎・骨や関節の疾患
⑦精神障害
　統合失調症・うつ病・アルコール依存症，DSM-5分類は概要を知る必要がある
⑧認知症
　アルツハイマー型認知症，脳血管性認知症，レビー小体型認知症また認知症の中心的な症状と周辺症状

〈記憶すべき基準値〉

バイタルサイン	呼吸数	15～20(/分)
	脈　拍	60～80(/分) 頻脈≧100(/分) 徐脈≦60(/分)
	血圧（高血圧）	140/90 mmHg
	体　温	36.5～37.0℃（WHO）
血液学検査	赤血球（RBC）	男 410～610(万/μL) 女 380～530(万/μL)
	ヘモグロビン（Hb）	男 13～17(g/dL) 女 11～16(g/dL)
	白血球（WBC）	4,000～8,000(/μL)
	血小板（Plat）	13～35(万/μL)
生化学検査	糖（空腹時血糖）	上限 110(mg/dL) 下限 50～70(mg/dL)
	総タンパク（TP）	6.5～8.0(g/dL)
	総コレステロール（TC）	220 以下(mg/dL)
	総ビリルビン（T. Bill）	0.2～1.1(mg/dL)
尿　量		1,000～1,500(mL/日)

ライフステージにおける心身の変化と健康課題

36回-1 成熟時の発達を100%としたスキャモン（Scammon, R.）の臓器別発育曲線に関する次の記述のうち, 正しいものを1つ選びなさい。

1 25歳を100%として表している図である。
2 身長など一般型はS字型カーブを示す。
3 リンパ型は12歳頃に約90%となる。
4 神経型は12歳頃に最も発達する。
5 生殖型は12歳頃に70%となる。

選択肢考察

×1 スキャモンの臓器別成長曲線では**20歳**の発育状況を100%として表している。

○2 選択肢の通りである。一般型は身長や体重, 胸腹部臓器の成長を表し, その成長曲線は**緩やかなS字型カーブ**を描く。生後すぐから4~5歳頃まで急速に発達し, 12歳頃から再度成長して成人レベルに達する。

×3 リンパ型は免疫力に関係するリンパ組織の成長を表す。リンパ型は**12歳頃に成長のピークを迎える**が, そのレベルは成人よりも遥かに高く, **200%近く**（20歳時の2倍近く）に達する。

×4 神経型は脳や脊髄などの神経器官と目や耳などの感覚器官の成長を表す。神経型は**生後すぐから急速に発達**し, 4~5歳頃までに約80%に達し, 12歳頃に**ほぼ100%**になる。

×5 生殖型は卵巣や精巣などの生殖器官の成長を表す。生殖型は**思春期以降に著しい成長**を示すため, 12歳頃には**70%よりも遥かに低い**。

参照ページ

『合格教科書2025』p.2

正解 2

〈スキャモンの発達・発育曲線〉

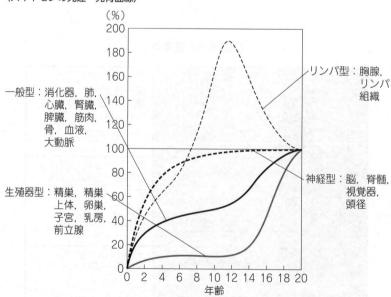

ライフステージにおける心身の変化と健康課題　難 ●●●○●●● 易

35回-1　思春期に伴う心身の変化に関する次の記述のうち，**正しいもの**を **1** つ選びなさい。

1　この時期の心理的特徴として，自意識に乏しいことが特徴である。
2　女子では，初経から始まり，次いで乳房や骨盤の発育がみられる。
3　男子は，女子よりも早い時期から思春期が始まる。
4　身体の変化は緩徐な変化が多い。
5　第二次性徴という身体的な変化が始まる。

選択肢考察

×1　思春期になると**自意識が高まり**，他人の目や他人からの評価を気にするようになるとされる。

×2　思春期の女子の身体的変化は，**乳房の発達**から始まり，**陰毛発生**，**初経**の順に進む。骨盤の発達は初経発来前後にみられるとされている。

×3　思春期は，WHO の定義では「第二次性徴の出現から性成熟までの段階」とされ，これに準じると，女性ではおおむね 8〜9 歳頃から 17〜18 歳頃まで，男性では 10〜11 歳頃から 17〜18 歳頃までとなる。したがって，個人差があるものの，**男子は女子よりも少し遅れて思春期が始まる**とされている。

×4　思春期では性ホルモンの分泌が増加することにより第二次性徴が現れる。第二次性徴により，男子では精巣（睾丸）の発達，陰茎増大，陰毛の発生，精通，声変わりの順に，女子では乳房の発達，陰毛の発生，初経の順に身体の変化が進む。したがって，思春期は**第二次性徴に伴い身体が急激に変**

○5　**化する**時期である。

参照ページ　『合格教科書 2025』p.2　　　　　　　　　　　　　　　　　　**正解 5**

 ## 心身の加齢・老化　難 ●●●○●●● 易

34回-1　加齢に伴う身体の変化に関する次の記述のうち，**正しいもの**を **1** つ選びなさい。

1　肺の残気量が増加する。
2　拡張期血圧が低下する。
3　聴力は低音域から低下する。
4　下部食道括約筋の収縮力が増強する。
5　膀胱（ぼうこう）容量が増大する。

選択肢考察

○1　選択肢のとおりである。加齢とともに肺活量が低下するため，**肺の残気量が増加**する。

○2　加齢に伴う動脈硬化により，収縮期血圧（最高血圧）が継続的に上昇する。一方，**拡張期血圧（最低血圧）は 60 歳くらいまで上昇**，平坦化を経て，**老年期で低下が認められる**ようになる。

×3　加齢とともに聴力は**高音域から低下**する。

×4　下部食道括約筋は，食道と胃の境目にある筋肉で，胃の噴門を締めることで胃内容物が逆流しないように働く。加齢に伴う**下部食道括約筋の収縮力低下**や，消化器の蠕動運動の機能低下により，逆流性食

道炎を発症しやすくなる。

×5　加齢に伴い膀胱の筋肉成分が減少し，結合組織成分が増加することで**膀胱容量が減少**する。

参照ページ　『合格教科書 2025』p.2, 3

※ 2022（令和4）年3月15日，社会福祉振興・試験センターより，本問題について，「正しいものを問う問題として，複数の選択肢が正答となるため。」という理由により，採点上の取扱いを「選択肢1及び選択肢2を正答とする。」と発表された。

国際生活機能分類（ICF）（事例問題）

難 ●●○●● 易

36回-2　事例を読んで，国際生活機能分類（ICF）のモデルに基づく記述として，**最も適切なもの**を1つ選びなさい。

〔事　例〕
　Aさん（78歳，男性）は脳梗塞を発症し左片麻痺（かたまひ）となった。室内は手すりを伝って歩いている。外出時は車いすが必要で，近隣に住む長女が車いすを押して買物に出かけている。週1回のデイサービスでのレクリエーションに参加するのを楽しみにしている。

1　年齢，性別は「心身機能」に分類される。
2　左片麻痺は「個人因子」に分類される。
3　手すりに伝って歩くことは「活動」に分類される。
4　近隣に長女が住んでいるのは「参加」に分類される。
5　デイサービスの利用は「環境因子」に分類される。

選択肢考察

×1　年齢，性別は「**個人因子**」に分類される。

×2　左片麻痺は，精神状態や身体の各部位の構造，働きに含まれ，「**心身機能・身体構造**」に分類される。

○3　選択肢の通りである。なお，「**活動**」とは，生活上の**目的を持つ具体的な行動**のことである。

×4　近隣に住んでいる長女の存在は「**環境因子**」に分類される。なお，「**環境因子**」は，**人的な環境**（家族，友人，仕事上の仲間など）の他にも，**物的な環境**（建物，道路，交通機関，自然環境など），態度や社会意識としての環境，**制度的な環境**（医療，保健，福祉，介護，教育などのサービス・制度・政策など）などを含む。

×5　デイサービスの利用は「**参加**」に分類される。「**参加**」は**生活・人生場面への関わり**のことであるが，家庭，地域，職場など幅広い範囲での社会参加，コミュニティへの関わりなどを含む。

参照ページ　『合格教科書 2025』p.5, 6

〈ICF の概念〉

	第 1 部：生活機能と障害		第 2 部：背景因子	
構成要素	心身機能 身体構造	活動・参加	環境因子	個人因子
領　域	心身機能 身体構造	生活・人生領域 （課題，行為）	生活機能と障害への 外的影響	生活機能と障害への 内的影響
構成概念	心身機能の変化 （生理的） 身体構造の変化 （解剖学的）	能力 標準的環境における 課題の遂行 実行状況 現在の環境における 課題の遂行	物的環境や社会環 境，人々の社会的な 態度による環境の特 徴がもつ促進的ある いは阻害的な影響力	個人的な特徴の影響 力
肯定的側面	機能的・構造的 統合性	活動参加	促進因子	非該当
	生活機能			
否定的側面	機能障害 （構造障害を含む）	活動制限 参加制約	阻害因子	非該当
	障害			

〈ICF 構成要素の概観〉

心身機能・ 身体構造	精神状態と身体の各部位の働き（身体の生理的な機能） 身体の各部位の構造（身体の解剖学的な構造）
活動	生活上必要な行為（生活行為，家事行為，職業上の行為，趣味や 運動に必要な行為など）
参加	家庭や社会に関係して，そこで役割を果たすこと
個人因子	個人の固有の特徴（年齢，性別，民族，生活歴，価値観など）
環境因子	物的な環境（道具，建物，道路，交通機関，自然環境など），人 的な環境（家族，友人，仕事仲間など），制度的な環境（保健， 医療，福祉などのサービス，政策，制度など），社会意識など

〈ICF 構成要素間の相互作用〉

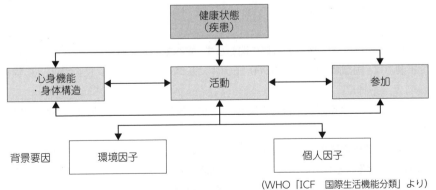

（WHO「ICF　国際生活機能分類」より）

〈主な麻痺の分類〉

〈(右)片麻痺〉	〈対麻痺〉	〈四肢麻痺〉	〈単麻痺〉

四肢のうち一肢。
どの四肢の麻痺でもよい。

・片麻痺(hemiplegia)：身体の左右いずれか片側の上下肢にみられる運動麻痺。原因の多くは，脳血管障害。脳の障害部位と反対側に出現する。
・対麻痺(paraplegia)：両下肢の運動麻痺。脊髄障害によることが多い。
・四肢麻痺(tetraplegia)：両側性の上下肢の運動麻痺。高齢者では，脳血管障害が主な原因であるが，乳幼児期では，副腎白質ジストロフィー症などの疾患についても考慮する必要がある。
・単麻痺(monoplegia)：上下肢のうち，いずれか一肢の運動麻痺。

 国際生活機能分類（ICF） 難 ●●●○●● 易

35回-2 国際生活機能分類（ICF）に関する次の記述のうち，**正しいもの**を**1つ**選びなさい。

1 対象は障害のある人に限定されている。
2 「社会的不利」は ICF の構成要素の一つである。
3 「活動」とは，生活・人生場面への関わりのことである。
4 仕事上の仲間は「環境因子」の一つである。
5 その人の住居は「個人因子」の一つである。

選択肢考察

　ICF は人間の**生活機能**（「心身機能・身体構造」「活動」「参加」）とそれに影響する**背景因子**（「個人因子」「環境因子」）の分類で構成される。そして，生活機能に影響する健康状態を加えた生活機能モデルについて構成要素間の相互作用のなかで捉えるものとされている（p.7 の表，図を参照）。

×1　国際生活機能分類(ICF)は，**障害の有無に関わらず，すべての人を対象**にした健康に関する分類である。

×2　「社会的不利」は，**国際障害分類（ICIDH）モデルに基づく記述**である。ICF では，「**参加制約**」と表現される。

×3　「活動」とは，**個人による課題や行為の遂行**のことである。生活・人生場面への関わりは，「**参加**」を指す。

○4　「**環境因子**」は，**物的な環境**（建物，道路，交通機関，自然環境など），**人的な環境**（家族，友人，仕事上の仲間など），**態度や社会意識としての環境**，**制度的な環境**（医療，保健，福祉，介護，教育などのサービス・制度・政策など）のことであり，**仕事仲間はこの構成要素に含まれる**。

×5　その人の住居は物的な環境であるため，「**環境因子**」の一つである。なお，「**個人因子**」は，その人固有の特徴のことである。

参照ページ　『合格教科書 2025』p.5，6　　　　　　　　　　　　　　　正解 4

 国際生活機能分類（ICF）（事例問題） 難 ●●○●● 易

34回-2 事例を読んで，国際生活機能分類（ICF）のモデルに基づく記述として，**最も適切なものを1つ選び**なさい。

〔事 例〕
Aさん（40歳）は，脳性麻痺のため，歩行訓練をしながら外出時は杖を使用していた。しかし麻痺が進行し，電動車いすを使用するようになり，電車での通勤が困難となった。その後，駅の階段に車いす用の昇降機が設置され，電車での通勤が可能となった。

1 疾患としての脳性麻痺は，「個人因子」に分類される。
2 電動車いす使用は，「心身機能・身体構造」に分類される。
3 杖歩行が困難となった状態は，「活動制限」と表現される。
4 電車通勤が困難となった状態は，「能力障害」と表現される。
5 歩行訓練は，「環境因子」に分類される。

選択肢考察

×1 疾患としての脳性麻痺は，「**健康状態**」の構成要素に分類される。
×2 電動車いすは，福祉用具であり，「**環境因子**」に分類される。
○3 選択肢のとおりである。生活上必要な行為である歩行という「活動」が「制限」された状態である。
×4 「能力障害」は，国際障害分類（**ICIDH**）モデルに基づく記述である。**ICF** では，電車通勤が困難となった状態は，仕事という社会への関わりが制限されていることから，「**参加制約**」と表現される。
×5 「環境因子」は，物的な環境，人的な環境，制度的な環境，社会意識などを構成する因子のことである。歩行訓練は，「**活動制限**」の改善を図るための働きかけである。

参照ページ 『合格教科書2025』p.5,6 正解 3

NEW
 障害の概要 難 ●●○●● 易

36回-3 次のうち，身体障害者手帳の交付対象となる内部障害として，**正しいものを1つ選びなさい。**

1 視覚障害
2 そしゃく機能障害
3 平衡機能障害
4 ヒト免疫不全ウイルスによる免疫機能障害
5 体幹機能障害

選択肢考察

身体障害者手帳は，身体障害者福祉法施行規則別表第5号「**身体障害者障害程度等級表**」に定められた障害程度（一定以上で永続することが要件）に該当すると認定された人に対して交付される。別表に定められている障害は，①視覚障害，②聴覚又は平衡機能の障害，③音声機能，言語機能又はそしゃく機能の障害，④肢体不自由（上肢，下肢，体幹），⑤心臓，じん臓又は呼吸器の機能の障害，⑥ぼうこう又は直腸の機能の障害，

⑦小腸の機能の障害，⑧ヒト免疫不全ウイルスによる免疫の機能の障害，⑨肝臓の機能の障害，である。

×1
×2
×3
×5
選択肢の障害は身体障害者手帳の交付対象となる障害に含まれるが，**内部障害には該当しない**。

○4　内部障害とは**内臓機能の障害**のことである。身体障害者福祉法では，内部障害の種類を上記の⑤～⑨，すなわち，心臓機能障害，腎臓機能障害，呼吸器機能障害，膀胱・直腸機能障害，小腸機能障害，肝臓機能障害，**ヒト免疫不全ウイルスによる免疫機能障害**と分類している。

参照ページ　『合格教科書 2025』p.21　　　　　　　　　　　　　　　正解 4

障害の概要（事例問題）

難 ●●○●● 易

35回-6　事例を読んで，Aさんの症状として，**最も適切なもの**を1つ選びなさい。

〔事 例〕
　Aさん（55歳）は，出勤途中に突然歩けなくなり，救急病院に運ばれた。脳梗塞と診断され，治療とリハビリテーションを受けたが，左の上下肢に運動麻痺が残った。左足の感覚が鈍く，足が床についているかどうか分かりにくい。歩行障害があり，室内は杖歩行又は伝い歩きをしている。呂律（ろれつ）が回らないことがあるが，会話，読み書き，計算は可能である。食事は右手で箸を持って問題なく食べることができる。尿便意はあるが，自分でトイレに行くのが難しいため，間に合わず失禁することがある。
1　失語症
2　対麻痺
3　感覚障害
4　嚥下（えんげ）障害
5　腎臓機能障害

選択肢考察

×1　失語症は，「聞く」「話す」「読む」「書く」といった**言語機能に障害**が生じて，言語の理解や表現ができなくなる障害である。Aさんは会話，読み書きが可能であることから失語症は適切ではない。一方で，呂律が回らないというのは構音障害の症状の一つである。

×2　対麻痺は，**両側の下肢の運動麻痺**のことである。Aさんは左の上下肢に運動麻痺があるため，対麻痺ではなく**片麻痺**である。

○3　Aさんは左足の感覚が鈍く，足が床についているかどうか分かりにくいという症状があることから**感覚障害**が考えられる。感覚障害で多いのは，感覚低下，錯感覚，異常感覚，感覚過敏，疼痛とされる。

×4　嚥下障害は，**飲食物を飲み込む動作がうまくできない状態**である。Aさんは右手で箸を持って食事を問題なく食べることができるため，嚥下障害ではない。

×5　腎臓機能障害は，腎臓の機能低下により，老廃物や水分を排泄できなくなり，**不必要な物質や有害な物質が体内に蓄積する状態**である。Aさんの場合，尿便意はあるが，トイレに間に合わず失禁することがあるという状態であり，腎臓機能障害は考えられない。

参照ページ　『合格教科書 2025』p.13, 14　　　　　　　　　　　　正解 3

障害の概要

難 ●●○●● 易

36回-5 自閉スペクトラム症（ASD）に関する次の記述のうち，**最も適切なもの**を1つ選びなさい。

1 成人になってから発症する。
2 こだわりは強くない。
3 幻覚がみられる。
4 常同的な行動は認められない。
5 相手の気持ちを理解することが苦手である。

選択肢考察

×1 **乳幼児期**から症状がみられ，3歳までに診断されることが多いとされている。

×2 **固執やこだわりが強い。**

×3 幻覚ではなく，感覚過敏や感覚鈍麻などの**感覚異常**がみられる。

×4 **常同的，反復的な行動や会話**が認められる。

○5 選択肢の通りである。社会生活における**コミュニケーションや対人関係において困難がみられる**特徴がある。

参照ページ 『合格教科書2025』p.23, 26　　　　　　　　　　　　　　**正解5**

障害の概要

難 ●●○●● 易

36回-6 次のうち，精神疾患の診断・統計マニュアル（DSM-5）において，発達障害に当たる「神経発達症群/神経発達障害群」[※]に分類されるものとして，**正しいもの**を1つ選びなさい。

1 神経性無食欲症
2 統合失調症
3 パニック障害
4 適応障害
5 注意欠如・多動症（ADHD）

※ DSM-5からDSM-5-TR（以下TR）への改訂に伴い，現在は「神経発達症群/神経発達障害群」の日本語訳が，「神経発達症群」に変更されている。
（DSM-5とTRの違い：診断基準に大きな変更はないが，疾患名の日本語訳変更及び説明がより詳細になっている）

選択肢考察

×1 「神経性やせ症/神経性無食欲症」（TRでは，日本語訳が「神経性やせ症」に変更）は，「**食行動障害および摂食障害群**」（TRでは，日本語訳が「食行動症及び摂食症群」に変更）に分類される。

×2 「統合失調症」（TRでも日本語訳変更なし）は，「**統合失調症スペクトラム障害および他の精神病性障害群**」（TRでは，日本語訳が「統合失調スペクトラム症及び他の精神症群」に変更）に分類される。

×3 「パニック症/パニック障害」（TRでは，日本語訳が「パニック症」に変更）は，「**不安症群/不安障害群**」（TRでは，日本語訳が「不安症群」に変更）に分類される。

×4 「適応障害」（TRでは，日本語訳が「適応反応症」に変更）は，「**心的外傷およびストレス因関連障害群**」

（TRでは，日本語訳が「心的外傷及びストレス因関連症群」に変更）に分類される。

○5 　選択肢の通りである。「神経発達症群/神経発達障害群」（TRでは，日本語訳が「神経発達症群」に変更）の分類には，**注意欠如・多動症（ADHD）**（TRでは，日本語訳が「注意欠如多動症（ADHD）」に変更）の他に，**知的能力障害群**（TRでは，日本語訳が「知的発達症群」に変更），**自閉スペクトラム症/自閉スペクトラム障害**（TRでは，日本語訳が「自閉スペクトラム症」に変更），**コミュニケーション症群/コミュニケーション障害群**（TRでは，日本語訳が「コミュニケーション症群」に変更），**限局性学習症/限局性学習障害**（TRでは，日本語訳が「限局性学習症」に変更），**運動症群/運動障害群**（TRでは，日本語訳が「運動症群」に変更），他の神経発達症群/他の神経発達障害群（TRでは，日本語訳が「他の神経発達症群」に変更）が含まれている。

参照ページ 『合格教科書 2025』p.23, 25 　　　　　　　　　　　　　　　　　　　**正解 5**

 障害の概要 　　　　　　　　　　　　　　　　　　　　　　　　　

35 回-7 　注意欠如・多動症（ADHD）※に関する次の記述のうち，**最も適切なもの**を 1 つ選びなさい。

1 　学童期の有病率はおよそ 20％とされている。
2 　多動性の症状は，青年期及び成人期には改善することが多い。
3 　学校での症状が主であり，家庭では症状がみられないことが多い。
4 　精神疾患の診断・統計マニュアル（DSM-5）では，4 歳以前に症状があることを診断基準としている。
5 　治療としては，薬物療法が第一選択となることが多い。

※ DSM-5 から DSM-5-TR（以下 TR）への改訂に伴い，現在は「注意欠如・多動症」の日本語訳が，「注意欠如多動症」に変更されている。
　（DSM-5 と TR の違い：診断基準に大きな変更はないが，疾患名の日本語訳変更及び説明がより詳細になっている）

選択肢考察

×1 　学童期の子どもの有病率は **3～7％程度** とされている。

○2 　成長に伴い多動性の症状は改善していく傾向があるが，**不注意の症状は持続的に認められる傾向**があるとされている。

×3 　ADHD は不注意と多動・衝動性の症状が持続的に認められ，そのために日常生活に困難が生じている状態である。ADHD の症状による行動は **学校生活にも家庭生活にも支障をきたす** ことがある。また，症状の現れ方も人により様々である。

×4 　精神疾患の診断・統計マニュアル（TR）では，症状のいくつかが **12 歳以前** より認められることを診断基準としている。

×5 　ADHD 治療は，**環境・行動への介入，薬物療法を組み合わせて行うと効果が高い** とされる。なお，環境・行動への介入には，環境調整（作業環境を集中しやすいように調整する），ソーシャルスキルトレーニング（社会生活を送るうえで必要なスキルの訓練），ペアレントトレーニング（ADHD を持つ子どもとの接し方や子育ての工夫を学ぶプログラム）などがある。薬物療法では ADHD の不注意，多動・衝動性を軽減する治療薬を服用する。ADHD の治療薬には，メチルフェニデート，アトモキセチン，グアンファシン，リスデキサンフェタミンがある。

参照ページ 『合格教科書 2025』p.23 　　　　　　　　　　　　　　　　　　　　**正解 2**

障害の概要

34回-5 次のうち，双極性障害※の躁状態に特徴的な症状として，**最も適切なもの**を1つ選びなさい。

1 体感幻覚
2 作為体験
3 日内変動
4 誇大妄想
5 思考途絶

※ DSM-5からDSM-5-TR（以下TR）への改訂に伴い，現在は「双極性障害」の日本語訳が，「双極症」に変更されている。
（DSM-5とTRの違い：診断基準に大きな変更はないが，疾患名の日本語訳変更及び説明がより詳細になっている）

選択肢考察

×1 体感幻覚とは，実際には起こっていない不快な身体症状を感じる症状であり，**統合失調症**の症状でみられる。

×2 作為体験とは，「させられ体験」ともいい，自律的な思考や行動ができず，他人や何かの力により思考や行動が操られていると感じる症状であり，**統合失調症**の症状でみられる。

×3 **うつ病**の特徴である。午前中は抑うつ気分が強く，午後から夕方にかけて抑うつ気分が軽快してくるという1日のなかでの自覚症状の変化を指す。

○4 選択肢の通りである。誇大妄想とは，自分の能力や地位などを実際以上に高く感じて**過大に評価して，そのように思い込むこと**であり，双極性障害の躁状態や統合失調症でもみられる症状である。

×5 思考途絶とは，思考の流れが急に途切れて思考が停止することであり，**統合失調症**の症状でみられる。

参照ページ 『合格教科書2025』p.24　　　　　　　　**正解 4**

障害の概要

34回-6 次のうち，精神疾患の診断・統計マニュアル（DSM-5）において，物質関連障害及び嗜癖性障害群※に分類されるものとして，**正しいもの**を1つ選びなさい。

1 限局性学習症（限局性学習障害）
2 ギャンブル障害
3 神経性やせ症（神経性無食欲症）
4 強迫症（強迫性障害）
5 急性ストレス障害

※ DSM-5からDSM-5-TRへの改訂に伴い，現在は「物質関連障害及び嗜癖性障害群」の日本語訳が，「物質関連症及び嗜癖症群」に変更されている。
（DSM-5とTRの違い：診断基準に大きな変更はないが，疾患名の日本語訳変更及び説明がより詳細になっている）

選択肢考察

×1 「限局性学習症/限局性学習障害」（TRでは，日本語訳が「限局性学習症」に変更）は，「**神経発達症群/神経発達障害群**」（TRでは，日本語訳が「神経発達症群」に変更）に分類される。

○2 「物質関連障害及び嗜癖性障害群」の分類には，物質関連としてアルコール，カフェイン，大麻，幻覚薬，吸入剤，オピオイド，鎮静薬・睡眠薬・抗不安薬，精神刺激薬，タバコ，その他，非物質関連とし

てギャンブル障害（TRでは，日本語訳が「ギャンブル行動症」に変更）が含まれる。

×3　「神経性やせ症/神経性無食欲症」（TRでは，日本語訳が「神経性やせ症」に変更）は，**食行動障害および摂食障害群**（TRでは，日本語訳が「食行動症及び摂食症群」に変更）に分類される。

×4　「強迫症/強迫性障害」（TRでは，日本語訳が「強迫症」に変更）は，**強迫症および関連症群/強迫性障害および関連障害群**（TRでは，日本語訳が「強迫症及び関連症群」に変更）に分類される。

×5　「急性ストレス障害」（TRでは，日本語訳が「急性ストレス症」に変更）は，**心的外傷およびストレス因関連障害群**（TRでは，日本語訳が「心的外傷及びストレス因関連症群」に変更）に分類される。

参照ページ　　『合格教科書 2025』p.26　　　　　　　　　　　　　　　　　　　**正解 2**

 リハビリテーションの概念と範囲　　　　　　　　難●●●○●●易

34回-7　　リハビリテーションに関する次の記述のうち，**最も適切なもの**を1つ選びなさい。

1　リハビリテーションに関わる専門職に管理栄養士は含まれないとされている。
2　嚥下（えんげ）障害のリハビリテーションは視能訓練士が行う。
3　障害者の就労支援はリハビリテーションに含まれないとされている。
4　フレイルはリハビリテーションの対象に含まれる。
5　先天性の障害はリハビリテーションの対象に含まれないとされている。

選択肢考察

×1　**リハビリテーションでは包括的な対応が必要となるため**，医師，看護師，理学療法士，作業療法士，言語聴覚士，医療ソーシャルワーカー，臨床心理士，**栄養士**，義肢装具士**など複数の専門職によるチームアプローチが必要**となる。

×2　摂食・嚥下障害に対するリハビリテーションは**言語聴覚士**が行う。なお，言語聴覚士は，人工内耳の調整にも対応することが言語聴覚士法で規定されている。

×3　リハビリテーションには，医学的リハビリテーション，教育的リハビリテーション，職業的リハビリテーション，社会的リハビリテーションの分野がある。職業的リハビリテーションは，障害者に対して職業指導，職業訓練，職業紹介などを行うことで職業生活における自立を図るものであり，障害者の就労支援は**職業的リハビリテーションに含まれる**。

○4　選択肢の通りである。フレイルとは，加齢に伴う生理的予備能力低下のため，ストレスに対する脆弱性が高まり，生活機能障害，要介護状態，死亡などの転帰に陥りやすい状態を指す。リハビリテーションでは生活機能の維持・向上を図ることも目的の一つであるため，**フレイルはリハビリテーションの対象**となる。

×5　リハビリテーションの理念は，人間らしく生きる権利の回復という広い範囲の活動を指す。障害者の身体的，精神的，社会的な自立能力の向上を図ることもリハビリテーションの目的であるため，先天性であれ後天性であれ，**障害が生じた結果，日常生活に困難をきたしている人はリハビリテーションの対象**となる。

参照ページ　　『合格教科書 2025』p.2, 9　　　　　　　　　　　　　　　　　　**正解 4**

疾病と障害及びその予防・治療・予後・リハビリテーション　難 ●●●○●●● 易

35回-3　次のうち，疾病の予防に関する記述として，**正しいもの**を１つ選びなさい。

1　特定健康診査は一次予防である。
2　糖尿病予防教室は一次予防である。
3　ワクチン接種は二次予防である。
4　リハビリテーションは二次予防である。
5　胃がんの手術は三次予防である。

選択肢考察

　疾病の予防は３段階で考えられており，一次予防は**健康増進と発病予防**，二次予防は**疾病の早期発見と早期治療**，三次予防は**疾病悪化の予防と合併症の予防**，リハビリテーションである。

×1　メタボリックシンドロームの早期発見を目的とする特定健康診査は**二次予防**に該当する。
○2　健康教育による疾病予防は**一次予防**に該当する。他にも生活習慣や生活環境の改善による疾病予防や健康増進，事故防止による傷害の発生の予防なども一次予防に該当する。
×3　疾病の発生予防を目的とするワクチン接種は**一次予防**に該当する。
×4　リハビリテーションは**三次予防**に該当する。
×5　疾病の早期治療を目的とする胃がんの手術は**二次予防**に該当する。

参照ページ　『合格教科書 2025』p.9　　　　　　　　　　　　　　　　　**正解 2**

疾病と障害及びその予防・治療・予後・リハビリテーション　難 ●●○●●●● 易

35回-4　次のうち，2022年（令和４年）における，がん（悪性新生物）の主な部位別にみた死亡数で女性の第１位として，**正しいもの**を１つ選びなさい。[改変]

1　大腸がん
2　胃がん
3　膵臓がん
4　乳がん
5　肺がん

[改変]2021年（令和３年）→2022年（令和４年）]

選択肢考察

　「令和４年（2022）人口動態統計（厚生労働省）」を元にした「最新がん統計（国立がん研究センター）」によると，女性におけるがんの部位別にみた死亡数の順位は，第１位 大腸がん，第２位 肺がん，第３位 膵臓がん，第４位 乳がん，第５位 胃がんの順になっている。一方，男性では，第１位 肺がん，第２位 大腸がん，第３位 胃がん，第４位 膵臓がん，第５位 肝臓がんの順となっている。

○1　大腸がんは**第１位**である。

×2 　胃がんは**第5位**である。

×3 　膵臓がんは**第3位**である。

×4 　乳がんは**第4位**である。

×5 　肺がんは**第2位**である。

参照ページ 『合格教科書2025』p.18 正解 1

 ## 疾病と障害及びその予防・治療・予後・リハビリテーション 難 ●●●○●●● 易

34回-3 感染症に関する次の記述のうち，**正しいもの**を**1つ**選びなさい。

1 　ノロウイルスの潜伏期間はおよそ14日である。

2 　インフルエンザは肺炎を合併することがある。

3 　肺炎はレジオネラ菌によるものが最も多い。

4 　疥癬（かいせん）の原因はノミである。

5 　肺結核の主な感染経路は飛沫（ひまつ）感染である。

選択肢考察

×1 　ノロウイルスの潜伏期間は**1～2日**である。ノロウイルスに対しては消毒用アルコールや逆性石けんでは効果がなく，塩素系漂白洗剤（次亜塩素酸ナトリウム）や加熱（85℃，1分以上）による対処が有効とされている。

○2 　選択肢の通りである。インフルエンザが重症化することで，小児では**インフルエンザ脳症**，高齢者や免疫力が低下した人では**二次性細菌性肺炎**などの合併症を発症することがある。

×3 　肺炎の原因となる病原微生物は，**肺炎球菌が最も多く**，ほかにインフルエンザ菌，肺炎マイコプラズマ，肺炎クラミドフィラなどがある。

×4 　疥癬の原因は**ヒゼンダニ**である。ヒゼンダニが皮膚に寄生して皮膚炎を起こす皮膚感染症が疥癬である。皮膚への直接接触が感染の主体であるが，患者が使用した寝具や衣類からも感染し得る。

×5 　肺結核の主な感染経路は**空気感染**である。空気感染（飛沫核感染）とは，感染者から出た飛沫核（病原体を含む飛沫の水分が蒸発してできた小さな粒子）が空気中を浮遊し，これを吸い込むことで感染することをいう。一方，飛沫感染は，感染者の咳やくしゃみなどの飛沫を吸い込むことで感染することをいう。

参照ページ 『合格教科書2025』p.19 正解 2

疾病と障害及びその予防・治療・予後・リハビリテーション 難 ●●○●● 易

35回-5 パーキンソン病の原因と症状に関する次の記述のうち，**正しいものを2つ**選びなさい。

1 小脳の異常である。
2 脳内のドーパミンが増加して発症する。
3 安静時に震えが起こる。
4 筋固縮がみられる。
5 大股で歩行する。

選択肢考察

×1 ┐
×2 ┘ 中脳の黒質にあるドーパミン神経細胞の減少に伴い，**脳内のドーパミンが減少**することで発症する。

○3 ┐ パーキンソン病の4大症状として①**安静時振戦**（安静時に震えがみられる），②**筋強縮，もしくは筋固縮**（筋肉の緊張が強くなり動きがぎこちなくなる），③**無動・寡動**（全身の動作が鈍くなる），④**姿勢反射障**
○4 ┘ **害**（体のバランスがとりにくくなり転びやすくなる）がある。

×5 パーキンソン病の4大症状の影響により**小刻み歩行**となる。

参照ページ 『合格教科書2025』p.15　　　　　　　　　　　　正解 3, 4

 ## 疾病と障害及びその予防・治療・予後・リハビリテーション 難 ●●○●● 易

34回-4 骨・関節疾患及び骨折に関する次の記述のうち，**正しいものを1つ**選びなさい。

1 骨粗鬆症（こつそしょうしょう）は女性より男性に多い。
2 関節リウマチでみられる手指のこわばりは夕方に多い。
3 腰部脊柱管狭窄症（きょうさくしょう）は若年者に多い疾患である。
4 大腿骨（だいたいこつ）近位部骨折は保存治療が優先される。
5 変形性関節症の中で最も多いのは，変形性膝関節症である。

選択肢考察

×1 骨粗鬆症は男性より**女性に多い**。女性は男性に比べて骨量が少ないうえ，女性ホルモンであるエストロゲンが骨代謝の調節を行っているため，閉経後に女性ホルモンが減少すると骨粗鬆症を発症しやすくなる。

×2 関節リウマチでみられる手指のこわばりは**朝に出現することが多い**。しばらく関節を動かさないと現れるため，朝に出やすい。関節リウマチは，全身の関節に炎症を引き起こす自己免疫疾患であり，選択肢以外の症状としては，関節炎による関節の疼痛・腫脹・変形，リウマトイド結節などがある。男性よりも女性で多く発症する。

×3 腰部脊柱管狭窄症では，加齢や労働による負担などにより椎間板や腰椎が変形して脊柱管が狭くなり，そのなかを通る神経が圧迫されることで腰痛，下肢のしびれや痛みなどが生じる。基本的に**高齢者に多い疾患**である。間欠性跛行（歩行しているとしびれや痛みを感じ，休憩するとそれらの症状が消失し歩行可

能となる。しかし，歩行を再開すると同じ症状が出現する）という特徴的な症状がみられる。

×4　大腿骨近位部骨折は，そのままでは治りにくいため，**手術療法が基本**となる。なお，大腿骨近位部骨折は高齢者における4大骨折（大腿骨近位部，脊柱（腰椎），橈骨遠位端，上腕骨近位部）の一つである。

○5　選択肢のとおりである。股関節でも起こりやすいが，**どの関節でも起こり得る**。なお，変形性関節症は，関節軟骨がすり減ることで起こる疾患であり，高齢になるほど罹患率が高くなる。また，男性よりも**女性で多く発症**する。

> **参照ページ**　『合格教科書 2025』p.4　　　　　　　　　　　　　　　　　　　　　　　　**正解 5**

疾病と障害及びその予防・治療・予後・リハビリテーション　難●●○●●●易

36回-4　目の構造と病気に関する次の記述のうち，**最も適切なもの**を1つ選びなさい。

1　眼球の外層にある白目の部分は角膜である。
2　白内障は水晶体が混濁してものが見えにくくなる。
3　緑内障は眼圧が下がって視野障害を来す。
4　加齢黄斑変性症では視力は保たれる。
5　糖尿病性網膜症では失明は起こらない。

選択肢考察

×1　眼球の外層にある白目の部分は**強膜**である。角膜は，眼球の最前部中央にある透明で円形の無血管組織であり，一般に黒目とよばれる部分である。

○2　選択肢の通りである。白内障はさまざまな原因で起こるが，**もっとも多い原因は加齢**によるものである。

×3　緑内障は何らかの原因で視神経が障害されて視野狭窄や視野欠損などの**視野障害をきたす**病気である。**眼圧の上昇が原因の一つ**であるとされるが，正常な眼圧でも視神経障害を生じる正常眼圧緑内障もある。なお，緑内障は，日本人の**中途失明原因の第1位**となっている。

×4　加齢黄斑変性症は加齢に伴い網膜の中心部である黄斑が障害されて**視力低下をきたす**病気である。

×5　糖尿病性網膜症は高血糖状態の持続により網膜の微小血管が損傷することで視力低下を来たす病気である。悪化すると眼球内部の出血や網膜剥離を起こして**失明に至る場合がある**。なお，糖尿病性網膜症は**糖尿病性神経障害，糖尿病性腎症とともに糖尿病の三大合併症**のひとつであり，日本人の中途失明原因の上位に位置している。

> **参照ページ**　『合格教科書 2025』p.3, 20　　　　　　　　　　　　　　　　　　　　　　　**正解 2**

〈目の構造〉

チン小帯
（毛様体小帯）

前眼房

角膜

水晶体（レンズ）

瞳孔

虹彩

強膜

脈絡膜

網膜

黄斑

網膜中心動脈

視神経

硝子体

NEW

疾病と障害及びその予防・治療・予後・リハビリテーション　難●●●●○●●易

36回-7　廃用症候群に関する次の記述のうち，**正しいもの**を1つ選びなさい。

1　若年者にも生じる。
2　数日間の安静では，筋力低下は起こらない。
3　長期臥床により筋肉量が増加する。
4　骨粗鬆症は安静臥床により改善する。
5　予防することはできない。

選択肢考察

○1　選択肢の通りである。廃用症候群は，疾病や加齢に関連して**活動性が低下しやすい高齢者**で起こりやすいが，病気や怪我による**過度の安静状態**や**長期臥床が必要になった人**にも起こりやすい。したがって，事故や病気で寝たきりの状態になれば若年者でも生じうる。

×2　高齢者の場合は，加齢に伴う生理的予備能が低下しているため，数日間の安静でも**筋力低下は起こりうる**。

×3　長期臥床により身体活動量が極端に低下することで**筋肉量の減少，筋力の低下**が起こりうる。

×4　**安静臥床による身体活動量の低下は，骨量を減少させ，骨粗鬆症の原因**となりうる。骨粗鬆症を改善する治療では，骨代謝を整えることを目的とした薬物療法を中心として，食事療法や運動療法も並行して行う。

×5　廃用症候群の原因は，過度の安静状態や長期臥床によるものであるため，早期離床や適切なリハビリテーションなどで活動量，運動量を増加することで廃用症候群の**予防は可能**である。

参照ページ　『合格教科書2025』p.2, 4　　　　　　　　　　　　　　正解 1

心理学と心理的支援

● 内容一覧 ●

出題項目	国試回数	内容一覧	事例	頁
感情・動機づけ・欲求	36 回-11	原因帰属		23
	35 回-8	内発的動機づけにおいて生じる現象		24
感覚・知覚	36 回-8	知覚		24
学習・行動	36 回-9	オペラント条件づけ		25
	34 回-8	レスポンデント（古典的）条件づけの事例		26
認知	36 回-10	ワーキングメモリー		26
	34 回-9	記憶（展望的記憶の事例）		27
個人差	35 回-9	性格特性の5因子モデル（ビッグファイブ）		28
人と環境	35 回-10	集団における行動（傍観者効果の事例）		28
生涯発達	35 回-11	子どもの発達		29
心の発達の基盤	34 回-10	ピアジェ（Piaget, J.）の発達理論		30
	34 回-11	エリクソン（Erikson, E.）の発達段階説		31
心の不適応	34 回-12	ストレス		31
	36 回-12	心的外傷後ストレス障害（PTSD）		32
	35 回-12	問題焦点型ストレス対処法（コーピング）の事例		33
心理アセスメント	36 回-13	心理検査		33
	35 回-13	心理検査		34
	34 回-13	心理検査		35
心理的支援の基本的技法	36 回-14	クライエント中心療法		36
心理療法におけるアセスメントと介入技法の概要	34 回-14	心理療法		36
	35 回-14	心理療法		37

傾向と対策

過去問の傾向を知り，適切な対策を！

● 傾向分析表【心理学と心理的支援】●

項　目　名	第36回	第35回	第34回	問題数
感情・動機づけ・欲求	●	●		2
感覚・知覚	●			1
学習・行動	●		●	2
認知	●		●	2
個人差		●		1
人と環境		●		1
生涯発達		●		1
心の発達の基盤			●●	2
心の不適応	●	●	●	3
心理アセスメント	●	●	●	3
心理的支援の基本的技法	●			1
心理療法におけるアセスメントと介入技法の概要		●	●	2
問　題　数	7問	7問	7問	21問

●傾向と対策

　本科目ほど，難しいのか，簡単なのか掴みづらい科目はない。幅広く，そして難易度もバラバラである。加えて問題の提示の仕方も様々である。しかし過去問を振り返ると本科目は「心理学用語の意味」をしっかりと覚えることが有効である。要するに「心理学用語を正確に理解しているか？」である。心理学用語は読んでいても似かよっており，混乱する受験生もいるであろうが，これを把握しなくてはならない。支援法の問題も出てくるが，その裏には「心理学用語の意味」を聞いている問題が多い。

　勉強内容を心理学用語に力を置くことを勧める。条件づけ理論，知覚の種類や外来語，人の名前が心理検査になっているものなど，これまで心理学に携わることのなかった受験生は，多少覚えるのに苦労を要するが，それを超えなければ高得点は期待できない。また，動機づけや，学習に関する出題は，基礎的で流行り廃りがない。確実に理解しておくとよいだろう。今後はより援助法の問題（カウンセリングとソーシャルワークの関係）が多くなることが予想される。

●頻出項目

①人の心理学的理解
「心理学と心理的支援」心理学の基礎的な知識に関する項目
「感情・動機づけ・欲求」「感覚・知覚」「学習・行動」「認知」「個人差」「人と環境」

②人の成長・発達と心理
ピアジェ（Piaget, J.）やエリクソン（Erikson, E.）の発達理論

③日常生活と心の健康

④心理検査

⑤心理療法の概要
クライエント中心療法，箱庭療法，行動療法，認知療法

感情・動機づけ・欲求

難 ●●○●● 易

36回-11 職場でうまく適応できない原因に関する相談者の次の発言のうち，ワイナー（Weiner, B.）による原因帰属の理論に基づき，安定し，かつ外的な原因による例として，**最も適切なもの**を1つ選びなさい。

1　自分の能力不足が原因だと思います。
2　最近の体調不良が原因です。
3　業務内容が難しかったことが原因です。
4　たまたま運が悪かったのが原因です。
5　自分の努力不足が原因だと感じています。

✓ ✓ ✓

選択肢考察

×1　**ワイナーの原因帰属理論**では，課題の成功・失敗の原因を**統制**と**安定性**を軸として分類し，**能力，努力，課題の難しさ，運**の4要因に帰属する。自分の能力不足を原因とするのは，**安定に分類されるが，内的**である。

×2　体調不良は，寝不足や不摂生など自分の体調管理に原因がある場合もあるが（**内的**），感染症の流行や，感染者との接触など**外的**な原因も考えられ，**原因を特定することは困難**である。

○3　業務という**課題の難しさ**は，自分以外に責任がある**外的な原因**で，その困難度は自分が努力しても変わりにくい**安定したもの**だと考える。そして人は自分では困難度を変化させることが難しいと判断した場合，課題達成のための努力につながりにくい。

×4　運は不確定要素が大きく不安定で，**自分以外に原因**を求める。そのため，達成するために自分で努力するという姿勢に欠ける。運を原因とするのは，**外的かつ不安定**に分類される。

×5　課題が達成できない原因を自分の努力不足に帰属させる人は，一般に**達成動機**が高く課題達成のために努力をする**モチベーション**を持っている。自分の努力不足を原因とするのは，**安定性に分類されるが，内的**である。

参照ページ　　『合格教科書2025』p.33

正解 **3**

〈ワイナーの原因帰属理論〉

安定性		統　制	
		統制不可能	統制可能
内　的	安　定	能　力	普段の努力
	不安定	気　分	一時的な努力
外　的	安　定	課題の難しさ	教師のバイアス
	不安定	運	他者の助力

心理学と心理的支援

感情・動機づけ・欲求

35回-8 次の記述のうち，内発的動機づけとして，**最も適切なもの**を1つ選びなさい。

1 大学の入試の要件となっているため，英語外部検定を受検した。
2 叱責されないように，勉強に取り掛かった。
3 授業中，寒いので，窓を閉めた。
4 お腹が減ったので，席を立って食事に行った。
5 投資に偶然興味を持ったので，勉強した。

選択肢考察

×1 ある行動をとることが**その後の行動で有利になるという理由がある**場合，それは，自分の内からわく好奇心や楽しみによる動機づけ（内発的動機づけ）とはいえない。

×2 他者からの報酬を期待する動機だけでなく，叱責という他者からのネガティブな反応を避けるための回避行動も**外発的動機づけ**に含まれる。

×3 自分自身が寒さを感じている場合には，窓を閉めることは**自分の身体的な苦痛を回避するため行動**となり，自己の**有能感**や**達成感**を得るための動機づけ（内発的動機づけ）とはいえない。周囲の人が凍える可能性を考えて窓を閉めた場合には，他者への配慮や，他者からの評価を気にした**外発的な動機**による行動だと考えられる。

×4 生理的な欲求や，苦痛を回避するために起こす行動は，**欲求に基づいており，自己実現**や達成感につながるような動機づけ（内発的動機づけ）とはいえない。料理をすることに喜びを抱き，それが料理のやる気につながっているような場合は内発的動機づけといえる。

○5 **内発的動機づけ**の例である。報酬や他者からの評価に関わらず，自分の内なる興味関心が**自発的な行動を促すモチベーション**になっている。

参照ページ 『合格教科書2025』p.32 正解 5

NEW

感覚・知覚

36回-8 知覚に関する次の記述のうち，大きさの恒常性の事例として，**最も適切なもの**を1つ選びなさい。

1 形と大きさが同じ図形は，空間内でまとまっているように知覚される。
2 電光掲示板で表示されている絵や文字が動いて，大きさが変化して見える。
3 同じ人物が遠くにいる場合と近くにいる場合とでは，距離の違いほどに人の大きさが違って見えない。
4 線遠近法を使った絵画では，奥行きを感じることで書かれている物の大きさの違いが知覚される。
5 月を見ると，建物の上など低い位置にあるときは，天空高くにあるときよりも大きく見える。

選択肢考察

×1 近接の法則や，閉合の法則，良い連続の法則など，**一定の条件によりまとまりをもって知覚される**ことを**知覚の体制化**とよぶ。

×2 電光掲示板では，光自体は動いていなくても一つ一つの光が点滅することによって絵や文字が動いて

見える。**静止画像を一定の速さで示すと動いて見えることを仮現運動**といい，パラパラ漫画や，アニメーションもその例である。

○3 　網膜上では，人が遠ざかると人の像は小さくなっていくが，人の大きさ自体は変化しないため，人が**遠くにいようと近くにいようと同じ大きさだと知覚**される。これを大きさの恒常性という。

×4 　平行に走っている線を，**手前から奥へ向かうある一点に集束するように描く技法を線遠近法**という。この画法が使われている平面上では，同じ大きさの図形が，遠方にあると手前のものよりも大きく見える。

×5 　地平線に近い月のほうが中空の月より大きくみえるが，**月の大きさ自体に変わりはない。これは月の錯視**である。

参照ページ 　『合格教科書 2025』p.33, 34

正解 3

NEW

学習・行動

難 ●●○●● 易

36回-9 　次の記述のうち，オペラント条件づけの事例として，**最も適切なものを1つ**選びなさい。

1 　電車に乗っているときに事故にあってしまい，それ以降電車に乗るのが怖くなってしまった。
2 　以前に食べたときに体調が悪くなった食品を見ただけで，気分が悪くなってしまった。
3 　犬にベルの音を聞かせながら食事を与えていると，ベルの音だけで唾液が分泌するようになった。
4 　人に迷惑をかけるいたずらをした子どもを叱ったら，その行動をしなくなった。
5 　病院で受けた注射で痛い経験をした子どもが，予防接種のときに医師の白衣を見ただけで怖くなって泣き出した。

選択肢考察

×1 　最初は，電車に乗ること自体が危険なこととして認識されていないが，事故にあったことによって電車に乗ることや電車自体に恐怖や不安が生じることがある。これは**レスポンデント条件づけ**の例である。

×2 　食品そのものはもともと特別な反応の起こらない**中性刺激**だったが，**無条件刺激**である身体の不調が起きたことにより，その食品は**条件刺激**となった。**レスポンデント条件づけ**の例である。

×3 　**パブロフの犬**の実験が有名である。生来唾液を誘発するものである食事は**無条件刺激**で，唾液は**無条件反応**である。**中性刺激**であるベルの音を食事とともに聞かせ続けることで，ベルの音が**条件刺激**となっていく。**レスポンデント条件づけ**の例である。

○4 　**オペラント条件づけ**の説明である。叱られるという刺激が与えられ（正），迷惑をかけるという行動が減ること（弱化）は**正の弱化**の例である。

×5 　**アルバート坊やの実験**では，アルバート坊やが白ネズミを触ろうとした時に大きな音が出るよう繰り返したところ，彼は白ネズミやぬいぐるみを見ただけで泣くようになった。子どもが恐怖体験をすると，その時に見た情景をきっかけにして恐怖を感じるようになることがある。これは**レスポンデント条件づけ**の例である。

参照ページ 　『合格教科書 2025』p.34

正解 4

34回-8　次の記述のうち，レスポンデント（古典的）条件づけの事例として，**最も適切なもの**を１つ選びなさい。

1　デイサービスの体験利用をしたら思ったよりも楽しかったので，継続的に利用するようになった。
2　自動車を運転しているときに事故に遭ってから，自動車に乗ろうとすると不安な気持ちを強く感じるようになった。
3　試験前に時間をかけて勉強することで高得点が取れたので，次の試験前にも勉強に時間をかけるようになった。
4　おもちゃを乱暴に扱っていた子どもに注意をしたら，優しく扱うようになった。
5　工事が始まって大きな音に驚いたが，しばらく経つうちに慣れて気にならなくなった。

選択肢考察

×1　体験利用により楽しいという**好子**が出現し，デイサービスを利用する**行動が強化された**。逆に，利用時に不快な思いをした場合，それは**嫌子**となり，利用行動が**弱化**することもある。
○2　人は生来，危険なことに対して不安を感じるという無条件反射がある。元々自動車に乗るということに不安を生じていなかった人が，事故により自動車に乗ることが危険なこととして条件づけされた結果，自動車が**条件刺激**となり不安が生じるようになる。**レスポンデント（古典的）条件づけ**の事例である。
×3　時間をかけて勉強するという行動に高得点という**強化子**が伴うことで，行動が強化され次の行動に結びつく。強化子は，望ましい行動だけでなく，望ましくない行動を強化することもある。
×4　**オペラント条件づけの正の罰**の例である。注意をされるという嫌悪刺激が加わり（＝正），おもちゃを乱暴に扱う行動が減った。罰とは，刺激が加えられることで，ある行動が減ることを指す。
×5　大きな音に驚くことは生体の自然な反応だが，その刺激に繰り返しさらされると，**馴化**が生じ驚愕反応は減っていく。

参照ページ　『合格教科書 2025』p.34　　　　　　　　　　　　　　　　　　正解 2

36回-10　記憶に関する次の記述のうち，ワーキングメモリー（作動記憶）について，**最も適切なもの**を１つ選びなさい。

1　自転車の運転など，一連の動作に関する記憶である。
2　休みの日に外出したなど，個人の経験に関する記憶である。
3　カラスは鳥であるなど，一般的な知識に関する記憶である。
4　感覚器が受け取った情報を，長期間そのまま保持する記憶である。
5　暗算をするときなど，入力された情報とその処理に関する一時的な記憶である。

選択肢考察

×1　自転車の乗り方や，スポーツの動き方，楽器の演奏など，身体で記憶するものを**手続き記憶**という。

一度身につければ忘れることのない記憶で，久しぶりでもまもなく勘をとりもどすことができる。

×2　いつ，どこで，誰と，何をしたかについて，改めて覚えようと努力をしなくても，**日記のように記憶**されていく。これを**エピソード記憶**と呼ぶ。

×3　言葉の意味や，歴史の年号など，知識や事実についての記憶を**意味記憶**という。**意味記憶はエピソード記憶**とともに**長期記憶**に属する。

×4　視覚や嗅覚などの感覚器官を通して瞬間的に記憶される記憶を**感覚記憶**と呼ぶが，この記憶は**ごく短時間しか保持されず**，次々に忘れ去られていく。

○5　脳裏に数字や文章を**一時的に記憶**して，その順番を入れ替えたり，計算したりなど処理をする時に使う記憶を**ワーキングメモリー**と呼ぶ。

参照ページ　『合格教科書 2025』p.35, 36　　　　正解 5

 認　知　難●●●●○易

34回-9　記憶に関する次の記述のうち，展望的記憶の事例として，**最も適切なもの**を**1つ**選びなさい。

1　日本で一番大きな湖は琵琶湖だと知っていた。
2　以前行ったことがあるケーキ屋の場所を，思い出すことができた。
3　子どもの頃に鉄棒から落ちてケガしたことを，思い出した。
4　10年ぶりに自転車に乗ったが，うまく乗ることができた。
5　友人と遊園地に行く約束をしていたので，朝から出掛けた。

選択肢考察

×1　一般的な知識や情報に関する**長期記憶**のことを**意味記憶**といい，言葉とその意味や，社会的にカテゴリー分けされた情報についての記憶などがこれにあたる。この記憶は繰り返しの学習により形成されやすくなる。

×2　過去に経験した出来事についての記憶は**エピソード記憶**といい，**長期記憶**の一種である。この記憶はその出来事の状況や心境など，周辺情報とともに記憶される。

×3　本肢は**エピソード記憶**の例である。長期記憶は**陳述記憶**と**非陳述記憶**に分類されるが，エピソード記憶と意味記憶はイメージや言葉で想起可能な陳述記憶の一種である。

×4　言葉や概念の記憶ではなく，繰り返しの経験を通して身体で覚える記憶を**手続き記憶**という。この記憶は一度獲得すると**長期間保持される**特徴がある。

○5　**展望的記憶**は将来についての記憶で，スケジュール管理や買い物で買う予定のものなど，**これから起こることについての記憶**である。

参照ページ　『合格教科書 2025』p.36　　　　正解 5

個人差

35回-9　次の記述のうち，性格特性の5因子モデル（ビッグファイブ）の1つである外向性の特徴として，**最も適切なもの**を1つ選びなさい。

1　ささいなことで落ち込みやすい。
2　新しいことに好奇心を持ちやすい。
3　他者に対して親切である。
4　他者との交流を好む。
5　責任感があり勤勉である。

選択肢考察

　ビッグファイブとは，ゴールドバーグ（Goldberg, L. R.）が提唱した，人間の性格を**5つの特性**に分けるものである。5つの特性は①外向性，②神経症傾向，③誠実性，④調和性，⑤開放性の5因子である。

×1　設問は5因子モデルの一つである**神経症傾向**の特徴である。**神経症傾向**の場合，ネガティブな刺激に対する反応が強い人は，ストレスの高い状況に身を置くと精神的・身体的に不調をきたしやすいが，外向性でネガティブな刺激に対してあまり反応をしない人は，多少のストレスでは悩むことがない。

×2　様々なことに好奇心を持ち，創造的で新しいアイデアを生み出そうとするタイプの人は**開放性**の高い性格だが，**開放性**の低い人は保守的で決められたことを決められた通りに行うことを良しとする傾向がある。

×3　他者に対する思いやりがあり争いや対立を好まない人は**調和性**が高く，他者に対する関心が低く他者の気持ちを重要視しない人は**調和性**が低いと考える。

○4　集団とのかかわりを好み，積極的で社交的な性格の人は**外向性**が高い人である。外向性が高い人はスリルを好み，リスクのあることにも挑戦する傾向がある。逆に，**外向性**の低い人は，一人でいることを好み，じっくりと考えてから行動に移すタイプである。

×5　責任感があり，勤勉な人は**誠実性**が高く，自分の感情や行動をコントロールする力がある完璧主義である。**誠実性**が低い人は，直感的に行動し，感情のままに行動する傾向がある。

参照ページ　『合格教科書 2025』p.37　　　　　　　　　　　　　　　　　　　　正解 4

人と環境

35回-10　集団における行動に関する次の記述のうち，傍観者効果の事例として，**最も適切なもの**を1つ選びなさい。

1　作業をするときに見学者がいることで，一人で行うよりも作業がはかどった。
2　革新的な提案をチームで議論したが，現状を維持して様子を見ようという結論になってしまった。
3　路上でケガをしたために援助を必要とする人の周囲に大勢の人が集まったが，誰も手助けしようとしなかった。
4　チームで倉庫の片付けに取り組んだが，一人ひとりが少しずつ手抜きをした結果，時間までに作業が完了せず，残業になってしまった。
5　リーダーがチームの目標達成を重視しすぎることで，チームの友好的な雰囲気が損なわれ，チームワークに関心がないメンバーが増えてしまった。

選択肢考察

×1　人は，断片的な情報から相手の全体的な印象を作りあげていくため，個人や会社の印象は，実際に見聞きした情報をもとに作られていく。最初の印象が全体的な印象を左右することを**初頭効果**といい，見学した際の印象はその個人や会社の評価につながりやすい。他者の存在があることが個人の遂行機能に影響することを**社会的インパクト**という。

×2　設問は**ホメホスタシス**の事例である。人のからだは，体温や血圧などの生理機能を一定に保とうとする機能があり，これを**ホメオスタシス**とよぶ。これは，家族や社会の中でも起きやすく，すでに均衡がとれている状態では，その**均衡を崩しかねない変化を避ける**ことがある。

○3　1964 年にニューヨークで起きたキティ・ジェノヴィーズ事件に代表される**傍観者効果**の例である。事件の目撃者が多くいることで，誰かが助けるだろうと考える**責任の分散**や，他の人が何も行動を起こしていないから急を要さないだろうと考える**多元的無知**や，行動が失敗した際の自分に対するネガティブな評価を恐れる**聴衆抑制**が生じ，誰も援助行動をとらなくなることがある。

×4　設問は**社会的手抜き**の事例である。集団の中で，自分が努力をするかしないかに関わらず報酬が変わらない場合や，他の人があまり努力をしていない様子を目の当たりにして，自分だけ努力をするのがばからしいと感じる場合などに**社会的手抜き**が生じる。

×5　**PM 理論**では，リーダーの取るべき行動を**目標達成機能（Performance）**と，**集団維持機能（Maintenance）**に分け，各機能の強さによりリーダーシップ像を **4 タイプ**に分ける。成果を上げる力は強いものの，集団をまとめ上げる力が弱いリーダーは Pm 型となる。

参照ページ　『合格教科書 2025』p.38　　　　　　　　　　　　　**正解 3**

 生涯発達　　　　　　　　　　　　　　　難 ●●○●● 易

35 回-11　子どもの発達に関する次の記述のうち，**最も適切なもの**を **1 つ**選びなさい。

1　共同注意とは，他者との友情を構築することを示す。
2　初語を発する時期になると，喃語が生起する。
3　社会的参照は，新奇な対象に会った際に，養育者などの表情を手掛かりにして行動を決める現象である。
4　アニミズムとは，自分や他者の行動を予測し，説明する力を指す。
5　物体が隠れていても存在し続けるという「対象の永続性」は，3 歳以降に理解できるようになる。

選択肢考察

×1　子と養育者が互いの表情や声かけを通して交流していた二者関係から，次第に子と養育者が同じ対象物を眺めるようになり，二者だけの世界ではなくなっていく。これを**共同注意**という。子は，養育者の視線の先を見ることや指さしを通して，養育者とともに対象物を眺めるようになる。

×2　乳児が「ままま」「だっだっ」などと発する音を**喃語**といい，これは，生後 5〜6 か月から始まる。1 歳を過ぎた頃から次第に「まんま」「ぶーぶ」などの初語へと発展し，1 歳半〜2 歳ころになると「わんわん，いた」などの **2 語文**へと変化する。

○3　転んだ乳児は，まず大人の表情を確認し，大人が驚いて大騒ぎをすると泣くが，特段気にせず平然と対応すると泣かないことがある。これは**社会的参照**の例である。子どもは，新しい場所や状況では周囲の大人の表情やふるまいを手がかりとして自身の行動を決める。

×4　**アニミズム**とは，無生物である物体に魂や気持ちが宿っていると考えることである。幼い子どもはぬいぐるみや，植物などを擬人化することがある。

×5　**対象の永続性**は生後６か月頃になると獲得される。いないいないばあで顔を隠されても，その手の向こうに顔があることを認識し，また顔が現れることを期待して待つことができるようになる。

参照ページ　『合格教科書 2025』p.41　　　　　　　　　　　　正解 3

 ## 心の発達の基盤　　　　　　　　　　　難●●○●●易

34 回-10　ピアジェ（Piaget, J.）の発達理論に関する次の記述のうち，**最も適切なものを１つ**選びなさい。

1　感覚運動期には，「ごっこ遊び」のようなシンボル機能が生じる。
2　前操作期には，元に戻せば最初の状態になることが理解され，可逆的操作が可能になる。
3　前操作期には，自分の行動について，手段と目的の関係が理解できるようになる。
4　具体的操作期には，コップから別の容器に水を移したときに液面の高さが変化しても，量は変わらないことが理解できる。
5　形式的操作期には，思考の自己中心性が強くみられる。

選択肢考察

×1　「ごっこ遊び」は**前操作期前半**（2〜4 歳）に生じる。**感覚運動期**は生後２年間を指し，手触りや舌触りなどあらゆる感覚を使ってものの存在を確かめる段階である。この時期には，水遊びや砂遊びなどを通してものごとを把握していく。

×2　**前操作期**は，さらに２つの段階に分けることができ，前半の 2〜4 歳を**象徴的思考期**，後半の 4〜7 歳を**直感的思考期**という。象徴的思考期にはごっこ遊びのような見立て遊びができるようになる。

×3　**前操作期**には，自己中心性があるため，ものごとを他者の立場で考えることや客観的に捉えることができない。そのため，自分が信じる想像の世界と現実の世界が混同する特徴がある。

○4　**可逆的操作**が獲得されていないと，たとえ容器の底面が広くても液面の高さが低ければ中の液体の量が少ないと知覚し，底面が狭く背の高い容器に入った液体のほうが量が多いものと捉える。

×5　11 歳からの**形式的操作期**には，論理的に思考を巡らすことが可能になり，直接的な観察を通さずとも推論することが可能になる。

参照ページ　『合格教科書 2025』p.40　　　　　　　　　　　　正解 4

心の発達の基盤

34 回-11 エリクソン（Erikson, E.）の発達段階説における各発達段階の課題に関する次の記述のうち，**最も適切なもの**を 1 つ選びなさい。

1 乳児期では，自発性の獲得である。
2 幼児期後期では，信頼感の獲得である。
3 学童期（児童期）では，親密性の獲得である。
4 青年期では，自律感の獲得である。
5 老年期では，統合感の獲得である。

選択肢考察

×1 自発性の獲得は幼児期後期である。乳児期は，不快感を示したときに養育者がミルクをくれたり，おむつを替えてくれたりなど，快につながる反応を返してくれるという体験を通して**基本的信頼**を獲得していく。

×2 信頼性の獲得は乳児期である。幼児期後期の発達課題は**積極性**で，この時期は様々なことに興味が生じる。「どうして？　なぜ？」という質問を通して物事の目的を知り経験していく。

×3 親密性の獲得は成人期初期である。学童期（児童期）には，小学校や社会における様々な課題を達成することで有能感を抱いていく。この時期の課題は**勤勉性**で，失敗すると**劣等感**を抱くようになる。

×4 **自律**を獲得するのは，トイレトレーニングが始まる**幼児期初期**である。青年期の発達課題は**親密性**で，信頼できる相手と深い関係を築きあげ，自己を捉えなおす時期である。

○5 老年期の発達課題は**自我統合**で，これまでの人生を振り返り，自分の人生の意味を捉えなおす時期である。統合に失敗すると**絶望**という危機が訪れる。

参照ページ 『合格教科書 2025』p.41　　　　　　　　　　　　　　正解 5

 ## 心の不適応

34 回-12 ストレスに関する次の記述のうち，**最も適切なもの**を 1 つ選びなさい。

1 汎適応症候群（一般適応症候群）における警告反応期とは，ストレス状況にうまく適応した時期のことである。
2 汎適応症候群（一般適応症候群）における抵抗期とは，外界からの刺激を長期間受け，生体のエネルギーが限界を超えた時期のことである。
3 ホメオスタシスとは，外的内的環境の絶え間ない変化に応じて，生体を一定の安定した状態に保つ働きのことである。
4 タイプ A 行動パターンには，他者との競争を好まないという特性がある。
5 心理社会的ストレスモデルでは，ある出来事がストレスになり得るかどうかに，個人の認知的評価が影響することはないとされている。

選択肢考察

×1 **警告反応期**はストレッサーが生じた直後の時期で，この時期はショック相と抗ショック相に分けられ

る。ショック相では身体の活動が低下するが，その後，交感神経系の機能が亢進し，活動水準が上がる。

×2　**抵抗期**はストレッサーに対して活動性を高めることで心身のバランスを取ろうとする時期であり，身体の抵抗力が上がる。しかし，必要な休息がとれなくなり，その後疲弊期へと移行していく。

○3　**ホメオスタシス**は自律神経，内分泌機能，免疫機能の３つの機能がバランスを取り合って成り立っているが，ストレスがかかるとこのバランスが崩れやすくなり，身体的な不調が生じることがある。

×4　フリードマン（Friedman, M.）とローゼンマン（Rosenman, R. H.）は，**タイプA**の人は野心や競争心がありせっかちで，その攻撃性や敵意の強さが心疾患と関連性があると考えた。**タイプB**の人は，マイペースで穏やかな攻撃性の低いタイプである。

×5　ある出来事に対して，本人がそれをストレスだと捉えればストレスになり，ストレスだと捉えなければストレスにならない。その出来事がストレスになるかどうかは，**個人の主観的な認知的評価**による。

参照ページ　『合格教科書 2025』p.31　　　　　　　　　　　　　　　　　　　　　　　　正解 3

心の不適応

難 ●●○●● 易

36回-12　心的外傷後ストレス障害（PTSD）の症状に関する次の記述のうち，回避症状の事例として，**最も適切なものを１つ**選びなさい。

1　ささいな事でもひどく驚いてしまうようになった。
2　事故が起きたのは全て自分のせいだと考えてしまう。
3　つらかった出来事を急に思い出すことがある。
4　交通事故にあった場所を通らないようにして通勤している。
5　大声を聞くと虐待されていたことを思い出し苦しくなる。

選択肢考察

×1　PTSDの症状の１つである**驚愕反応**に関する記述である。突然視界に入ってきた人や，車のライト，人の笑い声など，ささいな物事でもひどく驚いたり怖がったりすることがある。回避症状ではない。

×2　PTSDの症状の１つである**否定的認知**に関する記述である。災害で犠牲になった人がいる中で，自分は被害にあわなかったということに罪悪感を覚えたり，自分が何かをしたから，あるいはしなかったから，事故が起きたのではないかと自分を責めたりする。回避症状ではない。

×3　つらかった出来事を思い出すことはPTSDの症状の１つである**侵入症状**だが，あたかもその出来事が今も起きているように再体験することを**フラッシュバック**という。

○4　心的外傷のきっかけとなった場所や，それを想起させる出来事や人を避けるようになることを**回避症状**という。きっかけとなった場所が身近な交差点であったり，それを思い起こさせる人が多くいたりすると，日常生活で回避するのも一苦労になる。

×5　トラウマと関係がないはずなのに，急にトラウマに関することを思い出したり，恐怖に襲われて身体がすくんだりする。これは**侵入症状**の例である。

参照ページ　『合格教科書 2025』p.25　　　　　　　　　　　　　　　　　　　　　　　　正解 4

心の不適応  難 ●●●●○ 易

35回-12 次の記述のうち，問題焦点型ストレス対処法（コーピング）の事例として，**最も適切なもの**を1つ選びなさい。

1　介護ストレスを解消してもらおうと，介護者に気晴らしを勧めた。
2　困難事例に対応できなかったので，専門書を読んで解決方法を勉強した。
3　仕事がうまくはかどらなかったので，週末は映画を観てリラックスした。
4　育児に悩む母親が，友人に話を聞いてもらえて気分がすっきりしたと話した。
5　面接がうまくいかなかったので，職場の同僚に相談し，ねぎらってもらった。

選択肢考察

×1　介護ストレスそのものの解消とはならないが，ストレッサーである介護環境から距離をおいて気分転換をすることが**気晴らし型**のストレスコーピングとなる。

○2　困難事例について思うような対応ができなかったことが**ストレッサー**となったため，そのストレスを軽減するために，専門書を読んで類似する事例について勉強を重ね，**ストレッサーそのものに働きかけることができる問題焦点型ストレス対処法**である。

×3　仕事についてのストレスを，自分の好きなことをして解消している。これは**リラクゼーション型**のストレス解消法である。ストレスコーピングは，一人でできることや，誰かとすること，どこでもできることなど，自分に合う様々なものを用意しておくとよい。

×4　他者に相談をしてストレスに対する気持ちや考えの変化を目指すことを，**情動焦点型コーピング**という。同程度のストレスがあってもその反応は人や場合によって様々だが，それはストレス状況に対する捉え方によって変わる場合がある。

×5　うまくいかなかったことについて誰かに聞いてもらうことで感情を表出したり，気持ちの整理をしたりすることは，**情動焦点型ストレス対処法**である。さらに，面接の中で自分の問題が明らかになった場合には，問題や状況に対する見方を変えて新たなやり方を模索する**認知的再評価型コーピング**も有効である。

参照ページ 『合格教科書2025』p.266, 271 正解 2

 心理アセスメント  難 ●●○●● 易

36回-13 次のうち，小学校就学前の5歳児を対象とできる心理検査として，**最も適切なもの**を1つ選びなさい。

1　矢田部ギルフォード（YG）性格検査
2　田中ビネー知能検査V
3　ミネソタ多面人格目録（MMPI）
4　文章完成法テスト（SCT）
5　WAIS-Ⅳ

 心理学と心理的支援

×1 **矢田部ギルフォード（YG）性格検査**は，12 の尺度から性格特性を知るための質問紙式性格検査で，小学生用，中学生用，高校生用，成人用に分かれている。結果は，5 つの型に分類されプロフィールで表される。**就学前の 5 歳児は対象としていない。**

○2 **田中ビネー知能検査Ⅴ**は，2 歳から成人を対象とする知能検査で，**2 歳から 13 歳までは精神年齢（MA）**と**知能指数（IQ）**を算出し，年齢尺度を用いた**発達チェック**を行うことができる。14 歳以上（成人級）では結晶性領域，流動性領域，記憶領域，論理推理領域と，総合的な偏差知能指数（DIQ）を算出できる。

×3 **ミネソタ多面人格目録（MMPI）**は **15 歳以上を対象**とする性格検査で，550 の質問に答えてプロフィールを作成する。妥当性尺度により，回答が意図的に操作されていないかを知ることができる。なお，2020年に刊行された MMPI-3（日本版は 2022（令和 4）年）では，**質問数が 335 問**となった。

×4 **文章完成法テスト（SCT）**は，書きかけの文頭に続けて文章を書くことでパーソナリティを把握するための検査で，小学生用，中学生用，成人用がある。**就学前の 5 歳児は対象としていない。**

×5 **ウェクスラー成人知能検査（WAIS-Ⅳ）**は，**16 歳 0 か月から 90 歳 11 か月の青年や成人を対象**とした知能検査である。言語理解，視覚推理，ワーキングメモリー，処理速度の 4 つの認知領域について合成得点が算出される。なお，ウェスクラー式で 5 歳児が対象となるのは，**児童用 WISC**（5 歳 0 か月～16 歳 11 か月）である。

 参照ページ 『合格教科書 2025』p.42～44，221  **正解 2**

心理アセスメント

難 ●●●○●● 易

35回-13 心理検査に関する次の記述のうち，**最も適切なもの**を 1 つ選びなさい。

1 幼児の知能を測定するため，WPPSI を実施した。[改変]
2 頭部外傷後の認知機能を測定するため，PF スタディを実施した。
3 投影法による人格検査を依頼されたので，東大式エゴグラムを実施した。
4 児童の発達を測定するため，内田クレペリン精神作業検査を実施した。
5 成人の記憶能力を把握するため，バウムテストを実施した。

○1 **WPPSI-Ⅲの対象年齢は 2 歳 6 か月～7 歳 3 か月の幼児**である。同じく**ウェクスラー式**の知能検査では，**WISC-Ⅴの対象年齢が 5 歳 0 か月～16 歳 11 か月**のため，就学前に知能検査を受ける場合には，その子どもの状況や必要な情報により，どちらを使うかを検討する余地がある。

　　※ WPPSI-Ⅲの対象年齢は 2 歳 6 か月～7 歳 3 か月であり，出題時の「乳幼児」は乳児も含まれていることから，正確性を期すため幼児に改変。[改変]乳幼児→幼児］

×2 **PF スタディ**は，**欲求不満場面での反応や欲求不満耐性を見る検査**である。頭部外傷後の認知機能を測定するためには，障害された可能性のある脳の部位や，その後の症状に合わせて，前頭葉機能検査，記憶検査，遂行機能検査などを組み合わせる必要がある。

×3 **東大式エゴグラム（TEG）**は**交流分析理論に基づいた質問紙法検査**で，性格特性や行動パターンがエゴグラムで表される。自分の考えや気持ちを絵や文字で表す投影法検査とは異なる。

×4 　**内田クレペリン検査**は，簡単な一桁の計算を行う作業を通して，**性格や行動の特徴や，作業能力を調べる検査**である。1分ごとに行を変えて行い，途中休憩をはさみ合計30分の作業を行う。

×5 　バウムテストは投影法の人格検査である。自由に木の絵を描いてもらうもので，絵の正確さや，上手さ，記憶力を知るためのものではない。

参照ページ 　『合格教科書2025』p.42〜44　　　　　　　　　　　　　　　　　　　　 正解 1

 心理アセスメント　　　　　　　　　　　　　　　　　　　　　難●●○●●易

34回-13　心理検査に関する次の記述のうち，**最も適切なもの**を1つ選びなさい。

1 ウェクスラー児童用知能検査第4版（WISC-Ⅳ）は，対象年齢が2歳から7歳である。
2 ミネソタ多面人格目録（MMPI）では，日常生活の欲求不満場面を投影法により測定する。
3 改訂長谷川式簡易知能評価スケール（HDS-R）は，高齢者の抑うつを測定する。
4 ロールシャッハテストは，図版に対する反応からパーソナリティを理解する投影法検査である。
5 矢田部ギルフォード（YG）性格検査は，連続した単純な作業を繰り返す検査である。

選択肢考察

×1 　**WISC-Ⅳの対象年齢は5歳0か月〜16歳11か月**で，この検査は10の基本検査と5の補助検査からなる。10の基本検査から，全検査IQと4つの指標得点が得られる。なお，現在はWISC-Vが最新版であるが，WISC-Ⅳも引き続き広く用いられている。

×2 　**MMPI**には550の質問項目からなる**質問紙法の人格検査**で，臨床尺度のほかに**妥当性尺度**が設けられている。このため，意図的な回答から生じる解答の歪みを検出することが可能である。なお，2020年に刊行されたMMPI-3（日本版は2022（令和4）年）では，質問数が335問となった。

×3 　**HDS-R**は，**高齢者の認知機能を測定する検査**である。高齢者の認知機能を評価する簡便な検査としては，ほかにも**MMSE**や**MOCA-J**などがある。

○4 　**ロールシャッハテスト**は，インクの染みでできた10枚の図版を見て行う**人格検査**である。

×5 　**YG性格検査**は，**質問紙法の人格検査**である。一桁の足し算を連続して行うことで**個人の能力や性格の特徴を測る検査は内田クレペリン検査**である。

参照ページ 　『合格教科書2025』p.42〜44　　　　　　　　　　　　　　　　　　　　 正解 4

心理的支援の基本的技法

 難 ●●○●● 易

36回-14 クライエント中心療法に関する次の記述のうち，**最も適切なもの**を1つ選びなさい。

1 クライエントの話を非指示的に傾聴していく。
2 解決に焦点をあわせ，クライエントの強みを発展させる。
3 クライエントの家族関係を変容しようとする。
4 クライエントの意識を無意識化していく。
5 クライエントの認知や行動に焦点を当てていく。

選択肢考察

○1 **クライエント中心療法**では，セラピストが明確化，繰り返し，感情の反射などの技法を使い，**非指示的に話を聞いていく**。セラピストの自己一致，共感的理解，無条件の肯定的態度が求められる。

×2 **問題解決に焦点**を合わせて行う心理療法に**ブリーフセラピー**がある。クライエントの強みを発展させることは**エンパワメント**という。

×3 **家族療法**についての説明である。家族療法では，問題とされる個人を**IP**とし，IP個人だけでなく，家族のコミュニケーションや，家族関係，世代間伝達など，**家族全体の問題**として考えていく。

×4 無意識を意識化していく心理療法は**精神分析**に代表される技法である。耐え難い出来事が生じるとその記憶は無意識下に抑圧されるが，それらが後に神経症などの精神疾患を引き起こすと考えたのが，**フロイト**（Freud, S.）である。

×5 **認知行動療法**に関する説明である。認知行動療法では，ある出来事について自動的に浮かぶ考え，その時の**感情**，身体の反応，そして**行動**について焦点を当てていく。

参照ページ　『合格教科書 2025』p.45 正解 1

心理療法におけるアセスメントと介入技法の概要

 難 ●●○●● 易

34回-14 心理療法に関する次の記述のうち，**最も適切なもの**を1つ選びなさい。

1 精神分析療法では，無意識のエス（イド）の活動と，意識の自我（エゴ）の活動とが適切に関連するよう援助する。
2 家族療法は，家族問題を抱える個人を対象とする療法である。
3 遊戯療法（プレイセラピー）は，言語によって自分の考えや感情を十分に表現する方法であり，主として心理劇を用いる。
4 系統的脱感作法は，四肢の重感や温感，心臓調整，呼吸調整，腹部温感，額部涼感を順に得ることで，心身の状態を緊張から弛緩（しかん）へと切り替える。
5 臨床動作法は，「動作」という心理活動を通して，身体の不調を言語化させる療法である。

選択肢考察

○1 **イド**は，本能に基づく衝動や欲求で，**超自我（スーパーエゴ）**は，道徳観や理性を司る。**エゴ**は，イドとスーパーエゴの調整役の働きをする。

×2 **家族療法**では，不適応が生じたり症状を呈したりしている個人を**IP**（患者とされる人）とし，不適応や

症状の原因はその人個人にあるのではなく，**家族のシステムのなかで生じたもの**として考える。

×3　**遊戯療法**は，主に子どもに対して行われ，**自由な遊びを通して**抑圧された感情に気づいたり，他者とやりとりをしたりしていく。役割を演じる心理劇とは異なる。

×4　**系統的脱感作法**では，最も不安を感じやすいものごとから，不安が低いものごとまでの階層を作り，**不安階層の低いことからイメージ**していく。不安を感じ筋緊張が生じたら，筋緊張を緩め，その繰り返しにより不安を取り除いていく。

×5　**臨床動作法**では，クライエントが主体的に自分の体を動かすことで，**自身の心身の状態に気づくこと**や，**リラックスすること**を目指す。それにより気持ちや行動の安定を図るが，言語化を目指すわけではない。

参照ページ　『合格教科書 2025』p.44〜46　　　　　　　正解 1

心理療法におけるアセスメントと介入技法の概要　

35回-14　心理療法に関する次の記述のうち，**最も適切なもの**を **1** つ選びなさい。

1　ブリーフセラピーは，クライエントの過去に焦点を当てて解決を目指していく。
2　社会生活技能訓練（SST）は，クライエントが役割を演じることを通して，対人関係で必要な技能の習得を目指していく。
3　来談者中心療法は，クライエントに指示を与えながら傾聴を続けていく。
4　精神分析療法は，学習理論に基づいて不適応行動の改善を行っていく。
5　森田療法は，クライエントが抑圧している過去の変容を目指していく。

選択肢考察

×1　**ブリーフセラピー**では，問題の原因探しをするのではなく，**対人的な相互作用**のなかで，なぜ同じ問題が繰り返されるのかに注目する。そのなかで例外を探し，これまでと違うやり方を試し，うまくいくことを続ける。

○2　**SST** では，**ロールプレイ**を通じて必要な技能の習得を目指す。ロールプレイでとる役割はコミュニケーションの練習をするためのものである。親や子どもの役割を創造的に演じ，創造的な自発性を促す**心理劇（サイコドラマ）**とは異なるものである。

×3　**来談者中心療法**では，明確化，言い換え，感情を反映した言い換え，要約といった積極的傾聴を通して**クライエントの自己表現**を促す。話を聴く際に，治療者は自分の意見や考えに言及せず，クライエントの言葉に寄り添うことに力を注ぐ。

×4　**精神分析療法**では，クライエントに思いつくままに語らせる**自由連想法**を通して，クライエントの内にある無意識的な葛藤を扱う。その際に，どのような**防衛機制**が働いているかや，クライエントと治療者との間で生じる**転移・逆転移**などに目を向ける。

×5　**森田療法**は，主に神経症の患者を対象とし，入院，または外来で行う。入院の場合は，まず食事・排泄・洗面時以外は寝て過ごす**絶対臥褥期**を過ごす。その後，**軽作業期**，**重作業期**，**社会復帰期**へと移行し，**あるがまま**の姿勢を身につけていく。

参照ページ　『合格教科書 2025』p.44〜46　　　　　　　正解 2

社会学と社会システム

● 内容一覧 ●

傾向と対策

過去問の傾向を知り，適切な対策を！

● 傾向分析表【社会学と社会システム】●

項 目 名	第36回	第35回	第34回	第33回	第32回	第31回	第28回	第26回	問題数
社会システム	●●		●●						4
組織と集団				●				●	2
人口				●		●			2
社会変動		●●	●				●		4
地域	●●								2
環境		●							1
社会的格差						●			1
差別と偏見		●	●						2
家族とジェンダー	●	●	●		●				4
労働		●	●		●				3
世代	●	●							2
自己と他者	●		●						2
社会化		●							1
問 題 数	7問	8問	7問	2問	2問	2問	1問	1問	30問

●傾向と対策

　近年，「家族」「社会的役割」「社会的ジレンマ」「社会問題の捉え方」にまつわる設問が出題される傾向がある。はじめて受験をする人には聞きなれない言葉や複雑な概念もあり，戸惑う科目である。しかも，データを用いての出題，具体的には「国勢調査」や「国民生活基礎調査」「人口動態統計」など最新の動向などを踏まえた問題が出されることもある。しかし得点源にしたいのは「誰が何を論じているか…！」と「社会学の概念」の問題である。言葉は難しいが過去問をみると重複して出ている問題が意外に多い。これをおさえることにより，ある程度の基礎点は見込める。

　社会にまつわる諸現象を対象とするため，社会学の範疇（はんちゅう）や社会変動にはじまり，社会的役割，家族，地域そして現代の社会問題と多岐にわたる項目を扱う科目である。幅広い学習が求められるが，本科目はある程度の知識のベースをつくった後は問題集を解くことをお勧めする。今年度も，経済的な格差や少子化などの社会問題が出題される可能性がある。

●頻出項目
①家　族
②社会的役割
③社会的ジレンマ
④社会問題の捉え方

社会システム

難 ●●○●● 易

36回-17 次のうち，人々が社会状況について誤った認識をし，その認識に基づいて行動することで，結果としてその認識どおりの状況が実現してしまうことを指す概念として，**最も適切なもの**を1つ選びなさい。

1 予言の自己成就
2 創発特性
3 複雑性の縮減
4 ホメオスタシス
5 逆機能

社会学と社会システム

選択肢考察

○1 **予言の自己成就**とは，人々が誤った状況認識に基づいて行動することで，結果としてその認識どおりの状況が実現してしまうことを指す。提唱者はマートン（Merton, R. K.）である。

×2 **創発特性**とは，要素の総和以上の性質が全体として現れることを指す。例えば，人々が協力して事に当たれば，一人ひとりの能力以上の事ができることがあげられる（（一社）日本ソーシャルワーク教育学校連盟編集『最新社会福祉士養成講座 精神保健福祉士養成講座3 社会学と社会システム』初版，中央法規，2021，p.14）。

×3 **複雑性の縮減**とは，あらゆる可能性のなかから一定の可能性を選び出すことを指す。提唱者はルーマン（Luhmann, N.）である。

×4 **ホメオスタシス**は，生体の生理的条件が環境変化に抗して一定の状態を保つことを指す。この考えは，環境変化に抗した内部交換・内外交換による自己維持の働きとして，システム論的に抽象化され，パーソンズ（Parsons, T.）などの社会システム論にも影響を与えた（宮台真司「ホメオスタシス」，見田宗介，栗原彬，田中義久『社会学事典』弘文堂，1988，p.817）。

×5 **逆機能**は，システムの適応や調整を減ずる働きをするものを指す。例えば，経済発展は，社会にとって豊かさをもたらすが，それに伴う開発は，環境に悪影響を及ぼすため，経済発展の逆機能として，環境への影響をあげることができる（（一社）日本ソーシャルワーク教育学校連盟編集『最新社会福祉士養成講座 精神保健福祉士養成講座3 社会学と社会システム』初版，中央法規，2021，p.35）。

参照ページ 『合格教科書2025』p.49　　　　　正解 1

社会システム

難 ●●●○● 易

36回-15 持続可能な開発目標（SDGs）に関する次の記述のうち，**最も適切なもの**を1つ選びなさい。

1 1989年にアメリカのオレゴン州で策定された，行政評価のための指標である。
2 生活に関する八つの活動領域から構成された指標である。
3 貧困に終止符を打つとともに，気候変動への具体的な対策を求めている。
4 1995年より毎年各国の指数が公表されている。
5 貨幣換算した共通の尺度によって，一律に各指標を測定する。

×1　1989 年にアメリカのオレゴン州で策定された，行政評価のための指標は，**オレゴンシャイン計画**である。

×2　**持続可能な開発目標（SDGs）**は，2015 年国連サミットで採択された「持続可能な開発のための 2030 アジェンダ」に示されている **2030 年までに持続可能でよりよい世界を目指す国際目標であり，17 の ゴール（目標），169 のターゲットから構成されている。**なお，選択肢文中にある「生活に関する 8 つ の活動領域からなる社会指標」は，新国民生活指標（ゆたかさ指標）である。

○3　国連によれば，**持続可能な開発目標（SDGs）の 17 のゴール**には，貧困を終わらせること，気候変動 及びその影響を軽減させる緊急対策を講じること，などが求められている。

×4　持続可能な開発目標（SDGs）の進捗度を測定するために設定されているのが，SDG グローバル指標で ある。SDG グローバル指標は，国連統計委員会で検討し，同委員会や関連会合の議論を経て **2017 年 7 月の国連総会**で，**244 のグローバル指標**からなる指標枠組みが承認されている（2022 年で 248 と なった）。各国では，進捗度を把握する際の根拠となる統計データを公表しているが，日本は **2018 年 8 月**に総務省が初めて **125 の指標**を公表し，**2023 年 10 月**の時点で **162 の指標**（重複を除くと 151） が公表されている（外務省国際協力局地球規模課題総括課「持続可能な開発目標（SDGs）達成に向けて日本が果た す役割」2023 年 10 月）。

×5　各国の進捗度は，国連の指標枠組みを受け，グローバル指標，代替指標，優先政策に関する独自の指 標を用いて各国が自主的に，国の主導で進捗管理することになっている。そのため，貨幣換算した共通 の尺度などにより一律に測定されているわけではない。

参照ページ　『合格教科書 2025』p.64, 95　　　　　　　　　　　　　　　　　　　　　正解 3

 ## 社会システム　　難●●○●●易

34 回-15　社会階層と社会移動の諸概念に関する次の記述のうち，**最も適切なもの**を 1 つ選びなさい。

1　純粋移動とは，あらかじめ定められたエリートの基準に見合う者だけが育成され，エリートとしての地位を得るこ とをいう。
2　構造移動とは，産業構造や人口動態の変化によって社会的地位の移動を余儀なくされることをいう。
3　業績主義とは，本人の努力によって変更することができない要素によって社会的地位が与えられることをいう。
4　属性主義とは，個人の能力や成果に応じて社会的地位が与えられることをいう。
5　世代間移動とは，一個人の一生の間での社会的地位の移動のことをいう。

×1　あらかじめ定められたエリートの基準に見合う者だけが育成され，エリートとしての地位を得る社会 移動は，**庇護移動**である。純粋移動は，構造移動（強制移動）の影響を除去しても生起する社会移動とさ れる（社会福祉士養成講座編集委員会編『新・社会福祉士養成講座 3 社会理論と社会システム』第 3 版，中央法規， 2014，p.30〜31）。

○2　産業構造や人口動態の変化によって社会的地位の移動を余儀なくされる社会移動は，**構造移動（強制 移動）**と呼ばれる。

×3　本人の努力によって変更することができない要素によって社会的地位が与えられることは，**属性主義**

と呼ばれる。

×4 個人の能力や成果に応じて社会的地位が与えられることは，**業績主義**と呼はれる。

×5 一個人の一生の間での社会的地位の移動は，**世代内移動**である。世代間移動は，親子間での社会的地位の移動を指す。

参照ページ 『合格教科書 2025』p.50　　　　　　**正解 2**

 ## 社会システム　　　　　　難 ●●○●● 易

34回-19 社会的行為に関する次の記述のうち，**最も適切なもの**を 1 つ選びなさい。

1 パーソンズ（Parsons, T.）は，相互行為における無意識的，習慣的な行為に着目し，そうした行為において利用される個人の文化的な蓄積を「文化資本」と呼んだ。

2 ハーバーマス（Habermas, J.）は，個人に外在して個人に強制力を持つ，信念や慣行などの行為・思考の様式，集団で生じる熱狂などの社会的潮流を「社会的事実」と呼び，社会学の固有の領域を定式化した。

3 ブルデュー（Bourdieu, P.）は，相互行為が相手の行為や期待に依存し合って成立していることを「ダブル・コンティンジェンシー」と呼んだ。

4 ヴェーバー（Weber, M.）は，社会的行為を四つに分類し，特定の目的を実現するための手段になっている行為を「目的合理的行為」と呼んだ。

5 デュルケム（Durkheim, E.）は，言語を媒介とした自己と他者の間で相互了解に基づく合意形成を目指す行為を「コミュニケーション的行為」と呼んだ。

選択肢考察

×1 「**文化資本**」は，**ブルデュー**の概念である。文化資本とは個人が所有する文化的な資産を意味する。選択肢文中の相互行為における無意識的，習慣的な行為は，文化資本の「身体化された様態」にあたる。これは，ものの言い方，感じ方，振る舞い方など個人が過去の経験を通して獲得されると考えられている（伊藤公雄「文化資本」，森岡清美・塩原勉・本間康平編『新社会学辞典』有斐閣，1993，p.1297）。

×2 個人に外在して個人に強制力を持つ，信念や慣行などの行為・思考の様式，集団で生じる熱狂などの社会的潮流を「**社会的事実**」と呼び，社会学の固有の領域を定式化したのは，**デュルケム**である。

×3 相互行為が相手の行為や期待に依存し合って成立していることを「**ダブル・コンティンジェンシー**」と呼ぶが，主な論者は**パーソンズ**と**ルーマン**（Luhmann, N.）である。

○4 社会的行為を四つに分類し，特定の目的を実現するための手段になっている行為を「**目的合理的行為**」と呼んだのは，**ヴェーバー**である。

×5 言語を媒介とした自己と他者の間で相互了解に基づく合意形成を目指す行為を「**コミュニケーション的行為**」と呼んだのは，**ハーバーマス**である。

参照ページ 『合格教科書 2025』p.51, 53〜55, 63　　　　　　**正解 4**

33回-17 社会集団などに関する次の記述のうち，**最も適切なもの**を１つ選びなさい。

1　準拠集団とは，共同生活の領域を意味し，地域社会を典型とする集団を指す。
2　第二次集団とは，親密で対面的な結び付きと協同によって特徴づけられる集団を指す。
3　内集団とは，個人にとって嫌悪や軽蔑，敵意の対象となる集団を指す。
4　ゲマインシャフトとは，人間が生まれつき持っている本質意志に基づいて成立する集団を指す。
5　公衆とは，何らかの事象への共通した関心を持ち，非合理的で感情的な言動を噴出しがちな人々の集まりを指す。

選択肢考察

×1　共同生活の領域を意味し，地域社会を典型とする集団は，**コミュニティ**である。準拠集団は，人が比較をしたり，同調の拠り所にしたりするような集団を指す。準拠集団には，実際に所属している集団だけではなく，非所属集団も含まれる。

×2　親密で対面的なつながりと協同によって特徴づけられる集団は，**第一次集団**である。第二次集団は，間接的なつながりと一定の目的や利害関心によって特徴づけられる集団である。

×3　個人にとって嫌悪や軽蔑，敵意の対象となる集団は，**外集団**である。内集団は，個人にとって愛着や帰属の対象となる集団である。

○4　**ゲマインシャフト**は，人間が生まれつき持っている本質意思による結びつきを特徴とする集団であり，論者は**テンニース**（Tonnies, F.）である。

×5　何らかの事象への共通した関心を持ち，非合理的で感情的な言動を噴出しがちな人々の集まりは，**群衆**である。公衆は，投書のようにマス・メディアそのものに働きかけたり，マス・メディアからの情報をもとに互いに議論したりして，世論をみずから作り上げていく合理的・能動的な存在とされる。なお，群衆や公衆を集団と区別する場合に，これらは未組織集合体と呼ばれる（森下伸也「群衆は集団？―未組織集合体」『社会学がわかる事典』日本実業出版社，2000，p.82-83）。

参照ページ　『合格教科書 2025』p.61, 62　　　　　　　　　　　　正解 4

26回-18 近代官僚制に関する次の記述のうち，**正しいもの**を１つ選びなさい。

1　官僚制組織は必ずしも規模が大きいとは限らないので，明文化された規則がない。
2　官僚制組織においては，権限のヒエラルヒーが明確であるため，上司と部下とのパーソナルな関係が重視される。
3　官僚制は形式合理性を重視するがゆえに，実質合理性を失って，逆機能的になることがある。
4　官僚制は組織目的を効率的に達成するために，職務を専門化することなく，口頭での連絡を重視する。
5　官僚制は職務が平等に配分され，権限の上下関係もない水平的な組織である。

選択肢考察

×1　官僚制は，規模の大きな集団を効率よく動かす組織原理であり，**明文化された規則によって活動が規定されている**ことが特徴である。

×2　官僚制では，**権限のヒエラルヒーが明確で，職務への専念や公私の峻別が求められる**ため，上司と部下との関係でもパーソナルな関係は重視されない。

○3　官僚制は形式合理性を重視するために実質的な合理性を失い，その結果として非合理的になる場合があることを，マートン（Merton, R. K.）は「**官僚制の逆機能**」として指摘した。

×4　官僚制の特徴として，**職務の専門化，文書でのコミュニケーション**などが挙げられる。

×5　官僚制は，**職務や権限が地位に応じて配分され，明確な上下関係のある垂直的な組織**である。

参照ページ　『合格教科書 2025』p.63　　　　　　　　　　正解 3

 人　口　　　　　　　　　　　　　　　　　　　　　難 ●●○●●● 易

33回-15　「令和 4 年度少子化の状況及び少子化への対処施策の概況」（こども家庭庁）並びに「令和 4 年版少子化社会対策白書」（内閣府）に示された合計特殊出生率に関する次の記述のうち，**正しいもの**を 1 つ選びなさい。[改変]

1　日本の合計特殊出生率は，1975 年（昭和 50 年）以降 2.0 を下回っている。
2　日本の 1999 年（平成 11 年）の合計特殊出生率は 1.57 で，それまでの最低値であった。
3　日本の 2017 年（平成 29 年）の合計特殊出生率は，2005 年（平成 17 年）のそれよりも低い。
4　イタリアの 2020 年の合計特殊出生率は，フランスのそれよりも高い。
5　韓国の 2020 年の合計特殊出生率は，日本のそれよりも高い。

[改変]「令和元年版少子化社会対策白書」（内閣府）→「令和 4 年度少子化の状況及び少子化への対処施策の概況」（こども家庭庁）並びに「令和 4 年版少子化社会対策白書」（内閣府）]

選択肢考察

○1　「令和 4 年度少子化の状況及び少子化への対処施策の概況」（こども家庭庁）によれば，**日本の合計特殊出生率は 1975（昭和 50）年以降 2.0 を下回っている**。2022（令和 4）年の**合計特殊出生率は 1.26 で，過去最低**となった。

×2　「令和 4 年度少子化の状況及び少子化への対処施策の概況」（こども家庭庁）によれば，**1.57 ショックの年は 1989（昭和 64・平成元）年**である。

×3　「令和 4 年度少子化の状況及び少子化への対処施策の概況」（こども家庭庁）によれば，**日本の合計特殊出生率の過去最低値は 2005（平成 17）年及び 2022（令和 4）年の 1.26** である。

×4　「令和 4 年版少子化社会対策白書」（内閣府）によれば，**イタリアは日本より合計特殊出生率が低下している国**で 2020 年は日本が 1.33 に対し，**イタリアは 1.24** であった。**フランスは一時期合計特殊出生率が 1.5〜1.6 台まで低下した後，2000 年代後半に 2.0 前後まで上昇した**。近年は若干低下傾向にあるものの **2020 年の合計特殊出生率は 1.82** である。[改変 2017 年→2020 年]

×5　「令和 4 年版少子化社会対策白書」（内閣府）によれば，**韓国は日本よりも合計特殊出生率が低下しており，2020 年は 0.84** となっている。アジア諸国で日本を下回っているのは，シンガポール（1.10），台湾（0.99），香港（0.88）である。[改変 2017 年→2020 年]

参照ページ　『合格教科書 2025』p.60　　　　　　　　　　正解 1

 # 人 口

31回-18 人口に関する次の記述のうち，**正しいもの**を 1 つ選びなさい。

1　人口転換とは，「多産多死」から「少産多死」を経て「少産少死」への人口動態の転換を指す。
2　世界人口は，国連の予測では，2020 年以降減少すると推計されている。
3　第二次世界大戦後の世界人口の増加は，主に先進諸国の人口増加によるものである。
4　日本の人口は，高度経済成長期以降，減少が続いている。
5　人口ボーナスとは，人口の年齢構成が経済にとってプラスに作用することをいう。

選択肢考察

×1　人口転換は，「多産多死」から**「多産少死」**を経て「少産少死」への**人口動態の転換**を指す。
×2　国連の "*World Population Prospects 2022*"（「世界人口予測 2022 年」）によれば，**世界の人口は 2021 年で 79 億 929 万人**であり，今後も増加し，2050 年に 97 億人，2058 年には 100 億人になると**推計されている**（World Population Prospects 2022_summary_of_results.pdf）。なお，国連人口基金「世界人口白書 2023」によると，2023 年の世界人口は 80 億 4,500 万人となっている。
×3　**第二次世界大戦後の世界人口の増加は，主に開発途上国の人口増加**によるものであった。
×4　総務省統計局「国勢調査」によれば，**日本の総人口は，2010**（平成 22）**年の 1 億 2,806 万人を**ピークに，それ以降は漸減している。なお，総務省統計局「人口推計年報」では，日本の総人口のピークは，2008（平成 20）年の 1 億 2,808 万人である。
○5　**一国の人口構成で従属人口指数が低い状態は**，生産年齢人口が多くなることから，**経済活動に有利な状況となる。**これを**人口ボーナス**と呼ぶ（（一社）日本ソーシャルワーク教育学校連盟編『最新社会福祉士養成講座　精神保健福祉士養成講座 3　社会学と社会システム』，中央法規，2021，p.56）。

参照ページ　『合格教科書 2025』p.56〜58　　　　　　　　　　　　　　　　**正解 5**

 # 社会変動

35回-15 次の記述のうち，ヴェーバー（Weber, M.）の合法的支配における法の位置づけとして，**最も適切なもの**を 1 つ選びなさい。

1　法は，被支配者を従わせ，超人的な支配者の権力を貫徹するための道具である。
2　法は，伝統的に継承されてきた支配体制を正当化するための道具である。
3　法は，支配者の恣意的な判断により定められる。
4　法は，神意や事物の本性によって導き出される。
5　法は，万民が服さなければならないものであり，支配者も例外ではない。

×1　　ヴェーバーの**合法的支配**は，成文化された秩序の合法性と秩序によって支配を及ぼす権限を与え

×2　られた者の命令権の合法性を正当とする支配であり，**支配者自身も秩序に服従する**とされる。よっ

て，最も適切なのは5となる。

×3　　ヴェーバーの支配の三類型の一つが合法的支配であり，この他に，古くより行われてきた伝統の

神聖さやそれによって権威を与えられた者を正当とする**伝統的支配**，ある人物の神聖さや超人的な

×4　力，模範的な資質への非日常的な帰依にもとづく**カリスマ的支配**がある。（マックス・ウェーバー『権

○5　力と支配』濱嶋朗訳，講談社，2012，p.30〜34）

参照ページ　　『合格教科書2025』p.63　　　　　　　　　　　　　　　　　　　　　　　**正解5**

 ## 社会変動　　　　　　　　　　　　　　　　　　　　　難 ●●○●● 易

35回-16　社会変動の理論に関する次の記述のうち，**最も適切なもの**を**1つ**選びなさい。

1　ルーマン（Luhmann, N.）は，社会の発展に伴い，軍事型社会から産業型社会へ移行すると主張した。

2　テンニース（Tonnies, F.）は，自然的な本質意志に基づくゲマインシャフトから人為的な選択意志に基づくゲゼルシャフトへ移行すると主張した。

3　デュルケム（Durkheim, E.）は，産業化の進展に伴い，工業社会の次の発展段階として脱工業社会が到来すると主張した。

4　スペンサー（Spencer, H.）は，近代社会では適応，目標達成，統合，潜在的パターン維持の四つの機能に対応した下位システムが分出すると主張した。

5　パーソンズ（Parsons, T.）は，同質的な個人が並列する機械的連帯から，異質な個人の分業による有機的な連帯へと変化していくと主張した。

×1　社会の発展に伴い，**軍事型社会から産業型社会への移行**を論じたのは，**スペンサー**である。

○2　自然的な本質意思に基づくゲマインシャフトから**人為的な選択意思に基づくゲゼルシャフトへの移行**を論じたのは，**テンニース**である。

×3　産業化の進展に伴い，工業社会の次の発展段階として**脱工業社会の到来**を論じたのは，**ベル**（Bell, D.）である。

×4　近代社会では適応，目標達成，統合，潜在的パターン維持及び緊張の緩和の**4つの機能に対応した下位システム**が分出すると論じたのは，**パーソンズ**である。経済，政治，社会共同体，信託システムという下位システムがこれにあたる（（一社）日本ソーシャルワーク教育学校連盟編『最新社会福祉士養成講座 精神保健福祉士養成講座3 社会学と社会システム』，中央法規，2021，p.35）。

×5　同質的な個人が並列する機械的連帯から，**異質な個人の分業による有機的な連帯**への変化を論じたのは，**デュルケム**である。

参照ページ　　『合格教科書2025』p.51〜54　　　　　　　　　　　　　　　　　　　　**正解2**

 **社会変動**

 難 ●●○●● 易

34回-17 次のうち，ベック（Beck, U.）が提唱した，産業社会の発展に伴う環境破壊等によって人々の生活や社会が脅かされ，何らかの対処が迫られている社会を示す概念として，**最も適切なものを1つ選びなさい。**

1　脱工業化社会
2　情報社会
3　ゲゼルシャフト
4　大衆社会
5　リスク社会

選択肢考察

×1　**脱工業化社会**は，ベル（Bell, D.）が『脱工業化社会の到来』(1962) において**工業社会の次の段階**として論じた。脱工業化社会の特徴としては，知識や技術といった情報を商品として扱う情報産業が主力となることがあげられる（（一社）日本ソーシャルワーク教育学校連盟編『最新社会福祉士養成講座 精神保健福祉士養成講座3 社会学と社会システム』，中央法規，2021，p.84）。

×2　**情報社会**は，トフラー（Toffler, A.）が産業革命（第二の波）の次の段階として論じた**情報革命（第三の波）に起因する社会**である。第三の波の社会では，工業社会で生じた生産と消費の分離が統合に向かい，商業主義や人間疎外などが解消するとした（（一社）日本ソーシャルワーク教育学校連盟編『最新社会福祉士養成講座 精神保健福祉士養成講座3 社会学と社会システム』，中央法規，2021，p.84，85）。

×3　**ゲゼルシャフト**は，テンニース（Tonnies, F.）が提唱した概念である。**ゲゼルシャフトは個人が互いに自己の目的を達成するために契約的，打算的に結びつく集団**であり，企業や大都市などがその具体例である。

×4　**大衆社会**は，これまで多くの社会学者が議論を展開してきた。そのなかで，大衆社会論の集大成とされるのが，**コーンハウザー**（Kornhauser, W. A.）の**大衆社会論**である。コーンハウザーは，『大衆社会の政治』(1961) のなかで，**中間集団が無力化し，大衆は個々ばらばらな存在となるため権力に取り込まれ易くなることを指摘した**（辻村明「大衆社会」，森岡清美・塩原勉・本間康平編『新社会学辞典』有斐閣，1993，p.942～943）。

○5　**リスク社会**は，ベックが提唱した概念である。ベックは環境破壊や原発事故など産業や科学技術の発展によって人々の生活や社会にもたらされるマイナスの影響をリスクとして捉え，**現代社会（第二の近代社会）はこうしたリスクに直面することが不可避であるため，リスクへの対応が求められる**と論じた（U. ベック『危険社会』東廉・伊藤美登里訳，法政大学出版会，1998）。

参照ページ　　『合格教科書 2025』p.56　　　　　　　　　　　　　　　　　　　　　　**正解 5**

社会変動　　　　　　　　　　　　　　　　　

28回-16　消費社会に関する代表的な社会理論についての次の記述のうち，**正しいもの**を **1** つ選びなさい。

1　ロストウ（Rostow, W. W.）によれば，社会の関心は，供給から需要，生産から消費へと移っていく。

2　ガルブレイス（Galbraith, J. K.）によれば，生産よりも消費が経済成長の原動力となるので，生産部門が消費部門に依存する依存効果がみられるようになる。

3　リースマン（Riesman, D.）によれば，内部指向型の社会的性格に基づいて，スタンダードパッケージとしての個性的な商品が多品種少量生産されるようになる。

4　ヴェブレン（Veblen, T.）によれば，多くの人々が同じ商品を購入するようになるので，見せびらかしの消費としての誇示的消費の意義は失われる。

5　ボードリヤール（Baudrillard, J.）によれば，モノの記号的意味の消費から，生理的・機能的欲求に基づくモノの実質的機能の消費へと移っていく。

選択肢考察

○1　ロストウは，『経済成長の諸段階』（1960）において，高度大衆消費時代では社会の関心が，**供給から需要，生産から消費へと移っていく**とした。

×2　ガルブレイスは，現代の消費社会では生産者が宣伝や販売術によって欲望を作り出すことを指摘し，**需要が生産に依存することを「依存効果」と呼んだ**（ガルブレイス『ゆたかな社会』鈴木哲太郎訳，岩波書店，2006，p.206-207）。

×3　リースマンの**スタンダードパッケージ**とは，家具やラジオ，テレビ，冷蔵庫，食品や衣料品など，1950年代アメリカの多数派（中間層）の生活様式に見出される商品やサービスを指す。リースマンは『孤独な群衆』（1960）において，現代の大衆消費社会に特徴的な社会的性格を「他人指向型」と名づけており，スタンダードパッケージは，**内部指向型ではなく他人指向型の社会的性格に基づいたものである**といえる（リースマン，D.『何のための豊かさ』加藤秀俊訳，みすず書房，1964，p.11）。

×4　ヴェブレンの誇示的消費は，19世紀の上流階級が自分たちの社会的地位や威信を他の階級に誇示するために行った消費（見せびらかしの消費）を指す。ヴェブレンによれば，上流階級は階級の最上層に位置づけられており，**上流階級の生活様式や価値が全ての階層の規範となる**。そのため，誇示的消費はあらゆる階層に浸透し，**人々は，より上の階級を目指すような誇示的消費に駆り立てられる**とした。選択肢文には，多くの人々が同じ商品を購入すれば誇示的消費の意義が失われるとあるが，多くの人々が同じ商品を購入することで誇示的消費の意義が失われることにはならない。（ヴェブレン，T.『有閑階級の理論』小原敬士訳，岩波書房，1969，p.84）。

×5　ボードリヤールは，高度消費社会では生理的・機能的欲求に基づくモノの実質的機能の消費から，**モノの記号的意味の消費へと移っていく**とした。

参照ページ　　　　　　　　　　　　　　　　　　　　　　　　　　**正解 1**

36回-16　次の記述のうち，ウェルマン（Wellman, B.）のコミュニティ解放論の説明として，**最も適切なもの**を**1**つ選びなさい。

1　特定の関心に基づくアソシエーションが，地域を基盤としたコミュニティにおいて多様に展開しているとした。
2　現代社会ではコミュニティが地域という空間に限定されない形で展開されるとした。
3　人口の量と密度と異質性から都市に特徴的な生活様式を捉えた。
4　都市の発展過程は，住民階層の違いに基づいて中心部から同心円状に拡大するとした。
5　アメリカの94のコミュニティの定義を収集・分析し，コミュニティ概念の共通性を見いだした。

選択肢考察

×1　特定の関心に基づくアソシエーションが，**地域を基盤としたコミュニティ**において多様に展開しているとしたのは，**マッキーバー**（McIver, R. M.）である。

○2　現代社会では，交通や通信手段の発達により**地域という空間に限定されない形で親密なネットワークが展開されている**としたコミュニティ開放論を唱えたのは，**ウェルマン**である。

×3　人口量と密度と異質性から**都市に特徴的な生活様式**（都市的生活様式）を捉えたのは，**ワース**（Wirth, L.）である。

×4　都市の発展過程が，**住民階層の違いに基づいて中心部から同心円状に拡大**するとしたのは，**バージェス**（Burgess, E.）である。バージェスの同心円地帯理論では，都市は都心地域から遷移地帯，労働者住宅地帯，住宅地帯，通勤者地帯へと拡大していくとした。

×5　アメリカの94のコミュニティ定義を収集・分析し，「**社会的相互作用**」「**地理的領域**」そして「**共通の絆・結合**」をコミュニティ概念の共通性としたのは，**ヒラリー**（Hillery, G. A.）である（（一社）日本ソーシャルワーク教育学校連盟編『最新社会福祉士養成講座 精神保健福祉士養成講座3 社会学と社会システム』，中央法規，2021，p.90）。

参照ページ　『合格教科書2025』p.61, 62　　　　　　　　　　　　　　　　　　　**正解 2**

36回-20　次のうち，信頼，規範，ネットワークなどによる人々のつながりの豊かさを表すために，パットナム（Putnam, R.）によって提唱された概念として，**正しいもの**を**1**つ選びなさい。

1　ハビトゥス
2　ソーシャルキャピタル（社会関係資本）
3　文化資本
4　機械的連帯
5　外集団

選択肢考察

×1　**ハビトゥス**は，人々の日常経験において蓄積されていくが，**個人にそれと自覚されていない知覚・思**

考・行為を生み出す性向を指す。提唱者は**ブルデュー**（Bourdieu, P.）である。

○2　**信頼，規範，ネットワークなどによる人々のつながりの豊かさを表す**ために，パットナムによって提唱された概念は，**ソーシャルキャピタル（社会関係資本）**である。

×3　**文化資本**も，ブルデューの概念で，**個人が所有する文化的な資産**のことである。具体的には，ものの言い方，感じ方，振る舞い方など個人が過去の経験を通して獲得するとされている（伊藤公雄「文化資本」，森岡清美・塩原勉・本間康平編『新社会学辞典』有斐閣，1993，p.1297）。

×4　**機械的連帯**は，分業が進む以前の社会の連帯のあり方で，**無個性で同質的な複数の人間の結びつきを**指す。提唱者は，**デュルケム**（Durkheim, E.）である。なお，デュルケムは分業が進んだ近代社会の連帯を**有機的連帯**と称した。

×5　**外集団**は，**サムナー**（Sumner, W. G.）の概念で，**違和感や敵意をもち，「彼ら」として意識する集団を**指す。

参照ページ　『合格教科書2025』p.67　　　　　　　　　　　　　　　　　　　　　　正解 2

 環　境　　　　　　　　　　　　　　　　　　　　　　　難●●●●○易

35回-20　次の記述のうち，ハーディン（Hardin, G.）が提起した「共有地の悲劇」に関する説明として，**最も適切なもの**を1つ選びなさい。

1　協力してお互いに利益を得るか，相手を裏切って自分だけの利益を得るか，選択しなければならない状況を指す。
2　財やサービスの対価を払うことなく，利益のみを享受する成員が生まれる状況を指す。
3　協力的行動を行うと報酬を得るが，非協力的行動を行うと罰を受ける状況を指す。
4　それぞれの個人が合理的な判断の下で自己利益を追求した結果，全体としては誰にとっても不利益な結果を招いてしまう状況を指す。
5　本来，社会で広く共有されるべき公共財へのアクセスが，特定の成員に限られている状況を指す。

選択肢考察

×1　協力してお互いに利益を得るか，相手を裏切って自分だけの利益を得るか，選択しなければならない状況は，**囚人のジレンマ**で想定される状況である。

×2　財やサービスの対価を払うことなく，利益のみを享受する成員が生まれる状況は，**フリーライダー**として**オルソン**（Olson, M.）が指摘した問題である。

×3　協力的行動を行うと報酬を得るが，非協力的行動を行うと罰を受ける状況は，オルソンがフリーライダー問題の解決策として提示した**選択的誘因**の考え方である。

○4　ハーディンの**共有地の悲劇**は，牧草地として利用できる共有地で牛を放牧して生計を立てている人々がおり，各自が飼っている牛を増やせば個人が得られる利益は増えるが，牛が増えすぎると牧草地は荒れ果てて使い物にならなくなってしまう，というストーリーである。そこから，個人が合理的な判断の下で自己利益を追求した結果，全体としては誰にとっても不利益な結果を招くことが指摘されている（社会福祉士養成講座編集委員会編『新・社会福祉士養成講座3　社会理論と社会システム』第3版，中央法規，2014，p.180〜181）。

×5　本来，社会で広く共有されるべき公共財へのアクセスが，特定の成員に限られるのは，経済学では**準公共財**と呼ばれる。公共財は，特定の個人の消費が他人の消費と競合せず（非競合性），誰もが消費できる（非排除性）という性質をもつ財のことである。準公共財は，公共財の特性である非競合性，非排除性

のいずれかの特性をもつ財のことであり，公共財へのアクセスが特定の成員に限られる状況は，これに該当すると考えられる（海野道郎『社会的ジレンマ』ミネルヴァ書房，2021，p.246～250）。

参照ページ　『合格教科書 2025』p.68　　　　　　　　　　　　　　　　　　　正解 4

 社会的格差　　　　　　　　　　　　　　　　　　　　　難 ●●○●● 易

31 回-16　ジニ係数に関する次の説明のうち，**正しいもの**を 1 つ選びなさい。

1　値が大きいほど格差が大きいことを示す。
2　−1 から +1 の値をとる。
3　同一労働同一賃金に関する指標である。
4　所得増減量を基に算出される。
5　所得分布全体に占める低所得層の比率を示す。

選択肢考察

○1　ジニ係数は，**値が大きいほど格差が大きいこと**を示す。
×2　ジニ係数は，**0 から 1 の値**をとる。
×3　ジニ係数は，**所得の不平等や格差を測る指標**である。
×4　ジニ係数は，**所得分布のデータを基に算出**される。
×5　ジニ係数は，「世帯（又は世帯員）を所得の低い順に並べ，世帯数（又は人数）の累積比率を横軸，所得額の累積比率を縦軸としてグラフを書く（この曲線をローレンツ曲線という）。このローレンツ曲線と均等分布線（原点を通る傾斜 45 度の直線）とで囲まれる弓形の面積が**均等分布線より下の三角部分の面積に対する比率をジニ係数**といい，0～1 までの値をとる（「令和 3 年所得再分配調査報告書」厚生労働省，2023，p.5）。

参照ページ　『合格教科書 2025』p.49　　　　　　　　　　　　　　　　　　　正解 1

〈ローレンツ曲線〉

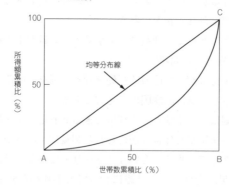

 差別と偏見

34回-21 他者や社会集団によって個人に押し付けられた「好ましくない違いを表わす印(しるし)」に基づいて，それを負う人々に対して様々な差別が行われることをゴッフマン（Goffman, E.）は指摘した。次のうち，この「好ましくない違いを表わす印」を示す概念として，**最も適切なもの**を1つ選びなさい。

1 自己成就的予言
2 マイノリティ
3 スティグマ
4 クレイム申立て
5 カリスマ

選択肢考察

×1 　**自己成就的予言**とは，**マートン**（Merton, R. K.）の概念である。**最初の誤った状況規定（これを「予言」と呼ぶ）が新しい行動を呼び起こし，その行動によって当初の誤った考えが真実となること**を指す。例としては，アメリカで1932年に起こった旧ナショナル銀行の事件（経営状態は悪くなかったが「支払い不能」というデマが流れて，それを信じた人々が預金の解約に殺到した結果，本当に銀行が支払い不能で倒産した）があげられる（R. K. マートン『社会理論と社会構造』森東吾・森好夫・金沢実・中島竜太郎訳，みすず書房，1988, pp.382〜385）。

×2 　**マイノリティ**は，**少数の社会的勢力（例えば権力など）を持たない人々**のことを指す。ただし，少数でも社会を支配する人々もいるため，社会学では少数であることよりも社会的勢力を持たないことに力点が置かれる。

○3 　**スティグマ**は，もともとギリシャ語で奴隷や犯罪者などを他の人から区別するためにつけた印を指すが，ゴッフマンはスティグマを，**他者や社会集団によって「好ましくない違いをあらわす印」を押しつけられた個人が，差別的な扱いを受けることをあらわす概念**として提示した（E. ゴッフマン『スティグマの社会学』石黒毅訳，せりか書房，1984, p.9）。

×4 　**クレイム申立て**は，**スペクター**（Spector, M. B.）と**キツセ**（Kitsuse, J. I.）の概念である。スペクターとキツセによれば，**社会問題は自明なものとして存在するのではなく，なんらかの想定された状態について苦情を述べ，クレイムを申し立てる個人やグループの活動によって成立する**とした（J. I.キツセ・M. B.スペクター『社会問題の構築』村上直之・中川伸俊・鮎川潤・森俊太訳，マルジュ社，1992, p.119）。

×5 　**カリスマ**とは，**人間離れした能力や特別の才能をもつ人**を指す。社会学では，ヴェーバー（Weber, M.）が支配の三類型の一つとして提示した「カリスマ的支配」で知られている。

参照ページ 　『合格教科書2025』p.91 　　　　　　　　　　　　　　　正解 3

差別と偏見

35 回-21 次の記述のうち，ラベリング論の説明として，**最も適切なもの**を **1** つ選びなさい。

1 社会がある行為を逸脱とみなし統制しようとすることによって，逸脱が生じると考える立場である。

2 非行少年が遵法的な世界と非行的な世界の間で揺れ動き漂っている中で，逸脱が生じると考える立場である。

3 地域社会の規範や共同体意識が弛緩（しかん）することから，非行や犯罪などの逸脱が生じると考える立場である。

4 下位集団における逸脱文化の学習によって，逸脱が生じると考える立場である。

5 個人の生得的な資質によって，非行や犯罪などの逸脱が生じると考える立場である。

選択肢考察

○1 　社会がある行為を逸脱とみなし統制することによって，**逸脱**が生じると考える立場は，**ラベリング論**である。提唱者は，**ベッカー**（Becker, H.S.）で，「社会集団はこれを犯せば逸脱となるような規則をもうけ，それを特定の人々に適用し，彼らにアウトサイダーのレッテルを貼ることによって，逸脱を生み出す」と論じた（ベッカー，H.S.『アウトサイダーズ』新装版，村上直之訳，新泉社，2003，p.17）。

×2 　**非行少年**は，遵法的な世界と非行的な世界の間で揺れ動き漂っている中で，逸脱が生じると考える立場は，**漂流理論**である。提唱者は，**マッツァ**（Matza, D.）と**サイクス**（Sykes, G.）である。

×3 　地域社会の規範や共同体意識が弛緩することから，非行や犯罪などの逸脱が生じると考える立場は，**社会解体論**である。主な提唱者は，**ショウ**（Shaw, C.）と**マッケイ**（Makay, H.D.）である。

×4 　下位集団における逸脱文化の学習によって，逸脱が生じると考える立場は，**サブカルチャー（下位文化）理論**である。提唱者は，**コーエン**（Cohen, A.K.）である。

×5 　個人の生得的な資質によって，非行や犯罪などの逸脱が生じると考える立場は，**生来的犯罪人説**である。提唱者は，**ロンブローゾ**（Lombroso, C.）である。

参照ページ 『合格教科書 2025』p.69 　　　　　　　　　　　　　　　　　　　　　**正解 1**

家族とジェンダー

35 回-17 「令和 4 年版男女共同参画白書」並びに「令和 5 年版男女共同参画白書」（内閣府），「令和 4 年人口動態統計」（厚生労働省），「令和 4 年労働力調査（詳細統計）」（総務省）に示された近年の家族の動向に関する次の記述のうち，**最も適切なもの**を **1** つ選びなさい。 改変

1 2020 年（令和 2 年）において，全婚姻件数における再婚件数の割合は 40％を超えている。

2 家事，育児における配偶者間の負担割合について，「配偶者と半分ずつ分担したい」（外部サービスを利用しながら分担するを含む）と希望する 18～39 歳の男性の割合は，70％を超えている。

3 20 代の男性，女性ともに 50％以上が，「配偶者はいないが恋人はいる」と回答している。

4 2021 年（令和 3 年）において，妻が 25～34 歳の「夫婦と子供から成る世帯」のうち，妻が専業主婦である世帯の割合は，50％を超えている。

5 子供がいる現役世帯のうち，「大人が一人」の世帯の世帯員の 2018 年（平成 30 年）における相対的貧困率は，30％を下回っている。

改変 「令和 4 年版男女共同参画白書」（内閣府）→「令和 4 年版男女共同参画白書」並びに「令和 5 年版男女共同参画白書」（内閣府），「令和 4 年人口動態統計」（厚生労働省），「令和 4 年労働力調査（詳細統計）」（総務省）

選択肢考察

×1 「令和4年人口動態統計」(厚生労働省)によれば,**全婚姻件数における再婚件数の割合は**,2022（令和4）年で **25.2%**であり,40%を下回る。

○2 「令和5年版男女共同参画白書」(内閣府)によれば,家事,育事に関して,男女とも若い世代ほど,**「配偶者と半分ずつ分担したい」**（外部サービスを利用しながら分担するを含む）と希望する割合が高い傾向にあり,特に18〜39歳の男性の割合は,**70%を超えている**（家事：18〜29歳86.6%,30〜39歳81.1%,育事：18〜29歳79.5%,30〜39歳78.8%）。

×3 「令和4年版男女共同参画白書」(内閣府)によれば,20代の**男性65.8%,女性51.4%**が,「**配偶者,恋人はいない（未婚）**」と回答している。

×4 「令和4年労働力調査（詳細統計）」(総務省)によれば,2022（令和4）年において,妻が25〜34歳の「夫婦と子供から成る世帯」のうち,妻が専業主婦である世帯の割合は,**30.3%**と50%を下回っている。

×5 「令和5年版男女共同参画白書」(内閣府)によれば,子供がいる現役世帯のうち,「大人が一人」の世帯の世帯員の2018（平成30）年における**相対的貧困率**は,**48.3%**と30%を超えている。

参照ページ 『合格教科書2025』p.342　　　　正解 2

家族とジェンダー　　難●●●●●易

36回-18 「第16回出生動向基本調査結果の概要（2022年（令和4年））」(国立社会保障・人口問題研究所)に関する次の記述のうち,**最も適切なものを1つ**選びなさい。

1 「いずれ結婚するつもり」と回答した未婚者の割合が,これまでの出生動向基本調査の中で最も高かった。

2 第1子の妊娠が分かった時に就業していた妻が,子どもが1歳になった時も就業していたことを示す「就業継続率」は,2015年（平成27年）の調査の時よりも低下した。

3 「結婚したら子どもを持つべき」との考えに賛成する未婚者の割合は,2015年（平成27年）の調査の時よりも上昇した。

4 未婚男性がパートナーとなる女性に望む生き方として,結婚し,子どもをもつが,仕事も続ける「両立コース」が最も多く選択された。

5 子どもを追加する予定がほぼない結婚持続期間15〜19年の夫婦の平均出生子ども数（完結出生子ども数）は,2015年（平成27年）の調査の時よりも上昇した。

選択肢考察

×1 同調査によれば,「いずれ結婚するつもり」と回答した未婚者の割合は,**男性が81.4%,女性が84.3%**と,前回調査（2015年）の男性85.7%,女性89.3%から**低下した**。

×2 同調査によれば,第1子の妊娠が分かった時に就業していた妻が,子どもが1歳になった時に就業していたことを示す**「就業継続率」は69.5%**で,前回調査（2015年）の57.7%よりも**上昇した**。

×3 同調査によれば,「結婚したら子どもを持つべき」との考え方に賛成する未婚者の割合は,**男性が55.0%,女性が36.6%**と,前回調査（2015年）の男性75.4%,女性67.4%に比べて**大幅に低下した**。

○4 同調査によれば,未婚男性にパートナーとなる女性に望むライフコースをたずねたところ,「再就職コース」が29.0%,「専業主婦コース」が6.8%と,前回調査（2015年）の「再就職コース」37.4%,「専業主婦コース」10.1%から減少した。一方,**結婚し,子どもをもつが,仕事も続ける「両立コース」が**

39.4%と前回調査（2015年）の33.9%から**増加**し，**最多**となった。

×5　同調査によれば，**子どもを追加する予定がほぼない結婚持続期間15〜19年の夫婦の平均出生子ども数**（完結出生子ども数）は**1.90人**と，前回調査（2015年）の1.94人よりも**低下**した。

参照ページ　『合格教科書2025』p.58　　　　　　　　　　　　　　　　　　　　　　　正解 4

 家族とジェンダー　　　　　　　　　　　　　　　　　　　　難 ●●○●● 易

32回-18　次のうち，直系家族制についての記述として，**最も適切なもの**を1つ選びなさい。

1　複数の子どもが，結婚後も親と同居することを原則とする。
2　夫婦の結婚とともに誕生し，一方の死亡によって家族が一代限りで消滅する。
3　跡継ぎとなる子どもの家族との同居を繰り返して，家族が世代的に再生産される。
4　離家した子どもの生殖家族が，親と頻繁な交際や相互援助を行う。
5　親の死亡をきっかけに，財産を均分相続して家族が分裂する。

選択肢考察

×1　複数の子どもが，**結婚後も親と同居する**ことを原則とするのは，**複合家族制**である。

×2　夫婦の結婚とともに誕生し，**一方の死亡によって家族が一代限りで消滅**するのを原則とするのは，**夫婦家族制**である。

○3　跡継ぎとなる子どもの家族との同居を繰り返すことによって**家族が世代的に再生産される**のを原則とするのが，**直系家族制**である。

×4　離家した子どもの生殖家族が，**親と頻繁な交際や相互援助を行う**家族は，**リトワク**（Litwak, E.）が提唱した**修正拡大家族**である。

×5　親の死亡をきっかけに，**財産を均分相続して家族が分裂**するのは，**複合家族制**である。

参照ページ　『合格教科書2025』p.65

〈家族と世帯の違い〉

　家族社会学者の森岡清美（1923〜2022）は，家族と世帯の違いを次のように説明している。世帯は消費生活の単位であり，「住居と大部分の生計を共同する人びとからなる集団」であるが，「同居人・使用人といった親族でない者をも含む」ものである。一方，家族は「居住親族集団として，その成員は同居して同一世帯をなすことが多いが，就学・就職等のために一時これをなしえない他出者もいる」とする。家族と世帯は重なりあう部分も多いが，ずれる部分もあり，図式化すると次のようになる（森岡清美・望月嵩共著『新しい家族社会学』四訂版，培風館，2004, p.6-7）。

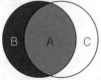

家族＝A＋B
世帯＝A＋C
A：同居親族
B：他出家族員
C：同居非親族

家族とジェンダー

34回-18 「令和2年国勢調査」（総務省）並びに「2022年国民生活基礎調査」（厚生労働省）における家族と世帯に関する次の記述のうち、**最も適切なもの**を1つ選びなさい。改変

1 国勢調査においては、世帯を「一般世帯」と「非親族世帯」の二つに大きく分類している。
2 国民生活基礎調査においては、「核家族世帯」には「三世代世帯」は含まない。
3 国民生活基礎調査においては、2022年（令和4年）現在、「65歳以上の者のいる世帯」の中で、「三世代世帯」の割合は「夫婦のみの世帯」の割合よりも高い。改変
4 国民生活基礎調査においては、2022年（令和4年）現在、65歳以上の単独世帯に占める割合は「男の単独世帯」の方が「女の単独世帯」よりも高い。改変
5 国民生活基礎調査においては、2022年（令和4年）現在、全世帯に占める「児童のいる世帯」の割合は「児童のいない世帯」の割合よりも高い。改変

〔改変 「平成27年国勢調査」（総務省）→「令和2年国勢調査」（総務省）／「2019年国民生活基礎調査」（厚生労働省）→「2022年国民生活基礎調査」（厚生労働省）〕

選択肢考察

×1 国勢調査における世帯の分類は、**「一般世帯」**と**「施設等の世帯」**の二つに大きく分類されている。「一般世帯」とは、①住居と生計を共にしている人々の集まりまたは一戸を構えて住んでいる単身者、②①の世帯と住居を共にし、別に生計を維持している間借りの単身者または下宿屋などに下宿している単身者、③会社・団体・商店・官公庁などの寄宿舎、独身寮などに居住している単身者を指す。「施設等の世帯」は、「一般世帯」以外の世帯を指す（総務省統計局「令和2年国勢調査 III 国勢調査の結果で用いる用語の解説」p.22）。

○2 国民生活基礎調査における「核家族世帯」は、**「夫婦のみの世帯」「夫婦と未婚の子のみの世帯」「ひとり親と未婚の子のみの世帯」**であり、「三世代世帯」は含まれない。

×3 国民生活基礎調査によれば、2022（令和4）年現在、「65歳以上の者のいる世帯」の中で、**「三世代世帯」**の割合は**7.1%**であり、**「夫婦のみの世帯」**の割合の**32.1%**よりも低い。〔改変 2019年（令和元年）現在→2022年（令和4年）現在〕

×4 同調査によれば、2022（令和4）年現在、65歳以上の単独世帯に占める割合は**「男の単独世帯」**が**17.2%**であり、**「女の単独世帯」**の**25.3%**に比べて低い。〔改変 2019年（令和元年）現在→2022年（令和4年）現在〕

×5 同調査によれば、2022（令和4）年現在、全世帯に占める**「児童のいる世帯」**の割合は**18.3%**であり、**「児童のいない世帯」**の割合（81.7%）よりも低い。〔改変 2019年（令和元年）現在→2022年（令和4年）現在〕

参照ページ 『合格教科書2025』p.59、60

正解 2

35回-143　福祉と就労などに関する次の記述のうち，**最も適切なもの**を1つ選びなさい。

1　ワークフェアとは，柔軟な労働市場を前提とし，他の労働市場に移動可能な就労支援プログラムを提供するシステムである。
2　ベーシックインカムとは，権利に基づく福祉給付を得るときに，就労という義務を課す政策である。
3　アクティベーションとは，福祉と就労を切り離し，国民に対して最低限の所得保障給付を行う政策である。
4　ディーセント・ワークとは，働きがいのある，人間らしい仕事のことをいう。
5　アウトソーシングとは，職場や地域における性別役割分担を見直そうとする考え方である。

選択肢考察

×1　**ワークフェア**とは，社会給付の代わりに**職業訓練や勤労奉仕を義務づける制度**で，日本では生活保護の受給要件に就労を条件とするような場合をいう。
×2　**ベーシックインカム**とは，就労状況・勤労の意志・資産の有無・年齢・性別・所得に関わらず，**無条件で一定の所得を保証する制度**をいう。
×3　**アクティベーション**とは，**ケアや教育などでサポート**を行いながら，対象の社会参加を促進するものをいう。
○4　**ディーセント・ワーク**とは，権利が保障され，十分な収入を生み出し，**適切な社会的保護が与えられる生産的な仕事**のことをいう。
×5　**アウトソーシング**とは，**業務の一部を外部の協力先に発注すること**をいう。

参照ページ　『合格教科書2025』p.95, 96, 98　　　　　　　　　　　　　　　　　　　　　**正解 4**

34回-16　「令和2年国勢調査」（総務省）に示された，現在の日本の就業状況に関する次の記述のうち，**正しいもの**を1つ選びなさい。[改変]

1　15歳以上就業者で従業上の地位が「雇用者」である人々のうち，女性で最も高い割合を占めているのは，「正規の職員・従業員」である。[改変]
2　15歳以上就業者について，産業大分類別に男女比をみると，女性の割合が最も高いのは，「電気・ガス・熱供給・水道業」である。
3　15歳以上就業者について，産業大分類別に男女比をみると，男性の割合が最も高いのは，「医療，福祉」である。
4　15歳以上外国人就業者について，産業大分類別の内訳をみると，「宿泊業，飲食サービス業」に就業する者の割合が最も高い。
5　男女別労働力率を年齢5歳階級別にみると，35～39歳の女性の労働力率は，90%を超えている。

[改変]「平成27年国勢調査」（総務省）→「令和2年国勢調査」（総務省）

選択肢考察

○1　「令和2年国勢調査」（総務省）によれば，15歳以上就業者で従業上の地位が「雇用者」である人々のうち，**女性で最も高い割合を占めているのは，「正規の職員・従業員」が42.4%と最も高く**，「パート・

アルバイト・その他」は 41.5％となっている。[改変]「パート・アルバイト・その他」→「正規の職員・従業員」]

×2　同調査によれば，15 歳以上就業者について，産業大分類別に男女比をみると，**女性の割合が最も高いのは，「医療，福祉」の 22.6％である。**次に女性の割合が高いのは，「卸売業，小売業」の 18.5％，「製造業」の 11.0％である。

×3　同調査によれば，15 歳以上就業者について，産業大分類別に男女比をみると，**男性の割合が最も高いのが，「製造業」の 20.0％である。**次に男性の割合が高いのは，「卸売業，小売業」の 13.5％，「建設業」の 11.1％である。

×4　同調査によれば，15 歳以上外国人就業者について，産業大分類別の内訳をみると，**「製造業」に就業する者の割合が 36.1％と最も高い。**次いで「卸売業，小売業」が 10.7％となっており，「宿泊業，飲食サービス業」は 8.4％である。

×5　同調査によれば，男女別労働力率を年齢 5 歳階級別にみると，**35〜39 歳の女性の労働力率は 78.2％である。**

参照ページ　『合格教科書 2025』p.430　　　　　　　　　　　　　正解 1

 労　働　　　　　　　　　　　　難 ●●●●● 易

32 回-16　「令和 4 年労働力調査年報」（総務省）に示された，過去 5 年間の日本の失業等の動向に関する次の記述のうち，**正しいものを 1 つ選びなさい。**[改変]

1　若年層の完全失業率は，上昇傾向にある。
2　「若年無業者」の若年人口に対する割合は，5％台で推移している。
3　自発的な離職者数は，増加している。
4　男女共に完全失業率は，低下している。
5　女性の完全失業率は，男性の完全失業率よりも一貫して低い。[改変]
(注)　「若年無業者」とは，15〜34 歳の非労働力人口のうち家事も通学もしていない者を指す。

[改変]「平成 30 年労働力調査年報」→「令和 4 年労働力調査年報」]

選択肢考察

×1　若年層（15〜34 歳）の完全失業率は，2018 年，2019 年は減少傾向にあったが **2020 年に増加し，2021 年からは再び減少傾向である。**各年の数値は，2018 年 15〜24 歳が 3.6，25〜34 歳が 3.4，2019 年 15〜24 歳が 3.8，25〜34 歳が 3.2，2020 年 15〜24 歳が 4.6，25〜34 歳が 3.9，2021 年 15〜24 歳が 4.6，25〜34 歳が 3.8，2022 年 15〜24 歳が 4.4，25〜34 歳が 3.6 であった。

	2018 年	2019 年	2020 年	2021 年	2022 年
15〜24 歳	3.6	3.8	4.6	4.6	4.4
25〜34 歳	2.6	3.2	3.9	3.8	3.6

×2　若年無業者の若年人口に対する割合は，**過去 5 年間 2％台で推移している。**各年の数値は，2018 年は 2.1％，2019 年は 2.2％，2020 年は 2.7％，2021 年は 2.3％，2022 年は 2.3％であった。

×3　自発的な離職者数は，2019 年までは減少傾向にあったが **2020 年，2021 年は増加となり，2022 年で再び減少した。**各年の数値は，2018 年 71 万人，2019 年 70 万人，2020 年 73 万人，2021 年 74 万人，2022 年 72 万人であった。

×4　各年の完全失業率の数値は，2018 年は女性 2.2 に対して男性が 2.6，2019 年は女性 2.2 に対して男性が

社会学と社会システム

2.5，2020 年は女性 2.5 に対して男性が 3.0，2021 年は女性 2.5 に対して男性 3.1，2022 年は女性 2.4 に対して男性 2.8 であった。完全失業率は**男女とも 2019 年ころまでは低下傾向であったが，2020 年は男女とも上昇，2021 年は女性は前年と同じで男性は上昇し，2022 年は男女とも減少している。**

	2018 年	2019 年	2020 年	2021 年	2022 年
女性	2.2	2.2	2.5	2.5	2.4
男性	2.6	2.5	3.0	3.1	2.8

○5　同調査年報によれば，**完全失業率は過去 5 年間，女性の方が男性よりも一貫して低い。**〔改変〕男女共に完全失業率は，低下している→女性の完全失業率は，男性の完全失業率よりも一貫して低い〕

※なお，「労働力調査年報」の最新の動向については総務省統計局のホームページのこと（総務省統計局「労働力調査年報」https://www.stat.go.jp/data/roudou/report/index.html）。

 参照ページ 『合格教科書 2025』p.430

NEW

世 代

難 ●●●○●● 易

36 回-19　次の記述のうち，ライフサイクルについての説明として，**最も適切なもの**を 1 つ選びなさい。

1　個人の発達の諸段階であり，生物学的，心理学的，社会学的，経済学的な現象がそれに伴って起きることを示す概念である。
2　生活を構成する諸要素間の相対的に安定したパターンを指す概念である。
3　社会的存在としての人間の一生を，生まれた時代や様々な出来事に関連付けて捉える概念である。
4　個人の人生の横断面に見られる生活の様式や構造，価値観を捉えるための概念である。
5　人間の出生から死に至るプロセスに着目し，標準的な段階を設定して人間の一生の規則性を捉える概念である。

✓✓✓

選択肢考察

×1　**ライフステージ**に関する説明である。個人の発達の諸段階であり，**生物学的，心理学的，社会学的，経済学的な現象がそれに伴って起きることを示す概念である。**

×2　**生活構造**に関する説明である。**生活構造**は，個人と社会を媒介する概念として生活を位置づける生活構造論において，**相対的に安定したパターンとして把握されるもの**である（社会福祉士養成講座編集委員会編『新・社会福祉士養成講座 3 社会理論と社会システム』第 3 版，中央法規，2014，p.96-97）。

×3　**ライフコース**に関する説明である。社会的存在としての人間の一生を，**生まれた時代やさまざまな出来事に関連付けて捉える概念**である。

×4　**ライフスタイル**に関する説明である。個々人の人生の横断面に見られる**生活の様式や構造，価値観を捉えるための概念**である（社会福祉士養成講座編集委員会編『新・社会福祉士養成講座 3 社会理論と社会システム』第 3 版，中央法規，2014，p.94-95）。

○5　**ライフサイクル**に関する説明である。人間の出生から死に至るプロセスに着目し，**標準的な段階を設定して人間の一生の規則性を捉える概念**である。

 参照ページ 『合格教科書 2025』p.69　　　　　　　　　　　　　　　　　　　　　　正解 5

　世　代

35回-18 次の記述のうち，人々の生活を捉えるための概念の説明として，**最も適切なもの**を1つ選びなさい。

1　生活時間とは，個々人の人生の横断面に見られる生活の様式や構造，価値観を捉える概念である。
2　ライフステージとは，生活主体の主観的状態に注目し，多面的，多角的に生活の豊かさを評価しようとする概念である。
3　生活の質とは，時間的周期で繰り返される労働，休養，休暇がどのように配分されているかに注目する概念である。
4　家族周期とは，結婚，子どもの出生，配偶者の死亡といったライフイベントの時間的展開の規則性を説明する概念である。
5　ライフスタイルとは，出生から死に至るまでの人の生涯の諸段階を示す概念である。

選択肢考察

×1　個々人の人生の横断面に見られる生活の様式や構造，価値観を捉える概念は，**ライフスタイル**である（社会福祉士養成講座編集委員会編『新・社会福祉士養成講座3　社会理論と社会システム』第3版，中央法規，2014，p.94〜95）。

×2　生活主体の主観的状態に注目し，多目的，多角的に生活の豊かさを評価しようとする概念は，**生活の質**である（社会福祉士養成講座編集委員会編『新・社会福祉士養成講座3　社会理論と社会システム』第3版，中央法規，2014，p.103〜104）。ライフステージは，ライフサイクルで設定される各段階であり，具体的には，乳幼児期，少年期，青年期，成人期，壮年期，向老期，高齢期などを指す。

×3　時間的周期で繰り返される労働，休養，休暇がどのように配分されているかを捉える概念は，**生活時間**である。例えば，総務省「社会生活基本調査」では，1日の生活配分として1次活動（睡眠，身の回りの用事，食事），2次活動（仕事や学業，家事・介護・育児など），3次活動（休養・くつろぎ，趣味・娯楽など）から生活実態を明らかにしようとしている。

○4　**家族周期**とは，結婚，子どもの出生，配偶者の死亡といったライフイベントの時間的展開の規則性を説明する概念である。

×5　出生から死に至るまでの人の生涯の諸段階を示す概念は，**ライフサイクル**である。

参照ページ　『合格教科書2025』p.69　　　　　正解 4

　自己と他者

36回-21 次の記述のうち，囚人のジレンマに関する説明として，**最も適切なもの**を1つ選びなさい。

1　協力し合うことが互いの利益になるにもかかわらず，非協力への個人的誘因が存在する状況。
2　一人の人間が二つの矛盾した命令を受けて，身動きがとれない状況。
3　相手のことをよく知らない人同士が，お互いの行為をすれ違いなく了解している状況。
4　非協力的行動には罰を，協力的行動には報酬を与えることで，協力的行動が促される状況。
5　公共財の供給に貢献せずに，それを利用するだけの成員が生まれる状況。

○1　囚人のジレンマは，**お互い協力を選択した方が非協力を選択するよりも得られる利益が大き**いにもかかわらず，相手が協力・非協力のいずれであっても**自分が非協力的行動を選択した方が得である**という状況があるために，協力を選択しにくいところにジレンマがある（社会福祉士養成講座編集委員会編『新・社会福祉士養成講座3 社会理論と社会システム』第3版，中央法規，2014，p.177）。

×2　一人の人間が二つの矛盾した命令を受けて，身動きがとれない状況は，ベイトソン（Bateson, G.）が**ダブルバインド**（二重の拘束）として提示したものである。

×3　**役割期待の相補性**に関する説明である。相手のことをよく知らない人同士が，お互いの行為をすれ違いなく了解できるのは，役割期待の相補性が満たされる必要がある。それには社会全体で規範的な力によって，社会的役割の共有を促す仕組み（**社会化と社会統制**）がいるとされる（（一社）日本ソーシャルワーク教育学校連盟編『最新社会福祉士養成講座 精神保健福祉士養成講座3 社会学と社会システム』初版，中央法規，2021，p.29-30）。

×4　非協力的行動には罰を，協力的行動には報酬を与えることで，協力的行動が促される状況は，オルソン（Olson, M.）の**選択的誘因**の考え方である。

×5　公共財の供給に貢献せずに，それを利用するだけの成員が生まれる状況は，オルソン（Olson, M.）が，**フリーライダー**として指摘した事柄である。

参照ページ　『合格教科書 2025』p.68　　　　正解 1

 ## 自己と他者　　　　難●●○●●易

34 回-20　次のうち，自我とは主我（I）と客我（me）の2つの側面から成立しており，他者との関係が自己自身への関係へと転換されることによって形成されることを指摘した人物として，**最も適切なもの**を1つ選びなさい。

1　マートン（Merton, R. K.）
2　テンニース（Tonnies, F.）
3　ミード（Mead, G.）
4　ルーマン（Luhmann, N.）
5　ジンメル（Simmel, G.）

×1
×2
○3
×4
×5

自我が**主我（I）と客我（me）の2つの側面から成立しており，他者との関係が自己自身への関係へと転換されることによって形成されること**を指摘したのは，**ミード**である。客我は，社会的に期待される役割（一般化された他者の期待）を果たす働きをするが，客我では解決できない問題に直面した時，よりよい未来を実現しようとするのが主我で，客我への創発的な働きかけをする。自我はこの客我と主我の相互作用として把握される（（一社）日本ソーシャルワーク教育学校連盟編『最新社会福祉士養成講座 精神保健福祉士養成講座3 社会学と社会システム』，中央法規，2021，p.211〜212）。

参照ページ　『合格教科書 2025』p.68　　　　正解 3

35回-19　社会的役割に関する次の記述のうち，**最も適切なもの**を 1 つ選びなさい。

1　役割距離とは，個人が他者からの期待を自らに取り入れ，行為を形成することを指す。
2　役割取得とは，個人が他者との相互行為の中で相手の期待に変容をもたらすことで，既存の役割期待を超えた新たな行為が展開することを指す。
3　役割葛藤とは，個人が複数の役割を担うことで，役割の間に矛盾が生じ，個人の心理的緊張を引き起こすことを指す。
4　役割期待とは，個人が他者からの期待と少しずらした形で行為をすることで，自己の主体性を表現することを指す。
5　役割形成とは，個人が社会的地位に応じた役割を果たすことを他者から期待されることを指す。

選択肢考察

×1　個人が他者からの期待を自らに取り入れ，行為を形成することを指す概念は，**役割取得**である。役割取得の提唱者は，**ミード**（Mead, G.）である。

×2　個人が他者との相互行為の中で相手の期待に変容をもたらすことで，既存の役割期待を超えた新たな行為が展開することを指す概念は，**役割形成**である。役割形成の提唱者は，**ターナー**（Turner, R.）である。

○3　個人が複数の役割を担うことで，役割の間に矛盾が生じ，個人の心理的緊張を引き起こすことを指す概念は，**役割葛藤**である。例えば，成人の子どもが仕事を辞めて老親の介護をするか，仕事を続けるか葛藤するといった状況が考えられる。

×4　個人が他者からの期待と少しずらした形で行為をすることで，自己の主体性を表現することを指す概念は，**役割距離**である。役割距離の提唱者は，**ゴッフマン**（Goffman, E.）である。

×5　個人が社会的地位に応じた役割を果たすことを他者から期待されることを指す概念は，**役割期待**である。

参照ページ　『合格教科書 2025』p.66　　　　　　　　　　　　　　　　　　　正解 3

社会福祉の原理と政策

● 内容一覧 ●

傾向と対策

過去問の傾向を知り，適切な対策を！

● 傾向分析表【社会福祉の原理と政策】●

項　目　名	第36回	第35回	第34回	問題数
日本の社会福祉の歴史的展開	●	●●	●	4
欧米の社会福祉の歴史的展開	●			1
社会福祉の思想・哲学		●		1
社会福祉の対象とニーズ	●	●		2
現代における社会問題	●	●	●	3
社会問題の構造的背景		●		1
福祉政策の概念・理念	●	●	●●●●●	7
福祉政策の構成要素	●	●		3
福祉政策の過程			●	1
福祉政策と包括的支援	●	●		2
関連政策	●	●	●	3
福祉供給部門	●			1
福祉供給過程	●			1
問　題　数	10問	10問	10問	30問

●傾向と対策

　『社会福祉の原理と政策』は社会福祉の歴史，実施体制と財政の概要，さらに援助技術の方法や種類が含まれ，加えて日本や諸外国の動向まで盛り込まれている。毎年難易度の高い問題が出題されている。しかし，「今後のためにも覚えておいたほうがよいものが目白押しである」と思えば勉強も少しははかどるのではないか。

　具体的な勉強方法としては，過去問題を解き，基本的な問題を押さえることからはじめる。そのなかで，福祉政策の原理となる理論，そこでの論点を押さえる。エスピン-アンデルセン（Esping-Andersen, G.）の福祉国家レジーム，ロールズ（Rawls, J.）の正義論，アマルティア・セン（Sen, A.）のケイパビリティなどは出題傾向が高い。また，イギリスを中心とした近代化社会における福祉政策，日本の福祉供給部門の歴史を確実に押さえる必要がある。これらは，他科目とも関連性が強いため，科目ごとに切り離さず，つながりを意識して理解を深めることをお勧めする。

　さらに，政策評価の一環として，国連などが公表する国際比較の報告書に関する内容やジェンダー，災害，多文化共生，SDGsなど現代社会の課題や論点が出題される。これらは，テキストや参考文献では捉えきれない内容となっており，新聞，雑誌，WEBなど最新の情報を押さえる必要がある。

●頻出項目
①**社会福祉の歴史**
②**社会問題と社会構造**
③**福祉政策の基本的な視点**
④**福祉政策の動向と課題**
⑤**福祉政策と関連施策**

日本の社会福祉の歴史的展開

36回-26 次のうち，日本における第1次ベビーブーム期の出生者が後期高齢者になるために，国が示した，医療や介護等の供給体制を整備する目途となる年次として，**最も適切なもの**を1つ選びなさい。

1 1973年（昭和48年）
2 1990年（平成2年）
3 2000年（平成12年）
4 2025年（令和7年）
5 2035年（令和17年）

選択肢考察

×1　1973（昭和48）年は，「**福祉元年**」ともいわれ，年金制度の改善，医療保険制度の改善，老人医療費支給制度の実施（老人医療無料化）などの制度改善が集中的に行われた。

×2　1990（平成2）年は，「**高齢者保健福祉推進十か年戦略**」（ゴールドプラン）により，在宅サービスを中心とする介護サービスの大幅な拡充が図られた。

×3　2000（平成12）年は，**社会福祉事業法から社会福祉法への改正**，介護保険法，児童虐待防止法などが創設された。

○4　2008（平成20）年の厚生労働省老人保健健康増進等事業による「地域包括ケア研究会報告書」において，**団塊世代が75歳以上となる2025（令和7）年を目処**に，高齢者の尊厳の保持と自立生活の支援の目的のもとで，可能な限り住み慣れた地域で，自分らしい暮らしを人生の最期まで続けることができるよう，地域の包括的な支援・サービス供給体制（**地域包括ケアシステム**）の構築が示された。

×5　2035（令和17）年は，**団塊世代が85歳以上**となり，人口における高齢者は3割以上となり，介護需要に対しての人材不足，現役世代の減少による経済の縮小，地域間格差の拡大など社会問題が複合的に表面化するとされている。

参照ページ　『合格教科書2025』p.58　　　　　　　　　　　　　　　　　　　　　正解 4

日本の社会福祉の歴史的展開

35回-26 福祉六法の制定時点の対象に関する次の記述のうち，**最も適切なもの**を1つ選びなさい。

1 児童福祉法（1947年（昭和22年））は，戦災によって保護者等を失った満18歳未満の者（戦災孤児）にその対象を限定していた。
2 身体障害者福祉法（1949年（昭和24年））は，障害の種別を問わず全ての障害者を対象とし，その福祉の施策の基本となる事項を規定する法律と位置づけられていた。
3 （新）生活保護法（1950年（昭和25年））は，素行不良な者等を保護の対象から除外する欠格条項を有していた。
4 老人福祉法（1963年（昭和38年））は，介護を必要とする老人にその対象を限定していた。
5 母子福祉法（1964年（昭和39年））は，妻と離死別した夫が児童を扶養している家庭（父子家庭）を，その対象外としていた。

×1　児童福祉法は，少年教護法，旧児童虐待防止法，母子保護法などの第二次世界大戦前の「保護法」を統合化して構想立案されたが，次世代を担う児童の健全な育成支援，「福祉法」としての積極的増進を基本精神とし，**児童と対象とした点**に特徴がある。

×2　身体障害者福祉法は，**身体障害者自らの努力によって更生すること**を前提として，国及び地方公共団体がこれを援助し，必要な保護を行い，国民もこれに協力する責務を定め，もって身体障害者の生活の安定に寄与する等その福祉の増進を目的としたものであった。

×3　旧生活保護法は「能力があるにもかかわらず勤労の意思のない者，勤労を怠る者その他生計の維持に勤めない者や素行不良な者を除く」という欠格条項が設けられ，保護の対象は限られたものであった。一方，新生活保護法は日本国憲法第25条の生存権に基づく法律であることを明分化し，**無差別平等の原理**が特徴である。

×4　老人福祉法は第二条の基本的理念において「老人は，多年にわたり社会の進展に寄与してきた者として，かつ，豊富な知識と経験を有する者として敬愛されるとともに，生きがいを持てる健全で安らかな生活を保障されるものとする」としており，**すべての老人を対象**としている。

○5　母子福祉法の対象は20歳未満の子がいる母子家庭であった。父子家庭への支援については，児童扶養手当が平成22（2010）年から支給対象となり，平成26（2014）年には母子及び寡婦福祉法が「**母子及び父子並びに寡婦福祉法**」に改められ，父子福祉資金が創設される等，父子家庭に対する支援が拡充された。

参照ページ　『合格教科書 2025』p.76, 357　　　　　　　　　　　　　　　　　　　　　**正解 5**

 日本の社会福祉の歴史的展開　

35 回-25　近代日本において活躍した福祉の先駆者に関する次の記述のうち，**最も適切なもの**を１つ選びなさい。

1　石井十次は岡山孤児院を設立した。
2　山室軍平は家庭学校を設立した。
3　留岡幸助は救世軍日本支部を設立した。
4　野口幽香は滝乃川（たきのがわ）学園を設立した。
5　石井亮一（りょういち）は二葉幼稚園を設立した。

○1　石井十次は明治20（1887）年に貧窮児童を対象とする**岡山孤児院**を設立した。

×2　山室軍平は明治18（1985）年に**救世軍を組織**し，**セツルメント運動，保釈者保護，廃娼運動，婦人保護，無料宿泊所**など組織的運動を展開した。

×3　留岡幸助は明治32（1899）年に**家庭学校**（現・北海道家庭学校，児童自立支援施設）を設立した。

×4　野口幽香は明治33（1900）年に**二葉幼稚園**（現・二葉保育園）を設立した。

×5　石井亮一は明治14（1981）年に**聖三一孤女学院**（現・滝乃川学園，知的障害者施設）を設立した。

参照ページ　　　　　　　　　　　　　　　　　　　　　　　　　　　　　　　　　　　　**正解 1**

日本の社会福祉の歴史的展開

難 ●●○●● 易

34回-25 戦前の社会事業に関する次の記述のうち，**正しいもの**を**1つ**選びなさい。

1 方面委員制度は，社会事業の確立によって済世顧問制度へと発展した。
2 第一次世界大戦末期に発生した米騒動の直後に，社会事業に関する事項を扱う行政機関として厚生省が設立された。
3 救護法は市町村を実施主体とする公的扶助義務主義を採用したが，要救護者による保護請求権は認めなかった。
4 国家総動員体制下において，人的資源論に基づく生産力・軍事力の観点から，戦時厚生事業は社会事業へと再編された。
5 社会事業法の成立により，私設社会事業への地方長官（知事）による監督権が撤廃されるとともに，公費助成も打ち切られた。

社会福祉の原理と政策

選択肢考察

×1 1917（大正6）年に岡山県で制度化された**済世顧問制度**が，1918（大正7）年に**大阪府方面員制度**として設置され，全国に普及した。

×2 第一次世界大戦末期は，1917（大正6）年，救済行政の中央事務の担当課である救護課が内務省に設置され，1919（大正8）年に社会課に改称，1920（大正9）年に社会局へと発展し「社会事業に関する事項」を取り扱った。1938（昭和13）年に内務省から分離独立して「**厚生省**」が設立，**社会事業法**が制定，**戦時厚生事業**が明確となった。2001（平成13）年に労働省と統合されて厚生労働省に改組した。

○3 救護法は，実施主体を内務省から地域委員を補助機関とした**市町村の義務**とした。しかし，救護対象から労働能力のある貧民を除外し，被救護者から選挙権を剥奪するなどの差別的・選別的な色彩を強く残した。さらに，国家が救護にあたる責任を規定するものの，要救護者による保護請求権は認められておらず，権利の存在しない国家責任であった。

×4 国家総動員体制下の社会事業は「厚生事業」と呼ばれたものの，戦争遂行のための人的資源の確保，健民健兵政策の強化であり，「社会事業」が軍事政策に組み込まれた「**戦時厚生事業**」であった。

×5 1938（昭和13）年に**社会事業法**が制定された。ここでは，戦時体制下であることから，政府の社会事業に対する助成よりも，その管理・監督に重点が置かれた。監督については，民間の事業者に法人格の取得などを求めないものの，事業の開始にあたっては道府県知事への届出が必要であり，罰則については詳細に規定された。補助については明確な規定はなく，免税は地方税に限られた。また，国からの委託は正当な理由がなければこれを拒否できないと規定しているにもかかわらず，委託費に関しては何も規定が示されなかった。

参照ページ 『合格教科書2025』p.172, 375

正解 3

欧米の社会福祉の歴史的展開

36回-23　次のうち，1930年代のアメリカにおけるニューディール政策での取組として，**正しいもの**を1つ選びなさい。

1　社会保障法の制定
2　公民権法の制定
3　メディケア（高齢者等の医療保険）の導入
4　ADA（障害を持つアメリカ人法）の制定
5　TANF（貧困家族一時扶助）の導入

（注）「障害を持つアメリカ人法」とは，「障害に基づく差別の明確かつ包括的な禁止について定める法律」のことである。

選択肢考察

○1　**社会保障法**は1935年に制定された。①**2種類の社会保険**，②**高齢者，母子家庭，視覚障害者に対する3種類の特別扶助**，③**社会福祉サービス**から構成される。

×2　**公民権法**は1964年に制定された。1950年代後半から**黒人に対する政治的・経済的・社会的な差別の撤廃**を求めて展開された**公民権運動**の成果の1つである。

×3　高齢者等の医療を保障する**メディケア**は1965年に制定された。65歳以上の高齢者と65歳未満の障害者向けの**米国の公的医療保険プログラム**である。

×4　**ADA**（障害を持つアメリカ人法）は，1990年に制定された（2008年改正）。アメリカにおける**最も包括的な公民権法**の1つであり，障害者の差別禁止，及び障害者が他者と同じくアメリカでの生活を営むことができる機会を保証するものである。

×5　**TANF**（貧困家族一時扶助）は，1996年に制定された。**就労を通じて福祉の実現を図るワークフェア政策**である。貧困家庭への給付が，永続的なものから期間限定的なものに変化した。

参照ページ　『合格教科書2025』p.99　　　　　　　　　　　　　　　**正解 1**

社会福祉の思想・哲学

35回-23　福祉に関わる思想や運動についての次の記述のうち，**最も適切なもの**を1つ選びなさい。

1　バーリン（Berlin, I.）のいう積極的自由とは，自らの行為を妨げる干渉などから解放されることで実現する自由を意味する。
2　ポジティブ・ウェルフェアは，人々の福祉を増進するために，女性参政権の実現を中心的な要求として掲げる思想である。
3　1960年代のアメリカにおける福祉権運動の主たる担い手は，就労支援プログラムの拡充を求める失業中の白人男性たちであった。
4　フェビアン社会主義は，ウェッブ夫妻（Webb, S. & B.）などのフェビアン協会への参加者が唱えた思想であり，イギリス福祉国家の形成に影響を与えた。
5　コミュニタリアニズムは，家族や地域共同体の衰退を踏まえ，これらの機能を市場と福祉国家によって積極的に代替するべきだとする思想である。

×1 「干渉などから解放されることで実現する自由（〜からの自由）」とは消極的自由である。積極的自由は，**自己実現などのより高い価値の実現のために行動**する「〜になる自由（〜への自由）」である。

×2 ポジティブ・ウェルフェアは，ギデンズ（Giddens, A.）がイギリスの「**第三の道**」を探る中で提唱した。新たな福祉国家の方向性として，金銭給付よりも教育や職業訓練などの人的資本に投資することを重視するものである。日本においても，かつての「消費型・保護型社会保障」とは異なる概念として，広く国民全体の可能性を引き出すこれからの参加型社会保障として推進されている。

×3 福祉権運動は，1960年代の黒人の公民権運動の影響を受けて誕生した公的扶助受給者を中心とした権利要求運動である。その主たる担い手は AFDC（要扶養児童家庭扶助）の対象の黒人婦人層の受給者であり，扶助基準の低位性，州間格差，低位な基準の固定化や基準以下給付に対して，**所得保障の達成**を目指した。

○4 ウェッブ夫妻が『産業民主制論』(1897) で提唱した**ナショナルミニマム**は，最低賃金，労働時間の上限，衛生・安全基準，義務教育の4項目からなる。後のベヴァリッジ報告に大きな影響を与えた。

×5 コミュニタリアリズムでは，普遍的，単一的な価値観でなく，人間は共同体の中で**他者からの影響を受けつつ価値観を形成する**とし，共通善は何たるかを学ぶ存在であることを強調する思想である。

参照ページ 『合格教科書 2025』p.99  正解 4

 社会福祉の対象とニーズ 難●●●○易

36回-25 次の記述のうち，ブラッドショー（Bradshaw, J.）のニード類型を踏まえたニードの説明として，**最も適切なもの**を1つ選びなさい。

1 クライエントがニードを表明しなければ，ニードのアセスメントを行うことはできない。
2 社会規範に照らしてニードの有無が判断されることはない。
3 クライエントと専門職との間で，ニードの有無の判断が食い違うことはない。
4 他人と比較してニードの有無が判断されることはない。
5 クライエントがニードを自覚しなければ，クライエントからのニードは表明されない。

×1 **ニードを表明できないクライエントも存在する**。そのため，アセスメントにおいては，クライエント自らの感じ方や考え方に基づいて把握される場合と，クライエントの意思を超えた客観的な基準に基づいて把握される場合がある。

×2 ブラッドショーは望ましいとされる基準との対比において，専門性を根拠にして把握されるニードを**規範的ニード**（ノーマティブニード）とした。

×3 専門職は，クライエントの全てについて知っているわけではなく，重要な情報を見逃している可能性がある。一方，クライエントも何らかの事情によって重要な情報を秘匿している可能性もある。そのため，**両者でニードの判断が食い違うこともありうる**。

×4 ブラッドショーは，同じ特性や地域等との比較によって顕在化するニードを**比較ニード**（コンパラティブニード）とした。

○5 **表明されたニード**（エクスプレストニード）は，**クライエントが自覚した結果**，サービス利用のための

行動に出たかを基にしたニードであり，**感得されたニード（フェルトニード）が前提**となる。

参照ページ 『合格教科書 2025』p.87 正解 5

 ## 社会福祉の対象とニーズ

35 回-27 福祉のニーズとその充足に関する次の記述のうち，**最も適切なもの**を **1** つ選びなさい。

1 ジャッジ（Judge, K.）は，福祉ニーズを充足する資源が不足する場合に，市場メカニズムを活用して両者の調整を行うことを割当（ラショニング）と呼んだ。
2 「ウルフェンデン報告（Wolfenden Report）」は，福祉ニーズを充足する部門を，インフォーマル，ボランタリー，法定（公定）の三つに分類した。
3 三浦文夫は，日本における社会福祉の発展の中で，非貨幣的ニーズが貨幣的ニーズと並んで，あるいはそれに代わって，社会福祉の主要な課題になると述べた。
4 ブラッドショー（Bradshaw, J.）は，サービスの必要性を個人が自覚したニーズの類型として，「規範的ニード」を挙げた。
5 フレイザー（Fraser, N.）は，ニーズの中身が，当事者によってではなく，専門職によって客観的に決定されている状況を，「必要解釈の政治」と呼んだ。

（注） 「ウルフェンデン報告」とは，1978 年にイギリスのウルフェンデン委員会が発表した報告書「The Future of Voluntary Organisations」のことである。

選択肢考察

×1 ジャッジが示したラショニング（配当・割当）は，資源が希少で不足する場合に，**市場メカニズムを用いずに**，必要とする人々に供給するために，何らかの人為的な手段によって必要と資源の間の調整を行う過程である。

×2 ウルフェンデン報告においては，福祉供給を4つの部門に整理した。それらは政府や自治体などの「**公共セクター**」，市場ベースの営利企業などの「**民間営利セクター**」，家族やコミュニティなどの「**インフォーマルセクター**」，NPO や民間非営利組織などの「**ボランタリーセクター**」である。

○3 非貨幣的ニーズは，貨幣的に図ることが困難なニーズであり，その充足は金銭給付ではできず，物品や人的サービス等の現物サービスが必要となる。貧困に対しては，貨幣的ニーズの充足が重点的に行われるが，生活水準の向上とともに，**非貨幣的ニーズが拡大する**とされる。

×4 ブラッドショーは，ニードの概念を**フェルトニード**（感得されたニード，自覚ニード），**エクスプレストニード**（表明されたニード），**コンパラティブニード**（比較ニード），**ノーマティブニード**（規範的ニード）の4つに整理した。規範的ニードは，何らかの価値基準や科学的に判断に基づき，望ましいと考える規準からのずれをニードとして捉える。

×5 フレイザーは，「必要をどのように充足するのか」という問いから，当事者抜きに専門家が客観的に判定し決めていた現状を「**必要充足の政治**」とし，そもそも「誰が必要を解釈するのか」という問いにもとづく「**必要解釈の政治**」への変化と指摘した。

参照ページ 『合格教科書 2025』p.87 正解 3

現代における社会問題

難 ●●○●● 易

36回-24 日本の貧困に関する次の記述のうち，**最も適切なもの**を１つ選びなさい。

1　日本の 2010 年代における「貧困率」は，経済協力開発機構（OECD）加盟国の平均を大きく下回っている。
2　「2019 年国民生活基礎調査の概況」（厚生労働省）によれば，子どもがいる現役世帯の世帯員の「貧困率」は，「大人が二人以上」の世帯員よりも「大人が一人」の世帯員の方が高い。
3　「2019 年国民生活基礎調査の概況」（厚生労働省）によれば，子どもの「貧困率」は 10％を下回っている。
4　「平成 29 年版厚生労働白書」によれば，高齢者の「貧困率」は，子どもの「貧困率」に比べて低い。
5　2018 年（平成 30 年）の時点で，生活保護世帯に属する子どもの大学進学率は 60％を超えている。
（注）　ここでいう「貧困率」とは，等価可処分所得が中央値の半分に満たない世帯員の割合（相対的貧困率）を指す。

選択肢考察

×1　日本の 2010 年代における「貧困率」は，経済協力開発機構（OECD）加盟国の平均を**上回っており**，**2015 年の数値では２番目に高い。**

○2　子どもがいる現役世帯の「貧困率」は，「大人が一人」の世帯員では **48.1％**，「大人が二人以上」の世帯員では **10.7％**となっている。

×3　2018（平成 30）年の時点で，**日本の 17 歳以下の子どもの「貧困率」は 13.5％**であり，1985（昭和 60）年の調査以降 10％を下回ったことはない。なお，OECD の所得定義の新基準（可処分所得の算出に用いる拠出金の中に，新たに自動車税等及び企業年金を追加）に基づき算出した子どもの貧困率は 14.0％となっている。

×4　高齢者の貧困率は **19.6％**，子どもの貧困率は **13.9％**であり，**高齢者の方が貧困率は高い。**

×5　2018（平成 30）年の時点で，**生活保護世帯に属する子どもの大学進学率は 36.0％である。**

参照ページ　『合格教科書 2025』p.342

正解 2

〈貧困率の年次推移〉

	1985 （昭和60）年	1988 （63）	1991 （平成3）年	1994 （6）	1997 （9）	2000 （12）	2003 （15）	2006 （18）	2009 （21）	2012 （24）	2015 （27）	2018（30） 	新基準
						（単位：％）							
相対的貧困率	12.0	13.2	13.5	13.8	14.6	15.3	14.9	15.7	16.0	16.1	15.7	15.4	15.7
子どもの貧困率	10.9	12.9	12.8	12.2	13.4	14.4	13.7	14.2	15.7	16.3	13.9	13.5	14.0
子どもがいる現役世帯	10.3	11.9	11.6	11.3	12.2	13.0	12.5	12.2	14.6	15.1	12.9	12.6	13.1
大人が一人	54.5	51.4	50.1	53.5	63.1	58.2	58.7	54.3	50.8	54.6	50.8	48.1	48.3
大人が二人以上	9.6	11.1	10.7	10.2	10.8	11.5	10.5	10.2	12.7	12.4	10.7	10.7	11.2
						（単位：万円）							
中央値　(a)	216	227	270	289	297	274	260	254	250	244	244	253	248
貧困線　(a/2)	108	114	135	144	149	137	130	127	125	122	122	127	124

「2019 年国民生活基礎調査の概況」（厚生労働省）

社会福祉の原理と政策

〈貧困率の年次推移〉

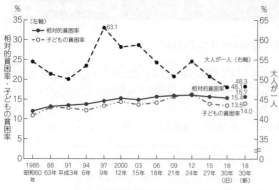

「2019年国民生活基礎調査の概況」（厚生労働省）

〈世帯員の年齢階級別にみた相対的貧困率　推移〉

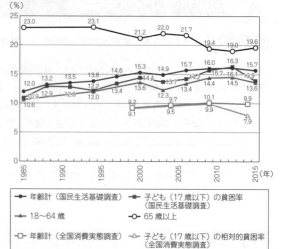

厚生労働省政策統括官付世帯統計室「国民生活基礎調査」及び総務省統計局「全国消費実態調査」より厚生労働省政策統括官付政策評価官室作成）

現代における社会問題

難 ●●●○●● 易

 34 回-26　イギリスにおける貧困に関する次の記述のうち，**正しいものを1つ選びなさい。**

1　ラウントリー（Rowntree, B.）は，ロンドンで貧困調査を行い，貧困の主たる原因が飲酒や浪費のような個人的習慣にあると指摘した。

2　ベヴァリッジ（Beveridge, W.）による『社会保険および関連サービス』（「ベヴァリッジ報告」）は，「窮乏」（want）に対する社会保障の手段として，公的扶助（国民扶助）が最適であり，社会保険は不要であるとした。

3　エイベル-スミス（Abel-Smith, B.）とタウンゼント（Townsend, P.）は，イギリスの貧困世帯が増加していることを1960年代に指摘し，それが貧困の再発見の契機となった。

4　タウンゼント（Townsend, P.）は，等価可処分所得の中央値の50％を下回る所得しか得ていない者を相対的剥奪の状態にある者とし，イギリスに多数存在すると指摘した。

5　サッチャー（Thatcher, M.）が率いた保守党政権は，貧困や社会的排除への対策として，従来の社会民主主義とも新自由主義とも異なる「第三の道」の考え方に立つ政策を推進した。

選択肢考察

×1　ラウントリーは，ヨーク市で貧困調査を行い，「**第1次貧困**」と「**第2次貧困**」に区別した。第1次貧困は，「その収入がいかに賢明にかつ注意深く消費されても単なる肉体的能率（健康や労働力を意味する）を維持するのに必要な最小限度にも満たない生活水準」とした。第2次貧困は，「その収入の一部を，飲酒とか賭博など他の支出に向けない限り，単なる肉体的な能力を維持することのできる生活水準」とした。ロンドンでの貧困調査はブース（Booth, C.）が実施した。

×2　ベヴァリッジ報告では，人々の生活を脅かす5つのリスク要因として窮乏，疾病，無知，不潔，怠惰（失業など）を挙げ，それぞれに所得保障，保健，教育，住宅政策，雇用政策を対応させた。**社会保険の組織が社会進歩のための包括的な政策の一部**であり，それが窮乏に対する施策であること，国民の自発的行動を阻害しない範囲で国家はナショナルミニマムを保障することを説いた。

○3　エイベル-スミスとタウンゼントは，1965年に出版した『貧困者（層）と極貧者（層）(The Poor and the

Poorest)』において，**約6分の1の世帯が公的扶助基準以下の所得で生活する貧困状況にある**ことを明らかにした。

×4　タウンゼントの相対的剥奪とは，当該社会において「ふつう」とみなされている**生活資源や生活様式を享受できていない状態**である。そのため，何を「ふつう」とみなすかは時代や社会によって異なり得る。

×5　保守党サッチャー政権は，規制緩和，小さな政府を揚げて，自己責任論の強い，新自由主義政策を推し進めた。しかし，格差や貧困，社会的排除などの問題を生み出し1997年労働党のブレア政権が誕生した。ブレア政権では，「**第三の道**」を揚げて教育や医療を中心とした公共サービスについて，市場原理に基づく経済効率を前提としつつ，政府の役割の重視・拡大を図り，「アングロ・ソーシャル・モデル」と呼ばれた。

 **参照ページ** 『合格教科書 2025』p.88, 163〜165　　　　　　　　　　　　　　**正解 3**

 ## 現代における社会問題　　　　　　　難 ●●●●○● 易

35回-28　生活困窮者自立支援法の目的規定に関する次の記述のうち，**正しいもの**を**1つ**選びなさい。

1　生活困窮者に対する自立の支援に関する措置を講ずることにより，生活困窮者の自立の促進を図ること。
2　すべての国民に対し，その困窮の程度に応じ，最低限度の生活を営めるよう必要な保護を講ずることにより，生活困窮者の自立の促進を図ること。
3　尊厳を保持し，能力に応じ自立した日常生活を営めるよう，必要な保健医療及び福祉サービスに係る給付を行い，生活困窮者の自立の促進を図ること。
4　能力に応じた教育を受ける機会を保障する措置を講ずることにより，生活困窮者の自立の促進を図ること。
5　社会，経済，文化その他あらゆる分野の活動に参加する機会が確保されるよう施策を講ずることにより，生活困窮者の自立の促進を図ること。

選択肢考察

○1　第1条において，この法律は，生活困窮者自立相談支援事業の実施，生活困窮者住居確保給付金の支給その他の生活困窮者に対する**自立の支援に関する措置**を講ずることにより，生活困窮者の**自立の促進を図ること**を**目的**とすると明示されている。

×2　**生活保護法**の目的に関する記述である。ここでは，国が生活に困窮するすべての国民に対し，その困窮の程度に応じ，必要な保護を行い，その**最低限度の生活を保障するとともに，その自立を助長する**ことを目的とすると明示されている。

×3　**介護保険法**の目的に関する記述である。ここでは，加齢に伴って生ずる心身の変化に起因する疾病等により要介護状態となり，入浴，排せつ，食事等の介護，機能訓練並びに看護及び療養上の管理その他の医療を要する者等について，これらの者が尊厳を保持し，その有する能力に応じ自立した日常生活を営むことができるよう，必要な保健医療サービス及び福祉サービスに係る給付を行うため，国民の共同連帯の理念に基づき介護保険制度を設け，その行う保険給付等に関して必要な事項を定め，もって**国民の保健医療の向上及び福祉の増進を図る**ことを目的とすると明示されている。

×4　**教育基本法**の教育の機会均等に関する記述である。ここでは，すべて国民は，ひとしく，その能力に応じた教育を受ける機会を与えられなければならず，人種，信条，性別，社会的身分，経済的地位又は門地によって，教育上差別されない。国及び地方公共団体は，障害のある者が，その障害の状態に応じ，

社会福祉の原理と政策

十分な教育を受けられるよう，教育上必要な支援を講じなければならない。国及び地方公共団体は，能力があるにもかかわらず，**経済的理由によって修学が困難な者に対して，奨学の措置を講じなければならない**と明示している。

×5　**障害者基本法**の地域社会における共生等に関する記述である。ここでは，全て障害者は，社会を構成する一員として**社会，経済，文化その他あらゆる分野の活動に参加する機会が確保される**ことと明示されている。

参照ページ　『合格教科書 2025』p.384　　　　　　　　　　　　　　　　　正解 1

 社会問題の構造的背景　　　　　　　　　　　　　

35 回-29　日本における人口の動向に関する次の記述のうち，**正しいものを 1 つ選びなさい。**

1　第二次世界大戦後，1940 年代後半，1970 年代前半，2000 年代後半の 3 回のベビーブームを経験した。

2　15～64 歳の生産年齢人口は，高度経済成長期から 1990 年代後半まで減少を続け，以後は横ばいで推移している。

3　「『日本の将来推計人口』における中位推計」では，65 歳以上の老年人口は 2025 年頃に最も多くなり，以後は緩やかに減少すると予想されている。

4　「2022 年の人口推計」において，前年に比べて日本人人口が減少した一方，外国人人口が増加したため，総人口は増加した。改変

5　1970 年代後半以降，合計特殊出生率は人口置換水準を下回っている。

(注)　1　「『日本の将来推計人口』における中位推計」とは，国立社会保障・人口問題研究所「日本の将来推計人口（令和 5 年推計）」における，出生中位（死亡中位）の推計値を指す。改変
　　　2　「2022 年の人口推計」とは，総務省「人口推計 2022 年（令和 4 年）10 月 1 日現在」における推計値を指す。改変

［改変「日本の将来推計人口（平成 29 年推計）」→「日本の将来推計人口（令和 5 年推計）」／「人口推計 2021 年（令和 3 年）」→「人口推計 2022 年（令和 4 年）」］

選択肢考察

×1　日本におけるベビーブームは 1947（昭和 22）～1949（昭和 24）年の**第 1 次ベビーブーム**（団塊世代），1971（昭和 46）～1974（昭和 49）年の**第 2 次ベビーブーム**（団塊ジュニア世代）の 2 回である。

×2　少子高齢化の進行により，我が国の生産年齢人口は **1995（平成 7）年の 8,726 万人をピークに減少**しており，2020（令和 2）年は 7,509 万人（国勢調査）となっている。**2070（令和 52）年には 4,535 万人まで減少する見込み**である（「日本の将来推計人口（令和 5 年推計）」2023，国立社会保障・人口問題研究所，p.4）。

×3　老年人口は **2043 年**に 3,953 万人でピークを迎え，**その後は減少に転じると推計**されている。また，2043 年以降は 65 歳以上人口が減少に転じても高齢化率は上昇を続け，2070 年には 38.7％に達して，国民の約 2.6 人に 1 人が 65 歳以上の者となる社会が到来すると推計されている。

×4　2022（令和 4）年 10 月 1 日現在の総人口は 1 億 2,494 万 7 千人で，2021（令和 3）年 10 月から 2022（令和 4）年 9 月までの 1 年間に 55 万 6 千人（-0.44％）の減少となった。うち，社会増減は 17 万 5 千人と 2 年ぶりの増加であり，日本人・外国人の別にみると，**日本人は 1 万 6 千人の減少**で，2 年連続の社会減少，**外国人は 19 万 1 千人の増加**で，2 年ぶりの社会増加となった。

○5　1970 年代後半以降，合計特殊出生率は**人口置換水準である 2.07 を下回っている**。2022（令和 4）年の合計特殊出生率は 1.26 であり，**過去最低**となった。

参照ページ　『合格教科書 2025』p.56～58　　　　　　　　　　　　　　　正解 5

 福祉政策の概念・理念　　　　　　　　　　難●●●●○易

34回-27　新しい社会的リスクやそれへの対処に関する次の記述のうち，**適切なもの**を**2つ**選びなさい。

1　ニートとは，35〜59歳の未婚者のうち，仕事をしておらず，ふだんずっと一人でいるか，家族しか一緒にいる人がいない者のことを指す。
2　ダブルケアとは，老老介護の増加を踏まえ，ケアを受ける人と，その人をケアする家族の双方を同時に支援することを指す。
3　保活とは，子どもを認可保育所等に入れるために保護者が行う活動であり，保育所の待機児童が多い地域で活発に行われる傾向がある。
4　8050問題とは，一般的には，80代の高齢の親と，50代の無職やひきこもり状態などにある独身の子が同居し，貧困や社会的孤立などの生活課題を抱えている状況を指す。
5　ワーキングプアとは，福祉給付の打切りを恐れ，就労を見合わせる人々のことを指す。

選択肢考察

×1　**ニートは，15〜34歳で，**非労働力人口のうち，**家事も通学もしていない者**のことを指す。

×2　**ダブルケアは，子育て**と**親や親族の介護**が同時期に発生し，**両方を並行して担わなければならない状態**のことを指す。

○3　本肢のとおり。厚生労働省では，2016（平成28）年4月11日より，「待機児童解消に向けて緊急的に対応する施策について」（平成28年3月28日）に基づき，いわゆる「**保活**」（子どもを認可保育園等に入れるために保護者が行う活動）の実態を把握するための調査を実施した。

○4　本肢のとおり。

×5　**ワーキングプア**とは，被雇用者（役員を除く）のうち，**賃金収入が最低生活費以下の労働者**であり，働いているにもかかわらず生活が困窮している人々を指す。

参照ページ　『合格教科書2025』p.193　　　　　　　　　　　　　　　正解 3, 4

 福祉政策の概念・理念　　　　　　　　　　難●○●●●易

35回-24　福祉政策に関する次の記述のうち，**最も適切なもの**を**1つ**選びなさい。

1　アダム・スミス（Smith, A.）は，充実した福祉政策を行う「大きな政府」からなる国家を主張した。
2　マルサス（Malthus, T.）は，欠乏・疾病・無知・不潔・無為の「五つの巨悪（巨人）」を克服するために，包括的な社会保障制度の整備を主張した。
3　ケインズ（Keynes, J.）は，不況により失業が増加した場合に，公共事業により雇用を創出することを主張した。
4　フリードマン（Friedman, M.）は，福祉国家による市場への介入を通して人々の自由が実現されると主張した。
5　ロールズ（Rawls, J.）は，国家の役割を外交や国防等に限定し，困窮者の救済を慈善事業に委ねることを主張した。

選択肢考察

×1　アダム・スミスは，自由な経済取引が行われる場合，**市場メカニズム（見えざる手）**が働くことで資源

の効率的な配分が行われ, それが結果的に公共の福祉 (公正) を増進すると考え, 政府による統制 (規制) や介入はできるだけ差し控えるべきであると唱えた。ここでは, 市場メカニズムを重視しており, 「**小さな政府**」を論じている。

×2 説明の「**五つの巨悪**」はベヴァリッジ (Beveridge, W.) の主張である。マルサスは 1978 年に「**人口論**」を発表し, 人口は等比級数的に増加する一方, 食糧は等差級数的に増加するため, 人類は飢餓にさらされる危険性があり, 人口と食糧のずれは貧困や悪徳を生じさせるため, 貧困対策には道徳的な抑制による人口対策をする必要があると説いた。

○3 ケインズは, 不況時には, 政府が積極的な市場介入を行い, **公共事業**によって, 雇用, 需要を創出して景気刺激を図ることを主張した。

×4 フリードマンは, ①裁量的な福祉政策は現に望ましい結果をもたらしておらず, ②家族の絆や社会のダイナミズムを失わせ, 人々の自由を阻害しているとして, **福祉国家・大きな政府に反対**した。そして, 政府のなすべき役割は, ①市場を通じた経済活動の組織化の前提条件を整備すること, ②市場を通じて達成できるかもしれないが多大な費用がかかることを行うことに限定されるべきで, 「**負の所得税**」制度という単一の包括的なプログラムを導入し, アメリカの社会保障制度は解体すべきであると主張した。

×5 国の役割を外交や国防等に限定する考えは**夜警国家 (小さな政府)** である。ロールズは個人が自分の選択した人生を自由に生きるという幸福追求を重視したが, すべての個人がそうするためには, 基本的な自由や権利の平等な保障だけではなく, **所得や富の公平な分配を要求すべき**であるということを重視した。格差の存在を認めつつも, 社会の中で恵まれた状況にある人々の利益の増加は, 恵まれない状況にある人々の犠牲の下に得られるものであってはならず, 格差の少ない社会こそが, 「自由で平等とみなされる市民の間で社会的協働を行う公正なシステム」であるとした。

参照ページ 『合格教科書 2025』p.98, 105 正解3

 福祉政策の概念・理念 難●●○●●●易

34回-22 次の記述のうち, 1970 年代後半の「福祉の見直し」が提唱された時期に示された「新経済社会7カ年計画」の内容として, **正しいもの**を1つ選びなさい。

1 社会保障制度を「すべての国民が文化的社会の成員たるに値する生活を営むことができるようにすること」と新たに定義した。
2 社会保障を, 所得階層の観点から「貧困階層に対する施策」「低所得階層に対する施策」「一般所得階層に対する施策」に区分した。
3 社会福祉施設への需要の増加を踏まえて, 5か年程度の期間の社会福祉施設緊急整備計画の樹立とその実施を求めた。
4 個人の自助努力と家庭や近隣・地域社会等との連携を基礎とした「日本型ともいうべき新しい福祉社会の実現を目指す」ことを構想した。
5 要介護高齢者の増加を背景に, 介護サービス見込量の集計を踏まえ, 訪問介護等の介護サービスの具体的数値目標を定めた。

選択肢考察

×1 本肢は 1950 (昭和 25) 年の「**社会保障制度に関する勧告**」である。社会保障の基本的任務は, 公的に保障すべき所得またはサービスを適切に提供し, 国民が生涯のどの段階においても不安なく生活設計を

立て得るような基礎的条件を整備することにある。

×2　所得階層の観点から3区分したものは，社会保障制度審議会 1962（昭和 37）年 8 月の「社会保障制度の総合調整に関する基本方策についての答申及び**社会保障制度の推進に関する勧告**」である。

×3　**社会福祉施設緊急整備 5 カ年計画**は 1971（昭和 46）年に示された。「新経済社会 7 カ年計画」では，人口の高齢化の進展に伴い今後需要の増大が予想される各種の高齢者のための福祉施設の充実を図り，とりわけ特別養護老人ホームについては現在の収容定員を大幅に増加させるよう施設整備を図る。また，重度の心身障害者施設等を重点に整備を図るとともに，地域における保育需要の実態に応じ，引き続き保育所の整備を進めると示されている。

○4　国民の経済生活が豊かになり，生活に対する価値観が変化していくなかで，人々はフローからストックを重視し，定住志向を深め，個人の生きがいと温かい人間関係を基礎としたゆとりと安らぎのある福祉社会を求めるようになっているとしたうえで，**個人の自助努力と家庭や近隣・地域社会等の連帯を基礎**としつつ，効率のよい政府が**適正な公的福祉を重点的に保障**するという自由経済社会のもつ創造的活力を原動力とした我が国独自の道を選択創出することを構想している。

×5　福祉政策において，具体的な数値目標が定められ始めたのは，**1990（平成 2）年**前後からである。訪問介護等のサービスの具体的数値目標を定めたものは 1989（平成元）年に策定された「**高齢者保健福祉推進十か年戦略（ゴールドプラン）**」からである。

参照ページ

正解 4

社会福祉の原理と政策

 福祉政策の概念・理念　　　　　　　　　　　　　

34 回-23　ノーマライゼーションに関する次の記述のうち，**最も適切なもの**を **1 つ**選びなさい。

1　EU（欧州連合）の社会的包摂政策がノーマライゼーションの思想形成に影響を与えた。
2　知的障害者の生活を可能な限り通常の生活状態に近づけるようにすることから始まった。
3　ニュルンベルク綱領（1947 年）の基本理念として採択されたことで，世界的に浸透した。
4　国際児童年の制定に強い影響を与えた。
5　日本の身体障害者福祉法の制定に強い影響を与えた。

選択肢考察

×1　**社会的包摂**（ソーシャルインクルージョン）は 1970 年代にフランスで提唱され，90 年代半ばから他の欧州諸国にも取り上げられるようなった。80 年代以降の欧州社会においてみられるようになった移民労働者を標的にした排斥運動に象徴される**社会的排除**(ソーシャルエクスクルージョン)に対応する施策，活動，社会運動やそれらを支える理念や思想を意味し，ノーマライゼーションがその思想形成に大きな影響を与えた。

○2　選択肢のとおり。施設外で暮らす障害のない人たちの生活が「当たり前（ノーマル）」であれば，施設での障害者の生活もそれに近づけていかなければいけないという観点から出発し，施設かどうかや障害の有無にかかわらず，**誰もが同じような生活環境と条件の下で暮らしていくことを目指す理念**へと発展した。

×3　「**ニュルンベルク綱領**」は，第二次世界大戦中，ナチスドイツの研究者たちによって行われた強制収用所などでの非倫理的人体実験に対する反省から生まれた，**医学研究の人体実験の倫理指針**である。

×4　国際児童年は 1979 年に国際連合が宣言した。国連総会が 1959 年に採択した「**児童権利宣言**」の 20 周年を記念して，その機会を捉えて改めて世界の子どもの問題を考え，その解決のために各国，各国民すべてが取り組んでいこうとするものである。

×5　日本においては，国連総会が 1981 年に宣言した「**国際障害者年**」をきっかけにノーマライゼーションの考え方が意識され始め，1996（平成 8）年度〜2002（平成 22）年度の「**障害者プラン〜ノーマライゼーション 7 カ年戦略〜**」において，強い影響を与えた。

参照ページ　　『合格教科書 2025』p.78, 201　　　　　　　　　　　　　　　　　　　　正解 2

福祉政策の概念・理念　　　　　　　　　　　　難 ●○●●●● 易

36 回-28　次のうち，エスピン–アンデルセン（Esping–Andersen, G.）の福祉レジーム論に関する記述として，**最も適切なもの**を 1 つ選びなさい。

1　福祉レジームは，残余的モデルと制度的モデルの 2 つの類型からなる。
2　市場や家族の有する福祉機能は，福祉レジームの分析対象とはされない。
3　スウェーデンとドイツは同一の福祉レジームに属する。
4　各国の社会保障支出の大小といった量的差異に限定した分析を行っている。
5　福祉レジームの分析に当たり，脱商品化という概念を用いる。

選択肢考察

×1　福祉レジーム論では，「福祉が生産され，それが国家，市場，家族の間に配分される総合的なあり方」としての「福祉レジーム」の相違が，福祉国家の類型を決定するとし，**自由主義レジーム**（アメリカなどのアングロ・サクソン諸国），**社会民主主義レジーム**（スウェーデン，デンマークなどの北欧諸国），**保守主義レジーム**（ドイツ，フランスなどの大陸ヨーロッパ諸国）の 3 つに類型化している。

×2　福祉レジーム論では，**家族による福祉の負担がどれだけ軽減されているか**（家族支援がどの程度充実しているか）が分析対象となっている。

×3　**スウェーデンは社会民主主義レジーム**であり，社会保障を受ける権利の基礎は個人の市民権（シティズンシップ）にあるという考え方から，社会保障制度の基本理念として普遍主義を採用している。**ドイツは保守主義レジーム**であり，リスクの共同負担（連帯）と家族主義を志向している。

×4　福祉レジーム論の国際比較では，所得再分配，家族の位置づけ，社会保障給付（支出），労働市場，福祉と就労支援の連携という複数の視点から分析を行っており，量的差異ではなく，**制度整備の効果やその支出の使途方法等の質的差異に着目**する。

○5　エスピン–アンデルセンの福祉レジーム論は，20 世紀の欧米先進諸国における福祉政策を**脱商品化**という概念を基に国際比較的に分析した結果である。脱商品化とは個人又は家族が（労働）市場参加の有無にかかわらず，国の福祉政策によってどの程度の所得が保障され，社会的に認められた一定水準の生活を維持することがどれだけできるかを示す指標である。

参照ページ　　『合格教科書 2025』p.81　　　　　　　　　　　　　　　　　　　　　正解 5

〈3つの福祉レジームの比較（概要）〉

類　型	主な特徴	所得再分配の規模	給付の対象・性格	福祉と就労支援の連携
自由主義レジーム （アングロ・サクソン諸国）	市場の役割大	小規模 （小さな政府）	生活困窮層向け給付が多い。 選別主義	強 ワークフェア （就労が給付の条件）
社会民主主義レジーム （北欧諸国）	国家の役割大	大規模 （大きな政府）	現役世代向け，高齢世代向けともに充実。 普遍主義	中 アクティベーション （雇用可能性を高める）
保守主義レジーム （大陸ヨーロッパ諸国）	家族・職域の 役割大	中〜大規模	高齢世代向け給付が多い。 社会保険は普遍主義 公的扶助は選別主義	中〜強 （強化傾向）

 ## 福祉政策の概念・理念

 難 ●○●●● 易

34回-24 福祉政策の学説に関する次の記述のうち，**最も適切なもの**を１つ選びなさい。

1　ローズ（Rose, R.）は，経済成長，高齢化，官僚制が各国の福祉国家化を促進する要因であるという収斂（しゅうれん）理論を提示した。

2　エスピン-アンデルセン（Esping-Andersen, G.）は，自由主義・保守主義・社会民主主義という３類型からなる福祉レジーム論を提示した。

3　マーシャル（Marshall, T.）は，社会における福祉の総量（TWS）は家庭（H），市場（M），国家（S）が担う福祉の合計であるという福祉ミックス論を提示した。

4　ウィレンスキー（Wilensky, H.）は，福祉の給付を「社会福祉」「企業福祉」「財政福祉」に区別した福祉の社会的分業論を提示した。

5　ティトマス（Titmuss, R.）は，市民権が18世紀に市民的権利（公民権），19世紀に政治的権利（参政権），20世紀に社会的権利（社会権）という形で確立されてきたという市民権理論を提示した。

選択肢考察

×1　本肢の**収斂理論**を提示したのは**ウィレンスキー**である。

○2　政治システム・文化・歴史などの分析と脱商品化という指標を用いて，**福祉国家レジーム**の３類型を示した。**自由主義レジーム**では，個人主義の理念のもと，介護や医療は原則として市場原理で供給され私的に購入する。福祉供給は残余的福祉とされ，資産調査に基づき，経済的な生活困窮者に限定される。**保守主義レジーム**では，社会保障制度が社会保障の中核となり，福祉供給は家族や地域コミュニティによるものが理想とされる。**社会民主主義レジーム**では，包括的な社会権が保証され，福祉サービスの利用は資産調査を必要とせず，必要な人に必要なサービスを公的保障する普遍型福祉を特徴とする。

×3　本肢の**福祉ミックス論**を提示したのは**ローズ**である。

×4　本肢の**福祉の社会的分業論**を提示したのは**ティトマス**である。

×5　本肢の**市民権理論**（シティズンシップ）を提示したのは**マーシャル**である。

参照ページ　『合格教科書2025』p.81〜84　　　　　**正解 2**

福祉政策の概念・理念

（難●●○●●●易）

34回-28 人権に関する次の事項のうち，国際条約として個別の条文に規定されるに至っていないものとして，**最も適切なもの**を1つ選びなさい。

1 性的指向及び性自認に基づく差別の禁止
2 障害者への合理的配慮の提供
3 自己の意見を形成する能力のある児童が自由に自己の意見を表明する権利
4 同一価値労働同一賃金の原則
5 人種的憎悪や人種差別を正当化する扇動や行為を根絶するための措置

選択肢考察

○1　**世界人権宣言とその後に合意された国際人権規約に基づく国際人権法**で，しっかりと確立されているとされ，個別の条文に規定されるに至っていないものの，性的指向や性自認を理由とする偏見や差別をなくし，性的少数者（セクシャルマイノリティ）への理解を深める取組は行われている。

×2　**2006年の国連総会において採択**され，2008年に発効，日本は2014年に批准した，障害者の人権および基本的自由の享有を確保し，障害者の固有の尊厳の尊重を促進することを目的として，障害者の権利の実現のための措置等について定める条約「障害者の権利に関する条約（略称：障害者権利条約）」第5条（平等及び無差別），第14条（身体の自由及び安全），第24条（教育），第27条（労働及び雇用）において規定されている。

×3　**1989年の国連総会において採択**され，1990年に発効，日本は1994年に批准した，子どもの基本的人権を国際的に保障するために定められた条約「児童の権利に関する条約（通称：子どもの権利条約）」第12条において規定されている。

×4　**1951年の国際労働機関（ILO）の総会において採択**され，1953年に発効，日本は1967年に批准した「同一価値の労働についての男女労働者に対する同一報酬に関する条約（略称：同一報酬条約）」第2条において規定されている。

×5　**1965年の国連総会において採択**され，1969年に発効，日本は1995年に加入した「あらゆる形態の人種差別の撤廃に関する国際条約（略称：人種差別撤廃条約）」第4条において規定されている。

参照ページ　『合格教科書2025』p.133　　　　　　　　　　　　　　**正解 1**

NEW

福祉政策の構成要素

（難●●●○●●易）

36回-22 福祉における政府と民間の役割に関する次の記述のうち，**最も適切なもの**を1つ選びなさい。

1 平行棒理論とは，救済に値する貧民は救貧行政が扱い，救済に値しない貧民は民間慈善事業が扱うべきだとする考え方を指す。
2 繰り出し梯子（はしご）理論とは，ナショナルミニマムが保障された社会では，民間慈善事業が不要になるとの考え方を指す。
3 社会市場のもとでは，ニーズと資源との調整は，価格メカニズムにより行われ，そこに政府が関与することはない。
4 準市場のもとでは，サービスの供給に当たり，競争や選択の要素を取り入れつつ，人々の購買力の違いによる不平等を緩和するための施策が講じられることがある。
5 ニュー・パブリック・マネジメント（NPM）とは，福祉サービスの供給に参入した民間企業の経営効率化のために，その経営に行政職員を参画させる取組を指す。

×1 **平行棒理論**とは，福祉の供給主体について，**公的部門と民間部門の役割は異なる**という考えである。救済に値する貧民は民間慈善事業が，救済に値しない貧民は救貧行政が扱うべきだとされる。

×2 **繰り出し梯子理論**では，福祉供給について，**公的部門と民間部門の役割は異なるが，連続した関係に**あるとされる。民間慈善事業は，ナショナルミニマムの保障を前提に，クライエントに対して個別支援を行うことで，拡張的な福祉供給を行い，より高次の福祉を達成するという考え方を指す。

×3 経済市場と異なり，**社会市場**では，ニーズと資源の調整は，**政府の公的供給による関与**や，家族やコミュニティにおける**贈与・相互扶助等を通じて行われる**。

○4 **準市場**は，市場における競争や選択という要素を取り入れつつ，人々の購買力の違いによる**不平等を緩和するために，公共サービスを提供する仕組み**となっている。

×5 新公共経営論（ニュー・パブリック・マネジメント：NPM）とは，行政活動に民間企業の管理手法を導入することで効率化を図り，**質の高い行政サービスを目指す管理手法**である。

 **参照ページ** 『合格教科書 2025』p.93　　　　　　　　　　　　　　　　　　　　　　正解 4

 福祉政策の構成要素　　　　　　　　　　　難●●●○●●易

34回-29 福祉政策と市場の関係などに関する次の記述のうち，**最も適切なもの**を1つ選びなさい。

1 公共サービスの民営化の具体的方策として，サービス供給主体の決定に，官民競争入札及び民間競争入札制度を導入する市場化テストがある。

2 準市場では，行政主導のサービス供給を促進するため，非営利の事業者間での競争を促す一方で，営利事業者の参入を認めないという特徴がある。

3 プライベート・ファイナンス・イニシアティブ（PFI）とは，公有財産を民間に売却し，その利益で政府の財政赤字を補填することである。

4 指定管理者制度とは，民間資金を使って公共施設を整備することである。

5 ニュー・パブリック・マネジメント（NPM）では，政府の再分配機能を強化し，「大きな政府」を実現することが目標とされる。

○1 **市場化テスト**とは，これまで「官」が独占してきた「公共サービス」について，「官」と「民」が対等の立場で**競争入札**（官民競争入札・民間競争入札）に参加し，価格・質の両面で最も優れたものが，そのサービスの提供になっていくこととする制度である。その導入の目的は，公共サービスの質の向上と，公共サービスの効率化（経費・人員の削減）にある。「競争の導入による公共サービスの改革に関する法律（公共サービス改革法）」によって規定されている。

×2 **準市場**とは，福祉や医療といった公的サービスにおいて，**市場原理の要素を部分的に取り入れている**ことを指す。営利法人やNPO法人を含め多様な供給主体により一定の競争状態を公共領域に発生させることである。介護保険では，利用者本人の自己決定による契約制度が採用されたほか，営利法人を含めた民間事業者の参入が認められている点に特徴がある。

×3 **プライベート・ファイナンス・イニシアティブ（PFI）**とは，公共施設等の設計，建設，維持管理及び運営に**民間の資金やノウハウを活用**し，行政が直接実施するよりも効率的・効果的に公共サービスを提

供する戦略的手法である。

×4　**指定管理者制度**とは，2003（平成15）年に改正された地方自治法第244条の2に規定されており，「公の施設」を**ノウハウのある民間事業者などに管理してもらう制度**である。改正以前は制限されていた民間事業者（株式会社，NPO法人，学校法人，医療法人など）にも，「公の施設」の管理を任せることができるようになった。

×5　**ニュー・パブリック・マネジメント（NPM）**の特徴は，①経営資源の使用に関する裁量を広げる代わりに，業績と成果による**統制（政策評価）**を行う，②**市場メカニズム**を可能な限り活用するため，民営化，エイジェンシー化，組織内部への契約型システムの導入，民間委託等を積極的に進める，③**顧客主義**へ転換する（住民をサービスの顧客とみる），④組織を**フラット化**する（ヒエラルキーの簡素化）などが挙げられる。

 参照ページ　『合格教科書2025』p.93, 421　　　　　　　　　　　　　　　　　　　正解 1

 福祉政策の構成要素　　　　　　　　　　難 ●●●●○ 易

35回-30　福祉サービスの利用に関する次の記述のうち，**最も適切なもの**を **1** つ選びなさい。

1　社会福祉法は，社会福祉事業の経営者に対し，常に，その提供する福祉サービスの利用者等からの苦情の適切な解決に努めなければならないと規定している。

2　社会福祉法は，社会福祉事業の経営者が，福祉サービスの利用契約の成立時に，利用者へのサービスの内容や金額等の告知を，書面の代わりに口頭で行っても差し支えないと規定している。

3　福祉サービスを真に必要とする人に，資力調査を用いて選別主義的に提供すると，利用者へのスティグマの付与を回避できる。

4　福祉サービス利用援助事業に基づく福祉サービスの利用援助のために，家庭裁判所は補助人・保佐人・後見人を選任しなければならない。

5　福祉サービスの利用者は，自らの健康状態や財力等の情報を有するため，サービスの提供者に比べて相対的に優位な立場で契約を結ぶことができる。

選択肢考察

○1　社会福祉法第82条において，社会福祉事業の経営者による**苦情の解決**が規定されている。

×2　社会福祉法第77条において，社会福祉事業の経営者は，福祉サービスを利用するための契約が成立したときは，その利用者に対し，その内容を記載した**書面を交付**しなければならないことが規定されている。ただし，書面の交付に代えて，政令の定めるところにより，当該利用者の承諾を得て，当該書面に記載すべき事項を**電磁的方法により提供することができる**。

×3　資力調査を実施することは**選別主義**とされ，スティグマを付与するとされる。一方，資力調査を実施しない場合は**普遍主義**とされ，権利性や尊厳の確保ができるとされる。

×4　日常生活自立支援事業は，判断能力が一定程度あるが十分でないことにより自己の能力で様々なサービスを適切に利用することが困難な者が，できる限り地域で自立した生活を継続していくために必要なものとして，福祉サービスの利用援助やそれに付随した日常的な金銭管理等の援助を行うことを目的としている。本人が判断能力を欠き契約を締結できない場合に，**成年後見制度**により選任された成年後見人等との間で利用契約を締結することとなる。

×5　福祉サービスの利用者は，利用方法が契約制度になることで，情報の非対称性により利用者が不利益

を被る可能性がある。そのため，**利用者と提供者の権利義務関係を明確にし**，利用者の尊厳の保持や権利擁護の仕組みの創設など福祉サービスの適切な利用を可能とする仕組みがある。

参照ページ 『合格教科書 2025』p.73 正解 1

 ## 福祉政策の過程 難●●●●●易

34回-30 人々の生活の豊かさを測定するための諸指標に関する次の記述のうち，**最も適切なもの**を１つ選びなさい。

1 1960年代の日本では，「真の豊かさ」を測定することを目指して開発された「新国民生活指標」を活用する形で，中央省庁で政策評価が開始された。
2 ブータンの国民総幸福量（GNH）は，国内総生産（GDP）を成長させるために必要な，環境保護・文化の推進・良き統治のあり方を提示することを目的としている。
3 「世界幸福度報告（World Happiness Report）」の2023年版では，日本が幸福度ランキングの首位となっている。[改変]
4 国連開発計画（UNDP）の「人間開発指数」（HDI）は，セン（Sen, A.）の潜在能力（ケイパビリティ）アプローチを理論的背景の一つとしている。
5 日本の内閣府による「満足度・生活の質を表す指標群（ダッシュボード）」では，「家計や資産」「雇用と賃金」といった経済的指標のウェイトが大きい。
(注) 「世界幸福度報告（World Happiness Report）」とは，国際連合の持続可能な開発ソリューション・ネットワークが刊行した報告書のことである。

選択肢考察

×1 新国民生活指標（PLI）は，**経済企画庁（元内閣府）**が，1992（平成4）年にはかりはじめた豊かさ指標である。1986（昭和61）年から発表していた国民生活指標（NSI）の改訂版である。

×2 ブータンでは，「**国民総幸福量（GNH）は，国民総生産（GNP）よりも重要である**」として，経済成長を重視する姿勢を見直し，伝統的な社会・文化や民意，環境にも配慮した「国民の幸福」の実現を目指した。持続可能で公平な社会経済開発，環境保護，文化の推進，良き統治を4本柱として，心理的な幸福，国民の健康，教育，文化の多様性，地域の活力，環境の多様性と活力，時間の使い方とバランス，生活水準・所得，良き統治の9つの分野の指標が策定されている。

×3 「世界幸福度報告（World Happiness Report）」は，国連機関が発行する世界各国の幸福度に関する報告である。150以上の国・地域について，それぞれの幸福度を数値化したランキングを2012年から（2014年を除く）国際幸福デー（3月20日）に発表している。2023年版のランキング**首位はフィンランド**であり，2位デンマーク，3位アイスランド，4位イスラエル，5位オランダと続いた。日本は47位である。
[改変] 2021年版→2023年版

○4 人間開発指数（HDI）は，**保健，教育，所得という人間開発の3つの側面**に関して，ある国における平均達成度を測るための簡便な指標である。所得水準や経済成長率など，国の開発の度合いを測るためにそれまで用いられていた指標にとって代わるものとして導入された。

×5 満足度・生活の質を表す指標群（ダッシュボード）は，①家計と資産，②雇用環境と賃金，③住宅，④仕事と生活（ワークライフバランス），⑤健康状態，⑥あなた自身の教育水準・教育環境，⑦交友関係やコミュニティなど社会とのつながり，⑧生活を取り巻く空気や水などの自然環境，⑨身の回りの安全，⑩子育てのしやすさ，⑪介護のしやすさ・されやすさ，の**11分野から構成**されている。

福祉政策と包括的支援 難 ●●●●● 易

36 回-27 次のうち,「外国人との共生社会の実現に向けたロードマップ」で示された内容として,**最も適切なものを 1 つ選びなさい。**

1 在留外国人の出身国籍が多様化する傾向が止まり,南米諸国出身の日系人が在留者の大部分を占めるようになった。
2 日本社会に活力を取り込むために,高度で専門的な技術・知識を有する者以外の外国人材の受入れを抑制する。
3 外国人との共生社会は,一人ひとりの外国人が日本社会に適応するための努力をすれば実現可能である。
4 外国人が安全に安心して暮らせるように,外国人に対する情報発信や相談体制を強化する。
5 共生社会の実現のために,在留外国人には納税及び社会保険への加入の義務を免除する。
(注) 「外国人との共生社会の実現に向けたロードマップ」とは,外国人材の受入れ・共生に関する関係閣僚会議が 2022 年(令和 4 年)6 月 14 日に策定した文書のことである。

選択肢考察

×1 南米諸国出身日系人等に加え,**アジア諸国出身の外国人が大きく増加**しており,国籍・地域の多様化が進んでいる。

×2 専門的・技術的分野の外国人労働者の受入れにより日本社会に活力を取り込むというこれまでの視点を超えて,**様々な背景を有する外国人を含む全ての人が能力を存分に発揮し社会の一員として活躍する**ことによって,多様性に富んだ活力ある社会を目指している。

×3 目指すべき共生社会においては,外国人を含む全ての人が,それぞれが持つ多様性を異質なものとして差別・排除の対象とするのではなく,豊かさとして**お互いに個人の尊厳と人権を尊重することが必要**であるとされている。

○4 外国人との共生社会を実現するために取り組むべき中長期的な課題として,①円滑なコミュニケーションと社会参加のための日本語教育等の取組,②外国人に対する情報発信・外国人向けの相談体制の強化,③ライフステージ・ライフサイクルに応じた支援,④共生社会の基盤整備に向けた取組の 4 つの重点事項を揚げている。

×5 外国人においては,**納税等の公的義務を履行し,社会の構成員として責任を持った行動をとることが期待**されている。また,年金制度においては,法令に規定する適用要件に該当すれば,国籍を問わず国民年金及び厚生年金保険に加入し保険料を納付する必要がある。

35回-22 次の記述のうち，近年の政府による福祉改革の基調となっている「地域共生社会」の目指すものに関する内容として，**最も適切なもの**を1つ選びなさい。

1 老親と子の同居を我が国の「福祉における含み資産」とし，その活用のために高齢者への所得保障と，同居を可能にする住宅等の諸条件の整備を図ること。

2 「地方にできることは地方に」という理念のもと，国庫補助負担金改革，税源移譲，地方交付税の見直しを一体のものとして進めること。

3 普遍性・公平性・総合性・権利性・有効性の五つの原則のもと，社会保障制度を整合性のとれたものにしていくこと。

4 行政がその職権により福祉サービスの対象者や必要性を判断し，サービスの種類やその提供者を決定の上，提供すること。

5 制度・分野ごとの縦割りや，支え手・受け手という関係を超えて，地域住民や地域の多様な主体が我が事として参画すること等で，住民一人ひとりの暮らしと生きがい，地域をともに創っていくこと。

選択肢考察

×1　同居を我が国のいわば「**福祉における含み資産**」とし，諸条件の整備を指摘したのは昭和53年版の厚生白書である。ここでは，同居することで，老親が孫の育児援助をし，子どもが老親の介護を介護するなど，同居家族間での援助を期待していた。

×2　2005（平成17）年に示された**三位一体の改革**に関する記述である。三位一体の改革は，「地方にできることは地方に」という理念の下，国の関与を縮小し，地方の権限・責任を拡大して，地方分権を一層推進することを目指し，国庫補助負担金改革，税源移譲，地方交付税の見直しの3つを一体として行う改革である。

×3　**社会保障推進の原則**は，総理府社会保障制度審議会事務局が1995（平成7）年7月4日に示した「社会保障体制の再構築（勧告）〜安心して暮らせる21世紀の社会をめざして〜」に記載された内容である。地域共生社会については触れられていない。

×4　**措置制度**に関する記述である。措置制度は社会福祉基礎構造改革の「措置から契約へ」の移行によって一部福祉サービスを除き契約制度に変化している。

○5　地域共生社会というキーワードは2015（平成27）年9月「誰もが支え合う地域の構築に向けた福祉サービスの実現―新たな時代に対応した福祉の提供ビジョン―」において示され，翌年6月に閣議決定された「**ニッポン一億総活躍プラン**」に地域共生社会の実現が盛り込まれた。

参照ページ 『合格教科書2025』p.74　　　　　　　　　　　　　　　　　　　**正解 5**

関連政策

34回-31 教育政策における経済的支援に関する次の記述のうち，**最も適切なもの**を1つ選びなさい。

1 国は，義務教育の無償の範囲を，授業料のみならず，教科書，教材費，給食費にも及ぶものとしている。

2 国が定める高等学校等就学支援金及び大学等における修学の支援における授業料等減免には，受給に当たっての所得制限はない。

3 国が定める高等学校等就学支援金による支給額は，生徒の通う学校の種類を問わず同額である。

4 日本学生支援機構による大学等の高等教育における奨学金は貸与型であり，給付型のものはない。

5 国が定める就学援助は，経済的理由によって，就学困難と認められる学齢児童又は学齢生徒の保護者を対象とする。

選択肢考察

×1　1947（昭和22）年の旧教育基本法制定時の規定で第4条（義務教育）において，義務教育の年限を9年と定めるとともに，義務教育の無償の意味を国公立義務教育諸学校における授業料不徴収ということで明確にしている。また，教科書無償措置法等により，義務教育段階においては国公私立を通じて教科書も無償となっている。ただし，**個人で使うもの（教材）はその限りではない**。給食費は学校給食法第11条に学校給食の実施に必要な施設設備費，修繕費，学校給食に従事する職員の人件費は，義務教育諸学校の設置者の負担とし，それ以外の**経費は保護者負担**とされており，無償ではない。ただし，学校給食の無償化は，自治体の判断で実施することができる。しかし，文部科学省が公表した平成29年度の「学校給食費の無償化等の実施状況」及び「完全給食の実施状況」の調査結果からは，小学校・中学校とも無償化を実施しているのが1,740自治体のうち76自治体（4.4%），小学校のみ無償化を実施しているのが4自治体（0.2%），中学校のみ無償化を実施しているのが2自治体（0.1%）にとどまった。小学校・中学校とも無償化を実施している76自治体のうち，71自治体は町村で，人口1万人未満の自治体が56自治体（73.7%）であった。

×2　**高等学校等就学支援金制度**は，授業料に充てるための就学支援金を支給することにより，高等学校等における教育に係る経済的負担の軽減を図り，もって教育の実質的な機会均等に寄与することを目的としている。**国公私立問わず，高等学校等に通う所得等要件を満たす世帯**（片働きの場合年収約910万円未満の世帯）の生徒に対して，授業料に充てるため，国において高等学校等就学支援金を支給する。大学等における修学の支援に関する法律では，真に支援が必要な低所得者世帯の者に対し，社会で自立し，及び活躍することができる豊かな人間性を備えた創造的な人材を育成するために必要な質の高い教育を実施する大学等における修学の支援を行い，その修学に係る経済的負担を軽減することにより，子どもを安心して生み，育てることができる環境の整備を図り，もって我が国における急速な少子化の進展への対処に寄与することを目的し，支援対象となる学生は，**住民税非課税世帯及びそれに準ずる世帯の学生**となっている。

×3　高等学校等就学支援金は，日本国内に住所があれば，国公私立問わず，高等学校等に通う生徒に対して受給される。しかし，就学支援金は世帯年収によって，支給される金額が異なる。また，**通信制高校課程か全日制高校課程かによっても異なる**。

×4　日本学生支援機構（JASSO）の奨学金には，**給付奨学金（返済不要）**と**貸与奨学金（返済必要）**がある。給付型奨学金の対象となれば，大学・専門学校等の授業料・入学金も免除または減額される。貸与型奨学金は，利子のつかない第一種奨学金と，利子のつく第二種奨学金がある。

○5　学校教育法第19条において，「経済的理由によって，就学困難と認められる学齢児童又は学齢生徒の保護者に対しては，**市町村は，必要な援助を与えなければならない**」とされている。就学援助の対象者

とは，要保護者（生活保護法第6条第2項に規定する要保護者）と準要保護者（市町村教育委員会が生活保護法第6条第2項に規定する要保護者に準ずる程度に困窮していると認める者）である。

参照ページ 正解 5

 関連政策 難●●●●○易

36回-31 居住支援に関する次の記述のうち，**最も適切なもの**を**1つ**選びなさい。

1　住宅確保要配慮者居住支援協議会は，住宅確保要配慮者に対し家賃の貸付けを行っている。
2　住居確保給付金は，収入が一定水準を下回る被用者に限定して，家賃を支給するものである。
3　シルバーハウジングにおけるライフサポートアドバイザーは，身体介護を行うために配置されている。
4　「住宅セーフティネット法」は，住宅確保要配慮者が住宅を購入するための費用負担についても定めている。
5　地方公共団体は，公営住宅法に基づき，住宅に困窮する低額所得者を対象とする公営住宅を供給している。
（注）「住宅セーフティネット法」とは，「住宅確保要配慮者に対する賃貸住宅の供給の促進に関する法律」のことである。

選択肢考察

×1　**住宅確保要配慮者居住支援協議会**は「住宅セーフティネット法」第51条第1項に規定され，住宅確保要配慮者（低額所得者，被災者，高齢者，障害者，子供を育成する家庭その他住宅の確保に特に配慮を要する者）の民間賃貸住宅等への円滑な入居の促進を図るため，地方公共団体や関係業者，居住支援団体等が連携し，住宅確保要配慮者及び民間賃貸住宅の賃貸人の双方に対し，**住宅情報の提供等の支援を実施**するものであり，家賃の貸付けは行っていない。

×2　**住宅確保給付金**は，主たる生計維持者が離職・廃業後2年以内である場合，もしくは個人の責任・都合によらず給与等を得る機会が，離職・廃業と同程度まで減少している場合において，ハローワークでの職業相談等一定の要件を満たした場合に，原則3か月，最大9か月，**家賃相当額を自治体から支給**するものであり，収入のみが条件ではない。

×3　**ライフサポートアドバイザー**は，市町村の委託を受け，シルバーハウジング，高齢者向け優良賃貸住宅等に居住している高齢者に対して，**生活相談・指導，安否確認，緊急時における連絡等のサービスを提供する生活援助員**であり，身体介護は行っていない。介護保険法に定める地域支援事業のうち，任意事業に位置づけられている。

×4　**住宅セーフティネット制度**では，**住宅確保要配慮者**の入居を拒まない賃貸住宅の登録制度，登録住宅の改修・入居への経済的支援，住宅確保要配慮者のマッチング・入居支援を行っている。経済的支援においては，住宅確保要配慮者専用の住宅に係る改修費用に対しての補助，住宅確保要配慮者専用の住宅についての家賃低廉化，家賃債務保証料の低廉化に係る費用に対して補助を行っている。「住宅セーフティネット法」においても購入費の負担に関する規定はない。

○5　地方公共団体は国と協力して，**健康で文化的な生活を営むに足りる住宅を整備**し，これを住宅に困窮する**低額所得者に対して低廉な家賃で賃貸し，又は転貸**することにより，国民生活の安定と社会福祉の増進に寄与することを目的に公営住宅を提供している。

参照ページ　『合格教科書2025』p.96 正解 5

社会福祉の原理と政策

35回-31 男女雇用機会均等政策に関する次の記述のうち，**最も適切なもの**を1つ選びなさい。

1 常時雇用する労働者数が101人以上の事業主は，女性の活躍に関する一般事業主行動計画を策定することが望ましいとされている。
2 セクシュアルハラスメントを防止するために，事業主には雇用管理上の措置義務が課されている。
3 総合職の労働者を募集・採用する場合は，理由のいかんを問わず，全国転勤を要件とすることは差し支えないとされている。
4 育児休業を取得できるのは，期間の定めのない労働契約を結んだフルタイム勤務の労働者に限られている。
5 女性労働者が出産した場合，その配偶者である男性労働者は育児休業を取得することが義務づけられている。

選択肢考察

×1　女性の活躍を一層進めるための女性活躍推進法に基づき，常時雇用する労働者数が101人以上の企業については令和4（2022）年4月以降，**一般事業主行動計画の策定や届出等が義務づけられている**とともに，100人以下の企業では努力義務となっている。

○2　「雇用の分野における男女の均等な機会及び待遇の確保等に関する法律」（「男女雇用機会均等法」）第11条において，「事業主は，職場において行われる性的な言動に対するその雇用する労働者の対応により当該労働者がその労働条件につき不利益を受け，又は当該性的な言動により当該労働者の就業環境が害されることのないよう，当該労働者からの相談に応じ，適切に対応するために必要な体制の整備その他の雇用管理上必要な措置を講じなければならない」と職場における**性的な言動に起因する問題**に関する雇用管理上の措置が規定されている。

×3　平成26（2014）年に改正された「男女雇用機会均等法施行規則」において，すべての労働者の募集，採用，昇進，職種の変更をする際に，合理的な理由がないにもかかわらず**転勤要件を設けることは，「間接差別」として禁止**されている。

×4　育児休業をすることができるのは，原則として1歳に満たない子（最長2歳まで）を養育する男女労働者である。ここでの労働者とは，日々雇用される者を除き，**有期雇用労働者も対象**となる。なお，配偶者が専業主婦（夫）の場合や夫婦同時でも取得ができる。

×5　育児休業法（現・「育児休業，介護休業等育児又は家族介護を行う労働者の福祉に関する法律」（「育児・介護休業法」））施行から男性の育児休業取得率は年々上昇しているものの，2022（令和4）年度は17.13%（前年度より3.16%上昇）と，女性（80.2%）に比べ大きな差がある。そのため，男性の育児休業取得をこれまで以上に促進するとともに，職場全体の雇用環境整備を進めるため，令和3（2021）年改正では，男性の育児休業取得促進のための子の出生直後の時期における柔軟な育児休業の枠組として出生時育児休業（産後パパ育休）が創設されたが，**取得は義務づけられていない**。

参照ページ　『合格教科書 2025』p.92　　　　　　　　　　　　**正解 2**

福祉供給部門

36回-30 次のうち，社会福祉法に設置根拠をもつものとして，**正しいもの**を**2つ**選びなさい。

1 地域包括支援センター
2 母子家庭等就業・自立支援センター
3 福祉に関する事務所（福祉事務所）
4 運営適正化委員会
5 要保護児童対策地域協議会

選択肢考察

×1 **地域包括支援センター**は，介護保険法第115条の46に設置根拠をもち，地域住民の心身の健康の保持及び生活の安定のために必要な援助を行うことにより，その保健医療の向上及び福祉の増進を包括的に支援することを目的とする。

×2 **母子家庭等就業・自立支援センター**は，母子及び父子並びに寡婦福祉法30条，母子家庭等就業・自立支援事業実施要綱に規定された事業であり，就業支援事業，就業支援講習会等事業及び就業情報提供事業による一貫した就業支援サービスの提供並びに在宅就業推進事業，母子家庭就業支援事業及び面会交流支援事業の実施による総合的な自立支援に努めることとされている。

○3 福祉に関する事務所（**福祉事務所**）は，社会福祉法第14条第1項に設置根拠をもつ，福祉六法（生活保護法，児童福祉法，母子及び父子並びに寡婦福祉法，老人福祉法，身体障害者福祉法及び知的障害者福祉法）に定める援護，育成又は更生の措置に関する事務を司る社会福祉行政機関である。

○4 **運営適正化委員会**は，社会福祉法第83条に設置根拠をもち，都道府県の区域内において，福祉サービス利用援助事業の適正な運営を確保するとともに，福祉サービスに関する利用者等からの苦情を適切に解決するため，都道府県社会福祉協議会に，人格が高潔であって，社会福祉に関する識見を有し，かつ，社会福祉，法律又は医療に関し学識経験を有する者で構成される。

×5 **要保護児童対策地域協議会**は，児童福祉法25条の2に設置根拠をもち，虐待を受けている子どもを始めとする要保護児童の早期発見や適切な保護を図るために，関係機関がその子ども等に関する情報や考え方を共有し，適切な連携の下で対応していくことを協議する。

参照ページ 『合格教科書2025』p.157 　　　　　　　　　　　　　　　**正解 3,4**

福祉供給過程

36回-29 所得の再分配に関する次の記述のうち，**最も適切なもの**を**1つ**選びなさい。

1 市場での所得分配によって生じる格差を是正する機能を有しうる。
2 現物給付を通して所得が再分配されることはない。
3 同一の所得階層内部での所得の移転を，垂直的な所得再分配という。
4 積立方式による公的年金では，世代間の所得再分配が行われる。
5 高所得者から低所得者への所得の移転を，水平的な所得再分配という。

○1　所得の再分配は，**所得の高い者により多く課税し，低いものに社会保障給付をしていくこと**である。累進的な税率の所得税等を課して富裕層から多くの税金を取り，社会保険，手当，公的扶助等の手段で低所得者に分配する。このことから，**経済格差を是正する機能**が期待されている。

×2　公的医療保険や介護サービス等は現物給付で行われるものもあり，**所得の再分配機能を果たしている。**

×3　**垂直的再分配**とは，高所得層から低所得層への再分配を指す。生活保護制度などが代表例である。

×4　日本の公的年金は**賦課方式**であり，現役世代の賃金に応じた年金を支給できる社会的な再分配の仕組みであり，若い世代から老齢世代への世代間の再分配と，安定して負担できる被用者集団から，多くの負担をしにくい職種や無業者への同一世代内の再分配という要素もある。

×5　**水平的再分配**とは，同一所得階層間の再分配を指す。年金保険などが代表例である。

参照ページ　『合格教科書 2025』p.82, 105　　　　　正解 1

社会保障

● 内容一覧 ●

傾向と対策

● 傾向分析表【社会保障】●

項　目　名	第36回	第35回	第34回	問題数
人口動態の変化	●			1
労働環境の変化		●		1
社会保障の対象	●			1
社会保障制度の歴史		●	●	2
社会保障給付費			●	1
社会保障の費用負担			●	1
社会保険の概念と範囲	●	●●●		4
社会扶助の概念と範囲			●	1
医療保険制度の概要		●		1
年金保険制度の概要	●●	●	●	4
労災保険制度と雇用保険制度の概要	●●	●	●●	5
問　題　数	7問	8問	7問	22問

●傾向と対策

　「社会保障」の範囲は広く，他の科目とも共通した内容となっており，項目によっては他の科目で出題されることもある。

　最近の傾向としては，基礎的知識を問う問題が多く出題されており，過去問を繰り返し解くことにより，ある程度正答率を上げることが期待できる。

　また，この科目の特徴としては，政策動向なども連動して出題されることが挙げられるため，新聞やテレビ・ラジオなどのニュースをマメにチェックされることをおすすめする。

　その他，政府刊行物である「厚生労働白書」を読むことや，「国民生活基礎調査」「社会保障費用統計」などの最新の統計データなどのチェック，さらには厚生労働省のホームページ内にある各種審議会の資料などもチェックしておかれたい。

●頻出項目

①人口動態の変化
　少子高齢化，人口減少社会

②社会保障制度の歴史
　健康保険法・国民健康保険法の成立時期，社会保障制度審議会勧告

③社会保障給付費，社会保障の費用負担
　「社会保障費用統計」による社会保障財源（保険料と公費負担），部門別社会保障給付費

④年金保険制度の概要
　国民年金の適用条件（第一号／第二号／第三号被保険者），給付水準

⑤医療保険制度の概要
　健康保険と国民健康保険の適用条件，給付の種類・水準

⑥労働保険制度と雇用保険制度の概要
　雇用保険の適用条件，給付の種類，労働者災害補償保険の適用対象・条件，財源，給付の種類

⑦社会保険・社会扶助の概念と範囲
　社会保険の適用対象，社会保険制度の適用，社会保険の役割と公的扶助の役割

人口動態の変化

難 ●●○●●● 易

36回-49 「国立社会保障・人口問題研究所の人口推計」に関する次の記述のうち，**正しいものを1つ**選びなさい。

1 2020年から2045年にかけて，0～14歳人口は増加する。
2 2020年から2045年にかけて，高齢化率は上昇する。
3 2020年から2045年にかけて，15～64歳人口は増加する。
4 65歳以上人口は，2045年には5,000万人を超えている。
5 2020年から2045年にかけて，総人口は半減する。

(注) 「国立社会保障・人口問題研究所の人口推計」とは，「日本の将来推計人口（令和5年推計）」の出生中位（死亡中位）の仮定の場合を指す。

選択肢考察

×1 　0～14歳人口の割合は，2020（令和2）年時点で11.9％であったが，**2045（令和27）年には10.1％**となり減少することが予想されている。

○2 　65歳以上の高齢者の人口割合は，2020（令和2）年時点で28.6％であったが，**2045（令和27）年には36.3％に増加**することが予想されている。

×3 　15～64歳人口の割合は，2020（令和2）年時点で59.5％であったが，**2045（令和27）年には53.6％**に減少することが予想されている。

×4 　65歳以上の人口は，2045（令和27）年には約3,900万人となることが予想されており，**5,000万人を下回っている**。

×5 　2020（令和2）年の総人口は約1億2,000万人であったが，**2045（令和27）年には約1億人に減少する**ことが予想されている。

参照ページ 　『合格教科書2025』p.57,58 正解 2

労働法規の概要

難 ●●●●●● 易

35回-144 　有期雇用労働者などの保護を定める労働法規に関する次の記述のうち，**最も適切なものを1つ**選びなさい。

1 「パートタイム・有期雇用労働法」では，事業主は，通常の労働者と短時間・有期雇用労働者との間で不合理な待遇差を設けないよう努めなければならないと定められている。
2 「パートタイム・有期雇用労働法」では，事業主は，短時間・有期雇用労働者からの求めに応じ，通常の労働者との待遇差の内容や理由などについて説明しなければならないと定められている。
3 労働契約法では，有期労働契約による労働者について，その契約期間が満了するまでの間において，やむを得ない理由がなくても解雇できると定められている。
4 労働契約法では，有期労働契約が反復更新されて通算3年を超えたときには，労働者からの申込みにより，当該契約は無期労働契約に転換されると定められている。
5 短時間・有期雇用労働者は，労働者災害補償保険法の適用対象とはならない。

(注) 「パートタイム・有期雇用労働法」とは，「短時間労働者及び有期雇用労働者の雇用管理の改善等に関する法律」のことである。

社会保障

×1 パートタイム・有期雇用労働者のあらゆる待遇について，不合理な待遇差を設けてはならないとされている（第8条）。努力義務ではなく**義務である**。

○2 雇入れの際，**労働条件を文書などで明示**しなければならない。事業主は，パートタイム・有期雇用労働者を雇い入れたときは，速やかに，「昇給の有無」，「退職手当の有無」，「賞与の有無」，「相談窓口」を文書の交付などにより明示しなければならない（第6条）。

×3 労働契約法では，契約期間中は**やむを得ない事由がある場合でなければ解雇できない**（第17条）と定めている。

×4 2回以上の労働契約が更新されていて，**通算5年を超える**労働者が，申込みをした場合，無期労働契約に転換される（第18条）。

×5 労働者災害補償保険法においては労働者を使用する事業を適用事業としており（第3条），**すべての労働者を適用対象**としている。

 参照ページ 『合格教科書2025』p.431，432 **正解 2**

社会保障の対象（事例問題） 難●○●●●易

36回-52 事例を読んで，Hさんに支給される社会保障給付として，**最も適切なもの**を1つ選びなさい。

〔事 例〕
　Hさん（45歳）は，妻と中学生の子との3人家族だったが，先日，妻が業務上の事故によって死亡した。Hさんは，数年前に，持病のためそれまで勤めていた会社を退職し，それ以来，無職，無収入のまま民間企業で働く妻の健康保険の被扶養者になっていた。

1 国民年金法に基づく死亡一時金
2 厚生年金保険法に基づく遺族厚生年金
3 国民年金法に基づく遺族基礎年金
4 健康保険法に基づく埋葬料
5 労働者災害補償保険法に基づく傷病補償年金

選択肢考察

×1 国民年金法に基づく死亡一時金は，**第1号被保険者に対して支給される**ものである。Hさんの妻は第2号被保険者であるため，支給されない。

×2 遺族厚生年金は，**妻が死亡した場合には55歳以上の夫に支給される**。Hさんは45歳であるため，対象外となる。

○3 遺族基礎年金は，**死亡した方に生計を維持されていた子のある配偶者が受け取る**ことができる。なお，子とは18歳になった年度の3月31日までにある者，または20歳未満で障害年金の障害等級1級または2級の状態にある者をさす。

×4 被保険者が**業務外の事由により亡くなった場合**，亡くなった被保険者により生計を維持されて，**埋葬を行う方に「埋葬料」として5万円が支給**される。Hさんの妻は業務上の事故によって死亡したため，支給対象とはならない。

×5 労働者災害補償保険法に基づく傷病補償年金は，業務災害・通勤災害による傷病が，療養を始めてか

ら1年6か月が経っても治らず，**一定の身体障害が残ったときに労働者に対して支給される**ものである。
Hさんの妻は亡くなっているので対象外となる。

参照ページ 『合格教科書 2025』 p.107, 108  正解 3

 ## 社会保障制度の歴史 難 ●●○●● 易

35 回-49 日本の社会保障の歴史に関する次の記述のうち，**最も適切なもの**を**1つ**選びなさい。

1 社会保険制度として最初に創設されたのは，健康保険制度である。
2 社会保険制度のうち最も導入が遅かったのは，雇用保険制度である。
3 1950年（昭和25年）の社会保障制度審議会の勧告では，日本の社会保障制度は租税を財源とする社会扶助制度を中心に充実すべきとされた。
4 1986年（昭和61年）に基礎年金制度が導入され，国民皆年金が実現した。
5 2008年（平成20年）に後期高齢者医療制度が導入され，老人医療費が無料化された。

選択肢考察

○1 日本で最初に創設された社会保険制度は，1922（大正11）年に制定された**健康保険法**に基づく健康保険制度である。

×2 **雇用保険制度**は，その前身の失業保険制度を引き継ぐかたちで1974（昭和49）年に創設された社会保険制度である。その後，2000（平成12）年に介護保険制度が，2008（平成20）年に後期高齢者医療制度が施行されている。

×3 1950（昭和25）年の**社会保障制度審議会勧告**では，その総説において「社会保障の中心をなすものは自らをしてそれに必要な経費を醸出せしめるところの社会保険制度でなければならない」ことが強調され，税財源による社会扶助は社会保険の補完的制度として位置づけられていた。

×4 日本における**国民皆年金**は，1961（昭和36）年に国民年金法が全面施行されたことによって実現されたものである。

×5 2008（平成20）年に**後期高齢者医療制度**が導入されたが，それは老人医療費を無料化するものではなかった。老人医療費無料化は，福祉元年と呼ばれた1973（昭和48）年から，老人保健制度が導入された1983（昭和58）年までの期間において実施されていた政策である。

参照ページ 『合格教科書 2025』 p.100 正解 1

社会保障制度の歴史

34回-49 日本の医療保険制度と介護保険制度などの歴史的展開に関する次の記述のうち，**最も適切なもの**を1つ選びなさい。

1　第二次世界大戦後の1954年（昭和29年）に，健康保険制度が創設された。
2　1961年（昭和36年）に達成された国民皆保険により，各種の医療保険制度は国民健康保険制度に統合された。
3　1973年（昭和48年）に，国の制度として老人医療費の無料化が行われた。
4　1982年（昭和57年）に制定された老人保健法により，高額療養費制度が創設された。
5　2000年（平成12年）に，介護保険制度と後期高齢者医療制度が同時に創設された。

選択肢考察

×1　健康保険制度の根拠法となる**健康保険法**が制定されたのは1922（大正11）年である。選択肢文にある1954（昭和29）年に実施されたのは，厚生年金保険法の全面改正である。

×2　1961（昭和36）年に国民健康保険制度の全国的普及が完成したことにより，**国民皆保険体制**が成立した。しかしこれは，先行して確立していた被用者向けの医療保険（健康保険，共済組合）が機能することを前提に，その適用対象ではない人々の「受け皿」として国民健康保険を位置づける構成になっていた。国民皆保険は，職域や居住地域による医療保険者の「分立」を前提としており，各種の医療保険を国民健康保険に統合することによって成立した仕組みではない。

○3　1973（昭和48）年に，それまで低調であった高齢者の受診率を引き上げることを目的に，老人福祉法が改正され，**老人医療費支給制度**が導入された。これにより，老人医療費の自己負担分を公費で負担する仕組みが実現した。

×4　**高額療養費制度**が創設されたのは，老人医療費支給制度の導入と同じ1973（昭和48）年である。

×5　介護保険制度は，1997（平成9）年に成立した介護保険法に基づき，2000（平成12）年から導入された。**後期高齢者医療制度**は，2006（平成18）年に老人保健法が「高齢者の医療の確保に関する法律」へと全面改正されたことに基づき，2008（平成20）年から導入されたものである。介護保険制度と後期高齢者医療制度は同時に創設されたものではない。

参照ページ　　『合格教科書2025』p.100　　　　　　　　　　　　　　**正解 3**

社会保障給付費

34回-50 「令和3年度社会保障費用統計」（国立社会保障・人口問題研究所）による2021年度（令和3年度）の社会保障給付費等に関する次の記述のうち，**正しいものを1つ**選びなさい。改変

1 社会保障給付費の対国内総生産比は，40％を超過している。
2 国民一人当たりの社会保障給付費は，150万円を超過している。
3 部門別（「医療」，「年金」，「福祉その他」）の社会保障給付費の構成割合をみると，「年金」が70％を超過している。
4 政策分野別（「高齢」，「保健医療」，「家族」，「失業」など）の社会保障給付費の構成割合をみると，「高齢」の方が「家族」よりも高い。改変
5 社会保障財源をみると，公費負担の内訳は国より地方自治体の方が多い。

改変 「平成30年度社会保障費用統計」→「令和3年度社会保障費用統計」／2018年度（平成30年度）→2021年度（令和3年度）

選択肢考察

×1 2021（令和3）年度における**社会保障給付費の対国内総生産（GDP）比は25.20％**であり，40％を超えていない。

×2 国民一人当たりの社会保障給付費は**110万5,500円**であり，150万円を超過していない。

×3 部門別（「医療」「年金」「福祉その他」）の社会保障給付費の構成割合をみると，「医療」が34.2％，**「年金」が40.2％**，「福祉その他」が25.6％となっている。「年金」は70％を超えていない。

○4 政策分野別（「高齢」「保健医療」「家族」「失業」など）の社会保障給付費の構成割合をみると，「高齢」が34.1％であるのに対し，「家族」は9.5％である。改変 機能別→政策分野別

×5 社会保障財源をみると，「社会保険料」が46.2％，「公費負担」が40.4％，「資産収入」が8.8％となっている。そして公費負担（40.4％）の内訳は，**「国庫負担」29.3％**，「他の公費負担」（地方自治体の負担）11.2％である。国の負担の方が地方自治体の負担よりも多い。

参照ページ 『合格教科書2025』p.102〜104 　　　　　正解 4

〈令和3年度 項目別社会保障財源〉

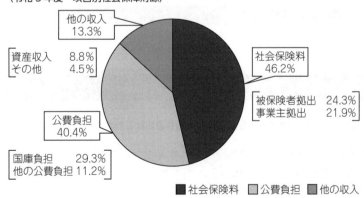

社会保障の費用負担

難 ●●○●● 易

34回-52 日本の社会保険の費用負担に関する次の記述のうち，**最も適切なもの**を1つ選びなさい。

1 健康保険組合の療養の給付に要する費用には，国庫負担がある。
2 患者の一部負担金以外の後期高齢者医療の療養の給付に要する費用は，後期高齢者の保険料と公費の二つで賄われている。
3 老齢基礎年金の給付に要する費用は，その4割が国庫負担で賄われている。
4 介護保険の給付に要する費用は，65歳以上の者が支払う保険料と公費の二つで賄われている。
5 雇用保険の育児休業給付金及び介護休業給付金の支給に要する費用には，国庫負担がある。

選択肢考察

×1　いわゆる「大企業」の会社員とその扶養家族が加入する**健康保険組合管掌健康保険**（組合健保）の給付に国庫負担は実施されておらず，その財源は被保険者と事業主が拠出する保険料によって賄われているため，誤りである。ただし，同じ一般被用者保険である**全国健康保険協会管掌健康保険**（協会けんぽ）では，給付費等の16.4％分が国庫負担となっていることに注意が必要である。

×2　患者の一部負担金以外の後期高齢者医療制度の療養の給付に要する費用は，後期高齢者の保険料と公費に加え，広域連合以外の各医療保険者が負担する**後期高齢者支援金**によって賄われている。

×3　**老齢基礎年金**を含む基礎年金給付に要する費用は，その**2分の1（50％）が国庫負担**によって賄われている。

×4　介護保険の給付に要する費用は，65歳以上の者（第一号被保険者）が支払う保険料と公費だけで賄われているわけではなく，**40歳以上65歳未満の医療保険加入者（第二号被保険者）が支払う保険料**も含まれている。

○5　雇用保険制度における給付のうち，**育児休業給付金**と**介護休業給付金**の支給に要する費用には国庫負担がある。また，この二つの給付以外にも一般求職者給付，日雇労働求職者給付金，就職支援法事業にも国庫負担が実施されている。

参照ページ　『合格教科書2025』p.121, 122　　　　　　　　　　　　　**正解 5**

NEW

社会保険の概念と範囲

難 ●●●○●● 易

36回-51 社会保険の負担に関する次の記述のうち，**最も適切なもの**を1つ選びなさい。

1 国民年金の第1号被保険者の月々の保険料は，その月の収入に応じて決まる。
2 介護保険の保険料は，都道府県ごとに決められる。
3 後期高齢者医療の保険料は，全国一律である。
4 障害基礎年金を受給しているときは，国民年金保険料を納付することを要しない。
5 国民健康保険の保険料は，世帯所得にかかわらず，定額である。

選択肢考察

×1　国民年金保険料の額は，**年齢や所得などに関係なく定額**となっている。ちなみに，2023（令和5）年度

は 1 カ月あたり 16,520 円（2024（令和 6）年度は 1 か月あたり 16,980 円に改定予定）となっている。

×2　介護保険の保険料は，被保険者数やどの程度の介護サービスが必要なのかを基に算出されるため，保険者である**市町村ごとに異なっている**（第 1 号被保険者）。また，第 2 号被保険者の場合は，医療保険者ごとに保険料が異なる。

×3　後期高齢者医療の保険料は，保険者である**後期高齢者医療広域連合**（都道府県単位の特別地方公共団体）**ごとに異なっている**。

○4　障害基礎年金受給中は，法定免除制度が適用となり，**国民年金の保険料が免除される**。

×5　国民健康保険の保険料は，**収入や家族構成，年齢により変動する**。

参照ページ　『合格教科書 2025』p.107, 109, 112　　　　　　　　　　正解 4

社会保険の概念と範囲

35 回 -50　日本の社会保険に関する次の記述のうち，**正しいものを 1 つ選びなさい**。

1　国民健康保険は，保険料を支払わないことで自由に脱退できる。
2　健康保険の給付費に対する国庫補助はない。
3　雇用保険の被保険者に，国籍の要件は設けられていない。
4　民間保険の原理の一つである給付・反対給付均等の原則は，社会保険においても必ず成立する。
5　介護保険の保険者は国である。

選択肢考察

×1　**国民健康保険**への加入は国民健康保険法に定められた義務であり，自由に脱退することはできない。国民健康保険料を支払わなかった場合は，差押えの対象となる。

×2　健康保険のうち，**組合管掌健康保険**には国庫補助が行われていないが，**全国健康保険協会管掌健康保険**の給付費には国庫補助が行われている。

○3　雇用保険法第 4 条と第 6 条に雇用保険の「被保険者」に関する定義と適用条件が示されている。その内容に**国籍要件**は示されていない。現在の日本では，すべての社会保険制度において国籍に関わる要件は存在しない。

×4　**給付・反対給付均等の原則**は，個々の加入者が受ける給付の水準とリスクの高さに応じて負担すべき保険料は変わるという原則である。給付・反対給付均等の原則は民間保険では必ず成立するが，社会保険においては当てはまらない。

×5　**介護保険**の保険者は国ではなく市町村である。

参照ページ　『合格教科書 2025』p.120, 121　　　　　　　　　　正解 3

社会保険の概念と範囲（事例問題）　

35回-51　事例を読んで，社会保険制度の加入に関する次の記述のうち，**正しいもの**を1つ選びなさい。

〔事　例〕

　Gさん（76歳）は，年金を受給しながら被用者として働いている。同居しているのは，妻Hさん（64歳），離婚して実家に戻っている娘Jさん（39歳），大学生の孫Kさん（19歳）である。なお，Gさん以外の3人は，就労経験がなく，Gさんの収入で生活している。

1　Gさんは健康保険に加入している。
2　Hさんは国民健康保険に加入している。
3　Jさんは健康保険に加入している。
4　Jさんは介護保険に加入している。
5　Kさんは国民年金に加入している。

選択肢考察

×1　76歳のGさんが加入する医療保険は，健康保険ではなく**後期高齢者医療制度**である。

○2　75歳未満で無職のHさんは**国民健康保険**の適用対象者であり，居住地の国民健康保険制度への加入が義務づけられている。

×3　Jさんも Hさんと同じ立場であるため，**国民健康保険**の適用対象者となる。

×4　39歳のJさんは**介護保険の適用対象者ではない**。40歳以降は第二号被保険者として，介護保険に加入する。

×5　19歳で大学生のKさんは**国民年金の適用対象者ではない**。20歳以降は国民年金の第一号被保険者として国民年金に加入する義務が発生する。

参照ページ　『合格教科書2025』p.390, 393　　　　　　　　　　　　　　　正解 2

 ## 社会保険の概念と範囲　

35回-54　社会保険制度の適用に関する次の記述のうち，**正しいもの**を1つ選びなさい。

1　週所定労働時間が20時間以上30時間未満の労働者は，雇用保険に加入することはできない。
2　労働者災害補償保険制度には，大工，個人タクシーなどの個人事業主は加入できない。
3　日本国内に住所を有する外国人には，年齢にかかわらず国民年金に加入する義務はない。
4　厚生年金保険の被保険者の被扶養配偶者で，一定以下の収入しかない者は，国民年金に加入する義務はない。
5　生活保護法による保護を受けている世帯（保護を停止されている世帯を除く。）に属する者は，「都道府県等が行う国民健康保険」の被保険者としない。

選択肢考察

×1　**雇用保険**の適用除外となるのは**一週間の所定労働時間が20時間未満の労働者**である。週の所定労働時間が20時間以上あり，かつ31日以上の雇用が見込まれる労働者は，雇用保険に加入することができる。

×2　労働者災害補償保険制度は，民間企業で働く雇用労働者を主たる対象とした仕組みであるが，**一定の条件を満たした個人事業主の加入**を認めている。これを「**特別加入**」といい，大工や個人タクシーの運転手もその対象となっている。

×3　国民年金制度には**国籍要件**がなく，**日本国内に住所を有する20歳以上60歳未満の者**であれば外国籍者であっても国民年金に加入する義務が発生する。

×4　厚生年金保険の被保険者の被扶養配偶者で，**一定以下の収入しかない者**は，**第三号被保険者**として国民年金に加入することになる。

○5　**生活保護法**による保護を受けている世帯に属する者は，国民健康保険法第6条に基づいて「都道府県等が行う国民健康保険」の**適用除外**となる。生活保護受給世帯に対する医療給付は，医療扶助によって実施される。

参照ページ　『合格教科書2025』p.377　　　　　　　　　　　　　　　　　正解 5

 社会扶助の概念と範囲　　

34回-51　社会保険と公的扶助に関する次の記述のうち，**最も適切なものを1つ**選びなさい。

1　社会保険は特定の保険事故に対して給付を行い，公的扶助は貧困の原因を問わず，困窮の程度に応じた給付が行われる。

2　社会保険は原則として金銭給付により行われ，公的扶助は原則として現物給付により行われる。

3　社会保険は救貧的機能を果たし，公的扶助は防貧的機能を果たす。

4　社会保険は事前に保険料の拠出を要するのに対し，公的扶助は所得税の納付歴を要する。

5　公的扶助は社会保険よりも給付の権利性が強く，その受給にスティグマが伴わない点が長所とされる。

選択肢考察

○1　社会保険は，発生確率の予測が可能な特定の事故（**保険事故**）が発生した際に，その当事者に給付を行うことによって，**事故に伴う損失を補填**する仕組みである。公的扶助は，貧困に陥った理由や原因を問わず，**困窮の程度に応じて必要な給付**を行う仕組みである。

×2　社会保険には医療保険や介護保険という**現物給付を行う制度**が含まれており，現金給付を行う年金や雇用保険と同等の重要性をもっている。また，日本の公的扶助である生活保護制度では，医療扶助と介護扶助以外の6種類の扶助（生活扶助や住宅扶助など）は**金銭による給付を原則**としている。社会保険も公的扶助も，給付の形態は当事者の必要に応じて変化する。

×3　社会保険は，保険事故の発生に対する給付を行うことによって貧困に陥ることを防ぐ役割（**防貧機能**）をもつのに対し，公的扶助は貧困に陥ってしまった人々を最後に救済する役割（**救貧機能**）をもつ。社会保険の機能と公的扶助の機能が反対になっている。

×4　社会保険の給付を受けるためには事前に保険料を拠出することが必要になるが，公的扶助の給付において所得税の納付歴が必要になることはない。公的扶助は，**貧困状態にあることが客観的に確認されれば，給付の条件を満たす**ことになる。

×5　一般的に，事前の拠出に基づいて給付が行われる社会保険においては給付の権利性が強く意識されるため，**スティグマが発生しにくい**。反対に，事前の拠出を要件とせず，公費によって財源が賄われている公的扶助の受給において**スティグマが生じる傾向が強い**。公的扶助は社会保険よりも給付の権利性が意識されにくく，その受給にスティグマが伴いがちな点が短所とされている。

医療保険制度の概要 　　　　　　難 ●●○●● 易

35回-52 公的医療保険における被保険者の負担等に関する次の記述のうち，**正しいものを 1 つ**選びなさい。

1 健康保険組合では，保険料の事業主負担割合を被保険者の負担割合よりも多く設定することができる。
2 「都道府県等が行う国民健康保険」では，都道府県が保険料の徴収を行う。
3 「都道府県等が行う国民健康保険」の被保険者が，入院先の市町村に住所を変更した場合には，変更後の市町村の国民健康保険の被保険者となる。
4 公的医療保険の保険給付のうち傷病手当金には所得税が課せられる。
5 保険診療を受けたときの一部負担金の割合は，義務教育就学前の児童については 1 割となる。
(注) 「都道府県等が行う国民健康保険」とは，「都道府県が当該都道府県内の市町村とともに行う国民健康保険」のことである。

選択肢考察

○1 健康保険料は原則として事業主と被保険者の**折半負担**であるが，**健康保険法**第 162 条において，健康保険組合は「規約で定めるところにより，事業主の負担すべき一般保険料額又は介護保険料額の負担の割合を増加することができる」とされている。

×2 **国民健康保険法**第 76 条に基づき，「都道府県等が行う国民健康保険」の被保険者から保険料を徴収する義務を負うのは都道府県ではなく**市町村**である。

×3 **国民健康保険法**第 116 条の 2 において，「都道府県等が行う国民健康保険」の被保険者が入院によって他の市町村に住所を変更した場合，引き続き**住所変更前の市町村の国民健康保険の被保険者となるという特例**が定められている。

×4 健康保険法第 62 条における「租税その他の公課は，保険給付として支給を受けた金品を標準として，課することができない」という規定に基づき，医療保険給付の**傷病手当金**には所得税が課せられない。これは，出産手当金や出産育児一時金にも当てはまる。

×5 **保険診療を受けたときの一部負担金の割合は，義務教育就学前の児童については 1 割ではなく 2 割**である。

年金保険制度の概要 　　　　　　難 ●●○●● 易

35回-55 公的年金制度に関する次の記述のうち，**最も適切なものを 1 つ**選びなさい。

1 厚生年金保険の被保険者は，国民年金の被保険者になれない。
2 基礎年金に対する国庫負担は，老齢基礎年金，障害基礎年金，遺族基礎年金のいずれに対しても行われる。
3 厚生年金保険の保険料は，所得にかかわらず定額となっている。
4 保険料を免除されていた期間に対応する年金給付が行われることはない。
5 老齢基礎年金の受給者が，被用者として働いている場合は，老齢基礎年金の一部又は全部の額が支給停止される場合がある。

選択肢考察

×1 **厚生年金**の被保険者は，第二号被保険者として**国民年金の被保険者**となる。

○2 **基礎年金**に対する国庫負担は，老齢基礎年金，障害基礎年金，遺族基礎年金の種別を問わず，**一律に2分の1**となっている。

×3 厚生年金の保険料は定額負担ではなく，標準報酬の18.3％という**定率負担**の仕組みになっている。

×4 国民年金の**第一号被保険者**が保険料の免除制度を利用し，保険料の追納がなされなかった場合，免除の程度と期間に応じて**老齢基礎年金の給付額が変動**する仕組みになっている。

×5 老齢基礎年金の受給者が被用者として働いて一定以上の報酬を得ている場合には，老齢基礎年金ではなく，**老齢厚生年金の一部又は全部が支給停止**される仕組みとなっている。これを**在職老齢年金**という。

参照ページ 『合格教科書 2025』p.107〜117　　　　　　　　　　　　　　　正解 2

 NEW

年金保険制度の概要（事例問題）　　難●●○●●易

36回-54 事例を読んで，障害者の所得保障制度に関する次の記述のうち，**最も適切なもの**を1つ選びなさい。

〔事例〕

Jさんは，以前休日にオートバイを運転して行楽に出かける途中，誤ってガードレールに衝突する自損事故を起こし，それが原因で，その時から障害基礎年金の1級相当の障害者となった。現在は30歳で，自宅で電動車いすを利用して暮らしている。

1 Jさんの障害の原因となった事故が17歳の時のものである場合は，20歳以降に障害基礎年金を受給できるが，Jさんの所得によっては，その一部又は全部が停止される可能性がある。

2 Jさんの障害の原因となった事故が25歳の時のものであった場合は，年金制度への加入歴が定められた期間に満たないので，障害基礎年金を受給できない。

3 Jさんの障害の原因となった事故が雇用労働者であった時のものである場合は，労働者災害補償保険の障害補償給付を受けられる。

4 Jさんに未成年の子がある場合は，Jさんは特別障害者手当を受給できる。

5 Jさんが障害の原因となった事故を起こした時に，健康保険の被保険者であった場合は，給与の全額に相当する傷病手当金を継続して受給することができる。

選択肢考察

○1 20歳前に傷病を負った人の障害基礎年金については，受給の要件に**年金の加入は含まれていないこと**から，**所得による支給制限**がある。

×2 障害の原因となった病気やけがの初診日において**65歳未満**であり，初診日のある月の前々月までの**直近の1年間に保険料の未納がない場合**に障害基礎年金を受給できる。

×3 Jさんは，**休日の事故**であるため，労働者災害補償保険の対象にはならない。

×4 特別障害者手当は，未成年の子がいることは**受給要件とはなっていない。本人が20歳以上であること**，及び身体または精神に重度の障害があり，常に特別な介護が必要な，**在宅で生活している人**が，**特別障害者手当の受給対象**となる。

×5 傷病手当金は，**休業1日につき直近12か月間の標準報酬月額平均額÷30×2/3相当額が支給される**ことになるため，全額支給されるわけではない。

年金保険制度の概要

36 回-55　老齢基礎年金に関する次の記述のうち，**最も適切なもの**を 1 つ選びなさい。

1　老齢基礎年金は，受給者の選択により 55 歳から繰り上げ受給をすることができる。
2　老齢基礎年金は，保険料納付済期間が 25 年以上なければ，受給することができない。
3　老齢基礎年金と老齢厚生年金は，どちらか一方しか受給することができない。
4　老齢基礎年金は，支給開始時に決められた額が死亡時まで変わらずに支給される。
5　老齢基礎年金の年金額の算定には，保険料免除を受けた期間の月数が反映される。

選択肢考察

×1　老齢基礎年金は，**60 歳から繰り上げ受給が可能**となっている。66 歳以降 75 歳までの間で**繰り下げる**ことも可能である。

×2　2017（平成 29）年 7 月までは，**保険料納付済期間が 25 年以上なければ老齢基礎年金を受給できなかっ**たが，2017（平成 29）年 8 月からは **10 年に短縮されている**。

×3　公的年金制度は **2 階建ての構造**になっているため，**老齢基礎年金と老齢厚生年金の両方が受給**できる。

×4　年金額は，物価変動率や名目手取り賃金変動率に応じて，**毎年度改定を行う仕組み**となっており，支給開始時に決められた額が死亡時まで変わらずに支給されるわけではない。

○5　老齢基礎年金の年金額の算定には，**保険料免除を受けた期間の月数も反映される**。ただし，保険料を全額納付した場合と比べて，**年金額は低額**となる。

参照ページ　『合格教科書 2025』p.107, 119　　　　　　　　　　　　　　**正解 5**

年金保険制度の概要

34 回-55　公的年金の被保険者に関する次の記述のうち，**最も適切なもの**を 1 つ選びなさい。

1　厚生年金保険の被保険者は，老齢厚生年金の受給を開始したとき，その被保険者資格を喪失する。
2　20 歳未満の者は，厚生年金保険の被保険者となることができない。
3　被用者は，国民年金の第一号被保険者となることができない。
4　厚生年金保険の被保険者の被扶養配偶者であっても，学生である間は，国民年金の第三号被保険者となることができない。
5　国民年金の第三号被保険者は，日本国内に住所を有する者や，日本国内に生活の基礎があると認められる者であること等を要件とする。

選択肢考察

×1　厚生年金においては，強制適用事業所または任意適用事業所に使用される 70 歳未満の者は**強制的に被保険者になる**。65 歳を超えて老齢厚生年金の受給を開始した後であっても，強制適用事業所または任意

適用事業所で（正社員として，あるいは所定労働時間及び労働日数が正社員の4分の3を超えて労働する契約のもとで）使用される者は70歳を迎えるまで厚生年金の被保険者となるため，誤りである。

×2　上述のように，強制適用事業所または任意適用事業所に（正社員として，あるいは所定労働時間及び労働日数が正社員の4分の3を超えて労働する契約のもとで）使用される**70歳未満の者は強制的に被保険者**になる。強制適用事業所または任意適用事業所に使用される**20歳未満の者も厚生年金の被保険者**となる。

×3　被用者であっても，短時間労働者であれば**一定の条件を満たさないと厚生年金**の被保険者になることができない。正社員ではなく，労働日数や労働時間にかかわる条件を満たさない被用者は，国民年金の**第一号被保険者**となる。

×4　国民年金の**第三号被保険者**になるのは，国民年金の第二号被保険者に**扶養される配偶者である20歳以上60歳未満の者**であるが，学生であっても20歳以上で「扶養」の条件を満たせば第三号被保険者になることができる。

○5　2020（令和2）年4月1日以降，第三号被保険者の認定において「**日本国内に居住すること**（住所を有すること）」が要件として追加された。ただし，外国に留学する学生や第二号被保険者の海外赴任に同行する配偶者等は「海外特例」の対象となり，届出をすることによって第三号被保険者として認定されることが可能となる。

 参照ページ　『合格教科書2025』p.145〜154／[社保]p.163〜165　　　　　正解 5

労災保険制度と雇用保険制度の概要　　　難●●●●○●易

36回-53　労働保険に関する次の記述のうち，**最も適切なもの**を1つ選びなさい。

1　労働者災害補償保険の療養補償給付を受ける場合，自己負担は原則1割である。
2　労働者災害補償保険は，政府が管掌する。
3　日雇労働者は，雇用保険の適用除外とされている。
4　雇用保険の失業等給付の保険料は，その全額を事業主が負担する。
5　教育訓練給付は，雇用保険の被保険者ではなくなった者には支給されない。

選択肢考察

×1　労働者が業務災害にあって労働者災害補償保険による**療養補償給付**を受ける場合は，**全額労災保険から支給される**ため，自己負担はない。

○2　労働者災害補償保険の保険者は**政府**である。

×3　労働者災害補償保険は，労働者であればアルバイトやパートタイマー等の**雇用形態を問わず誰でも支給**される。

×4　雇用保険の失業等給付は，**事業主と労働者双方の負担**となる。

×5　教育訓練給付金は，「**現在雇用保険に3年以上加入している**」もしくは「**離職後1年以内で，雇用保険に3年以上加入していた**」者が支給の対象である。

 参照ページ　『合格教科書2025』p.107　　　　　正解 2

35回-53 次のうち，労働者災害補償保険制度に関する記述として，**最も適切なもの**を1つ選びなさい。

1 労働者の業務災害に関する保険給付については，事業主の請求に基づいて行われる。
2 メリット制に基づき，事業における通勤災害の発生状況に応じて，労災保険率が増減される。
3 保険料は，事業主と労働者が折半して負担する。
4 労働者災害補償保険の適用事業には，労働者を一人しか使用しない事業も含まれる。
5 労働者の業務災害に関する保険給付については，労働者は労働者災害補償保険又は健康保険のいずれかの給付を選択することができる。

選択肢考察

×1 労働者の**業務災害**に関する保険給付は，**被災した労働者本人（死亡の場合は遺族）の請求**に基づいて行われる。申請に関する書類の作成や提出にあたって事業主が関与・代行することもあるが，請求の主体は被災した労働者本人である。

×2 **メリット制**によって労災保険料率が増減されるのは，通勤災害ではなく**業務災害の発生状況**に応じてである。

×3 **労災保険料**は，事業主と労働者の折半負担ではなく，**全額を事業主が負担**する仕組みになっている。

○4 労災保険は，国や地方自治体等の行政機関及び一部の零細農林水産事業者を除き，労働者を一人でも使用するすべての事業を**強制適用事業**として位置づけている。

×5 労働者の業務災害による傷病については**健康保険による給付を行うことができない**。労働者が業務災害によって病気やケガをした場合には，**労働者災害補償保険**による給付を受けなければならない。

参照ページ 『合格教科書2025』p.118   正解4

36回-50 出産・育児に係る社会保障の給付等に関する次の記述のうち，**最も適切なもの**を1つ選びなさい。

1 「産前産後期間」の間は，国民年金保険料を納付することを要しない。
2 出産育児一時金は，産前産後休業中の所得保障のために支給される。
3 育児休業給付金は，最長で子が3歳に達するまで支給される。
4 児童手当の費用は，国と地方自治体が折半して負担する。
5 児童扶養手当の月額は，第1子の額よりも，第2子以降の加算額の方が高い。

(注) 「産前産後期間」とは，国民年金の第1号被保険者の出産予定日又は出産日が属する月の前月から4か月間（多胎妊娠の場合は，出産予定日又は出産日が属する月の3月前から6か月間）を指す。

選択肢考察

○1 出産予定日または出産日が属する月の前月から**4か月間（産前産後期間）**は，**国民年金保険料が免除される**。

×2 出産育児一時金は，出産に直接要する費用や出産前後の健診費用等の**出産に要すべき費用の経済的負**

担の軽減を図るために支給される。

×3　育児休業給付金は，原則，**養育している子が1歳になった日の前日まで**支給される。ただし，一定の要件を満たした場合は，最大で1歳6か月または2歳となった日の前日まで受給できる場合がある。

×4　児童手当の財源は，**国・都道府県・市区町村が負担**しており，会社員などの場合は，**一部を「事業主」**が負担している。

×5　児童扶養手当の月額は，第1子の額よりも，**第2子以降の加算額の方が低い。**

参照ページ　『合格教科書2025』p.121　　　　　　　　　　正解 1

 ## 労災保険制度と雇用保険制度の概要（事例問題）　難●●●○●●易

34回-54　事例を読んで，ひとり親世帯などの社会保障制度に関する次の記述のうち，**最も適切なものを1つ選**びなさい。

〔事例〕
　大学生のEさん（22歳）は，半年前に父親を亡くし，母親（50歳）と二人暮らしである。母親は就労しており，健康保険の被保険者で，Eさんはその被扶養者である。Eさんは，週末に10時間アルバイトをしているが，平日の通学途上で交通事故に遭い，大ケガをした。

1　Eさんの母親の前年の所得が一定額以上の場合，Eさんは国民年金の学生納付特例制度を利用できない。
2　Eさんがアルバイト先を解雇されても，雇用保険の求職者給付は受給できない。
3　Eさんの母親は，収入のいかんにかかわらず，遺族基礎年金を受給できる。
4　Eさんがケガの治療のため，アルバイト先を休み，賃金が支払われなかった場合，労働者災害補償保険の休業給付が受けられる。
5　Eさんは，母親の健康保険から傷病手当金を受給できる。

選択肢考察

×1　国民年金の**学生納付特例制度**の利用にあたっては，**学生である当事者の前年の所得が政令で定める基準を下回る必要がある**が，Eさんの母親の所得がいくらであっても，Eさんが学生納付特例を利用できなくなることはない。

○2　雇用保険制度においては，原則として**学生または生徒は雇用保険の適用除外**となる。したがって，昼間学生であるEさんがアルバイト先を解雇されても雇用保険の求職者給付は受給できない。

×3　遺族基礎年金を受給できるのは，死亡した者によって生計を維持されていた「**子のある配偶者**」あるいは「**子**」のどちらかである。また，ここでいう「子」とは，**18歳の年度末までの子または20歳未満で1級または2級の障害の状態にある子**をいう。すでに22歳になっているEさんの母親は，収入の程度にかかわらず遺族基礎年金を受給する資格がない。

×4　Eさんがアルバイト先に向かう途上で交通事故に遭った場合には**通勤災害**として労働者災害補償保険による給付を受けることができるが，**通学途上の交通事故**によるケガの治療のために仕事を休む場合，労働者災害補償保険による**給付の対象にはならない。**

×5　健康保険による**傷病手当金**は，健康保険の被保険者本人が傷病のために仕事を休む（休業する）場合に支給されるものであって，**被扶養者の傷病は対象にならない。**

参照ページ　『合格教科書2025』p.120　　　　　　　　　　正解 2

社会保障

34回-53 雇用保険法に関する次の記述のうち，**正しいもの**を 1 つ選びなさい。

1 基本手当は，自己の都合により退職した場合には受給できない。
2 保険者は，都道府県である。
3 近年の法改正により，育児休業給付は，失業等給付から独立した給付として位置づけられた。
4 雇用調整助成金は，労働者に対して支給される。
5 雇用安定事業・能力開発事業の費用は，事業主と労働者で折半して負担する。

選択肢考察

×1 一般被保険者に対する求職者給付の中心となる基本手当は，**自己都合によって退職した場合にも支給の対象**となる。ただし，解雇・雇止めや会社都合による退職の場合とは異なり，安易な離職を防ぐ観点から，**自己都合退職**の場合は 7 日間の待期期間に加えて 3 か月が経過しなければ基本手当を受給できない取扱いになっていることに注意が必要である。

×2 雇用保険の保険者は都道府県ではなく**国**である。

○3 2020（令和 2）年 3 月まで，育児休業給付は高年齢雇用継続給付，介護休業給付とともに失業等給付のなかの雇用継続給付の一部として実施されてきたが，2020（令和 2）年 4 月から，「子を養育するために休業した労働者の雇用と生活の安定を図る」ための給付として，**失業等給付から独立した給付**として位置づけられた。

×4 **雇用調整助成金**は，雇用安定事業の一部であり，経済上の理由によって事業活動の縮小を余儀なくされた事業主が，労働者を一時的に休業させる等の工夫によって雇用維持を図った場合に，**事業主が労働者に支払った休業手当等の一部を助成する制度**である。雇用調整助成金が支給されるのは労働者ではなく**事業主**である。

×5 雇用安定事業と能力開発事業を総称して**雇用保険二事業**という。雇用保険二事業の実施に要する費用は，その**全額が事業主負担によって賄われる**仕組みになっている。

参照ページ 『合格教科書 2025』p.122　　　　　　　　　　　　　　　　　　　**正解 3**

権利擁護を支える法制度

● 内容一覧 ●

傾向と対策

過去問の傾向を知り，適切な対策を！

● 傾向分析表【権利擁護を支える法制度】●

項　目　名	第36回	第35回	第34回	問題数
憲法	●	●	●	3
民法	●●	●	●	4
行政法			●	1
秘密・プライバシー・個人情報	●		●	2
権利擁護に関わる組織，団体の役割		●	●	2
成年後見の概要			●●	2
後見の概要	●●	●●		4
補助の概要		●		1
任意後見の概要			●	1
成年後見制度の最近の動向	●●			2
日常生活自立支援事業		●	●	2
問　題　数	8問	7問	9問	24問

●傾向と対策

　本科目は権利擁護の制度について幅広く学習するが，中心となるのは成年後見制度である。まずは成年後見制度そのものを理解することが重要である。

　その他に，日常生活自立支援事業もよく出題される項目なので，基本事項は必ず押さえておきたいところである。また，成年後見制度以外の民法の問題もよく取り扱われるので，法律の規定をしっかり押さえて学習を進めていくとよいであろう。

●頻出項目
①基本的人権
②民　法
③成年後見制度
　法定後見制度と任意後見制度との相違，補助・保佐・後見の違いについては頻出の項目
④日常生活自立支援事業

憲　法 難 ●●○●● 易

35 回-77　日本国憲法の基本的人権に関する最高裁判所の判断についての次の記述のうち，**最も適切なものを 1 つ選びなさい。**

1　公務員には争議権がある。
2　永住外国人には生活保護法に基づく受給権がある。
3　生活保護費を原資とした貯蓄等の保有が認められることはない。
4　嫡出子と嫡出でない子の法定相続分に差を設けてはならない。
5　夫婦別姓を認めない民法や戸籍法の規定は違憲である。

選択肢考察

×1　日本国憲法第 28 条では，労働者に団結権，団体交渉権，団体行動権（争議権）を認めているが，**公務員には団体行動権（争議権）は禁じられている**（国家公務員法第 98 条第 2 項，地方公務員法第 37 条第 1 項）。

×2　生活保護法が対象とする国民には，**外国人は含まれていないので，永住外国人には受給権はない。**ただし，生活に困窮する外国人に対しては，一般国民に対する生活保護の決定実施の取扱に準じて必要と認める保護が行われている（生活に困窮する外国人に対する生活保護の措置について（厚生労働省通知））。

×3　生活保護費を貯めて預貯金の形で保有しているものについては，活用可能な資産として，まずそれを生活の維持のために活用することが求められるが，**生活費の計画的なやりくりの中で，一定の金銭を貯えることは容認されている**（厚生労働省「第 8 回社会保障審議会福祉部会　生活保護制度の在り方に関する専門委員会」）。

○4　以前は，嫡出でない子の法定相続分は，嫡出子の 2 分の 1 とされていたが，最高裁判所の判例（平成 25 年 9 月 25 日）により，2013（平成 25）年に民法が改正され，**嫡出子の法定相続分と同等**となっている。

×5　現在，**夫婦別姓を認めた最高裁判所の判例はない。**

参照ページ　『合格教科書 2025』p.132, 133　　　　　　　　　　　**正解 4**

 憲　法 難 ●●●●○ 易

34 回-143　日本国憲法の勤労などに関する次の記述のうち，**正しいものを 1 つ選びなさい。**

1　障害者は，これを酷使してはならないと明記している。
2　何人も，公共の福祉に反しない限り，職業選択の自由を有すると明記している。
3　男女同一賃金の原則を明記している。
4　週 40 時間労働の原則を明記している。
5　勤労者は団体行動をしてはならないと明記している。

選択肢考察

×1　勤労に関する**日本国憲法**第 27 条第 3 項には「児童は，これを酷使してはならない」とある。**障害者についての記述はない。**

○2　**職業選択の自由**などに関する日本国憲法第 22 条第 1 項に「何人も，公共の福祉に反しない限り，居

住，移転及び職業選択の自由を有する」とある。

×3　男女同一賃金の原則は，**労働基準法**第4条に「使用者は，労働者が女性であることを理由として，賃金について，**男性と差別的取扱いをしてはならない**」と定められている。

×4　労働時間の原則については，**労働基準法**第32条に「使用者は，労働者に，休憩時間を除き**1週間について40時間を超えて，労働させてはならない**」と定められている。

×5　**日本国憲法**第28条に「勤労者の団結する権利及び団体交渉その他の団体行動をする権利は，これを保障する」とある。いわゆる労働三権の団結権，団体交渉権，団体行動権である。

参照ページ　『合格教科書2025』p.132, 133　　　　正解 2

憲　法　　　　　　　　　　　　　　　　難●●●●○易

36回-77　次のうち，日本国憲法における社会権として，**正しいもの**を**2つ**選びなさい。

1　財産権
2　肖像権
3　教育を受ける権利
4　団体交渉権
5　自己決定権

選択肢考察

×1　**社会権とは，政府に対して救済や援助を求める権利**のことである。一方，財産権は財産に関する権利のことであり，日本国憲法第29条に，「財産権は，これを侵してはならない」と規定されている。したがって，財産権は社会権に該当しない。

×2　**肖像権は，自分自身の姿を写真に撮られたり，公表されたりすることを拒否する権利**のことであり，社会権には該当しない。日本国憲法に明文化はされていないが，新しい人権の一つとして，同法第13条（個人尊重，生命・自由・幸福追求の権利）を根拠に認められている。

○3　**教育を受ける権利は，社会権の一つである。**すべて国民は，法律の定めるところにより，その能力に応じて，ひとしく教育を受ける権利を有する（同法第26条第1項）。

○4　**団体交渉権は，社会権の一つである。**勤労者の団結する権利及び団体交渉その他の団体行動をする権利は，これを保障する（同法第28条）。

×5　**自己決定権は，同法第13条**（個人尊重，生命・自由・幸福追求の権利）**に基づく権利**であり，社会権には該当しない。

参照ページ　『合格教科書2025』p.133　　　　正解 3, 4

民 法 （事例問題）　

35回-83　事例を読んで，消費者被害に関する次の記述のうち，X地域包括支援センターのC社会福祉士の対応として，**最も適切なもの**を1つ選びなさい。

〔事 例〕

　Dさん（70歳）は，認知症の影響で判断能力が低下しているが，その低下の程度ははっきりしていない。宝石の販売業者Yは，Dさんが以前の購入を忘れていることに乗じ，2年にわたって繰り返し店舗で40回，同じ商品を現金で購入させ，その合計額は1,000万円に及んでいた。E訪問介護員がこの事態を把握し，X地域包括支援センターに所属するC社会福祉士に相談した。

1　Dさんのこれまでの判断を尊重し，Dさんに対し，今後の購入に当たっての注意喚起を行う。

2　Dさんの意向にかかわりなく，宝石の販売業者Yと連絡を取り，Dさんへの宝飾品の販売に当たり，今後は十分な説明を尽くすように求める。

3　Dさんの判断能力が著しく不十分であった場合，C社会福祉士自ら保佐開始の審判の申立てを行う。

4　クーリング・オフにより，Dさん本人にその購入の契約を解除させる。

5　これらの購入につき，消費者契約法に基づく契約の取消しが可能かを検討するため，Dさんのプライバシーに配慮して，消費生活センターに問い合わせる。

選択肢考察

×1　認知症高齢者に対して**注意喚起をしても，忘れてしまうことが考えられる**ので，対応としては不適切である。

×2　Dさんが何度も同じ商品を購入してしまうのは，**認知症の影響が考えられる**ので，宝石の販売業者に十分な説明を求めるような対応は，不適切である。また，**Dさんの意向を確認することが必要である。**

×3　C社会福祉士には，保佐開始の審判を申立てる権利はない。保佐開始の審判を申立てることができるのは，「民法」に基づく**本人，配偶者，四親等内の親族，成年後見人，成年後見監督人，補助人，補助監督人，検察官，**「任意後見契約に関する法律」に基づく**任意後見受任者，任意後見人，任意後見監督人，**「老人福祉法」等に基づく**市町村長**である。

×4　クーリング・オフは，業者が**自宅に押しかけて契約した場合に，8日を経過するまでの期間内であれば，一方的に解約することができる制度**である（特定商取引に関する法律第9条第1項）。Dさんは店舗で購入しているため，解約はできない。

○5　消費者契約法では，事業者の一定の行為により，消費者が誤認又は困惑した場合に**契約の意思表示を取り消すことができる**ことが規定されている（消費者契約法第1条）。また，Dさんの**プライバシーに配慮**する対応も適切である。

参照ページ　『合格教科書2025』p.135, 136　　　　　　　　　　　　　　　　　　**正解 5**

権利擁護を支える法制度

民 法

34回-81 親権に関する次の記述のうち，**正しいもの**を1つ選びなさい。

1 成年年齢に達した学生である子の親は，その子が親の同意なく行った契約を，学生であることを理由に取り消すことができる。
2 父母が離婚し，子との面会交流について父母の協議が調わないときは，家庭裁判所がそれを定める。
3 父母が裁判上の離婚をする場合，家庭裁判所の判決により，離婚後も未成年者の親権を共同して行うことができる。
4 嫡出でない子を父が認知すれば，認知により直ちにその父がその子の親権者となる。
5 親にとって利益となるが子にとって不利益となる契約であっても，親は，その子を代理することができる。

選択肢考察

×1 **未成年者**であれば，本人の意思能力の程度にかかわらず，行為能力を制限することができるので，**親権者の同意なく契約した場合は，親権者のみならず未成年者も取り消すことができる**が，成年年齢に達した子が行った契約は取り消すことはできない。なお，2018（平成30）年の民法改正により，2022（令和4）年4月より，成人年齢は20歳から18歳に引き下げられている。

○2 子との面会交流は，**父母の協議で定める**が，話がまとまらない場合は，**家庭裁判所が定める**こととされている。

×3 父母が離婚した場合，未成年の子がいる場合には，父母のうち**どちらか一方を親権者として定めなければならない**（民法第819条第1項）。

×4 非嫡出子の父との親子関係は，認知することによってはじめて成立し，子の出生の時にさかのぼって非嫡出親子関係が発生する（民法第779条，第784条）が，父を親権者とするためには**父母の協議が必要**である（同法第819条第3項ただし書き）。

×5 親権者が子と利益が相反する行為を行う場合には，その**子のために特別代理人を選任することを家庭裁判所に請求しなければならない**。

参照ページ 『合格教科書2025』p.137 **正解 2**

民 法（事例問題）

36回-78 事例を読んで，Hの相続における法定相続分に関する次の記述のうち，**正しいもの**を1つ選びなさい。

〔事 例〕
Hは，多額の財産を遺して死亡した。Hの相続人は，配偶者J，子のK・L・M，Hよりも先に死亡した子Aの子（Hの孫）であるB・Cの計6人である。なお，Lは養子であり，Mは非嫡出子である。Hは生前にMを認知している。

1 配偶者Jの法定相続分は3分の1である。
2 子Kの法定相続分は6分の1である。
3 養子Lの法定相続分は7分の1である。
4 非嫡出子Mの法定相続分は8分の1である。
5 孫Bの法定相続分は7分の1である。

×1　前提として，**配偶者は常に法定相続人となる**（民法第800条）。他の法定相続人については，第一順位が子，第二順位が直系尊属，第三順位が兄弟姉妹となる（同法第887条第1項，第889条）。法定相続分については，相続人が配偶者と子の場合は2分の1ずつ，配偶者と直系尊属の場合は，配偶者が3分の2で直系尊属が3分の1，配偶者と兄弟姉妹の場合は，配偶者が4分の3で兄弟姉妹が4分の1となる（同法第900条）。したがって，配偶者Jの法定相続分は，**2分の1**である。

×2　Hよりも先に亡くなっているAには子のB・C（Hの孫）がいるため，Aの相続分は，B・Cが**代襲相続**することになる（同法第887条第2項）。したがって，子の相続分2分の1が4人分で分割されることになるので，子Kの法定相続分は，**8分の1**となる。

×3　養子Lの法定相続分は，**8分の1**である。養子の法定相続分は，実子と変わらない（同法第887条第1項）。

○4　非嫡出子Mの法定相続分は，8分の1である。非嫡出子の法定相続分は，嫡出子の2分の1とされていたが，2013年の民法改正により規定が削除され，**嫡出子の法定相続分と同等**となった（同法第900条第4号）。

×5　選択肢考察2の通り，孫B・CはAの相続分（8分の1）を相続（**代襲相続**）するので，孫Bの法定相続分は，**16分の1**である。

参照ページ　『合格教科書2025』p.138〜141　　　　　　　　　　　正解 4

 民 法　　　　　　　　　　　　　　　　　　　難●●●○●易

36回-79　遺言に関する次の記述のうち，**最も適切なもの**を1つ選びなさい。

1　成年被後見人は，事理弁識能力が一時回復した時であっても遺言をすることができない。
2　自筆証書遺言を発見した相続人は，家庭裁判所の検認を請求しなければならない。
3　公正証書によって遺言をするには，遺言者がその全文を自書しなければならない。
4　自筆証書によって遺言をするには，証人2人以上の立会いがなければならない。
5　遺言に相続人の遺留分を侵害する内容がある場合は，その相続人の請求によって遺言自体が無効となる。

×1　成年被後見人は，**2人以上の医師が事理弁識能力を一時回復したと証明できる時は，遺言をすることができる**（民法第973条）。

○2　自筆証書遺言の検認は，**原則として家庭裁判所で行われる**（同法第1004条第1項）。なお，2018（平成30）年の民法改正により，法務局で自筆証書遺言を保管する制度が創設されており，この制度で預けた場合は検認する必要はない。

×3　公正証書遺言は，**公証人が筆記する遺言**である（同法第969条第3号）。

×4　証人2人以上の立会いが必要なのは，**公正証書遺言**である（同法第969条1号）。

×5　兄弟姉妹以外の相続人は，**遺産の一定割合である遺留分を受けることができる**（同法第1042条第1項）。したがって，被相続人の遺言によって，遺留分を超えて遺言処分が行われた場合は，遺留分権利者は，侵害額請求をすることによって，遺留分まで取り戻すことができる（同法第1046条第1項）。

参照ページ　『合格教科書2025』p.140　　　　　　　　　　　正解 2

行政法

34回-77 行政行為の効力に関する次の記述のうち，**正しいもの**を**1つ**選びなさい。

1 重大かつ明白な瑕疵のある行政行為であっても，取り消されるまでは，その行政行為の効果は否定されない。
2 行政行為の無効確認訴訟の出訴期間は，一定期間に制限されている。
3 行政行為の効力は，国家賠償請求訴訟によっても取り消すことができる。
4 行政庁は，審査請求に対する裁決など，判決と似た効果を生ずる行政行為であっても，自ら違法であると気付いたときは，職権で取り消すことができる。
5 行政庁は，税の滞納処分など，判決を得なくても強制執行をすることができる。

選択肢考察

×1　行政行為には公定力があるため，違法な行政行為であっても，取消しが行われない限り有効とされているが，本肢のように**重大かつ明白な瑕疵のある行政行為については，はじめから無効として取り扱われる。**このような行政行為は「無効の行政行為」と呼ばれている。

×2　無効確認訴訟は，行政庁の処分または裁決の効力の有無を確認するための訴訟（行政事件訴訟法第3条第4項）であり，**出訴期間の定めはない。**

×3　国家賠償請求訴訟は，あくまでも行政庁に損害賠償請求をするものであり，**行政行為の取消しを争うものではない。**

×4　行政行為には**不可変更力があるため**，行政庁は，行った行政行為を**職権で取り消すことはできない。**

○5　行政行為には**自力執行力があるため**，税の滞納処分などについて，行政庁は裁判所に訴訟を提起せずとも**強制執行（滞納処分）をすることができる。**

参照ページ 『合格教科書2025』p.141〜143 正解5

秘密・プライバシー・個人情報

36回-112 「個人情報保護法」に関する次の記述のうち，**正しいもの**を**1つ**選びなさい。

1 個人情報取扱事業者には，国の機関は除外されている。
2 本人の生命の保護に必要がある場合であっても，本人の同意を得ることが困難であるときは，個人情報を第三者に提供してはならない。
3 オンラインによる個人情報の提供は，ウイルスや不正アクセス等のリスクを伴うため禁止されている。
4 クレジットカード番号は，個人識別符号に含まれる。
5 事業者は，サービス利用者から本人のサービス記録の開示を求められた場合でも，これに応じる義務はない。
(注)　「個人情報保護法」とは，「個人情報の保護に関する法律」のことである。

選択肢考察

○1　**個人情報取扱事業者とは，個人情報データベース等を事業の用に供している者のうち，国の機関，地方公共団体，独立行政法人等，地方独立行政法人を除くものである**（第16条第2項）。

×2　個人情報取扱事業者は，本来，事前に特定した利用目的に応じて個人情報を取り扱うこととされてい

るが，人の生命，身体又は財産の保護のために緊急に必要があり，本人の同意を得ることが困難な場合は，個人情報を第三者に提供できる（第27条第1項の2）。

×3　個人情報の記録は，**文書，図画若しくは電磁的記録，又は音声，動作その他の方法を用いて表された一切の事項**であると規定されており（第2条第1項の1），電磁的記録等はオンラインで共有される場合もある。

×4　個人識別符号には，**指紋やパスポート，運転免許証，マイナンバーカード等**が該当する（第2条第2項）。携帯電話番号やクレジットカードは，個人だけでなく法人が取得するものやプリペイド式のものもあるため，個人識別符号には該当しない。

×5　個人情報取扱事業者は，一部の例外を除き，**開示請求を受けたときは，本人に対し遅滞なく保有個人データを開示しなければならないという義務**がある（第33条第2項）。

参照ページ　『合格教科書 2025』p.288　　　　正解 1

 秘密・プライバシー・個人情報　　　　難●●●○●●易

34回-115　次の記述のうち，個人情報の保護に関する法律の内容として，**正しいもの**を1つ選びなさい。

1　死亡した個人に関する個人情報も保護の対象とする。
2　個人情報取扱事業者の権利利益を保護することを目的として，個人情報取扱事業者の遵守すべき義務等を定めている。
3　個人情報取扱事業者が第三者に個人データを提供するときは，本人の生命の保護のために必要な場合でも，常に本人の同意を得なければならない。
4　個人情報取扱事業者は，個人情報の取扱いに関する苦情の解決について，地方公共団体に委ねなければならない。
5　匿名加工情報とは，特定の個人を識別することができないように個人情報を加工して得られる個人に関する情報であって，当該個人情報を復元できないようにしたものである。

選択肢考察

×1　第2条の定義では，**「個人情報」は生存する個人に関する情報を指す**ため，死亡した個人に関する情報は含まない。

×2　個人情報取扱事業者の遵守すべき義務が定められているのは，**個人情報の適正な取扱いを確保するため**である。個人情報取扱事業者の権利利益を保護することが目的ではない（第11条）。

×3　個人情報取扱事業者は，あらかじめ本人の同意を得ないで個人データを第三者に提供してはならないとされているが，**人の生命，身体または財産の保護のために必要がある場合であって，本人の同意を得ることが困難であるとき**はその限りではない（第27条第1項第2号）。

×4　**個人情報取扱事業者は，個人情報の取扱いに関する苦情の適切かつ迅速な処理に努めなければならない**とされており，地方公共団体に委ねなければならないというのは誤りである（第40条）。

○5　**第2条第6項「匿名加工情報」の定義**に，そのように定められている。

参照ページ　『合格教科書 2025』p.288　　　　正解 5

権利擁護に関わる組織，団体の役割

難●●●●○●●易

35 回-82 家庭裁判所に関する次の記述のうち，**正しいもの**を**1つ**選びなさい。

1 家庭裁判所は，近隣トラブルに関する訴訟を取り扱う。

2 家庭裁判所は，「DV防止法」に基づく保護命令事件を取り扱う。

3 家庭裁判所は，嫡出でない子の認知請求訴訟を取り扱う。

4 家庭裁判所は，労働審判を取り扱う。

5 家庭裁判所は，債務整理事件を取り扱う。

（注）「DV防止法」とは，「配偶者からの暴力の防止及び被害者の保護等に関する法律」のことである。

選択肢考察

×1　家庭裁判所は，家庭に関する家事事件，人事訴訟，少年保護事件を取り扱う（裁判所法第31条の3第1項）。具体的には，婚姻関係・実親子関係・養子縁組関係の訴訟，成年後見の審判，相続放棄の申述，親権者の指定または変更，扶養に関する処分，遺産分割に関する処分，少年保護事件の審判などである。近隣トラブルについては，**地方裁判所**や**簡易裁判所**が取り扱う。

×2　「DV防止法」に基づく保護命令事件を取り扱うのは，**地方裁判所**である（同法第11条第1項）。

○3　実親子関係の訴訟は人事訴訟の一つであり，**家庭裁判所**が取り扱う。婚姻関係にない父と母の間に出生した子を父が認知しない場合には，子などから父を相手とする家庭裁判所の調停・訴訟手続を利用することができる（民法第787条）。

×4　事業主と労働者間の労働関係のトラブルを解決するために行われる労働審判は，**地方裁判所**が取り扱う（労働審判法第2条）。

×5　自己破産等の債権整理事件は，**地方裁判所**が取り扱う（破産法第5条第1項）。

参照ページ　『合格教科書2025』p.130, 131

正解 3

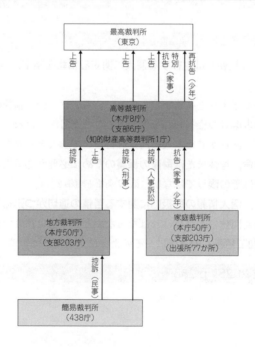

権利擁護に関わる組織，団体の役割　

34回-83　成年後見制度における市町村長の審判申立てに関する次の記述のうち，**正しいもの**を1つ選びなさい。

1　市町村長が審判を申し立てない場合，都道府県知事が代わって審判を申し立てることができる。
2　「成年後見関係事件の概況（令和5年1月〜12月）」（最高裁判所事務総局家庭局）によると，「成年後見関係事件」の申立人の割合は，市町村長よりも配偶者の方が多い。[改変]
3　市町村長申立てにおいて，市町村長は，後見等の業務を適正に行うことができる者を家庭裁判所に推薦することができないとされている。
4　知的障害者福祉法に基づき，知的障害者の福祉を図るために特に必要があると認めるときは，市町村長が後見開始の審判等の申立てを行うことができる。
5　市町村長申立ては，後見開始及び保佐開始の審判に限られ，補助開始の審判は含まれないとされている。
（注）　「成年後見関係事件」とは，後見開始，保佐開始，補助開始及び任意後見監督人選任事件をいう。

選択肢考察

×1　成年後見制度の申立権者は，本人，配偶者，4親等内の親族等であるが，誰も申立人がいない場合に**市町村長が申立てすることができる**。都道府県知事は，申立てすることはできない。

×2　「成年後見関係事件」の申立人は，**市町村長が最も多く，23.6％**となっている。次いで，本人（22.2％），本人の子（20.0％）の順となっている。配偶者は4.2％である。[改変]（令和2年1月〜12月）→（令和5年1月〜12月）]

×3　市町村は，後見等の業務を適正に行うことができる人材の育成及び活用を図るため，研修の実施，後見等の業務を適正に行うことができる者の**家庭裁判所への推薦その他の必要な措置を講ずるよう努めなければならない**（老人福祉法第32条の2）と定められている。したがって，推薦することができる。

○4　市町村長は，知的障害者につき，その福祉を図るため特に必要があると認めるときは，**後見開始の審判の請求をすることができる**（知的障害者福祉法第28条）。

×5　市町村長申立ては，後見開始及び保佐開始の審判だけでなく，**補助開始の審判の申立ても行うことができる**。

参照ページ　『合格教科書2025』p.153, 156　　　　　　　正解 4

 成年後見の概要　

34回-78　後見登記に関する次の記述のうち，**正しいもの**を1つ選びなさい。

1　任意後見契約は登記できない。
2　未成年後見は登記することができる。
3　保佐人に付与された代理権の範囲は登記できない。
4　自己が成年被後見人として登記されていない者は，登記官への請求に基づき，登記されていないことの証明書の交付を受けることができる。
5　誰でも，登記官への請求に基づき，成年後見人が記録された登記事項証明書の交付を受けることができる。

×1　任意後見契約は，公正証書により契約締結されるものであるが，公正証書を作成する公証人の嘱託により，**法務局に登記される**ことになる（後見登記等に関する法律第5条）。

×2　未成年後見制度には，登記制度がない。未成年後見人が選任された場合は，**未成年者の戸籍に未成年後見人に関する事項が記載**される。

×3　保佐人は，代理権を有してはいないが，被保佐人，その親族，保佐人等の請求により，**特定の法律行為について保佐人に代理権を付与する旨の審判をすることができる**（民法第876条の4第1項）。保佐人に代理権を付与する旨の審判が確定し，効力を生じた場合は，**法務局に登記される**。

○4　「登記されていないことの証明書」は，成年被後見人や被保佐人ではないことを証明するものである。「登記されていないことの証明書」は，**法務局の登記官に請求して交付を受けることができる**。

×5　成年後見人が記録された登記事項証明書の交付を受けることができるのは，**本人，その配偶者，四親等内の親族，成年後見人，成年後見監督人等の一定の関係者に限定**されている。

参照ページ　『合格教科書2025』p.151　　　　　　　　　　　　　　　　**正解 4**

 成年後見の概要　　　　　　　　　　　　　　　

34回-79　次のうち，成年後見人になることができない者として，**正しいものを1つ選びなさい**。

1　兄弟姉妹
2　被保佐人
3　解任の審判を受けた補助人
4　本人の配偶者の成年後見人
5　社会福祉法人

×1　成年後見人になることが**できる**。

×2　成年後見人になることが**できる**。なお，成年被後見人や被保佐人は，成年後見人等になることができない者とされていたが，2019（令和元）年の「成年被後見人等の権利の制限に係る措置の適正化等を図るための関係法律の整備に関する法律」により，成年被後見人，被保佐人の欠格条項が削除され「心身の故障のため職務を適正に行うことができない者」と規定されている。

○3　解任された補助人は成年後見人になることが**できない**。なお，成年後見人になることができない者は，①**未成年者**，②**家庭裁判所で免ぜられた法定代理人**，保佐人または補助人，③**破産者**，④**被後見人に対して訴訟をし**，またはした者並びにその配偶者及び直系血族，⑤**行方の知れない者**である（民法第847条）。

×4　成年後見人になることが**できる**。

×5　成年後見人は法人でも**なることができる**。

参照ページ　『合格教科書2025』p.153, 154　　　　　　　　　　　　　　**正解 3**

〈後見，保佐，補助の違い〉

	後 見	保 佐	補 助
対象となる人（本人）	判断能力が全くない	判断能力が著しく不十分	判断能力が不十分
申立てができる人（申立人）	本人，配偶者，四親等内の親族，市町村長など		
申立てについての本人の同意	不要		必要
医師による鑑定	原則として必要		原則として不要
成年後見人等が同意または取り消すことができる行為	日常の買い物などの生活に関する行為以外の行為	重要な財産関係の権利を得喪する行為等（民法第13条第1項に定める行為）	申立ての範囲内で裁判所が定める行為（民法第13条第1項に定める行為の一部）※本人の同意が必要
成年後見人等に与えられる代理権	財産に関するすべての法律行為	申立ての範囲内で裁判所が定める特定の行為※本人の同意が必要	

後見の概要（事例問題）

36回-80 事例を読んで，Dさんについて後見開始の審判をEさんが申し立てた主な理由として，**最も適切なもの**を1つ選びなさい。

〔事例〕

Dさん（80歳）は，子のEさんが所有する建物に居住していたが，認知症のため，現在は指定介護老人福祉施設に入所している。Dさんの年金だけでは施設利用料の支払いが不足するので，不足分はEさんの預金口座から引き落とされている。施設で安定した生活を営んでいるものの医師からは白内障の手術を勧められている。近時，Dさんの弟であるFが多額の財産を遺して亡くなり，Dさんは，Dさんの他の兄弟とともにFさんの財産を相続することとなった。Eさんは，家庭裁判所に対しDさんについて後見を開始する旨の審判を申し立てた。

1　Dさんの手術についての同意
2　Dさんが入所する指定介護老人福祉施設との入所契約の解約
3　Dさんが参加するFさんについての遺産分割協議
4　Dさんが入所前に居住していたEさん所有の建物の売却
5　Dさんの利用料不足分を支払っているEさんの預金の払戻し

選択肢考察

×1　手術をする等の医療行為については，本人の自己決定に基づく同意が必要であり，**成年後見人は同意することができない**（民法第714条）。したがって，主な理由とはならない。

×2　事例文から**入所契約の解約が必要な理由は見当たらず**，主な理由とはならない。

○3　認知症の相続人がいる場合は，**遺産分割協議を有効に成立させることができないので，成年後見制度を利用することが必要**になる。

×4　成年後見人が行う事務は，**成年被後見人の生活，療養監護及び財産の管理**に関する事務である（同法第858条）。したがって，Dさんの財産は管理するが，Eさん所有の財産を管理することはできず，建物の売却もできない。

×5　選択肢考察4の通り，成年後見人は，**成年被後見人の財産を管理**するので，Dさんの財産は管理することができるが，Eさんの預金口座は管理できない。したがって，主な理由とはならない。

参照ページ　『合格教科書2025』p.153～156　　　　　正解 3

35回-78 事例を読んで，成年後見人の **L** さんが，成年被後見人の **M** さんと相談の上で行う職務行為として，**適切なもの**を **2** つ選びなさい。

〔事 例〕

　M さん（70歳代）は，自身の希望で一人暮らしをしているが，居住地域は，介護サービス資源が少なく，交通の便の悪い山間部である。**M** さんは，要介護2の認定を受け，持病もある。最近，**M** さんは心身の衰えから，バスでの通院に不便を感じ，薬の飲み忘れも増え，利用中の介護サービス量では対応が難しくなってきているようである。**M** さん自身も一人暮らしへの不安を口にしている。

1　自宅以外の住まいに関する情報収集
2　**M** さんの要介護状態区分の変更申請
3　**L** さんによる家事援助
4　**L** さんによる通院介助
5　**L** さんによる服薬介助

選択肢考察

○1　成年後見人は，成年被後見人の生活，療養看護に関する事務（身上監護）と，財産管理に関する事務を行う（民法第858条）。住居確保のための情報収集は，**身上監護を行うために必要な行為**である。
○2　要介護状態区分の変更申請は，**身上監護に含まれる行為**である。
×3　身上監護には，介護等の事実行為は含まれていない。**L** さんによる**家事援助は事実行為**であり，職務ではない。
×4　**L** さんによる**通院介助は事実行為**であり，職務ではない。
×5　**L** さんによる**服薬介助は事実行為**であり，職務ではない。

参照ページ　『合格教科書2025』p.153〜156　　　　　　　　正解 1, 2

36回-81 事例を読んで，**G** さんの成年後見監督人に関する次の記述のうち，**最も適切なもの**を **1** つ選びなさい。

〔事 例〕

　知的障害のある **G** さん（30歳）は，兄である **H** さんが成年後見人に選任され支援を受けていた。しかし，数年後に **G** さんと **H** さんの関係が悪化したため，成年後見監督人が選任されることとなった。

1　**G** さんは，成年後見監督人の選任請求を家庭裁判所に行うことができない。
2　**H** さんの妻は，**H** さんの成年後見監督人になることができる。
3　**G** さんと **H** さんに利益相反関係が生じた際，成年後見監督人は **G** さんを代理することができない。
4　成年後見監督人は，**H** さんが成年後見人を辞任した場合，成年後見人を引き継がなければならない。
5　成年後見監督人は，**G** さんと **H** さんの関係がさらに悪化し，**H** さんが後見業務を放置した場合，**H** さんの解任請求を家庭裁判所に行うことができる。

選択肢考察

×1 　成年後見監督人は，成年後見人が不正を行わないように事務の監督や成年後見人の支援を行う者で，必要に応じて家庭裁判所が選任する。**成年後見監督人選任の請求ができるのは，成年被後見人**，親族，成年後見人である（民法第849条の2）。したがって，成年被後見人である G さんは請求できる。

×2 　後見人の**配偶者**，直系血族及び兄弟姉妹は，**成年後見監督人となることができない**（同法第850条）。したがって，配偶者である H さんの妻は，成年後見監督人になることができない。

×3 　成年被後見人と成年後見人に利益相反関係が生じた際，成年後見監督人が選任されている場合は，**成年後見監督人が成年被後見人を代表する**（同法第851条第4号）。したがって，成年後見監督人は，G さんを代理することができる。

×4 　成年後見監督人は，成年後見人が辞任した場合等には，**遅滞なくその選任を家庭裁判所に請求する**（同法第851条第2号）。成年後見監督人が成年後見人を引き継ぐことはできるが，その場合は家庭裁判所が適任かどうかを判断することになるため，引き継がなければならないわけではない。

○5 　成年後見監督人の職務は，**成年後見人が行う事務の監督をすること**である（同法第851条第1号）。したがって，H さんが後見業務を放置した場合は，家庭裁判所に解任請求を行うことができる。

 **参照ページ** 　『合格教科書 2025』p.153 　　　　　　　　　　　　　　　　　**正解 5**

 ## 後見の概要（事例問題）　　　　　　　　　　難●●●●○●易

35回-79 　事例を読んで，成年後見人の利益相反状況に関する次の記述のうち，**最も適切なもの**を1つ選びなさい。

〔事　例〕
　共同生活援助（グループホーム）で暮らす A さん（知的障害，52歳）には弟の B さんがおり，B さんが A さんの成年後見人として選任されている。先頃，A さん兄弟の父親（80歳代）が死去し，兄弟で遺産分割協議が行われることとなった。

1　A さんは，特別代理人の選任を請求できる。
2　B さんは，成年後見監督人が選任されていない場合，特別代理人の選任を家庭裁判所に請求しなければならない。
3　B さんは，遺産分割協議に当たり，成年後見人を辞任しなければならない。
4　特別代理人が選任された場合，B さんは，成年後見人としての地位を失う。
5　特別代理人が選任された場合，特別代理人は，遺産分割協議に関する事項以外についても代理することができる。

選択肢考察

×1 　特別代理人選任の請求は，**成年後見人である B さんが行わなければならない**（民法第826条第1項，第860条）。

○2 　成年後見人である B さんは，遺産分割協議において A さんと利益相反の関係になるため，**特別代理人選任の請求を行わなければならない**。

×3 　利益相反となる遺産分割協議以外について特別代理人を選任する必要があるが，**成年後見人を辞任する必要はない**。

×4 　特別代理人が選任されても，B さんが**代理権を失うのは利益相反の対象となる遺産分割協議だけ**である。成年後見人としての地位を失うわけではない。

×5　特別代理人が代理することができるのは，**利益相反の対象となる遺産分割協議についてのみ**である。

参照ページ　『合格教科書 2025』p.139，140　　　　　　　　　　　　　　正解 2

 補助の概要　　　　　　　　　　　　　　　　　　　難 ●●●●○ 易

35回-80　成年後見制度の補助に関する次の記述のうち，**正しいもの**を **1** つ選びなさい。

1　補助は，保佐よりも判断能力の不十分さが著しい者を対象としている。
2　補助開始の審判をするには，本人の申立て又は本人の同意がなければならない。
3　補助人の事務を監督する補助監督人という制度は設けられていない。
4　補助開始の審判は，市町村長が申し立てることはできない。
5　補助人に対し，被補助人の財産に関する不特定の法律行為についての代理権を付与することができる。

選択肢考察

×1　補助は，**判断能力が不十分な者を対象**にしている（民法第 15 条第 1 項）。一方，保佐は，判断能力が著しく不十分な者を対象としている（同法第 11 条）。

○2　本人以外の者が，補助開始の審判をする場合は，**本人の同意が必要**である（同法第 15 条第 2 項）。

×3　補助人の事務の監督や支援を行うため，**補助監督人の制度**が設けられている（同法第 876 条の 8）。なお，後見，保佐にも監督人の制度がある（同法第 849 条，876 条の 3 第 1 項）。

×4　市町村長は，**後見，保佐，補助開始の審判を申立てることができる**（老人福祉法第 32 条）。

×5　補助人に代理権を付与することができるのは，家庭裁判所が審判で定めた「**特定の法律行為**」である（民法第 876 条の 9）。なお，被補助人以外がこの請求をする場合は，被補助人の同意が必要である。

参照ページ　『合格教科書 2025』p.153〜155　　　　　　　　　　　　　正解 2

任意後見の概要（事例問題）

34回-80 事例を読んで，任意後見契約に関する次の記述のうち，**最も適切なもの**を１つ選びなさい。

〔事 例〕

Ｊさん（70歳）は，将来に判断能力が低下して財産の管理がおろそかになることを心配し，Ｓ市社会福祉協議会の権利擁護センターに相談した。Ｊさんは，同センターの職員Ｋさんの助言を受け，親友のＬさんを受任者として，任意後見契約に関する法律に従った任意後見契約を締結することにした。

1 任意後見契約は，社会福祉協議会の事務所において，公証人でなくても第三者の立会いがあれば締結することができる。

2 締結された任意後見契約の効力を生じさせる際，家庭裁判所は，必要がなければ，任意後見監督人を選任しない方法をとることができる。

3 締結された任意後見契約の効力を生じさせる際，Ｊさんからの推薦があれば，家庭裁判所は，推薦されたＫさんを任意後見監督人として選任しなければならない。

4 任意後見契約が締結されたとしても，家庭裁判所は，請求があり，Ｊさんの利益のため特に必要があると認めるときは，後見開始の審判等をする。

5 任意後見契約に本人意思尊重義務の定めがある場合に限って，ＬさんはＪさんの意思を尊重する義務を負う。

選択肢考察

×1 任意後見契約は，本人が判断能力のあるうちに，精神上の障害により判断能力が不十分な状況になった際の財産管理等について代理権を付与するための委任契約である。任意後見契約は，**公証人が作成する公正証書によって契約締結しなければならない**（任意後見契約に関する法律第3条）。

×2 任意後見契約の効力は，任意後見監督人が選任されることで，はじめて効力が生じる（任意後見契約に関する法律第4条第1項）。したがって，**任意後見監督人は必ず選任される**。

×3 任意後見監督人の選任は，申立権者（本人，配偶者，4親等内の親族，任意後見受任者）の請求により，**家庭裁判所が選任**する（任意後見契約に関する法律第4条第1項）。したがって，推薦された者を必ず選任するわけではない。なお，本人以外の者が請求を行うときは，本人の同意が必要である。

○4 任意後見契約が締結されていても，家庭裁判所は**本人の利益のため特に必要があると認めるときに限り**，後見開始の審判等をすることができる（任意後見契約に関する法律第10条）。

×5 任意後見人は，事務を行うに当たっては，本人の意思を尊重し，かつ，その心身の状態及び生活の状況に配慮しなければならない（任意後見契約に関する法律第6条）。したがって，任意後見人は，事務を行うに当たっては，**意思尊重義務が常に求められている**。

参照ページ 『合格教科書 2025』p.155, 156　　　　　　　　　　**正解 4**

成年後見制度の最近の動向

36回-82 次のうち、「成年後見関係事件の概況（令和5年1月〜12月）」（最高裁判所事務総局家庭局）に示された「成年後見人等」に選任された最も多い者として、**正しいもの**を1つ選びなさい。 改変

1 親族
2 弁護士
3 司法書士
4 社会福祉士
5 市民後見人

(注) 「成年後見人等」とは、成年後見人、保佐人及び補助人のことである。

〔改変 （令和4年1月〜12月）→（令和5年1月〜12月）〕

選択肢考察

×1 「成年後見人等」に選任された者として、親族は7,381人となっており、**3番目**に多い。なお、親族の中では、子が3,951人で最も多くなっている。

×2 「成年後見人等」に選任された者として、弁護士は8,925人となっており、**2番目**に多い。

○3 「成年後見人等」に選任された者として、司法書士は11,983人となっており、**最も多い**。

×4 「成年後見人等」に選任された者として、社会福祉士は6,132人となっており、**4番目**に多い。

×5 「成年後見人等」に選任された者として、市民後見人は**344人**となっている。

参照ページ 『合格教科書2025』p.156　　　　　　　　　　　　　　　　　正解 3

成年後見制度の最近の動向

36回-83 成年被後見人Jさんへの成年後見人による意思決定支援に関する次の記述のうち、「意思決定支援を踏まえた後見事務のガイドライン」に沿った支援として、**最も適切なもの**を1つ選びなさい。

1 Jさんには意思決定能力がないものとして支援を行う。
2 Jさんが自ら意思決定できるよう、実行可能なあらゆる支援を行う。
3 一見して不合理にみえる意思決定をJさんが行っていた場合には、意思決定能力がないものとみなして支援を行う。
4 本人にとって見過ごすことのできない重大な影響を生ずる場合にも、Jさんにより表明された意思があればそのとおり行動する。
5 やむを得ずJさんの代行決定を行う場合には、成年後見人にとっての最善の利益に基づく方針を採る。

(注) 「意思決定支援を踏まえた後見事務のガイドライン」とは、2020年（令和2年）に、最高裁判所、厚生労働省等により構成される意思決定支援ワーキング・グループが策定したものである。

選択肢考察

×1 「意思決定支援を踏まえた後見事務のガイドライン」では、「**全ての人には意思決定能力があることが推定される**」としている（基本原則第1）。

○2 基本原則第2に、「**本人が自ら意思決定できるよう、実行可能なあらゆる支援を尽くさなければ、代行決定に移ってはならない**」と規定されている。

×3　基本原則第3では,「不合理にみえる意思決定でも, **それだけで本人に意思決定能力がないと判断してはならない**」としている。

×4　基本原則第5では,「本人のより表明された意思等が本人にとって見過ごすことができない重大な影響を生ずる場合には, 後見人等は**本人の信条・価値観・選好を最大限尊重した, 本人にとっての最善の利益に基づく方針を採らなければならない**」としている。Jさんの意思のとおりに行動するわけではない。

×5　代行決定は, 成年後見人にとっての最善の利益ではなく, 基本原則第5にある通り, **成年被後見人にとっての最善の利益**に基づく方針を採る。

参照ページ　『合格教科書2025』p.150　　　　　　　　　　　　　正解 2

〈意思決定支援及び代行決定のプロセスの原則〉

> (1) 意思決定支援の基本原則
> 第1　全ての人は意思決定能力があることが推定される。
> 第2　本人が自ら意思決定できるよう, 実行可能なあらゆる支援を尽くさなければ, 代行決定に移ってはならない。
> 第3　一見すると不合理にみえる意思決定でも, それだけで本人に意思決定能力がないと判断してはならない。
> (2) 代行決定への移行場面・代行決定の基本原則
> 第4　意思決定支援が尽くされても, どうしても本人の意思決定や意思確認が困難な場合には, 代行決定に移行するが, その場合であっても, 後見人等は, まずは, 明確な根拠に基づき合理的に推定される本人の意思(推定意思)に基づき行動することを基本とする。
> 第5　①本人の意思推定すら困難な場合, 又は②本人により表明された意思等が本人にとって見過ごすことのできない重大な影響を生ずる場合には, 後見人等は本人の信条・価値観・選好を最大限尊重した, 本人にとっての最善の利益に基づく方針を採らなければならない。
> 第6　本人にとっての最善の利益に基づく代行決定は, 法的保護の観点からこれ以上意思決定を先延ばしにできず, かつ, 他に採ることのできる手段がない場合に限り, 必要最小限度の範囲で行われなければならない。
> 第7　一度代行決定が行われた場合であっても, 次の意思決定の場面では, 第1原則に戻り, 意思決定能力の推定から始めなければならない。

『意思決定支援を踏まえた後見事務のガイドライン』(2020年(令和2年)10月30日, 意思決定支援ワーキング・グループ)より抜粋

 日常生活自立支援事業　　　　　　　　　　　　　　難●●○●●●易

35回-81　「日常生活自立支援事業実施状況」(2022年度(令和4年度), 全国社会福祉協議会)に関する次の記述のうち, **最も適切なもの**を1つ選びなさい。[改変]

1　2022年度(令和4年度)末時点で, 実契約者数は100万人を超えている。[改変]
2　2022年度(令和4年度)末時点で, 実契約者数の内訳では, 知的障害者等の割合が最も多い。[改変]
3　新規契約締結者のうち, 約7割が生活保護受給者であった。
4　新規契約締結者の住居は, 7割以上が自宅であった。
5　事業実施主体から委託を受け業務を実施する基幹的社会福祉協議会の数は, 約300であった。

[改変]2021年度(令和3年度)→2022年度(令和4年度)]

選択肢考察

×1　2022年度(令和4年度)末時点で, 実契約者数は**56,550件**となっている。[改変]2021年度(令和3年

権利擁護を支える法制度

度）末時点→2022年度（令和4年度）末時点〕

×2　実契約者数の内訳で最も多いのは，**認知症高齢者等(21,496件)**である。次いで，精神障害者等(17,638件)，知的障害者等（14,384件）の順となっている。〔改変 2021年度（令和3年度）末時点→2022年度（令和4年度）末時点〕

×3　新規契約者のうち，**42.5%**が生活保護受給者であり，約4割となっている。

○4　新規契約者数10,866件のうち，自宅以外で契約した者は2,544件である。したがって，**7割以上の住居は自宅**となっている。

×5　基幹的社会福祉協議会の数は**1,596件**となっている。

※第37回社会福祉士国家試験受験者は全国社会福祉協議会が発表する「日常生活自立支援事業実施状況」（2023年度（令和5年度））に目を通しておくこと。

参照ページ　『合格教科書2025』p.157, 158　　　　　　　　　　**正解4**

〈日常生活自立支援事業〉

	日常生活自立支援事業とは，認知症高齢者，知的障害者，精神障害者のうち判断力が不十分な人が地域において自立した生活が送れるよう，利用者との契約に基づき，福祉サービスの利用援助等を行う。
実施主体	都道府県・指定都市社会福祉協議会（窓口業務等は市町村の社会福祉協議会等で実施）
対象者	本事業の対象者は，次のいずれにも該当する人 ・判断能力が不十分な人（認知症高齢者，知的障害者，精神障害者であって，日常生活を営むのに必要なサービスを利用するための情報の入手，理解，判断，意思表示を本人のみでは適切に行うことが困難な人） ・本事業の契約の内容について判断しうる能力を有していると認められる人
援助の内容	本事業の基づく援助の内容は，次に掲げるものを基準とする ・福祉サービスの利用援助 ・苦情解決制度の利用援助 ・住宅改造，居住家屋の貸借，日常生活上の消費契約および住民票の届出等の行政手続きに関する援助等 上記に伴う援助の内容は，次に掲げるものを基準とする ・日常金銭管理 ・定期的な訪問による生活変化の察知

日常生活自立支援事業（事例問題）

34回-82 事例を読んで，日常生活自立支援事業による支援に関する次の記述のうち，**最も適切なもの**を１つ選びなさい。

〔事 例〕

Ｍさん（50歳）は，軽度の知的障害があり，自宅で母親と二人で暮らしていたが，2か月前に母親が死去した。その後，Ｍさんは障害者支援施設の短期入所を利用していたが，共同生活援助（グループホーム）への転居が決まった。さらにＭさんを担当するＡ相談支援専門員の助言で，Ｔ市社会福祉協議会が実施している日常生活自立支援事業の利用に至り，Ｂ専門員がその担当となった。

1　Ｍさんが日常生活自立支援事業の契約締結前に利用した短期入所の費用の支払を，Ｍさんとの利用契約に基づきＢ専門員が行うことができる。

2　Ｍさんの母親の遺産相続に関する法律行為をＭさんに代わりＢ専門員が行うことができる。

3　Ｍさんの共同生活援助（グループホーム）入居後のＢ専門員による金銭管理の内容を，Ｂ専門員とＡ相談支援専門員との協議で決める。

4　共同生活援助（グループホーム）に入居するＭさんについては，ホームの支援者による見守りが期待されるため，日常生活自立支援事業による訪問支援は行わないこととする。

5　Ｍさんの成年後見制度への移行を視野に入れ，日常生活自立支援事業の開始とともに直ちに関係機関との調整に入らなければならない。

選択肢考察

○1　日常生活自立支援事業は，判断能力が不十分な認知症高齢者，知的障害者，精神障害者等に対して，地域での自立生活が送れるように福祉サービスの利用に関する援助等を行う事業である。援助内容のうち，福祉サービスの利用料を支払う手続きの支援を行うが，**契約が締結されれば，契約締結前の利用料の支払いも行うことができる**。

×2　日常生活自立支援事業は，日常生活に関する福祉サービスの利用援助や日常的金銭管理に関する援助等を行うものであり，**法律行為は対象としていない**。法律行為を対象としているのは，成年後見制度である。

×3　支援内容に関しては，Ｂ専門員は，Ａ相談支援専門員とではなく**Ｍさん本人との協議で決める**必要がある。

×4　日常生活自立支援事業では，利用者の生活変化を把握する必要があるため，**定期的な訪問により支援が行われる**。

×5　Ｍさんがすぐに成年後見制度の利用が必要なのかは事例文からは読み取れない。Ｍさんに**財産管理や契約等の法律行為の支援が必要になった場合**に，成年後見制度の利用を検討する。

参照ページ　『合格教科書 2025』p.157, 158　　　　　　　　**正解 1**

権利擁護を支える法制度

地域福祉と包括的支援体制

● 内容一覧 ●

（次ページに続く）

傾向と対策

過去問の傾向を知り，適切な対策を！

● 傾向分析表【地域福祉と包括的支援体制】●

項　目　名	第36回	第35回	第34回	第33回	問題数
地域福祉の概念と理論		●	●		2
地域福祉の歴史	●		●	●	3
地域福祉の推進主体	●	●	●●●		5
地域福祉の主体と形成		●●			2
国の役割	●	●	●●		4
都道府県の役割	●	●			2
市町村の役割			●		1
福祉行政の組織及び専門職の役割	●	●	●		3
福祉における財源	●●	●	●	●	5
福祉計画の意義・目的と展開	●●		●		3
市町村地域福祉計画・都道府県地域福祉支援計画の内容	●	●●●	●		5
福祉計画の策定過程と方法	●●		●		3
福祉計画の実施と評価		●			1
多様化・複雑化した地域生活課題の現状とニーズ	●				2
地域福祉と社会的孤立	●				1
生活困窮者自立支援の考え方		●	●		2
地域共生社会の実現に向けた各種施策	●				2
多機関協働を促進する仕組み	●				2
多職種連携		●			1
非常時や災害時における総合的かつ包括的な支援		●			1
地域福祉ガバナンス			●		1
地域共生社会の構築	●	●			2
問　題　数	17問	17問	17問	2問	53問

●傾向と対策

　37回国家試験からの新養成カリキュラムでは，社会福祉士は「地域共生社会をつくる人材」と位置づけられた。本科目は新カリキュラムの中核を成す重要科目としてリニューアルされている。旧カリキュラムの「地域福祉の理論と方法」「福祉行財政と福祉計画」の2科目が統合され，学ぶ範囲も非常に広い。「包括的支援」の考え方や，法や制度の規定，財政，国や地方公共団体の役割分担，そして民間組織・各専門職の役割などをテキストと照らし合わせながら，過去問を丁寧に学習することが求められる。事例問題では，高齢者，障害者，生活困窮者，外国人居住者などのクライエントの地域生活課題への個別対応，地域住民も含めた対応方針や社会資源に関する知識などが問われる。

●頻出項目（旧カリキュラム「地域福祉の理論と方法」「福祉行財政と福祉計画」より）
①地域福祉の基礎的な概念
②地域福祉の発展過程
　日本の明治・大正期の事業，1960年代～2000年代の地域福祉の規定の変遷
③社会福祉法
　地域福祉の推進に関する規定
④地域福祉の推進方法
　地域包括ケア，地域包括支援ネットワーク，災害発生に備えた支援網の構築，居住支援，民生委員など
⑤地方財政白書
⑥社会福祉に係る法定の機関
⑦各福祉計画
　市町村地域福祉計画と都道府県地域福祉支援計画の内容の違い

34回-38　地域福祉の基礎的な概念に関する次の記述のうち，**最も適切なもの**を1つ選びなさい。

1　ソーシャルキャピタル（社会関係資本）とは，道路や上下水道，社会福祉施設など住民が共同で利用することができる地域の公共的な資源のことをいう。
2　セルフヘルプグループとは，成員同士のピアサポートの実施や社会的地位の向上を図ることを目的として，同じ職種の専門職によって構成される団体のことをいう。
3　ローカルガバナンスとは，正当な手続によって選出された首長や議員によって地方政治が一元的に統治されている状態のことをいう。
4　プラットフォームとは，住民や地域関係者，行政などがその都度集い，相談，協議し，学び合う場のことをいう。
5　ソーシャルサポートネットワークとは，本人を取り巻く全ての援助関係のうち，家族や友人などインフォーマルな社会資源に関するネットワークを除いたもののことをいう。

選択肢考察

×1　**ソーシャルキャピタル**とは，社会における**信頼関係，規範，ネットワークに着目し，協調行動が活発化することで社会の効率性が高まる**とする考え方である。道路，下水道，学校，社会福祉施設といった公共的な資源のことは，インフラストラクチャー（社会資本）という。

×2　**セルフヘルプグループ**とは，**同じ状況にある人どうしが，互いに支援するために組織したグループ**のことである。自助グループ，当事者組織とも呼ばれる。

×3　**ローカルガバナンス**とは，地域社会において，**行政，地域住民，企業，NPO団体など，多様な主体が参加，協働し，公共的な課題の解決にあたる自治の一つのかたち**を指す。

○4　**プラットフォーム**には，基礎，基盤という意味があるが，ここでは，「**分野・領域を超えた地域づくりの担い手が出会い，更なる展開が生まれる場**」（「地域共生社会に向けた包括的支援と多様な参加・協働の推進に関する検討会」最終とりまとめ　2019（令和元）年12月26日）の意味で用いられている。

×5　**ソーシャルサポートネットワーク**は，**個人を取り巻く様々な支援網**のことであり，**フォーマルなネットワークに加え，家族や友人，近隣といったインフォーマルなネットワークも含まれる**。

参照ページ　『合格教科書2025』p.67　　　　　　　　　　　　　　　　　　　　　　　　正解 4

35回-32　地域福祉の基礎的な理念や概念に関する次の記述のうち，**最も適切なもの**を1つ選びなさい。

1　コミュニティケアとは，地域の特性や地域における課題やニーズを把握し，地域の状況を診断することをいう。
2　セルフアドボカシーとは，行政が，障害者や高齢者等の権利を擁護するよう主張することをいう。
3　福祉の多元化とは，全ての人々を排除せず，健康で文化的な生活が実現できるよう，社会の構成員として包み支え合う社会を目指すことをいう。
4　社会的企業とは，社会問題の解決を組織の主たる目的としており，その解決手段としてビジネスの手法を用いている企業のことである。
5　住民主体の原則とは，サービス利用者である地域住民が，主体的にサービスを選択することを重視する考え方である。

×1　選択肢の内容は**地域診断**や**地域アセスメント**と呼ばれるもので，コミュニティワークの実施時に行われる一過程，一機能のことを指す。**コミュニティケア**は，様々な理由により生活課題を抱える人々が地域において生活していくことができるよう，支援網を作り，支援を提供していくという概念である。コミュニティにおけるケア，コミュニティによるケア，双方のケアによる協働を目標とする。

×2　セルフアドボカシーとは，行政ではなく**当事者が自らの権利や意思を主張すること**である。その根底には，自分の生活は自分で決めるという考え方があり，生活課題や困難があるからといって，用意された支援の受け手の枠に押し込められたり，判断や決定は支援者や専門家に委ねるべきだという社会の見方・考え方に異を唱え，当事者が自らの権利を主張していくものである。

×3　選択肢の内容は，**社会的包摂（ソーシャルインクルージョン）**である。**福祉の多元化**とは，公的（国や地方行政），インフォーマル（家族・近隣・友人等），ボランタリー（民間非営利組織やグループ），民間営利（企業等）が持つ長所を取り上げ，これらを適切に組み合わせて資源供給を行うものである。

○4　**社会的企業**とは，単に利益の追求だけを行うのではなく，**社会的課題や環境的課題の解決を目的とする企業**である。

×5　**住民主体の原則**とは，**地域福祉を推進する主体は地域住民にある**，という考え方であり，地域福祉の根本をなす考え方である。

参照ページ　『合格教科書 2025』p.160, 254　　　　　　　　　　　　　　　　　　　正解 4

地域福祉と包括的支援体制

 ## 地域福祉の歴史　　　　　　　　　　　　　　　難●●○●●易

34回-32　戦後の民間福祉活動の発展過程に関する次の記述のうち，**最も適切なもの**を 1 つ選びなさい。

1　連合国軍最高司令官総司令部（GHQ）の「六項目提案」（1949年（昭和24年））で共同募金会の設立が指示されたことにより，共同募金運動が開始された。

2　「社会福祉協議会基本要項」（1962年（昭和37年））により，社会福祉協議会は在宅福祉サービス供給システム構築の，民間の中核として位置づけられた。

3　社会福祉事業法の改正（1983年（昭和58年））により，市町村社会福祉協議会が法制化され，地域福祉におけるその役割が明確になった。

4　特定非営利活動促進法の改正及び税制改正（2001年（平成13年））により，認定された法人に寄附をした者は，税制上の優遇措置を受けられないことになった。

5　社会福祉法の改正（2016年（平成28年））により，行政が実施する事業を代替する取組を行うことが，社会福祉法人の責務として規定された。

選択肢考察

×1　「六項目提案」とは，**既存の厚生行政の非効率性を指摘し，その改善を提案**したものである。福祉地区の設定や福祉事務所の設置等を提案し，社会福祉事業法（現：社会福祉法）の制定にも影響を与えた。しかし，同提案は共同募金会の設置については触れていない。

×2　「社会福祉協議会基本要綱」は，**社会福祉協議会**（以下「社協」という。）**の性格や活動原則，機能といった基本的な事項について全国社会福祉協議会が策定**したもの。「**住民主体の原則**」が明確に示されたのも同要綱においてである。社協の役割として，**在宅福祉サービスの供給主体を重視**したものは 1992（平

成4）年に策定された「新・社会福祉協議会基本要綱」である。

○3　**市町村社協が社会福祉事業法**（現：社会福祉法）**に規定**されたのは，全社協と都道府県社協が同法に規定された 1951（昭和 26）年より遅れること 32 年，**1983（昭和 58）年**の同法改正においてである。それまで漠然と捉えられていた**コミュニティケアの実体**を示す一つの形として**在宅福祉サービス**が注目されるようになった時期である。

×4　**2001（平成 13）年** 10 月に認定特定非営利活動法人制度（認定 NPO 法人制度）が新設され，国税庁長官より認定を受けた NPO 法人（2012（平成 24）年 4 月より所轄庁による認定を受けた NPO 法人）は，寄附者に対する所得税減額などの**税制上の優遇措置**が適用されるようになった。

×5　**2016（平成 28）年**の社会福祉法改正により，**社会福祉法人制度の改革**が行われた。すなわち，**社会福祉法人の経営組織のガバナンス強化，事業運営の透明性の向上，財務規律の強化，地域における公益的な取組を実施する責務，行政の関与の在り方**，が示された。

参照ページ　『合格教科書 2025』p.72〜75　　　　正解 3

 ## 地域福祉の歴史　　　　難 ●●○●● 易

33 回-33　民生委員制度やその前身である方面委員制度等に関する次の記述のうち，正しいものを 2 つ選びなさい。

1　方面委員制度は，岡山県知事である笠井信一によって，地域ごとに委員を設置する制度として 1918 年（大正 7 年）に創設された。
2　方面委員は，救護法の実施促進運動において中心的な役割を果たし，同法は 1932 年（昭和 7 年）に施行された。
3　民生委員法は，各都道府県等で実施されていた制度の統一的な発展を図るため，1936 年（昭和 11 年）に制定された。
4　民生委員は，旧生活保護法で補助機関とされていたが，1950 年（昭和 25 年）に制定された生活保護法では実施機関とされた。
5　全国の民生委員は，社会福祉協議会と協力して，「居宅ねたきり老人実態調査」を全国規模で 1968 年（昭和 43 年）に実施した。

選択肢考察

×1　**方面委員制度**は，**1918（大正 7）年**に，**大阪府知事である林市蔵**（1867〜1952）のもと，**小河滋次郎**（1864〜1925）が設計した制度である。岡山県知事笠井信一（1864〜1929）により創案されたのは，**済世顧問制度**で，**1917（大正 6）年**から実施された。小河は先行する済世顧問制度も参考にし，方面委員制度をまとめた。

○2　**救護法**は，1874（明治 7）年から 50 年余り実施されてきた恤救規則に代わり，**1929（昭和 4）年**に制定された法律である。しかし，**財源難を理由になかなか実施されなかった**。1930 年代の世界恐慌により増加する生活困窮者の生活実態についてよく知る方面委員は，救護法の実施こそが緊急の課題と主張し，その実施に向け運動を起こす。これが**救護法実施促進運動**である。この運動により，救護法は **1932（昭和 7）年に実施**されることになる。

×3　**民生委員法**は，第二次世界大戦後の **1948（昭和 23）年に制定**された。現行の民生委員制度の法的根拠となる。

×4　**民生委員**は，1946（昭和 21）年に制定された旧生活保護法では補助機関とされていた。補助機関とは，

行政を執行する際それを補助するもので，簡単にいえば行政職員のことである。1950（昭和25）年には，旧法を全面的に改正した現行の生活保護法が公布・施行される。この改正に伴い，民生委員は補助機関から**協力機関**へと変更されている。

○5　「**居宅ねたきり老人実態調査**」は，**1968（昭和43）年に実施**された調査で，居宅でねたきりの生活を送る高齢者の大規模実態調査としては我が国初となる。調査にはのべ13万人の民生委員が参加し，戸別訪問による聞き取り調査を行った。**70歳以上のねたきりの高齢者が全国で20万人以上いることを**明らかにし，在宅福祉推進に影響を与えた。

参照ページ　『合格教科書2025』p.171　　　　　　　　　　　　　　　　　正解 2,5

地域福祉の歴史　　　　　　　　　　　　　　　　　　難 ●●○●● 易

36回-32　社会福祉協議会の歴史に関する次の記述のうち，**正しいものを1つ選びなさい。**

1　1951年（昭和26年）に制定された社会福祉事業法で，市町村社会福祉協議会が法制化された。
2　1962年（昭和37年）に社会福祉協議会基本要項が策定され，在宅福祉サービスを市町村社会福祉協議会の事業として積極的に位置づける方針が示された。
3　1983年（昭和58年）に社会福祉事業法が一部改正され，都道府県社会福祉協議会を実施主体とする地域福祉権利擁護事業が開始された。
4　1992年（平成4年）に新・社会福祉協議会基本要項が策定され，社会福祉協議会の活動原則として住民主体の原則が初めて位置づけられた。
5　2000年（平成12年）に社会福祉法へ改正されたことにより，市町村社会福祉協議会の目的は地域福祉の推進にあることが明文化された。

選択肢考察

×1　1951（昭和26）年に制定された社会福祉事業法で，**都道府県社会福祉協議会**が法制化された。市町村社会福祉協議会が同法で法制化されたのは1983（昭和58）年である。

×2　1962（昭和37）年に策定された社会福祉協議会基本要項で，住民の自主的な活動への参加と組織化を推進する，など**住民主体の原則に基づく社会福祉協議会の組織活動のあり方が明示された**。在宅福祉サービスを市町村社会福祉協議会の事業として積極的に位置づける旨の提起は，1979（昭和54）年に全国社会福祉協議会が発表した『在宅福祉サービスの戦略』でなされた。

×3　1983（昭和58）年に社会福祉事業法が一部改正され，**市町村社会福祉協議会**が法制化された。地域福祉権利擁護事業（現在の日常生活自立支援事業）が開始されたのは，1999（平成11）年である。

×4　1992（平成4）年に策定された新・社会福祉協議会基本要項では，すでに1962（昭和37）年に示された**住民主体の原則を継承しつつ，公私協働・役割分担，福祉サービスの企画実施が盛り込まれた**。

○5　2000（平成12）年の社会福祉法改正で，市町村社会福祉協議会について「**地域福祉の推進を目的とする団体**（社会福祉法第109条）」であると明文化された。

参照ページ　『合格教科書2025』p.167〜170　　　　　　　　　　　　　　　正解 5

地域福祉と包括的支援体制

地域福祉の主体に関する，次の社会福祉法の記述のうち，**最も適切なもの**を**1**つ選びなさい。

1 地域住民は，相互に人格と個性を尊重し合いながら，個人の自立の助長を目指して活動を行わなければならない。
2 地域住民，社会福祉を目的とする事業を経営する者，社会福祉に関する活動を行う者は，相互に協力し，地域福祉を推進するよう努めなければならない。
3 社会福祉協議会は，社会福祉を目的とする事業の実施のため，福祉サービスの提供体制の確保や適切な利用推進の施策等の必要な措置を講じなければならない。
4 地域住民等は，地域福祉の推進に当たって，経済的課題を把握し，その解決を行う関係機関との連携により，課題の解決を図らなければならない。
5 国及び地方公共団体は，民間企業との有機的な連携を図り，福祉サービスを効率的に提供するように努めなければならない。

選択肢考察

×1 　地域福祉の推進について，地域住民は「相互に人格と個性を尊重し合いながら，**参加し，共生する地域社会の実現を目指して行われなければならない**」（第4条第1項）。つまり，個人の自立の助長を目的とするのではなく，共生する地域社会の実現を目的としている。

○2 　社会福祉法では，**地域福祉の推進主体**として，**地域住民，社会福祉を目的とする事業を経営する者，社会福祉に関する活動を行う者**，が挙げられている。そして，この地域福祉推進主体は，相互に協力して地域福祉の推進に「**努めなければならない**」とされている（第4条第2項）。

×3 　**社会福祉協議会**（以下「社協」という。）は，「**地域福祉の推進を図ることを目的とする団体**」であると規定され，**市町村社協**では，事業の企画と実施，住民参加のための援助等（第109条第1項各号）が，**都道府県社協**では，従事者の養成や研修，経営指導や助言，市町村社協間の連絡や事業の調整等（第110条第1項各号）が挙げられている。

×4 　**地域福祉の推進に当たり，地域住民等**（地域住民，社会福祉を目的とする事業を経営する者，社会福祉に関する活動を行う者）は，**福祉サービスを必要とする地域住民の地域生活課題を把握**し，**関係機関との連携**等により，解決を図るよう「**特に留意するものとする**」（第4条第3項）。把握されるべき課題は，経済的課題ではなく，福祉，保健医療，住まい，就労，教育等の地域生活課題である。

×5 　国と地方公共団体が連携を図る者として民間企業のみを挙げている点，また，国と地方公共団体が福祉サービスの提供主体であるようにも読めることから，条文を覚えていなくとも，この選択肢文が誤りであることがわかる。社会福祉法に挙げられている**国と地方公共団体の責務**は，社会福祉を目的とする事業を経営する者と協力して，「**福祉サービスを提供する体制の確保に関する施策，福祉サービスの適切な利用の推進に関する施策その他の必要な各般の措置を講じなければならない**」（第6条）と定められている。

参照ページ　『合格教科書2025』p.167　　　　　　　　　　　　　　　**正解 2**

34 回-35　次の記述のうち，社会福祉法における地域福祉の推進に関する規定として，**適切なものを 2 つ**選びなさい。

1　国及び地方公共団体は，関連施策との連携に配慮して，包括的な支援体制の整備のために必要な措置を講ずるよう努めなければならない。
2　都道府県は，その区域内においてあまねく福祉サービス利用援助事業が実施されるために必要な事業を行うものとする。
3　都道府県社会福祉協議会は，その区域内における地域福祉の推進のための財源として，共同募金を実施することができる。
4　市町村は，子ども・障害・高齢・生活困窮の一部の事業を一体のものとして実施することにより，地域生活課題を抱える地域住民に対する支援体制等を整備する重層的支援体制整備事業を実施することができる。
5　市町村社会福祉協議会は，市町村地域福祉計画を策定するよう努めなければならない。

選択肢考察

○1　「**国及び地方公共団体**は，地域生活課題の解決に資する支援が**包括的に提供される体制の整備**その他**地域福祉の推進のために必要な各般の措置**を講ずるよう**努める**とともに，当該措置の推進に当たっては，保健医療，労働，教育，住まい及び地域再生に関する施策その他の**関連施策との連携に配慮する**よう**努めなければならない**」（第 6 条第 2 項）。

×2　福祉サービス利用援助事業の実施のため，必要な事業を行うとされているのは，都道府県ではなく**都道府県社会福祉協議会**である（第 81 条）。

×3　**共同募金を行うことができるのは**，都道府県社会福祉協議会ではなく，**共同募金会**である（第 112 条，第 113 条）。

○4　**市町村**は，地域生活課題の解決に役立つ包括的な支援体制を整備するため，**重層的支援体制整備事業を行うことができる**（第 106 条の 4 第 1 項）。

×5　**市町村地域福祉計画を策定するのは市町村である**（第 107 条）。

参照ページ　『合格教科書 2025』p.74　　　　　　　　　　　　　正解 1, 4

34 回-36　民生委員に関する次の記述のうち，**正しいものを 1 つ**選びなさい。

1　給与は支給しないものとされ，任期は定められていない。
2　定数は厚生労働大臣の定める基準を参酌して，市町村の条例で定められる。
3　市町村長は，民生委員協議会を組織しなければならない。
4　児童委員を兼務するが，本人から辞退の申出があれば，その兼務を解かなければならない。
5　非常勤特別職の地方公務員とみなされ，守秘義務が課せられる。

地域福祉と包括的支援体制

×1　民生委員には給与は支給されないが，**任期は 3 年**と定められている（民生委員法第 10 条）。

×2　民生委員の定数は，厚生労働大臣の定める参酌基準を参考として，**都道府県の条例で定められる**（民生委員法第 4 条第 1 項）。

×3　「民生委員協議会を組織しなければならない」とされているのは民生委員である（民生委員法第 20 条）。

×4　民生委員の委嘱を受けた者は，児童福祉法に規定される児童委員に充てられたものとされる（児童福祉法第 16 条第 2 項）。児童委員のみの解嘱を求めることはできない。

○5　民生委員は，**非常勤特別職の地方公務員**であり（地方公務員法第 3 条第 3 項第 2 号），職務上知り得た個人の情報等に関して守秘義務が課せられている（民生委員法第 15 条）。

参照ページ　『合格教科書 2025』p.171　　　　　　　　　　　　　　　　　**正解 5**

地域福祉の推進主体

難 ●●●●○ 易

36 回-36　地域福祉に係る組織，団体に関する現行法上の規定の内容として，**最も適切なもの**を 1 つ選びなさい。

1　特定非営利活動促進法において，特定非営利活動法人は，内閣府の認可により設立される。
2　民生委員法において，民生委員協議会は，民生委員の職務に関して，関係各庁に意見を具申することができる。
3　社会福祉法において，社会福祉法人は，社会福祉事業以外の事業を実施してはならない。
4　保護司法において，保護司会連合会は，市町村ごとに組織されなければならない。
5　社会福祉法において，市町村社会福祉協議会の役員には，関係行政庁の職員が 5 分の 1 以上就任しなければならない。

×1　特定非営利法人を設立しようとする者は，**所轄庁に申請**を行い，**設立の認証**を受ける。その後**登記しなければならない**（特定非営利活動促進法第 7 条第 1 項，第 10 条第 1 項）。所轄庁とは，主たる事務所がある都道府県の知事，あるいは 1 つの指定都市の区域内のみに事務所がある場合は，その指定都市の長である（同法第 9 条）。

○2　本肢のとおりである（民生委員法第 24 条第 2 項）。民生委員は，都道府県知事が市町村長の意見をきいて定める区域ごとに，**民生委員協議会を組織しなければならない**（同法第 20 条第 1 項）。

×3　社会福祉法人が社会福祉事業以外の事業を行えないという規定はない。社会福祉事業に支障が出ない限りにおいて，**公益事業と収益事業を行うことができる**（社会福祉法第 26 条第 1 項）。収益事業で得た収益を，社会福祉事業もしくは公益事業に充てることとされている。

×4　保護司会連合会は，原則的に**都道府県ごとに組織される**。保護司連合会は，保護司会の任務に関する連絡調整，保護司の職務に関し必要な資料及び情報の収集などを行う機関である（保護司法第 14 条第 1 項，第 2 項）。

×5　関係行政庁の職員は，市町村社会福祉協議会及び地区社会福祉協議会の役員となることができる。ただし，**役員の総数の 5 分の 1 を超えてはならない**（社会福祉法第 109 条第 5 項）。

参照ページ　『合格教科書 2025』p.171　　　　　　　　　　　　　　　　　**正解 2**

地域福祉の推進主体

35回-38 社会福祉法に規定される共同募金に関する次の記述のうち，**最も適切なもの**を 1 つ選びなさい。

1 災害に備えるため準備金を積み立て，他の共同募金会に拠出することができる。
2 共同募金を行うには，あらかじめ都道府県の承認を得て，その目標額を定める。
3 共同募金を行う事業は第二種社会福祉事業である。
4 市町村を区域として行われる寄附金の募集である。
5 募金方法別実績で最も割合が高いのは街頭募金である。

選択肢考察

○1　共同募金会が募った寄付金は，**原則として募金を行った翌年度の末日までに配分しなければならない**（社会福祉法第 107 条第 3 項）。しかし，**例外として災害発生に備えて準備金を積み立てることができる**（同法第 108 条第 1 項）。また，この準備金は，**災害に遭った他区域の共同募金会に拠出することができる**（同法第 108 条第 2 項）。ただし，これら**準備金の積み立て，他区域の共同募金会への拠出は，配分委員会の承認を得る必要がある**（同法第 108 条第 4 項）。

×2　共同募金を行うにあたり，あらかじめ都道府県社会福祉協議会の意見を聴いた上で，共同募金会に置かれる**配分委員会の承認を得て，共同募金の目標額，受配者の範囲，配分方法を定めなければならない**（社会福祉法第 109 条）。

×3　**共同募金を行う事業は，第一種社会福祉事業である**（社会福祉法第 112 条）。

×4　共同募金は都道府県の区域を単位として行われる。この共同募金を行う団体を共同募金会といい，**社会福祉法人でなければならない**（社会福祉法第 112 条，第 113 条第 2 項）。また，**共同募金は，共同募金会以外の団体が行うことはできない**（同法第 113 条第 3 項）。

×5　2022（令和 4）年度の統計では，募金総額約 168 億円のうち，**最も割合が高い募金方法は戸別募金 69.3%**（116 億 4 千万円）で，**次いで法人募金の 12.2%**（20 億 5 千万円）となっている。

参照ページ　『合格教科書 2025』p.73, 168, 169　　　　　　　　　　　　　　**正解 1**

 地域福祉の主体と形成

35回-36 次のうち，社会福祉法に規定されている地域福祉に関する記述として，**最も適切なもの**を 1 つ選びなさい。

1 2017 年（平成 29 年）の社会福祉法改正において，「地域福祉の推進」の条文が新設された。
2 市町村社会福祉協議会は，災害ボランティアセンターを整備しなければならない。
3 地域住民等は市町村からの指導により，地域福祉の推進に努めなければならない。
4 重層的支援体制整備事業は，参加支援，地域づくりに向けた支援の二つで構成されている。
5 市町村は，地域生活課題の解決に資する支援が包括的に提供される体制の整備に努めなければならない。

選択肢考察

×1　社会福祉法に「**地域福祉の推進**」が盛り込まれたのは，**2000（平成 12）年**の社会福祉事業法が改正

地域福祉と包括的支援体制

され，社会福祉法へと名称変更された時である。この条文により，**地域住民，社会福祉を目的とする事業の経営者，社会福祉に関する活動を行う者**は，「**地域福祉の推進に努めなければならない**」とされた（社会福祉法第4条）。

×2　市町村社会福祉協議会に災害ボランティアセンターの整備を求める条文は，**社会福祉法にはない。**

×3　地域住民も地域福祉の推進に努めることが求められているが，**市町村の指導を受けて行うとはされて**いない。

×4　「**属性を問わない相談支援**」，「**参加支援**」，「**地域づくりに向けた支援**」の3つの支援を一体的に実施することを必須としている（社会福祉法第106条の4第2項）。

○5　「市町村は…地域住民等及び支援関係機関による，地域福祉の推進のための相互の協力が円滑に行われ，**地域生活課題の解決に資する支援が包括的に提供される体制を整備するよう努める**ものとする」（社会福祉法第106条の3第1項）と定められている。

参照ページ　『合格教科書2025』p.73　　　　　　　　　　　　　　　　　　　　　　　　正解 5

 ## 地域福祉の主体と形成　　　　　　　　　　　　　　　　難●●○●●易

35回-33　地域福祉における多様な参加の形態に関する次の記述のうち，**正しいもの**を1つ選びなさい。

1　特定非営利活動法人は，市民が行うボランティア活動を促進することを目的としており，収益を目的とする事業を行うことは禁止されている。
2　社会福祉法に規定された市町村地域福祉計画を策定又は変更する場合には，地域住民等の意見を反映させるように努めなければならないとされている。
3　重層的支援体制整備事業における参加支援事業は，ひきこもり状態にある人の就職を容易にするため，住居の確保に必要な給付金を支給する事業である。
4　共同募金の募金実績総額は，1990年代に減少に転じたが，2000年（平成12年）以降は一貫して増加している。
5　市民後見人の養成は，制度に対する理解の向上を目的としているため，家庭裁判所は養成された市民を成年後見人等として選任できないとされている。

選択肢考察

×1　法人の行う**特定非営利活動事業に支障がない限りにおいて，収益事業を行うことができる**（特定非営利活動促進法第5条1項）。ただし，この**収益は特定非営利活動のために使わなければならない。** つまり，収益があったからといって，社員や会員に配分したり，法人の目的である公益事業以外の事業に充てることはできない。あくまでも本業である公益活動が第一であって，利益を上げることが活動の目的ではない，ということである。

○2　**社会福祉法**第107条第2項に規定されている。市町村地域福祉計画及び都道府県地域福祉支援計画が社会福祉法に規定されたのは，社会福祉事業法から社会福祉法へと改正・名称変更をした2000（平成12）年の法改正時である。当時は，国と地方自治体の役割分担の明確化，地方自治体の自主性と自立性の向上を目的とする第一次地方分権改革が行われており，地方自治体に対する国の関与が見直されている時期でもあった。こうしたこともあり，当該条項においても義務ではなく，**努力義務**とされた。

×3　**重層的支援体制整備事業**は，社会福祉法改正により2021（令和3）年4月より施行されている事業である（社会福祉法第106条の4）。地域住民の抱える**生活課題は複雑化・複合化**しており従来の分野別の支援体制では対応が困難になりつつある。そのため，①包括的な相談支援の体制，②参加支援，③地域づく

りに向けた支援，の3つを**一体的に実施**するのがこの事業である。ひきこもり状態にある人だけを対象としているわけではない。

×4　共同募金の募金実績総額は1995（平成7）年度の265億円をピークとして，以降，**毎年減り続けている**。2022（令和4）年度の募金実績総額は168億円となっている。

×5　**市民後見人**とは，市区町村等が実施する養成研修を受講した**一般市民の中から，家庭裁判所が成年後見人等として選任した者**である。

参照ページ　『合格教科書 2025』p.190　　　　　　　　　　　正解 2

 国の役割　　　　　　　　　　　　　　　　　　　難●●○●●易

35回-42　次のうち，厚生労働省に設置されているものについて，**正しいものを1つ選びなさい**。

1　子ども・子育て会議
2　障害者政策委員会
3　中央防災会議
4　孤独・孤立対策推進会議
5　社会保障審議会

選択肢考察

×1　子ども・子育て会議は，**内閣府**に設置される（子ども・子育て支援法第72条）。子ども・子育て会議は，有識者，地方公共団体，事業主代表・労働者代表，子育て当事者，子育て支援当事者等が，子育て支援の政策プロセスなどに参画・関与することができる仕組みとして設置されるものである。

×2　障害者政策委員会は，**内閣府**に設置される（障害者基本法第32条）。内閣総理大臣は，関係行政機関の長に協議するとともに，障害者政策委員会の意見を聴いて，障害者基本計画の案を作成し，閣議の決定を求めなければならない（同法第11条第4項）。

×3　中央防災会議は，**内閣府**に設置される（災害対策基本法第11条）。中央防災会議は，防災基本計画の作成や，防災に関する重要事項の審議等を行うものである。

×4　孤独・孤立対策推進会議は，**内閣府**に設置される（「孤独・孤立対策推進会議の開催について」令和3年3月12日内閣総理大臣決裁）。孤独・孤立対策推進会議は，社会的な不安に寄り添い，深刻化する社会的な孤独・孤立の問題について，政府全体として総合的かつ効果的な対策を検討・推進するものである。

○5　社会保障審議会は，**厚生労働省**に設置される（厚生労働省設置法第6条）。社会保障審議会は，社会保障や人口問題に関する重要事項の調査審議等を行うものである。

参照ページ　『合格教科書 2025』p.192　　　　　　　　　　　正解 5

34 回-42 福祉行政における厚生労働大臣の役割に関する次の記述のうち，**正しいもの**を1つ選びなさい。

1 民生委員法に基づき，都道府県知事の推薦によって民生委員を委嘱する。
2 介護保険法に基づき，要介護認定の結果を通知する。
3 生活困窮者自立支援法に基づき，生活困窮者就労訓練事業の認定を行う。
4 「障害者総合支援法」に基づき，市町村審査会の委員を任命する。
5 子ども・子育て支援法に基づき，子ども・子育て支援事業計画の基本指針を定める。
(注) 「障害者総合支援法」とは，「障害者の日常生活及び社会生活を総合的に支援するための法律」のことである。

選択肢考察

○1 **民生委員**は，**都道府県知事の推薦**によって，**厚生労働大臣が委嘱**する（民生委員法第5条）。**厚生労働大臣**は，都道府県知事の具申に基いて，**民生委員を解嘱**することができる（同法第11条）。民生委員の定数は，厚生労働大臣の定める基準を参酌して，前条の区域ごとに，都道府県の条例で定める（同法第4条）。

×2 **市町村**は，認定審査会の審査及び判定の結果に基づき，**要介護認定**をしたときは，**結果を通知**しなければならない（介護保険法第27条第7項）。**厚生労働大臣**は，介護保険事業に係る保険給付の円滑な実施を確保するための**基本指針**を定める（同法第116条）。

×3 **都道府県知事**は，**生活困窮者就労訓練事業が基準に適合している**と認めるときは，**認定をする**（生活困窮者自立支援法第16条第2項）。都道府県知事は，生活困窮者就労訓練事業が基準に適合しないものとなったと認めるときは，同項の**認定を取り消す**ことができる（同法第16条第3項）。**厚生労働大臣**は，**生活困窮者就労準備支援事業**及び**生活困窮者家計改善支援事業**の適切な実施を図るために必要な**指針を公表**する（同法第7条第5項）。

×4 **市町村審査会の委員**は，障害者等の保健または福祉に関する学識経験を有する者のうちから，**市町村長が任命**する（障害者総合支援法第16条第2項）。**厚生労働大臣**は，**障害福祉計画**の**基本指針**を定める（同法第87条）。

×5 **内閣総理大臣**は，**子ども・子育て支援事業計画**の**基本指針**を定める（子ども・子育て支援法第60条）。内閣総理大臣は，基本指針を定め，または変更しようとするときは，あらかじめ，文部科学大臣，厚生労働大臣等と協議するとともに，子ども・子育て会議の意見を聴かなければならない（同法第60条第3項）。

参照ページ 『合格教科書 2025』 p.171 正解 1

36 回-44 地方公共団体の事務に関する次の記述のうち，**正しいもの**を1つ選びなさい。

1 地方公共団体の事務は，自治事務，法定受託事務，団体委任事務，機関委任事務の4つに分類される。
2 児童扶養手当の給付事務は，自治事務である。
3 社会福祉法人の認可事務は，法定受託事務である。
4 生活保護の決定事務は，団体委任事務である。
5 児童福祉施設の監査事務は，機関委任事務である。

×1　**地方公共団体の事務**は，地方分権一括法（2000年施行）により，団体委任事務と機関委任事務が廃止され，現在は，**法定受託事務と自治事務の2つに分類**される。

×2　各種手当の給付は法定受託事務であり，**児童扶養手当の給付事務**は，**第1号法定受託事務**である。なお，法定受託事務には，第1号と第2号があり，第1号は，本来，国が行うべき事務を都道府県等が実施するものであり，第2号は，本来，都道府県が行うべき事務を市町村等が実施するものである。

○3　**社会福祉法人の認可事務**は，本来，国が行うべき事務を都道府県等が実施する，**第1号法定受託事務**である。なお，第2号法定受託事務には，都道府県知事の選挙など地方選挙事務があげられる。

×4　団体委任事務は地方分権一括法（2000年施行）で廃止され現存せず，**生活保護の決定事務**は，**第1号法定受託事務**である。

×5　機関委任事務は地方分権一括法で廃止され現存せず，**児童福祉施設の監査事務**は，**自治事務**である。

参照ページ　『合格教科書2025』p.174, 175　　　　　　　　　　　　　　　　　**正解3**

 国の役割　　　　　　　　　　　　　　　　　　　　　　　難●●●○●易

34回-44　次のうち，地方自治法上の法定受託事務に当たるものとして，**正しいものを1つ選びなさい。**

1　生活保護法に規定される生活保護の決定及び実施
2　介護保険法に規定される居宅介護サービス費の支給
3　身体障害者福祉法に規定される身体障害者手帳の交付
4　児童福祉法に規定される保育所における保育
5　国民健康保険法に規定される国民健康保険料の徴収

選択肢考察

○1　生活保護法に規定される**生活保護の決定及び実施**は，**法定受託事務**である（地方自治法別表第一第1号法定受託事務（第2条関係））。法定受託事務には，**社会福祉法人の認可，福祉施設の認可，福祉関係手当の支給**が挙げられる。法定受託事務とは，①都道府県，市町村が処理することとされる事務のうち，国が本来果たすべき役割に係るもの（第1号法定受託事務）と，②市町村が処理することとされる事務のうち，都道府県が本来果たすべき役割に係るもの（第2号法定受託事務）に分類される（同法第2条）。

×2　介護保険法に規定される**居宅介護サービス費の支給**は，法定受託事務ではなく，**自治事務**である。自治事務とは，地方公共団体が処理する事務のうち，法定受託事務以外のものをいう（地方自治法第2条）。

×3　身体障害者福祉法に規定される**身体障害者手帳の交付**は，法定受託事務ではなく，**自治事務**である。地方公共団体の事務は，2000（平成12）年の地方分権一括法施行前は，①機関委任事務，②団体委任事務，③団体事務に分類されていたが，地方分権一括法施行後は，①法定受託事務（第1号・第2号），②自治事務に分類される。

×4　児童福祉法に規定される**保育所における保育**は，法定受託事務ではなく，**自治事務**である。児童扶養手当をはじめ，児童手当や重度障害児に対する障害児福祉手当，特別障害者に対する特別障害者手当の支給などの福祉関係手当の支給は，法定受託事務である。

×5　国民健康保険法に規定される**国民健康保険料の徴収**は，法定受託事務ではなく，**自治事務**である。介護保険法や「障害者総合支援法」に規定される福祉サービス利用者からの費用徴収も，自治事務である。

都道府県の役割 難 ●●○●● 易

35回-43 次のうち、福祉行政における、法に規定された都道府県知事の役割として、**正しいもの**を**1つ**選びなさい。

1 介護保険法に規定される居宅介護サービス費の請求に関し不正があったときの指定居宅サービス事業者の指定の取消し又は効力の停止
2 老人福祉法に規定される養護老人ホームの入所の措置
3 子ども・子育て支援法に規定される地域子ども・子育て支援事業に要する費用の支弁
4 社会福祉法に規定される共同募金事業の実施
5 「障害者総合支援法」に規定される自立支援給付の総合的かつ計画的な実施
(注)「障害者総合支援法」とは、「障害者の日常生活及び社会生活を総合的に支援するための法律」のことである。

選択肢考察

○1 都道府県知事は、居宅介護サービス費の請求に関し不正があったときは、**指定居宅サービス事業者の指定を取り消し**、又は期間を定めてその指定の全部若しくは一部の**効力を停止**することができる（介護保険法第77条第6項）。

×2 **市町村**は、必要に応じて、養護老人ホームに入所させる**措置をとらねばならない**（老人福祉法第11条第1項）。

×3 地域子ども・子育て支援事業に要する費用は、**市町村の支弁**とする（子ども・子育て支援法第65条第6項）。

×4 共同募金事業を行うことを目的として設立される社会福祉法人を共同募金会と称する。つまり、共同募金会事業の実施は、**共同募金会の役割**である（社会福祉法第113条第2項）。

×5 **市町村**は、自立支援給付及び地域生活支援事業を**総合的かつ計画的**に行う（「障害者総合支援法」第2条第1項）。

参照ページ 『合格教科書 2025』p.173, 346 正解 1

 NEW **都道府県の役割** 難 ●●○●● 易

36回-43 次のうち、入所の仕組みを利用契約制度と措置制度に分けた場合、措置制度に分類されている施設として、**適切なもの**を**2つ**選びなさい。

1 軽費老人ホーム
2 老人短期入所施設
3 障害者支援施設
4 児童養護施設
5 救護施設

×1　軽費老人ホームは，サービスの提供の開始に際し，あらかじめ，入所申込者又はその家族に対し，説明を行い，提供に関する契約を文書により締結しなければならない。つまり，**軽費老人ホーム**の入所の仕組みは**利用契約**になる（軽費老人ホームの設備及び運営に関する基準第12条）。

×2　老人短期入所施設は，老人福祉法における措置にて短期入所又は介護保険法における利用契約にて短期入所させる施設となる。つまり，**老人短期入所施設**の入所の仕組みは**措置と利用契約**になる（老人福祉法第20条の3）。

×3　障害者支援施設は，説明を行い，サービスの提供の開始について利用申込者の同意を得なければならない。つまり，**障害者支援施設**の入所の仕組みは**利用契約**になる（指定障害者支援施設等の人員，設備及び運営に関する基準第7条第1項）。

○4　都道府県は，必要に応じて，児童養護施設，乳児院，障害児入所施設等へ入所の措置をとらなければならない。つまり，**児童養護施設**の入所の仕組みは**措置**になる（児童福祉法第27条第3項）。

○5　都道府県知事・市長・福祉事務所を管理する町村長は，生活扶助が，被保護者の居宅においてできないとき，救護施設へ入所の措置をとることができる。つまり，**救護施設**の入所の仕組みは**措置**になる（生活保護法第19条第3項，同法第30条）。

参照ページ　『合格教科書 2025』p.181　　　　　　正解 4, 5

 市町村の役割　　　　　　　　　　　　　　　難●●●○●易

34回-43　福祉行政における市町村の役割に関する次の記述のうち，**最も適切なもの**を1つ選びなさい。

1　介護支援専門員実務研修受講試験及び介護支援専門員実務研修を行う。
2　社会福祉法人の設立当初において，理事の選出を行う。
3　特別養護老人ホームの設備及び運営について，条例で基準を定める。
4　訓練等給付費の不正請求を行った指定障害福祉サービス事業者について，指定の取消しを行う。
5　小学校就学前の子どものための教育・保育給付の認定を行う。

選択肢考察

×1　**都道府県知事**は，指定試験実施機関に，「**介護支援専門員実務研修受講試験の実施に関する事務**」を行わせることができる（介護保険法第69条の27）。**都道府県知事**は，指定研修実施機関に，「**介護支援専門員実務研修及び更新研修の実施に関する事務**」を行わせることができる（同法第69条の33）。

×2　**社会福祉法人を設立しようとする者**は，定款をもって次に掲げる事項を定め，厚生労働省令で定める手続に従い，当該定款について所轄庁の認可を受けなければならない（社会福祉法第31条）。「**設立当初の役員及び評議員**」は，定款で定めなければならない（同法第31条第3項）。

×3　**都道府県**は，「**養護老人ホーム及び特別養護老人ホームの設備及び運営**について，条例で基準を定めなければならない」（老人福祉法第17条）。

×4　**都道府県知事**は，「次の各号のいずれかに該当する場合においては，**当該指定障害福祉サービス事業者に係る指定を取り消し**，又は期間を定めてその指定の全部若しくは一部の効力を停止することができる」（「障害者総合支援法」第50条）。**介護給付費**もしくは訓練等給付費または療養介護医療費の**不正請求**があったとき（同法第50条第1項第5号）も該当する。

○5 　小学校就学前子どもの保護者は，市町村に対し，小学校就学前の子どものための教育・保育給付を受ける資格を有すること及び小学校就学前子どもの区分についての認定を申請し，認定を受けなければならない（子ども・子育て支援法第20条）。**小学校就学前の子どものための教育・保育給付の認定は，小学校就学前子どもの保護者の居住地の市町村が行う**（同法第20条第2項）。

参照ページ 『合格教科書 2025』p.387　　　　　　　　　　　　　　　　　　　　　　　　　　正解 5

 福祉行政の組織及び専門職の役割　　　　　　　　　　　　　　　　　　　　　難 ●●●○● 易

35回-45 社会福祉に係る法定の機関・施設の設置に関する次の記述のうち，**正しいもの**を **1つ**選びなさい。

1 都道府県は，地域包括支援センターを設置しなければならない。
2 指定都市（政令指定都市）は，児童相談所を設置しなければならない。
3 中核市は，精神保健福祉センターを設置しなければならない。
4 市は，知的障害者更生相談所を設置しなければならない。
5 町村は，福祉事務所を設置しなければならない。

選択肢考察

×1 　**市町村**は，地域包括支援センターを設置することができる（介護保険法第115条の46第2項）。

○2 　都道府県及び指定都市は，**児童相談所を設置しなければならない**（児童福祉法第12条，第59条の4）。

×3 　**都道府県及び指定都市**は，精神保健福祉センターを設置しなければならない（精神保健福祉法第6条第1項，第51条の12）。

×4 　**都道府県及び指定都市**は，知的障害者更生相談所を設置しなければならない（知的障害者福祉法第12条第1項，第30条）。

×5 　**都道府県及び市**は，福祉事務所を設置しなければならない（社会福祉法第14条，生活保護法第19条第1項）。

参照ページ 『合格教科書 2025』p.396　　　　　　　　　　　　　　　　　　　　　　　　　　正解 2

NEW
 福祉行政の組織及び専門職の役割　　　　　　　　　　　　　　　　　　　　　難 ●●●○●● 易

36回-46 社会福祉に係る法定の機関に関する次の記述のうち，**最も適切なもの**を **1つ**選びなさい。

1 都道府県は，児童相談所を設置しなければならない。
2 都道府県は，発達障害者支援センターを設置しなければならない。
3 市町村は，保健所を設置しなければならない。
4 市町村は，地方社会福祉審議会を設置しなければならない。
5 市町村は，身体障害者更生相談所を設置しなければならない。

○1　都道府県及び指定都市は，児童相談所を設置しなければならない。つまり，**都道府県及び指定都市において，児童相談所の設置は義務**である（児童福祉法第12条，第59条の4）。

×2　都道府県知事は，発達障害者支援センターを設置することができる。つまり，**都道府県において，発達障害者支援センターの設置は任意**であり，義務ではない（発達障害者支援法第14条）。

×3　**都道府県・指定都市・特別区・中核市において，保健所の設置は義務**である（地域保健法第5条）。つまり，市町村において，設置義務はない。

×4　**都道府県・指定都市・中核市において，地方社会福祉審議会の設置は義務**である（社会福祉法第7条第1項）。つまり，市町村において，設置義務はない。

×5　**都道府県において，身体障害者更生相談所の設置は義務**である（身体障害者福祉法第11条第1項）。つまり，市町村において，設置義務はない。

参照ページ　『合格教科書2025』p.396, 397　　　　　　　　　　　　　　正解 1

福祉行政の組織及び専門職の役割　　　難●●○●●易

34回-46　福祉行政における専門職等の法令上の位置づけに関する次の記述のうち，**正しいもの**を1つ選びなさい。

1　都道府県の福祉事務所に配置される社会福祉主事は，老人福祉法，身体障害者福祉法，知的障害者福祉法に関する事務を行う。
2　福祉事務所の現業を行う所員（現業員）は，社会福祉主事でなければならない。
3　身体障害者更生相談所の身体障害者福祉司は，身体障害者の更生援護等の事業に5年以上従事した経験を有しなければならない。
4　地域包括支援センターには，原則として社会福祉主事その他これに準ずる者を配置しなければならない。
5　児童相談所においては，保育士資格を取得した時点でその者を児童福祉司として任用することができる。

×1　**都道府県の福祉事務所に配置される社会福祉主事**は，**生活保護法，児童福祉法，母子及び父子並びに寡婦福祉法に定める事務を行う**（社会福祉法第18条第3項）。**市町村の福祉事務所に配置される社会福祉主事**は，生活保護法，児童福祉法，母子及び父子並びに寡婦福祉法とともに，**老人福祉法，身体障害者福祉法，知的障害者福祉**法に定める事務を行う（同法第18条第4項）。

○2　福祉事務所には，長及び次の所員を置かなければならない（社会福祉法第15条）。

　　1　指導監督を行う所員
　　2　現業を行う所員
　　3　事務を行う所員

　　福祉事務所（都道府県，市及び福祉事務所を設置する町村）に，**社会福祉主事を置く**（同法第18条第1項）。福祉事務所を設置する町村以外の町村は，社会福祉主事を置くことができる（同法第18条第2項）。

×3　**身体障害者福祉司**は，都道府県知事または市町村長の補助機関である職員とし，次の各号のいずれかに該当する者のうちから，任用しなければならない（身体障害者福祉法第12条第1項）。

　　1　社会福祉法に定める社会福祉主事たる資格を有する者であって，身体障害者の更生援護その他そ

地域福祉と包括的支援体制

の福祉に関する事業に**2年以上従事した経験を有するもの**。

×4　地域包括支援センターが担当する区域における第一号被保険者の数がおおむね3,000人以上6,000人未満ごとに置くその職務に従事する常勤の職員の員数は，原則として次のとおりとすること（介護保険法第115条の46第6項の厚生労働省令で定める基準）。

(1)　**保健師**その他これに準ずる者　一人

(2)　**社会福祉士**その他これに準ずる者　一人

(3)　**主任介護支援専門員**

×5　児童福祉司は，次の各号の**いずれかに該当する者**のうちから，任用しなければならない。

1　都道府県知事の指定する**児童福祉司等を養成する学校を卒業した者**または都道府県知事の指定する**講習会の課程を修了した者**

2　大学において，心理学，教育学もしくは社会学を専修する学科を修めて卒業した者であって，厚生労働省令で定める施設において**1年以上福祉に関する相談に応じたもの**

3　**医師**

4　**社会福祉士**

5　**精神保健福祉士**

6　**公認心理師**

七　社会福祉主事として**2年以上児童福祉事業に従事した者**であって，厚生労働大臣が定める**講習会の課程を修了したもの**（児童福祉法第13条）

そのため，保育士資格では児童福祉司となることができない。

 参照ページ　『合格教科書2025』p.180　 **正解2**

福祉における財源

難 ●●○●● 易

33回-43　福祉の財源に関する次の記述のうち，**正しいもの**を1つ選びなさい。

1　生活困窮者自立支援法に基づき，生活困窮者家計改善支援事業の費用には国庫負担金が含まれる。

2　生活保護法に基づき，保護費には国庫補助金が含まれる。

3　介護保険法に基づき，介護給付費には国庫負担金が含まれる。

4　身体障害者福祉法に基づき，身体障害者手帳の交付措置の費用には国庫補助金が含まれる。

5　「障害者総合支援法」に基づき，地域生活支援事業の費用には国庫負担金が含まれる。

選択肢考察

×1　**生活困窮者家計改善支援事業**並びに**子どもの学習・生活支援事業**等の実施に要する費用は，**都道府県の支弁**とする（生活困窮者自立支援法第13条）。国は，予算の範囲内において，都道府県が支弁する費用のうち，**2分の1以内を補助することができる**（同法第15条第2項）。これは国庫補助金である。

×2　国は，市町村及び都道府県が支弁した**保護費**，保護施設事務費及び委託事務費の**4分の3を負担しなければならない**（生活保護法第75条第1項第1号）。国は，市町村及び都道府県が支弁した就労自立給付金費及び進学準備給付金費の4分の3を負担しなければならない（同法第75条第1項第2号）。これらは「**国庫負担金**」という。

○3　国は，市町村に対し，**介護給付**及び**予防給付**に要する費用の額について，定める割合に相当する額を

負担する（介護保険法第 121 条）。介護給付及び予防給付に要する費用の 100 分の 20（同法第 121 条第 1 項第 1 号）。介護給付（介護保険施設及び特定施設入居者生活介護に係るものに限る。）及び予防給付（介護予防特定施設入居者生活介護に係るものに限る。）に要する費用の 100 分の 15（同法第 121 条第 1 項第 2 号）。

×4　**国は，身体障害者手帳の交付措置**について，都道府県が支弁する費用の 10 分の 5 を**負担する**（身体障害者福祉法第 37 条の 2 第 1 項第 2 号）。これは国庫負担金である。

×5　**国**は，予算の範囲内において，市町村及び都道府県が行う**地域生活支援事業**に要する費用の 100 分の 50 以内を**補助することができる**（「障害者総合支援法」第 95 条第 2 項第 2 号）。これは国庫補助金である。

 参照ページ　『合格教科書 2025』p.183, 185　　　　　**正解 3**

NEW

福祉における財源

難 ●●○●● 易

36 回-45　「令和 5 年版地方財政白書（令和 3 年度決算）」（総務省）に示された民生費に関する次の記述のうち，**正しいものを 1 つ選びなさい。**

1　歳出純計決算額は，前年度に比べて減少した。
2　目的別歳出の割合は，都道府県では社会福祉費よりも災害救助費の方が高い。
3　目的別歳出の割合は，市町村では児童福祉費よりも老人福祉費の方が高い。
4　性質別歳出の割合は，都道府県では繰出金よりも人件費の方が高い。
5　性質別歳出の割合は，市町村では補助費等よりも扶助費の方が高い。

選択肢考察

×1　**歳出純計決算額の民生費**は，令和 3 年度は 31 兆 3,130 億円，前年度 28 兆 6,942 億円に比べ，**増加（9.1%）**している。民生費とは，社会福祉のために使用される費用である。なお，歳出純計決算額の合計は，減少（1.7%）している。

〈目的別歳出（＊）純計決算額の状況〉
純計

区　分	決算額			構成比		増減率	
	令和 3 年度	令和 2 年度	増減額	3 年度	2 年度	3 年度	2 年度
	億円	億円	億円	%	%	%	%
総務費	124,318	225,346	△101,028	10.1	18.0	△44.8	133.0
民生費	313,130	286,942	26,188	25.4	22.9	9.1	8.1
衛生費	113,751	91,202	22,549	9.2	7.3	24.7	43.5
労働費	2,832	3,264	△432	0.2	0.3	△13.2	33.6
農林水産業費	33,045	34,106	△1,061	2.7	2.7	△3.1	2.8
商工費	149,802	115,336	34,467	12.1	9.2	29.9	141.2
土木費	126,858	126,902	△44	10.3	10.1	△0.0	4.6
消防費	20,040	21,250	△1,210	1.6	1.7	△5.7	1.6
警察費	32,923	33,211	△288	2.7	2.6	△0.9	△1.0
教育費	177,896	180,961	△3,065	14.4	14.4	△1.7	3.3
公債費	126,650	120,636	6,013	10.3	9.6	5.0	△0.6
その他	12,433	15,433	△3,000	1.0	1.2	△19.4	△1.0
合　計	1,233,677	1,254,588	△20,911	100.0	100.0	△1.7	25.8

×2　民生費の目的別歳出は，**都道府県**では，**老人福祉費が最も高く**（38.5%），次いで**社会福祉費**（36.4%），**児童福祉費**（22.2%）であり，災害救助費は最も低い 0.5% である。

○3 　民生費の目的別歳出は，**市町村**では，**児童福祉費が最も高く**（42.2%），次いで**社会福祉費**（27.1%），**老人福祉費**（16.1%）の順である。なお，災害救助費は最も低い 0.1% である。

〈民生費の目的別内訳（令和 3 年度）〉　　　　　　　　　　　　　　　　　　　　　　　　　　　（単位　億円・%）

純　計

	金　額	構成比
社会福祉費	91,049	(29.1)
うち扶助費	50,575	(55.5)
老人福祉費	68,106	(21.8)
うち繰出金	34,911	(51.3)
児童福祉費	114,651	(36.6)
うち扶助費	85,455	(74.5)
生活保護費	38,836	(12.4)
災害救助費	488	(0.2)
合　計	313,130	(100.0)

都道府県

	金　額	構成比
社会福祉費	33,969	(36.4)
うち補助費等	22,197	(65.3)
老人福祉費	35,953	(38.5)
うち補助費等	34,285	(95.4)
児童福祉費	20,697	(22.2)
うち補助費等	14,264	(68.9)
生活保護費	2,357	(2.5)
災害救助費	422	(0.5)
合　計	93,398	(100.0)

市町村

	金　額	構成比
社会福祉費	69,272	(27.1)
うち扶助費	48,071	(69.4)
老人福祉費	41,191	(16.1)
うち繰出金	34,911	(84.8)
児童福祉費	107,917	(42.2)
うち扶助費	81,484	(75.5)
生活保護費	36,849	(14.4)
災害救助費	363	(0.1)
合　計	255,592	(100.0)

×4 　民生費の性質別歳出は，**都道府県**では，**補助費等が最も高く**（37.5%），次いで人件費（18.7%），であり，繰出金は 1.1% である。なお，扶助費は 1.8% である。

○5 　民生費の性質別歳出は，**市町村**では，**扶助費が最も高く**（25.7%），次いで人件費（15.7%）であり，補助費等は 8.4% である。なお，繰出金は 7.3% である。

〈性質別歳出決算額の構成比（令和 3 年度）〉（単位　億円・%）

	市町村 675,794	都道府県 663,242	純　計 1,233,677
義務的経費	(49.7)	(31.1)	(43.9)
人件費	15.7	18.7	18.6
扶助費	25.7	1.8	15.0
公債費	8.4	10.6	10.2
投資的経費	(12.0)	(12.9)	(13.0)
普通建設事業費	11.5	12.3	12.4
補助事業費	5.0	7.4	6.5
単独事業費	6.1	3.8	5.2
その他投資的経費	0.5	0.7	0.6
その他の経費	(38.2)	(56.0)	(43.2)
補助費等	8.4	37.5	16.8
繰出金	7.3	1.1	4.6

参照ページ 　『合格教科書 2025』p.183，184　　　　　　　　　　　　　　　　　　　　　　　　正解 5

福祉における財源

35 回-44 　「令和 5 年版地方財政白書」（総務省）に示された民生費に関する次の記述のうち，**正しいものを 1 つ選びなさい。** 改変

1 　民生費の歳出純計決算額の累計額を比べると，都道府県は市町村より多い。

2 　民生費の目的別歳出の割合は，都道府県では生活保護費が最も高い。

3 　民生費の目的別歳出の割合は，市町村では児童福祉費が最も高い。

4 　民生費の性質別歳出の割合は，都道府県では人件費が最も高い。

5 　民生費の性質別歳出の割合は，市町村では補助費等が最も高い。

改変 「令和 4 年版地方財政白書」→「令和 5 年版地方財政白書」

×1　民生費の歳出純計決算額の累計は，**都道府県より市町村が多く**，市町村の額は都道府県の2.7倍となっている。

×2　民生費の目的別歳出は，都道府県では**老人福祉費**が最も高く（38.5%），生活保護費は2.5%である。

○3　民生費の目的別歳出は，市町村では**児童福祉費**が最も高く（42.2%），次いで社会福祉費（27.1%）となっている。

×4　民生費の性質別歳出は，都道府県では**補助費等**が最も高く（76.6%），人件費は2.5%である。

×5　民生費の性質別歳出は，市町村では**扶助費**が最も高く（64.7%），補助費等は4.2%である。

参照ページ　『合格教科書 2025』p.183, 184　　　　　　　　　　　　　　　　　　　**正解 3**

福祉における財源

難 ●●●○●● 易

34回-45　「令和5年版地方財政白書」（総務省）における2021年度（令和3年度）の民生費に関する次の記述のうち，**正しいもの**を**1つ**選びなさい。［改変］

1　地方公共団体の目的別歳出純計決算額の構成比は，高い方から，教育費，公債費，民生費の順となっている。
2　民生費の目的別歳出の割合は，市町村では児童福祉費よりも社会福祉費の方が高い。
3　民生費の目的別歳出の割合は，都道府県では生活保護費よりも老人福祉費の方が高い。
4　民生費の性質別歳出の割合は，市町村では扶助費よりも人件費の方が高い。
5　民生費の性質別歳出の割合は，都道府県では補助費等よりも扶助費の方が高い。

〔改変「令和3年版地方財政白書」→「令和5年版地方財政白書」／2019年度（令和元年度）→2021年度（令和3年度）〕

×1　都道府県と市町村を合わせた**地方公共団体**の目的別歳出純計決算額の構成比は，**民生費**（25.4%）**が最も多く**，次いで教育費（14.4%），商工費（12.1%）となっている。都道府県では商工費（18.3%），市町村では民生費（37.8%）の割合が最も多い。

×2　民生費の目的別歳出の割合は，**市町村では児童福祉費（42.2%）が最も多く**，次いで社会福祉費（27.1%），老人福祉費（16.1%）となっている。

○3　民生費の目的別歳出の割合は，**都道府県では老人福祉費（38.5%）が最も多く**，次いで社会福祉費（36.4%），児童福祉費（22.2%）となっている。都道府県と市町村を合わせた**地方公共団体では児童福祉費（36.6%）が最も多く**，次いで社会福祉費（29.1%），老人福祉費（21.8%）となっている。

×4　民生費の性質別歳出の割合は，**市町村では扶助費（64.7%）が最も多く**，次いで繰出金（18.0%），人件費（7.5%）となっている。

×5　民生費の性質別歳出の割合は，**都道府県では補助費等（76.6%）が最も多く**，次いで扶助費（8.9%），繰出金（7.6%）となっている。都道府県と市町村を合わせた**地方公共団体では扶助費（55.5%）が最も多く**，次いで繰出金（17.0%），補助費等（14.9%）となっている。

※第37回社会福祉士国家試験受験者は総務省の発表する最新の「地方財政白書」にも目を通しておくこと。

参照ページ　『合格教科書 2025』p.183, 184　　　　　　　　　　　　　　　　　　　**正解 3**

福祉における財源

36回-38 地域福祉の財源に関する次の記述のうち，**最も適切なもの**を1つ選びなさい。

1 市区町村社会福祉協議会の平均財源構成比（2019年（平成31年））をみると，会費・共同募金配分金・寄付金を合計した財源の比率が最も高い。
2 共同募金は，社会福祉を目的とする事業を経営する者以外にも配分できる。
3 社会福祉法人による地域における公益的な取組とは，地元企業に投資し，法人の自主財源を増やしていくことである。
4 個人又は法人が認定特定非営利活動法人に寄付をした場合は，税制上の優遇措置の対象となる。
5 フィランソロピーとは，SNSなどを通じて，自らの活動を不特定多数に発信し寄附金を募る仕組みである。

選択肢考察

×1　社会福祉法人全国社会福祉協議会地域福祉部が発表した『社会福祉協議会の組織・事業・活動について』によれば，市区町村社会福祉協議会の平均財源構成比（2019（平成31）年）において，財源構成比で最も高いのは**介護保険事業収益（34.7%）**である。この他，受託金や経常経費補助金等の比率が高い。会費は1.7%，寄付金は1.0%にとどまる。

×2　共同募金は，社会福祉を目的とする事業を経営する者以外には**配分してはならない**（社会福祉法第117条第1項）。

×3　2016（平成28）年の社会福祉法改正により，社会福祉法人にはその公益性・非営利性から「地域における公益的な取組み」を実施する責務があると明文化された（同法第24条第2項）。公益的な取り組みとは，**日常生活又は社会生活上の支援を必要とする者に対して，無料又は低額な料金で，福祉サービスを提供すること**であり，法人の自主財源を増やすことではない。

○4　本肢のとおりである。個人が認定特定非営利法人に寄付をした場合は，所得税（国税）の計算において確定申告を行うことで，**所得税**の控除を受けることができる。法人が寄付をした場合は，一般寄附金の損金算入限度額とは別に，**特別損金算入限度額**の範囲内で**損金算入**が認められる。

×5　本肢の記述は，フィランソロピーではなく，**クラウドファンディング**の説明である。フィランソロピーとは，個人や企業が**ボランティア活動などを通じて地域社会への貢献活動をする**という意味で幅広く使われる言葉である。

参照ページ　『合格教科書2025』p.416　　　　　　　　**正解 4**

福祉計画の意義・目的と展開

難 ●●○●● 易

36回-42 次のうち，法律で規定されている福祉計画の記述として，**最も適切なもの**を**1つ**選びなさい。

1 市町村障害者計画は，市町村が各年度における指定障害福祉サービスの種類ごとの必要な量の見込みについて定める計画である。
2 都道府県子ども・若者計画は，都道府県が子どもの貧困対策について定める計画である。
3 都道府県老人福祉計画は，都道府県が介護保険事業に係る保険給付の円滑な実施の支援について定める計画である。
4 市町村地域福祉計画は，市町村が地域福祉の推進について市町村社会福祉協議会の地域福祉活動計画と一体的に定める計画である。
5 市町村子ども・子育て支援事業計画は，市町村が教育・保育及び地域子ども・子育て支援事業の提供体制の確保について定める計画である。

選択肢考察

×1　**市町村障害者計画**は，市町村における障害者の状況等を踏まえ，市町村における**障害者のための施策に関する基本的な計画**である（障害者基本法第11条第3項）。なお，**市町村障害福祉計画**において，**各年度における指定障害福祉サービスの種類ごとの必要な量の見込み**が定められている（「障害者総合支援法」第88条第2項）。

×2　**都道府県子ども・若者計画**は，都道府県における**子ども・若者支援についての計画**であり，本計画は，政府が定める子ども・若者育成支援推進大綱を勘案して，都道府県が策定するものである（子ども・若者育成支援推進法第9条第1項）。なお，都道府県における子どもの貧困対策についての計画は，政府が定める子どもの貧困対策に関する大綱を勘案して，都道府県が策定するものである（子どもの貧困対策の推進に関する法律第9条第1項）。

×3　**都道府県老人福祉計画**は，**老人福祉事業の供給体制の確保**について策定するものである（老人福祉法第20条の9）。なお，**都道府県介護保険事業支援計画**において，**介護保険事業に係る保険給付の円滑な実施の支援**が定められている（介護保険法第118条）。

×4　**市町村地域福祉計画**と市町村社会福祉協議会の**地域福祉活動計画**とを，**一体的に策定することは法律に規定されていない**。なお，厚生労働省局長通知においては，地域福祉計画と地域福祉活動計画を一体的に策定する等，相互に連携を図ることが求められている（「地域共生社会の実現に向けた地域福祉の推進について」平成29年12月12日厚生労働省局長通知）。

○5　**市町村子ども・子育て支援事業計画**は，5年を1期とする，**教育・保育及び地域子ども・子育て支援事業の提供体制の確保**について策定するものである（子ども・子育て支援法第61条）。

参照ページ 『合格教科書2025』p.186, 359, 360, 362　　　　　正解 5

福祉計画の意義・目的と展開

難 ●●○●●● 易

36回-47 次のうち，現行法上，計画期間が3年を1期とすると規定されている計画として，**正しいものを1つ**選びなさい。

1 市町村こども計画
2 市町村介護保険事業計画
3 市町村障害者計画
4 市町村健康増進計画
5 市町村地域福祉計画

選択肢考察

×1 **市町村こども計画の策定は努力義務**であり，期間の定めはない（こども基本法第10条第2項）。

○2 **市町村介護保険事業計画の策定は義務**であり，期間は**3年を1期**とする（介護保険法第117条）。

×3 **市町村障害者計画の策定は義務**であるが，期間の定めはない（障害者基本法第11条第3項）。

×4 **市町村健康増進計画の策定は努力義務**であり，期間の定めはない（健康増進法第8条第2項）。

×5 **市町村地域福祉計画の策定は努力義務**であり，期間の定めはない（社会福祉法第107条）。

参照ページ 『合格教科書2025』p.95 　　　　　　　　　　　　　　　　　　　正解 2

福祉計画の意義・目的と展開

難 ●●●○●● 易

35回-47 次のうち，法律で市町村に策定が義務づけられている福祉に関連する計画として，**最も適切なもの**を**1つ**選びなさい。

1 高齢者の居住の安定確保に関する法律に基づく高齢者居住安定確保計画
2 健康増進法に基づく市町村健康増進計画
3 自殺対策基本法に基づく市町村自殺対策計画
4 再犯の防止等の推進に関する法律に基づく地方再犯防止推進計画
5 成年後見制度の利用の促進に関する法律に基づく成年後見制度の利用の促進に関する施策についての基本的な計画

選択肢考察

×1 市町村は，市町村高齢者居住安定確保計画を**策定できる**（高齢者の居住の安定確保に関する法律第4条の2）と定められており，義務づけられてはいない。

×2 市町村は，市町村健康増進計画の策定が**努力義務である**（健康増進法第8条第2項）。

○3 市町村は，市町村自殺対策計画を策定することが**義務づけられている**（自殺対策基本法第12条第2項）。

×4 都道府県及び市町村は，地方再犯防止推進計画の策定が**努力義務である**（再犯の防止等の推進に関する法律第8条第1項）。

×5 **政府**は，成年後見制度利用促進基本計画の策定が**義務づけられている**（成年後見制度の利用の促進に関する法律第12条）。

参照ページ 『合格教科書 2025』p.90

 市町村地域福祉計画・都道府県地域福祉支援計画の内容 難 ●●●○●● 易

35 回-37 地域福祉の推進に向けた役割を担う，社会福祉法に規定される市町村地域福祉計画に関する次の記述のうち，**正しいもの**を**1つ**選びなさい。

1 市町村地域福祉計画では，市町村社会福祉協議会が策定する地域福祉活動計画をもって，地域福祉計画とみなすことができる。
2 市町村地域福祉計画の内容は，市町村の総合計画に盛り込まれなければならないとされている。
3 市町村地域福祉計画では，市町村は策定した計画について，定期的に調査，分析及び評価を行うよう努めるとされている。
4 市町村地域福祉計画は，他の福祉計画と一体で策定できるように，計画期間が法文上定められている。
5 市町村地域福祉計画は，2000 年（平成 12 年）の社会福祉法への改正によって策定が義務化され，全ての市町村で策定されている。

選択肢考察

×1 **地域福祉活動計画を地域福祉計画とみなすことはできない。**なお，「地域福祉計画策定指針」（市町村地域福祉計画及び都道府県地域福祉支援計画策定指針の在り方について）では，地域福祉計画策定の際には，地域福祉活動計画との相互連携を図ることを求めている。

×2 **総合計画は，地方自治体が行政運営の目標や指針を定めたもの**で，基本構想・基本計画・実施計画からなる。つまり，行政の施策や事業はすべて総合計画に基づき実施されている。総合計画の中でも理念や目標を示す基本構想は，地方自治法により策定が義務づけられていたが，2011（平成 23）年の地方自治法改正により，策定義務に関する条項が廃止された。とはいえ，ほとんどの自治体において総合計画は策定されている。**地域福祉計画は，保健や福祉分野のいわば「総合計画」ともいえるものだが，それより上位の総合計画に盛り込まなければならないという規定はない。**

○3 「市町村は，定期的に，その策定した市町村地域福祉計画について，**調査，分析及び評価を行うよう努める**とともに，必要があるときは，当該市町村地域福祉計画を変更するものとする」（社会福祉法第 108 条第 3 項）と定められている。

×4 「地域福祉計画策定指針」では，計画期間をおおむね 5 年，3 年で見直すことが適当としているが，**本指針は法文ではなく通知である。**

×5 **2018（平成 30）年の社会福祉法改正により，地域福祉計画の策定について，任意とされていたものが努力義務とされた。**しかし，全市町村で策定するよう義務づけられているわけではない（社会福祉法第 107 条第 1 項）。

参照ページ 『合格教科書 2025』p.186, 190, 191

地域福祉と包括的支援体制

35 回-46　次のうち，都道府県地域福祉支援計画に関して社会福祉法に明記されている事項として，**正しいもの**を **2** つ選びなさい。

1　社会福祉を目的とする事業に従事する者の確保又は資質の向上に関する事項
2　重層的支援体制整備事業の提供体制に関する事項
3　地域福祉に関する活動への住民の参加の促進に関する事項
4　福祉サービスの適切な利用の推進及び社会福祉を目的とする事業の健全な発達のための基盤整備に関する事項
5　厚生労働大臣が指定する福利厚生センターの業務に関する事項

選択肢考察

○1　都道府県地域福祉支援計画に記載する事項として，社会福祉を目的とする事業に**従事する者の確保又は資質の向上**に関する事項がある（社会福祉法第 108 条第 1 項第 3 号）。
×2　**重層的支援体制整備事業実施計画**に記載する事項として，重層的支援体制整備事業の提供体制に関する事項がある（社会福祉法第 106 条の 5 第 1 項）。
×3　**市町村地域福祉計画**に記載する事項として，地域福祉に関する活動への住民の参加の促進に関する事項がある（社会福祉法第 107 条第 1 項第 4 号）。
○4　**都道府県地域福祉支援計画**に記載する事項として，**福祉サービスの適切な利用の推進及び社会福祉を目的とする事業の健全な発達のための基盤整備に関する事項**がある（社会福祉法第 108 条第 1 項第 4 号）。その他，都道府県地域福祉支援計画に記載する事項として，地域における高齢者の福祉，障害者の福祉，児童の福祉に関し共通して取り組むべき事項（同法同条同項第 1 号），市町村の地域福祉の推進を支援するための基本的方針に関する事項（同法同条同項第 2 号），市町村による地域生活課題の解決に資する支援が包括的に提供される体制の整備の実施の支援に関する事項（同法同条同項第 5 号）がある。
×5　**厚生労働大臣**は，全国を通じて**一個に限り**，福利厚生センターとして指定することができる（社会福祉法第 102 条）。**都道府県地域福祉支援計画には明記されていない。**

参照ページ　『合格教科書 2025』p.191, 192　　　　　　　　　　　　　　　正解 1, 4

34 回-47　法律に定める福祉計画に関する次の記述のうち，**正しいもの**を **1** つ選びなさい。

1　市町村介護保険事業計画では，都道府県が定める老人福祉圏域内で事前に調整をした上で，介護保険施設の種類ごとに必要入所定員総数を定める。
2　市町村障害福祉計画では，指定障害者支援施設におけるサービスの質の向上のために講ずる措置を定めるよう努める。
3　市町村子ども・子育て支援事業計画では，教育・保育情報の公表に関する事項を定めるよう努める。
4　市町村障害児福祉計画では，サービス，相談支援に従事する者の確保又は資質の向上のために講ずる措置を定めるよう努める。
5　市町村地域福祉計画では，地域における高齢者の福祉，障害者の福祉，児童の福祉，その他の福祉に関し，共通して取り組むべき事項を策定するよう努める。

×1　**介護保険施設の種類ごとの必要入所定員総数**を定めるのは，市町村介護保険事業計画ではなく，**都道府県介護保険事業支援計画**である（介護保険法第118条第2項）。なお，都道府県は，基本指針に即して，3年を一期とする都道府県介護保険事業支援計画を定める（同法第118条）。

×2　**指定障害者支援施設の施設障害福祉サービスの質の向上**のために講ずる措置に関する事項について定めるよう努めるものとしているのは，市町村障害福祉計画ではなく，**都道府県障害福祉計画**である（「障害者総合支援法」第89条第3項第3号）。

×3　**教育・保育情報の公表**に関する事項ついて定めるよう努めるものしているのは，市町村子ども・子育て支援事業計画ではなく，**都道府県子ども・子育て支援事業支援計画**である（子ども・子育て支援法第62条第3項）。

×4　**障害福祉サービス，相談支援に従事する者の確保又は資質の向上**のために講ずる措置に関する事項ついて定めるよう努めるものとしているのは，市町村障害児福祉計画ではなく，**都道府県障害福祉計画**である（「障害者総合支援法」第89条第3項第2号）。

○5　市町村は，**地域における高齢者の福祉，障害者の福祉，児童の福祉に関し，共通して取り組むべき事項**を定めた，**市町村地域福祉計画を策定するよう努める**ものとする（社会福祉法第107条第1項）。

参照ページ　『合格教科書2025』p.186, 190, 191　　　　**正解5**

 市町村地域福祉計画・都道府県地域福祉支援計画の内容　難●●○●●●易

35回-48　次のうち，法律に基づき，福祉計画で定める事項として，**正しいものを1つ選びなさい。**

1　都道府県介護保険事業支援計画における地域支援事業の見込み量
2　都道府県障害者計画における指定障害者支援施設の必要入所定員総数
3　市町村子ども・子育て支援事業計画における地域子ども・子育て支援事業に従事する者の確保及び資質の向上のために講ずる措置に関する事項
4　市町村障害福祉計画における障害福祉サービス，相談支援及び地域生活支援事業の提供体制の確保に関する事項
5　市町村老人福祉計画における老人福祉施設の整備及び老人福祉施設相互間の連携のために講ずる措置に関する事項

×1　**市町村介護保険事業計画**に記載する事項として，地域支援事業に要する費用の額及び地域支援事業の見込量がある（介護保険法第117条第3項第2号）。都道府県介護保険事業支援計画で定める事項ではない。

×2　指定障害者支援施設の必要入所定員総数は，都道府県障害者計画ではなく，**都道府県障害福祉計画**の記載事項である（「障害者総合支援法」第89条第2項第3号）。

×3　**都道府県子ども・子育て支援事業支援計画**に記載する事項として，地域子ども・子育て支援事業に従事する者の確保及び資質の向上のために講ずる措置に関する事項がある（子ども・子育て支援法第62条第2項第4号）。市町村子ども・子育て支援計画で定める事項ではない。

○4　**市町村障害福祉計画**に記載する事項として，障害福祉サービス，相談支援及び地域生活支援事業の提供体制の確保に係る目標に関する事項がある（「障害者総合支援法」第88条第2項第1号）。

×5　**都道府県老人福祉計画**に記載する事項として，老人福祉施設の整備及び老人福祉施設相互間の連携の

ために講ずる措置に関する事項がある（老人福祉法第20条の9第3項第1号）。市町村老人福祉計画で定める事項ではない。

参照ページ 『合格教科書2025』p.186, 188〜190  **正解 4**

市町村地域福祉計画・都道府県地域福祉支援計画の内容　難●●●●○易

36回-34 次の記述のうち，市町村地域福祉計画に関する社会福祉法の規定として，**正しいもの**を1つ選びなさい。

1　社会福祉を目的とする事業に従事する者の確保又は資質の向上に関する事項について定める。
2　福祉サービスの適切な利用の推進及び社会福祉を目的とする事業の健全な発達のための基盤整備に関する事項について定める。
3　地域における高齢者の福祉，障害者の福祉，児童の福祉その他の福祉に関し，共通して取り組むべき事項について定める。
4　市町村地域福祉計画を定め，または変更しようとするときは，あらかじめ，都道府県の意見を聞かなければならない。
5　市町村地域福祉計画の公表に当たって，市町村はその内容等について，都道府県の承認を受けなければならない。

選択肢考察

×1　「社会福祉を目的とする事業に従事する者の確保又は資質の向上に関する事項」は市町村地域福祉計画ではなく，**都道府県地域福祉支援計画に記載する事項として規定**されている（社会福祉法第108条第1項第3号）。

×2　「地域における高齢者の福祉，障害者の福祉，児童の福祉その他の福祉に関し，共通して取り組むべき事項」は市町村地域福祉計画ではなく，**都道府県地域支援計画に記載する事項として規定**されている（同法第108条第1項4号）。

○3　「地域における高齢者の福祉，障害者の福祉，児童の福祉その他の福祉に関し，共通して取り組むべき事項」は，**市町村地域福祉計画に記載する事項として，同法第107条第1項第1号に規定されている**。なお，同じ内容が都道府県地域福祉支援計画に記載する事項としても規定されている（同法第108条第1項第1号）。

×4　市町村地域福祉計画を定め，または変更しようとするときは，あらかじめ，**地域住民等の意見を反映させるよう努めるとともに，その内容を公表するよう努める**ものとする（同法第107条第2項）。都道府県の意見を聞くことは求められていない。

×5　市町村地域福祉計画の公表に当たって，都道府県の承認が必要であるとの**法の規定はない**。

参照ページ 『合格教科書2025』p.186, 190, 191 **正解 3**

34回-48 事例を読んで，次の記述のうち，**最も適切なもの**を1つ選びなさい。

〔事例〕

P市の自治体職員である**D**さんは子ども・子育て推進課に配属になり，次期の子ども・子育て支援事業計画の策定の担当になった。そこで，P市子ども・子育て支援事業計画を策定する際に，法令上遵守すべき点を確認した。

1　サービス目標量の達成や供給について，今期の計画から変更しない場合は，あらかじめ都道府県と協議することは見送ってもよい。

2　教育・保育及び地域子ども・子育て支援事業の量の見込みを定めるに当たり，参酌すべき標準を作成しなければならない。

3　教育・保育の量の見込み並びに実施しようとする教育・保育の提供体制の確保の内容及びその実施時期をどのようにすべきか検討しなければならない。

4　地域子ども・子育て支援事業に従事する者の確保と資質の向上のために，研修会の実施を企画しなければならない。

5　P市だけでなく，近隣の市町村も含めた，広域的な見地からの調整を行わなければならない。

選択肢考察

×1　市町村は，「**市町村子ども・子育て支援事業計画を定め，又は変更**しようとするときは，あらかじめ，**都道府県に協議**しなければならない」（子ども・子育て支援法第61条第9項）。

×2　「市町村子ども・子育て支援事業計画において教育・保育及び地域子ども・子育て支援事業の量の見込みを定めるに当たって参酌すべき標準」を作成しなければならないのは，**内閣総理大臣**であり，基本指針において定める（子ども・子育て支援法第60条第2項第2号）。

○3　**市町村子ども・子育て支援事業計画**においては，**教育・保育の量の見込み並びに実施しようとする教育・保育の提供体制の確保の内容及びその実施時期**について，定めるものとする（子ども・子育て支援法第61条第2項第2号）。

×4　**都道府県子ども・子育て支援事業支援計画**においては，「特定教育・保育及び特定地域型保育を行う者並びに**地域子ども・子育て支援事業に従事する者の確保及び資質の向上のために講ずる措置に関する事項**」を定めるものとする（子ども・子育て支援法第62条第2項第4号）。

×5　**都道府県子ども・子育て支援事業支援計画**においては，「**市町村の区域を超えた広域的な見地から行う調整に関する事項**」について定めるよう努める（子ども・子育て支援法第62条第3項第1号）。

参照ページ　『合格教科書2025』p.186，362　　　　　　　　　　　**正解3**

36回-39 事例を読んで，N市において地域福祉計画の策定を担当しているD職員（社会福祉士）が策定委員会での意見を踏まえて提案したニーズ把握の方法として，**最も適切なもの**を1つ選びなさい。

〔事　例〕

　地域福祉計画の改定時期を迎えたN市では，その見直しに向け策定委員会で協議を行った。委員の一人から，「子育て世代に向けた施策や活動が十分ではない」という提起があった。また，これに呼応して，「子育て世代といっても，様々な環境で子育てをしている人がいる」「まずは子育て中の人の生の声を実際に聞いた方がよい」といった意見に賛同が集まった。Dは，こうした声を踏まえて，どのように多様な子育て世代のニーズを把握すれば良いかについて考え，最も有効と思われる方法を策定委員会に提案した。

1　N市の子育て支援課の職員（社会福祉士）を対象とした個別インタビュー
2　子育て中の親のうち，世代や環境等の異なる親たちを対象としたグループインタビュー
3　利用者支援事業の相談記録を対象とした質的な分析
4　特定の小学校に通う子どもの保護者を対象とした座談会
5　保育所を利用している全世帯を対象としたアンケート調査

×1　事例からは，N市の市民のうち，「多様な環境で子育てをする当事者」の「生の声」を**できるだけ多く聞くための手法を提案する必要がある**ことが読み取れる。本肢の調査対象者は極めて限られた属性，かつ子育て当事者とも限らないため，誤りである。また，個別インタビューは「生の声」を聞くことはできるが，**多くの声を集める手法として適切とはいえない。**

○2　**多様な世代・環境という背景を持つ子育て当事者を対象としている。**また，グループ・インタビューという手法は，メンバー同士の発言による相互作用が期待され，**テーマについての幅広い意見を詳細に引き出しやすいという特徴**があり，本事例の目的に適っている。

×3　本肢が対象とする「利用者支援事業の相談記録」は文書や音声データと考えられるため，**その記録以上の「生の声」を多く収集することは難しく，本事例の目的に対して最適とはいえない。**

×4　「特定の小学校に通う子供の保護者」は，N市の子育て当事者のうちの**限られた属性の人々であるため，本事例の調査対象者としては不適切である。**また，「座談会」とは，グループ・インタビューとほぼ同義として扱われることもあるが，一般的に参加者からの質疑応答や交流会としての意味合いの強い語である。

×5　「保育所を利用している全世帯」はN市の子育て当事者のうちの**限られた属性の人々であるため，本事例の調査対象者としては不適切である。**また，アンケート調査は調査側が用意した質問と回答のための選択肢，自由記述などで構成された調査票を用いる手法だが，「**生の声を実際に聞く**」本肢の目的に最適であるとはいえない。

福祉計画の策定過程と方法

36回-48 次のうち，福祉計画を策定する際に用いられるパブリックコメントに関する記述として，**最も適切なものを1つ選びなさい。**

1 行政機関が計画の素案を公表して広く意見や情報を募集する機会を設けることにより，人々の意見を計画に反映させる。
2 特定のニーズに対応するサービスの種類と必要量を客観的に算出することにより，サービスの整備目標を算出する。
3 専門家等に対して同じ内容のアンケート調査を繰り返し実施することにより，意見を集約していく。
4 集団のメンバーが互いの知恵や発想を自由に出し合うことにより，独創的なアイデアを生み出す。
5 意見やアイデアを記したカードをグループ化していくことにより，様々な情報を分類・整理していく。

選択肢考察

○1 　**パブリックコメント**とは，意見公募手続きとも訳され，**事前に計画素案を示し，その案について広く意見や情報を募集し，その意見を十分に考慮すること**である（行政手続法第39条，第42条）。

×2 　本設問は**ニーズ推計**に関するものである。ニーズ推計はニーズを予測し，対応するサービスの種類・必要量を算出し，整備目標を定める手法である。

×3 　本設問は**デルファイ法**に関するものである。デルファイ法は専門家同士にアンケート調査を行い，意見を集約し，合意を得る方法である。

×4 　本設問は**ブレインストーミング法**に関するものである。ブレインストーミング法は数多くの意見を出しあい，新たな創造的なアイデアを生み出す手法である。

×5 　本設問は**KJ法**に関するものである。KJ法は，様々な意見をグループ化し，整理していく手法である。

参照ページ 『合格教科書2025』p.300 　　　　　　　　　　　　　　　　**正解 1**

34 回-41　事例を読んで，N市社会福祉協議会の職員であるC社会福祉士が企画したプログラム評価の設計に関する次の記述のうち，**正しいもの**を1つ選びなさい。

〔事 例〕

　N市社会福祉協議会は，当該年度の事業目標に「認知症の人に優しいまちづくり」を掲げ，その活動プログラムの一つとして認知症の人やその家族が，地域住民，専門職と相互に情報を共有し，お互いを理解し合うことを目指して，誰もが参加でき，集う場である「認知症カフェ」の取組を推進してきた。そこで，C社会福祉士は，プログラム評価の枠組みに基づいて認知症カフェの有効性を体系的に検証することにした。

1　認知症カフェに参加した地域住民が，認知症に対する理解を高めたかについて検証するため，ニーズ評価を実施する。
2　認知症カフェの取組に支出された補助金が，十分な成果を上げたかについて検証するため，セオリー評価を実施する。
3　認知症カフェが，事前に計画された内容どおりに実施されたかを検証するため，プロセス評価を実施する。
4　認知症カフェに参加する認知症の人とその家族が，認知症カフェに求めていることを検証するため，アウトカム評価を実施する。
5　認知症カフェが，目的を達成するプログラムとして適切に設計されていたかを検証するため，効率性評価を実施する。

選択肢考察

×1　**プログラム活動の目的がどの程度達成されたのかを評価するのは，アウトカム評価**（効果の評価）である。ニーズ評価は，プログラムが生じさせる変化の必要性，つまり，そのプログラムが必要かどうかを評価するものである。

×2　**費用対効果について評価するのは，効率性評価**である。セオリー評価とは，プログラムのデザインがプログラムの目的に適っているかを評価するものである。

○3　**当初の計画通りにプログラムが実施されたかどうかを評価するのは，プロセス評価**である。

×4　**プログラムは，解決が求められる課題が存在していることを前提に設計される。その課題の内容を分析することは，ニーズ評価に含まれる。** アウトカム評価は，プログラムをその成果により評価するものである。

×5　**プログラムの設計に関する評価は，セオリー評価**である。効率性評価は費用と効果との関係について評価する。

参照ページ　　　　　　　　　　　　　　　　　　　　　　　　　　　　　　　　　　　**正解 3**

34回-39 地域福祉の調査方法に関する次の記述のうち，**最も適切なもの**を1つ選びなさい。

1 コミュニティカフェの利用者の満足度を数量的に把握するため，グラウンデッド・セオリー・アプローチを用いて調査データを分析した。
2 地域における保育サービスの必要量を推計するため，幅広い住民に参加を呼び掛けて住民懇談会を行った。
3 福祉有償運送に対する高齢者のニーズを把握するため，無作為に住民を選んでフォーカスグループインタビューを実施した。
4 介護を行う未成年者のニーズを把握するため，構造化面接の方法を用いて当事者の自由な語りを引き出す調査を実施した。
5 認知症高齢者の家族介護者の不安を軽減する方法を明らかにするため，当事者と共にアクションリサーチを実施した。

選択肢考察

×1　グラウンデッド・セオリーは，**質的な調査法**の一つで，**文章データをもとにコード化と分類**を行い，**仮説や理論の構築**を図るものである。

×2　**住民懇談会**は，福祉ニーズの量的な把握を行う方法ではない。**地域住民が，意見交換などを行い，地**域の生活課題や改善について意見の集約を図るものである。

×3　**フォーカス・グループ・インタビュー**では，調査対象者を無作為に選ぶのではなく，**調査の目的に基**づき，**特定の属性を有する人を対象者グループとして設定**する。

×4　**構造化面接**は，**あらかじめ決めておいた質問項目について質問していく面接法，調査法**である。具体的な質問項目を定めず，対象者との自由なやり取りを行う面接法は，**非構造化面接**という。

○5　**アクションリサーチ**は，**当事者と研究者が協力して問題解決を目指す**もので，**実践と研究が循環的に進行**される。つまり，問題の把握，実践，分析，実践の修正といった実践活動と表裏をなすようにして，問題の機制や原理に関する研究が行われ，この結果が実践に反映され，実践で明らかになった問題がまた研究に返され，研究が進められる，という循環をなして進行する。

参照ページ　『合格教科書 2025』p.298　　　　　　　　　　　　　　　　　**正解 5**

地域福祉と包括的支援体制

多様化・複雑化した地域生活課題の現状とニーズ

36回-33 地域福祉に関連する法律，事業に規定されている対象に関する次の記述のうち，**正しいものを1つ選**びなさい。

1 ひきこもり支援推進事業の対象となるひきこもり状態にある者のひきこもりとは，「ひきこもりの評価・支援に関するガイドライン」によれば，原則的には2年以上家庭にとどまり続けていることをいう。

2 ヤングケアラー支援体制強化事業におけるヤングケアラーとは，家族への世話などを日常的に行っている18歳から39歳までの者をいう。

3 生活福祉資金の貸付対象における低所得世帯とは，資金の貸付けにあわせて必要な支援を受けることにより独立自活できると認められる世帯であって，必要な資金の融通を他から受けることが困難である者をいう。

4 生活困窮者自立支援法における生活困窮者とは，最低限度の生活を維持できていない者をいう。

5 日常生活自立支援事業の対象者とは，本事業の契約内容について理解できない者のうち，成年後見制度を利用していない者をいう。

(注) 「ひきこもりの評価・支援に関するガイドライン」とは，厚生労働科学研究費補助金こころの健康科学研究事業（厚生労働省）においてまとめられたものである。

選択肢考察

×1 「ひきこもりの評価・支援に関するガイドライン」（厚生労働省）によれば，ひきこもりとは様々な要因の結果として社会参加（就学・就労・家庭外の交遊）を回避し，**家庭内に6か月以上とどまり続けている状態**を指す。なお，他者と交わらない形での外出をしているケースもこの定義には含まれている。

×2 「ヤングケアラー支援体制強化事業実施要項」（厚生労働省）によれば，ヤングケアラーとは，**本来大人が担うと想定されている家事や家族の世話などを日常的に行っている児童**を指す。したがって，問題文にある「18歳〜39歳までの者」は当てはまらない。ただし，18歳を超えた学生で家庭の事情により通学ができない場合なども，支援が必要であるとしている。

○3 都道府県社会福祉協議会が実施している生活福祉資金貸付制度では，貸付対象を①**低所得世帯**（必要な資金を他から借り受けることが困難な世帯（市町村民税非課税程度）），②**障害者世帯**（身体障害者手帳，療育手帳，精神障害者保健福祉手帳の交付を受けた者等の属する世帯），③**高齢者世帯**（65歳以上の高齢者の属する世帯）の3種類としている。連帯保証人は原則必要であるが，立てない場合も貸付は可能である。

×4 生活困窮者自立支援法における生活困窮者とは，就労の状況，心身の状況，地域社会との関係性その他の事情により，現に経済的に困窮し，**最低限度の生活を維持することができなくなるおそれのある者**をいう（生活困窮者自立支援法第3条第1項）。

×5 日常生活自立支援事業の対象者は，認知症高齢者や知的障害者，精神障害者など，判断能力が十分でないとされる人々である。同事業は都道府県社会福祉協議会が実施主体の第二種社会福祉事業で，利用者本人が契約する。**契約内容を理解するだけの判断能力を有していると判断されないと利用できない。**ただし，判断能力が低下していても成年後見制度利用者の場合は成年後見人等が実施主体と契約することが可能であり，成年後見制度と同事業の併用ができる。

参照ページ 『合格教科書2025』p.386, 387

正解 3

地域福祉と社会的孤立（事例問題）

36回-37 事例を読んで，生活困窮者自立相談支援事業の**B**相談支援員（社会福祉士）の支援方針として，**最も適切なもの**を1つ選びなさい。

〔事 例〕

　Cさん（60歳）は，一人暮らしで猫を多頭飼育している。以前は近所付き合いがあったが今はなく，家はいわゆるごみ屋敷の状態である。**B**相談支援員は，近隣住民から苦情が出ていると民生委員から相談を受けた。そこで**B**が**C**さん宅を複数回訪問すると，**C**さんは猫を可愛がっており，餌代がかかるため，自身の食事代を切り詰めて生活していることが分かった。**C**さんは，今の生活で困っていることは特になく，近隣の苦情にどのように対応すればよいか分からない，と言っている。

1　**C**さんの衛生環境改善のため，市の清掃局にごみを強制的に回収してもらうことにする。

2　**C**さんの健康のため，保健所に連絡をして猫を引き取ってもらうことにする。

3　**C**さんの地域とのつながりを回復するため，苦情を言う住民も含めて，今後の関わり方を検討することにする。

4　**C**さんの主体性を尊重するため，**C**さんに積極的に関わることを控えることにする。

5　**C**さんと地域とのコンフリクトを避けるため，引っ越しのあっせんを行うことにする。

選択肢考察

×1　**C**さんの衛生環境の改善に向けた援助が必要であることは事例から読み取れる。**B**のするべきことは**C**さんと援助関係を形成し，**C**さんの主体性の確保をサポートしながら改善への方策を援助することであり，強制的なごみ回収を進めることは不適切である。

×2　**C**さんは猫を可愛がって飼育しており，事例からは生活環境改善のためにすぐ猫を手放したいという**ニーズは読み取れない**。現時点で保健所が引き取りをすることは**C**さんの意向に沿っているとは考えられず，不適切である。

○3　**C**さんは衛生状態，多頭飼育による経済的問題，地域住民との関係性など複合的な生活課題を抱えている。援助の切り口として，**C**さんと地域との関わり方を改めて検討し，**地域からの孤立の防止を図る**ことは適切である。社会的なつながりを回復・維持する「**社会生活自立**」は，「**日常生活自立**」「**経済的自立**」と並ぶ生活困窮者自立支援制度の目的の1つでもある。

×4　**C**さんの主体性の尊重は重要である。しかしそのために**B**が積極的な関わりを控えるのは，**援助者として考え判断していくことの放棄**にもつながりうる。

×5　**C**さんと地域住民との関係性には課題が生じているが，**コンフリクト**（あつれき，対立）はただ恐れて避けるべき状況ではない。コンフリクトを避けるために引っ越しのあっせんを行うのは，解決すべき課題に蓋をするだけであり援助としても不適切である。

参照ページ　『合格教科書 2025』p.384〜387　　　　　　　　　**正解 3**

35回-35 事例を読んで，自立相談支援機関のB主任相談支援員（社会福祉士）がこの時点で検討する支援として，**適切なものを2つ選びなさい。**

〔事　例〕

　Cさん（30歳代，男性）は，60歳代の両親と同居している。終日，自室でオンラインゲームをして過ごしており，10年以上ひきこもりの状態にある。父親はいくつかの仕事を転々としてきたが，65歳で仕事を辞め，その後は主に基礎年金で生活をしているため，経済的にも困窮している様子である。また，母親は長年にわたるCさんとの関係に疲れており，それを心配した民生委員が，生活困窮者自立支援制度の相談機関を紹介したところ，母親は自立相談支援機関に来所し，B主任相談支援員にCさんのことを相談した。

1　ひきこもりの人に配慮された居場所が，地域のどこにあるかを調べ，Cさんにその場所と事業・活動を紹介する。
2　まずはCさんが抱える心理的な課題に絞ってアセスメントを行い，支援計画を作成する。
3　福祉専門職による支援だけでなく，当事者や経験者が行うピアサポートや，ひきこもりの家族会などの情報を母親に提供する。
4　手紙やメール等を用いた支援は不適切であるため行わず，直接，Cさんと対面して支援する。
5　地域の支援関係者間で早期に支援を行うため，Cさんの同意を取る前に，支援調整会議で詳細な情報を共有する。

選択肢考察

○1　事例文に，Cさんの状態や自身の状態についてどの程度把握しているのか，といった点については詳しく記されてはいないが，**今後の支援項目の一つとして，地域の「居場所」についての情報を収集し，支援に備えておくことは有効**である。

×2　**心理的な課題に絞ってアセスメントを行うことは，Cさんについて不十分で偏った理解をまねく恐れがあるため不適切**である。心理面だけではなく，Cさんの身体の状態，家族関係，オンラインゲームでの交友関係等，**多面的にアセスメントする必要がある。**

○3　事例文には，Cさんの母親は「Cさんとの関係に疲れており」とある。似たような悩みを持つ人が互いに支援し合う家族会の情報は，Cさんの母親の負担を軽くすることにもつながる。また，当事者同士によるサポートが受けられる場所があることを知るだけでも，Cさんの課題を一手に引き受けてきた感のある**母親にすべてを一人で抱え込まなくともよい，ということを伝えることにもなり，適切である。**

×4　対面支援にこだわることはない。大切なことは，Cさんに関心を寄せ，支援する準備のある人間がいる，ということをCさんに伝えることである。その**伝達方法の一つとして，手紙やメールが選択されてもよい。**

×5　**個人の情報を取り扱う際には，原則として当人の同意が必要となる。**また，援助の観点からも，同意を得ずに第三者に情報を公開することは，援助者の不信感をまねくことにもなり，援助関係を壊してしまう危険がある。

参照ページ　『合格教科書2025』p.384～387　　　　　　　　　　　　　**正解 1, 3**

生活困窮者自立支援の考え方

34回-34 住宅の維持・確保に困難を抱える人への支援のための施策に関する次の記述のうち，**正しいものを1つ選びなさい。**

1 生活困窮者住居確保給付金は，収入が減少した理由のいかんを問わず，住宅の家賃を支払うことが困難になった者に対し，家賃相当額を支給するものである。
2 公営住宅の供給を行う地方公共団体は，公営住宅の入居者に特別の事情がある場合において必要があると認めるときは，家賃を減免することができる。
3 住宅確保要配慮者居住支援協議会は，賃貸住宅に入居する者の収入が一定の基準を下回った場合，賃貸人に対して家賃徴収の猶予を命令することができる。
4 生活福祉資金貸付制度の不動産担保型生活資金は，経済的に困窮した65歳未満の者に対し，居住する不動産を担保に生活資金の貸付けを行うものである。
5 被災者生活再建支援金は，自然災害により生活基盤に被害を受けた者のうち，一定の所得以下の者に対し，生活再建のための費用の貸付けを行うものである。

選択肢考察

×1　生活困窮者住居確保給付金は，生活困窮者自立支援制度に基づく給付金であり（生活困窮者自立支援法第3条第3項），福祉事務所を設置する地方自治体が行う必須事業である。**離職，**または**個人の責任や都合によるものではない就業機会の減少**により**経済的に困窮し，住居を失うあるいは住居を失う可能性が高い人を対象**とし，**原則3か月，**最長で9か月，**家賃相当額を支給する**（ただし上限額の範囲内）。

○2　認知症や知的障害，精神障害がある人に対して家賃の減免制度がある（公営住宅法第16条第4項）ことに加え，**病気や被災，入院加療により住宅扶助が停止されたなど，特別な事情がある場合も減免の対象**となる（同法第16条第5項）。

×3　**住宅確保要配慮者居住支援協議会は，**賃借人に対して家賃徴収の猶予命令を出せるわけではない。同協議会は，**住宅確保要配慮者**（低額所得者，被災者，高齢者，障害者，子育て世帯，その他住宅の確保に特に配慮を要する者）が**民間賃貸住宅等に円滑に入居**することができるよう，**住宅確保要配慮者及び民間賃貸住宅の賃貸人の双方に対して情報の提供等の支援**を行う機関である（住宅確保要配慮者に対する賃貸住宅の供給の促進に関する法律第51条第1項）。地方公共団体や関係業者，居住支援団体などから構成される。

×4　**不動産担保型生活資金は，低所得の高齢者世帯を対象**として，**居住用不動産を担保として生活資金を貸し付ける**ものである。土地の評価額の70%内を貸付限度額として，ひと月の貸付額は30万円以内とされている（3か月ごとに借受人の口座に払込）。

×5　**被災者生活再建支援金は，自然災害により住宅が全壊，あるいは半壊した世帯**に対して，**生活再建のために支給される支援金**である（被災者生活再建支援法第3条第1項）。**支給に関して所得制限があるわけではない。**

参照ページ　『合格教科書2025』p.96, 384〜387　　　　　　**正解 2**

地域福祉と包括的支援体制

35回-40 地域福祉におけるネットワーキングに関する次の記述のうち，**正しいものを1つ**選びなさい。

1 地域介護予防活動支援事業は，市町村が介護保険の第二号被保険者に対して，介護予防の活動を行うために，地域住民とネットワークを構築して取り組むものである。
2 被災者見守り・相談支援事業では，復興公営住宅の居住者を対象として，生活支援コーディネーター（地域支え合い推進員）が見守りを中心としたネットワークを構築し，支援を行う。
3 社会福祉法人による「地域における公益的な取組」は，社会福祉充実残額が生じた場合に，社会福祉法人がネットワークを構築して取り組むものである。
4 介護保険の生活支援・介護予防サービスの体制整備に向けて，都道府県は，協議体を定期的な情報共有のネットワークの場として設置している。
5 ひきこもり地域支援センター事業では，地域の多様な関係機関で構成される連絡協議会を設置する等，ネットワークづくりに努めるとされている。

選択肢考察

×1 **地域介護予防活動支援事業は，すべての第一号被保険者を対象**とする（介護保険法第115条の45第1項第2号）。**実施主体は市町村**で，地域包括支援センターと連携し，介護予防の推進，住民運営の「通いの場」の充実や継続的な拡大を目標として行われる。

×2 **被災者見守り・相談支援事業は，被災者を対象**とするもので，復興公営住宅の入居者のみを対象とするものではない。同事業では，被災者見守り・相談支援調整会議の開催を通じ，地域における見守り・相談支援ネットワークの構築を図るとともに，見守り・相談支援や電話相談支援事業を行い，被災者に対する総合的な相談支援を実施する。

×3 「**地域における公益的な取組**」は，2016（平成28）年の社会福祉法改正により，すべての**社会福祉法人**に対して積極的に実施することが求められるようになったもので，**社会福祉充実残額が生じた場合にのみ取り組まれるものではない**。なお，社会福祉充実残額とは，社会福祉法人が活用可能な財産の額が，事業を継続するために必要となる財産の額を超えた余裕分のことである。

×4 地域支援事業に位置付けられている生活支援体制整備事業（介護保険法第115条の45第2項第5号）では，**生活支援コーディネーターの配置**や**協議体の設置**を事業内容とするが，これらの**実施主体は市町村**である。

○5 **包括的な支援体制を構築**するため，医療，保健，福祉，教育，労働等の関係機関から構成される**連絡協議会を設置**し，情報交換を行い，連携を確保できるよう**努める**。

参照ページ 『合格教科書2025』p.281　　　　　　　　　　　　正解 5

地域共生社会の実現に向けた各種施策

36回-35 社会福祉法に規定されている市町村による重層的支援体制整備事業に関する次の記述のうち，**正しいものを1つ選びなさい。**

1 重層的支援体制整備事業は，地域生活課題の解決に資する包括的な支援体制を整備するための事業である。
2 重層的支援体制整備事業は，市町村の必須事業である。
3 市町村は，重層的支援体制整備事業の実施にあたって，包括的相談支援事業，参加支援事業，地域づくり事業のいずれか一つを選択して，実施することができる。
4 重層的支援体制整備事業のうち，包括的相談支援事業は，住宅確保要配慮者に対する居住支援を行う事業である。
5 市町村は，重層的支援体制整備事業実施計画を策定しなければならない。

選択肢考察

○1 　社会福祉法第106条の4第1項に，市町村は，地域生活課題の解決に資する包括的な支援体制を整備するため，厚生労働省令で定めるところにより，**重層的支援体制整備事業を行うことができる**と規定されている。

×2 　重層的支援体制整備事業は**市町村の任意事業である**（同法第106条の4第1項）。

×3 　**包括的相談支援業務**（同法第106条の4第2項第1号），**参加支援事業**（同法第106条の4第2項第2号），**地域づくり事業**（同法第106条の4第2項第3号）は，いずれかを選択するものではなく，**一体的に実施する**ことを必須と規定している（同法第106条の4第2項）。3つの事業が主であるが，3事業を支えるための事業として，**アウトリーチ等を通じた継続的支援事業**（同法106条の4第2項第4号），**多機関協働事業**（同法第106条の4第2項第5号）の2事業が規定されている。

×4 　包括的支援事業は，地域住民等からの相談に応じ，利用可能な福祉サービスに関する情報の提供及び助言や支援関係機関との連絡調整，虐待の防止や早期発見のための援助を行うものであると規定されている。**事業対象者は高齢者，障害者，児童，生活困窮者など幅広く想定**されており，住宅確保要配慮者には限定されていない。

×5 　市町村は，重層的支援体制整備事業を実施するときは，**重層的支援体制整備事業実施計画を策定するよう努めるもの**とすると規定されている（同法第106条の5第1項）。策定は義務ではなく，**努力義務**である。

参照ページ 　『合格教科書2025』p.74 　　　　　　　　　　　　　　　　　**正解 1**

地域福祉と包括的支援体制

多機関協働を促進する仕組み（事例問題）

難 ●●○●● 易

36回-41 事例を読んで，A市社会福祉協議会の G 生活支援コーディネーター（社会福祉士）が提案する支援策等として，**適切なもの**を **2 つ**選びなさい。

〔事 例〕

A市の U ボランティアグループのメンバーから地域の空き家を活用した活動をしたいという相談があった。そこで G が「協議体」の会議で地区の民生委員に相談すると，その地区では外出せずに閉じこもりがちな高齢者が多いということであった。G はグループのメンバーと相談し，そのような高齢者が自由に話のできる場にすることを目標に，週 2 回，通いの場を開設した。1 年後，メンバーからは「顔馴染みの参加者は多くなったが，地域で孤立した高齢者が来ていない」という声が上がった。

1 地域で孤立していると思われる高齢者が，通いの場になにを望んでいるかについて，地区の民生委員に聞き取り調査への協力を依頼する。

2 通いの場に参加している高齢者に対して，活動の満足度を調査する。

3 孤立した高齢者のための通いの場にするためにはなにが必要かについて「協議体」で議論する。

4 孤立した高齢者が参加するという目標を，現在の活動に合ったものに見直す。

5 孤立している高齢者向けに健康体操等の体を動かすプログラムを取り入れる。

（注） ここでいう「協議体」とは，介護保険制度の生活支援・介護予防サービスの体制整備に向けて，市町村が資源開発を推進するために設置するものである。

選択肢考察

○1　通いの場について，**孤立する高齢者が参加していない原因は事例には示されておらず，わからない状態であることが読み取れる**。高齢者の社会的孤立を防ぐためには，通いの場の存在の周知は十分か，参加の障壁になっている要素は何か，どのような場であれば出向いていきたいと思うかなどを調査し課題を明らかにした上で，今後の運営に反映することが求められる。したがって，**聞き取り調査を民生委員に依頼することは適切である**。

×2　すでに参加している人に満足度の調査を行うことは，**参加していない人のニーズを明らかにすることには繋がりにくいため**，現時点では不適切である。

○3　「協議体」は本事例においては，社会福祉協議会職員，ボランティアグループメンバー，民生委員など多機関が協働して資源開発を行うために機能している。通いの場を，**孤立した高齢者も含め多くの人が参加しやすい社会資源にしていくために必要なことを協議することは適切である**。

×4　閉じこもりがちな高齢者が参加することが，通いの場の目指す目標の 1 つである。この目標を切り替えてしまうことは，**参加していない高齢者の社会的孤立状態を解消することには繋がらず，むしろ促進しかねないため不適切である**。

×5　孤立している高齢者が通いの場に求める**ニーズがまだわかっていない状態のため**，プログラム改善を行うのは事例の時点では時期尚早と言える。

参照ページ　『合格教科書 2025』p.350～353　　　　　　　　　　　　　　　**正解 1, 3**

34回-40 事例を読んで，U地域包括支援センターに配属されたB生活支援コーディネーター（地域支え合い推進員）が「協議体」の運営について提案したことに関する次の記述のうち，**適切なものを2つ選びなさい。**

〔事例〕
　担当地域（小学校区）で協議体を組織するに当たり，B生活支援コーディネーターは，事務局を構成する予定の行政や社会福祉協議会の担当者と協議体の運営のための準備会を行うことになった。準備会では，B生活支援コーディネーターが，協議体の目的と，それを具体化するための方針を提案した。

1　地域のニーズを共有化するために，これまで地域ケア会議で出された地域課題を検討することを提案した。
2　協議体を効率的に運営するために，既存の会議体で協議されている介護分野以外の内容については，協議の対象としないことを提案した。
3　多様な主体の協力を確保するために，地縁組織だけでなく，社会福祉法人や特定非営利活動法人などの民間団体にも参加を呼び掛けることを提案した。
4　地域づくりにおける意思統一を図るために，あらかじめ行政が目指す地域の姿を提示し，それに向かって協議することを提案した。
5　生活支援サービスを開発するために，市外の先行事例を紹介し，協議体の参加者にそれと同じ活動を実施することを提案した。

（注）　ここでいう「協議体」とは，介護保険の生活支援・介護予防サービスの体制整備に向けて，市町村が資源開発を推進するために設置するものである。

選択肢考察

○1　**協議体は，構成員**（ボランティア，社会福祉法人やNPO団体，民間企業等の各種団体）**間の情報共有を図る場**としても働く。こうすることで，**地域づくりの方向性が明確**にもなり，意思の統一にもつながる可能性がある。したがって，地域ケア会議で把握された地域課題について協議体で検討し，構成員間でその情報を共有することは，協議体の設置目的からみて適切である。

×2　住み慣れた場所で暮らし続けていくには，多様な社会資源が必要になる。心身に衰えが生じてくる高齢期ではなおのことである。介護分野のみの社会資源だけで地域生活を支えていくことは難しい。**多様な分野も協議の対象とする必要がある。**

○3　**多様な主体が参加**していなければ，協議体の目的，つまり生活支援の体制整備を図るために多様な主体間の連携・協働，社会資源の開発を行うことができない。

×4　協議体は，あらかじめ行政が定めた計画の推進機関ではなく，承認機関でもない。行政だけでは把握することが難しい**様々な課題を把握**し，**情報を構成員間で共有**し，**資源の開発**へと結びつけていく機関である。

×5　他の地域の先行事例がこの地域にとって有効であるかどうかはわからない。**地域における課題が異なる**ことに加え，**社会資源の種類や量も異なる**からである。

参照ページ　　　　　　　　　　　　　　　　　　　　　　　　　　　　　　　　　　　**正解1，3**

多職種連携（事例問題）

難 ●●○●● 易

35回-41 事例を読んで，会議に向けた D 社会福祉士の方針に関する次の記述のうち，**最も適切なものを 1 つ**選びなさい。

〔事 例〕

　独立型社会福祉士事務所の D 社会福祉士は，一人暮らしの E さん（85 歳，女性，要介護 1，身寄りなし）の保佐人を務めている。E さんが熱中症の症状で入院することになった際，担当介護支援専門員から E さんの退院後の支援方針について会議を持ちたいと提案があった。担当介護支援専門員は，E さんは認知機能の低下もあり，単身生活に不安を表明する近隣住民もおり，今後の本人の安全も考えるとサービス付き高齢者向け住宅への転居を検討すべきではないかと話している。また，長年見守りを続け，E さんが信頼を寄せる F 民生委員は，「本人の思いを尊重したい」と述べている。

1　E さんの最善の利益を実現するため，E さんにサービス付き高齢者向け住宅への転居を促す。
2　E さんにとって危険な状況であるため，緊急的な措置入所の可能性を検討する。
3　E さんの意思を尊重するため，専門職を中心に自宅で暮らし続ける方法を検討する。
4　E さんが思いを表明しやすくするため，E さんが信頼する F 民生委員に会議に同席してもらう。
5　E さんは認知機能の低下が見込まれるため，会議では E さんや関係者で判断せず，かかりつけ医の判断に委ねる。

選択肢考察

×1　E さんが今後の生活をどのようにしていきたいのかについて何もわからないまま，サービス付き高齢者向け住宅への転居を「E さんの最善の利益」と判断するのは，**判断材料となる情報が不足しているため不適切**である。

×2　事例文では，E さんについて，認知機能の低下があり，熱中症で入院したことや，近隣住民が心配していることが記されているが，これだけを根拠に**緊急の措置が必要と判断することはできない**。

×3　**情報が不足しているにもかかわらず，援助者側の思い込みによる方針を進めようとする姿勢**であり，不適切である。

○4　E さんが信頼している F 民生委員が会議に同席することで，**E さんが自身の気持ちを話しやすくなる**と考えられるため，適切である。

×5　医師に丸投げしてしまい，E さんの意向を聴くことはおろか，**援助者が考え，判断していくことすら放棄**してしまっており，不適切である。

参照ページ 『合格教科書 2025』p.350〜353 **正解 4**

非常時や災害時における総合的かつ包括的な支援

35回-39 災害時における支援体制に関する次の記述のうち，**正しいもの**を **1 つ**選びなさい。

1 災害対策基本法は，国及び地方公共団体が，ボランティアによる防災活動を監督し，その指揮命令下で活動するよう指導しなければならないと規定している。
2 災害対策基本法は，市町村長が避難行動要支援者ごとに，避難支援等を実施するための個別避難計画を作成するよう努めなければならないと規定している。
3 災害対策基本法は，本人が同意している場合でも，市町村長が作成した避難行動要支援者の名簿情報を避難支援等関係者に提供してはならないと規定している。
4 「福祉避難所の確保・運営ガイドライン」（2021 年（令和 3 年）改定（内閣府））は，福祉避難所は社会福祉施設でなければならないとしている。
5 「災害時の福祉支援体制の整備に向けたガイドライン」（厚生労働省）は，国が主に福祉避難所において，災害時要配慮者の福祉支援を行う災害派遣福祉チームを組成するとしている。

選択肢考察

×1 **国と地方公共団体は**，ボランティアが災害時に果たす役割の重要性を考慮して，**ボランティアの自主性を尊重し，連携に努めなければならない**（災害対策基本法第 5 条の 3）。

○2 避難行動要支援者とは，災害発生時，あるいは災害が起こりそうなときに自ら非難することが困難な者で，避難の際に特に支援を要する者のことを指す（災害対策基本法第 49 条の 10 第 1 項）。**市町村長は，避難行動要支援者ごとに個別避難計画を作成するよう努めなければならない**（同法第 49 条の 14 第 1 項）。

×3 本人の同意を得たうえで，避難行動要支援者の名簿情報を，消防，警察，民生委員，社会福祉協議会，自主防災組織等の**避難支援等関係者に提供することができる**（災害対策基本法第 49 条の 11 第 2 項）。ただし，災害発生時に生命保護の観点から必要がある場合には，本人の同意がなくとも名簿情報を避難支援等関係者に名簿情報を提供することができる（同法第 49 条の 11 第 3 項）。

×4 **福祉避難所とは，高齢者や障害者，乳幼児等の特に配慮を必要とする者を受け入れる避難所**で，一般避難所とは異なる基準が設けられている（災害対策基本法施行令第 20 条の 6 第 5 号，災害対策基本法施行規則第 1 条の 7 の 2）。「福祉避難所の確保・運営ガイドライン」では，**福祉避難所を社会福祉施設に限定せず，機能の整備を行うことを前提に小・中学校や公民館もその対象に含めている**。なお，2021（令和 3）年の「福祉避難所の確保・運営ガイドライン」改定では，①福祉避難所と一般避難所を分けて指定し，公示する，②事前に指定福祉避難所ごとに受入対象者の調整を行う，③避難所の感染症，熱中症，衛生環境対策，④緊急防災，減災事業債を活用した指定福祉避難所の機能強化，の記載が追加された。

×5 災害時要配慮者に対して，必要な支援が行われないことで，生活機能の低下や要介護度の進行など二次的な問題が生じるおそれがある。そのため，災害時要配慮者の福祉ニーズに対応するため，**災害派遣福祉チーム**を組織する。同**チームの組織と派遣は，都道府県が行う**。

参照ページ 『合格教科書 2025』p.194 **正解 2**

地域福祉と包括的支援体制

地域福祉ガバナンス

34回-37 国の政策において，国民又は地域住民に期待される役割に関する次の記述のうち，**最も適切なもの**を1つ選びなさい。

1 「成年後見制度利用促進法」に基づき，成年後見制度の利用の促進に関する施策に協力すること。
2 「障害者虐待防止法」等に基づき，虐待を発見した場合に，養護者に対する支援の中心となること。
3 「国民の社会福祉に関する活動への参加の促進を図るための措置に関する基本的な指針」（平成5年厚生省告示第117号）に基づき，ボランティアとして，支援を求めている人の意向に関わりなく，自分が必要と思う支援をすること。
4 「災害対策基本法」に基づき，避難支援等関係者として，災害時に自分の避難より，避難行動要支援者の避難を優先して支援をすること。
5 「認知症施策推進総合戦略（新オレンジプラン）」（2017年（平成29年）改訂（厚生労働省））に基づき，医師の指示に従って認知症の高齢者をケアすること。

（注） 1 「成年後見制度利用促進法」とは，「成年後見制度の利用の促進に関する法律」のことである。
　　　 2 「障害者虐待防止法」とは，「障害者虐待の防止，障害者の養護者に対する支援等に関する法律」のことである。

選択肢考察

○1 「**国民は，成年後見制度の重要性に関する関心と理解を深める**とともに，基本理念にのっとり，国又は地方公共団体が実施する**成年後見制度の利用の促進に関する施策に協力するよう努める**ものとする」（成年後見制度の利用の促進に関する法律第7条）。

×2 「**国民は，障害者虐待の防止，養護者に対する支援等の重要性に関する理解を深める**とともに，国又は地方公共団体が講ずる**障害者虐待の防止，養護者に対する支援等のための施策に協力するよう努めなければならない**」（障害者の虐待防止，障害者の養護者に対する支援等に関する法律第5条）。選択肢1と同様，国民には，生活が困難な状況にある人に対する理解と施策への協力が求められている。実際の支援に関しては，公的な責任に基づき行われる必要があることから，**養護者に対する相談，指導，助言といった支援は，市町村が行う**こととなっている（同法第14条）。

×3 同指針では，ボランティアの自発性，自主性が重んじられているが，ボランティアのやりたいようにやればよい，という支援を求めている人の意向を無視したボランティアを肯定するようなことは**記載されていない**。

×4 **避難支援等関係者**とは，**避難行動要支援者**（災害発生時等において自ら避難することが難しく，支援を必要とする人）に対して，**避難の支援や安否確認を行う者で，消防，警察，民生委員，市町村社会福祉協議会，自主防災組織，その他避難支援等に携わる関係者**のことを指す（災害対策基本法第49条の11第2項）。

×5 同プランでは，**認知症について正しく理解し，認知症の人やその家族を見守り，支援**する認知症サポーターの養成が進められているが，これは，医師の指示のもと，専門的な支援を行ういわば**専門的援助者を養成することではない**。

参照ページ 『合格教科書2025』p.154　　　　　　　　　　　　　　　　　　　　　　　正解 1

地域共生社会の構築

35回-34 地域共生社会の実現に向けた，厚生労働省の取組に関する次の記述のうち，**正しいもの**を1つ選びなさい。

1 2015年（平成27年）の「福祉の提供ビジョン」において，重層的支援体制整備事業の整備の必要性が示された。
2 2016年（平成28年）の「地域力強化検討会」の中間とりまとめにおいて，初めて地域包括ケアシステムが具体的に明示された。
3 2017年（平成29年）の「地域力強化検討会」の最終とりまとめにおいて，縦割りの支援を当事者中心の「丸ごと」の支援とする等の包括的な支援体制の整備の必要性が示された。
4 2018年（平成30年）の「ソーシャルワーク専門職である社会福祉士に求められる役割等について」において，社会福祉士は特定の分野の専門性に特化して養成すべきであると提言された。
5 2019年（令和元年）の「地域共生社会推進検討会」の最終とりまとめにおいて，生活困窮者自立支援法の創設の必要性が示された。

(注) 1 「福祉の提供ビジョン」とは，「誰もが支え合う地域の構築に向けた福祉サービスの実現―新たな時代に対応した福祉の提供ビジョン―」のことである。
2 「地域力強化検討会」とは，「地域における住民主体の課題解決力強化・相談支援体制の在り方に関する検討会」のことである。
3 「地域共生社会推進検討会」とは，「地域共生社会に向けた包括的支援と多様な参加・協働の推進に関する検討会」のことである。

選択肢考察

×1 「福祉の提供ビジョン」は，①**多機関の協働による包括的支援体制の構築**，②**多世代交流・多機能型の福祉拠点の整備推進**，③**サービス提供の生産性向上**，④**総合的な人材の育成・確保**，の4つを改革の主点とする。その背景には，人口減少にある我が国における福祉サービスの持続性を課題としたことがある。なお，**重層的支援体制整備事業の枠組みを示したのは，「地域共生社会推進検討会」**である。

×2 2003（平成15）年に高齢者介護研究会がまとめた「**2015年の高齢者介護～高齢者の尊厳を支えるケアの確立に向けて～**」において，**地域包括ケアシステムの考え方が政策方針として明確に示された。**

○3 「地域力強化検討会」の最終とりまとめでは，「支え手」と「受け手」が固定されない地域共生社会の実現に向け，予防の観点を重視し，専門職による多職種連携，地域住民等との協働による地域連携を今後の方向性として示したもので，「**『我が事・丸ごと』の地域づくり**」を標榜した。

×4 「地域力強化検討会」の中間とりまとめにおいて，「我が事・丸ごと」を実現するためには制度横断的な知識を有し，包括的な相談支援を担える人材育成に取り組むべきとされていたことを受け，**社会福祉士の養成カリキュラムは，幅広い福祉ニーズに対応できる実践能力を養う内容とすべきである**，としている。

×5 **生活困窮者自立支援法の成立**は，**2013（平成25）年12月**であり，「地域共生社会推進検討会」の最終とりまとめ前のこととなる。生活保護受給者以外の生活困窮者に対して，早期の生活自立支援を目的として制定された。

参照ページ 『合格教科書2025』p.74, 162, 190, 348 **正解3**

地域共生社会の構築（事例問題）

NEW

難 ●●●●● 易

36回-40 事例を読んで，包括的な支援体制の構築に向けて，社会福祉協議会の E 職員（社会福祉士）が行う支援の方針として，**適切なもの**を **2 つ**選びなさい。

〔事 例〕

P 地区では，Q 国の外国人居住者が増加している。F さんは，Q 国の外国人居住者のまとめ役を担っており，E のところに相談に訪れた。F さんは，日常会話程度の日本語は話せるが，日本の慣習に不慣れなために，過去に近隣住民とトラブルが生じてしまい，地域で気軽に相談できる日本人がいない。F さんを含めて，P 地区で暮らす外国人の多くが，地域活動にはあまり参加していない状態で，地域から孤立しているようである。E は，このような外国人居住者の社会的孤立の問題を解決するための対策を検討した。

1 F さんらを講師として招き，地域で暮らす外国人居住者の暮らしや文化について，近隣住民が学ぶ機会を設ける。
2 日本語が上達できるよう，F さんに日本語の学習教材を提供する。
3 外国人居住者が主体的に参加できるように，これまでの地域活動のあり方を見直す。
4 近隣住民と再びトラブルが生じることを避けるため，自治会長に外国人居住者に対する生活指導を依頼する。
5 外国人居住者に日本の文化や慣習を遵守させるため，地域のルールを作成する。

✓ ✓ ✓

選択肢考察

○1 F さんが E 社会福祉士に具体的に何を求めて相談に訪れたか，事例でははっきりと示されていないものの，**Q 国出身住民の地域にとけ込みたいという願いがあること**が伺える。厚生労働省が令和元年に示した『包括的な支援体制の構築に向けた基本的な考え方』では，考え方の 1 つとして，「地域やコミュニティにおけるケア・支え合う関係性の育成支援」を挙げている。本肢の内容はまずお互いを知り，人と人のつなぎになるよう場を設けることであり，上述した考え方にも沿った方針と言えるので適切である。

×2 F さんから**日本語を上達させたいというニーズを示されている**訳ではないので，日本語学習教材を渡すのは支援としてピントがずれている。

○3 選択肢考察 1 で述べた『包括的な支援体制の構築に向けた基本的な考え方』においては，**人々の交流・支え合いや社会参加などの支援を重要である**と位置づけている。また，政府が令和 4 年 6 月に発表した『外国人との共生社会の実現に向けたロードマップ』では，外国人を含む全ての人の社会参加などのビジョンを実現するための，様々な取組が示されている。本肢にある地域活動の見直しはこのような取組にもあたると考えられ，適切である。

×4 近隣住民とのトラブルは防止していく必要があるが，自治会長に生活指導を依頼することは F さんやQ 国出身住民の願いに寄り添い，**その主体性を尊重しているとは言えないため，不適切**である。

×5 日本の文化や慣習を遵守させるためにルール作成を行うことは，**一方的でパターナリズム的な支援であり，不適切**である。

参照ページ 『合格教科書 2025』p.74

正解 1，3

障害者福祉

● 内容一覧 ●

※ 「障害者権利条約」とは，「障害者の権利に関する条約」のことである。

「障害者総合支援法」とは，「障害者の日常生活及び社会生活を総合的に支援するための法律」のことである。

「精神保健福祉法」とは，「精神保健及び精神障害者福祉に関する法律」のことである。

「障害者虐待防止法」とは，「障害者虐待の防止，障害者の養護者に対する支援等に関する法律」のことである。

「障害者差別解消法」とは，「障害を理由とする差別の解消の推進に関する法律」のことである。

「障害者雇用促進法」とは，「障害者の雇用の促進等に関する法律」のことである。

「障害者優先調達推進法」とは，「国等による障害者就労施設等からの物品等の調達の推進等に関する法律」のことである。

傾向と対策

過去問の傾向を知り，適切な対策を！

● 傾向分析表【障害者福祉】●

項　目　名	第36回	第35回	第34回	問題数
障害者の生活実態			●	1
「障害者権利条約」と障害者基本法			●	1
障害者福祉制度の発展過程	●	●		2
「障害者総合支援法」	●●●●●●	●●●	●●	11
身体障害者福祉法		●		1
知的障害者福祉法			●	1
「精神保健福祉法」		●		1
「障害者雇用促進法」	●	●	●	3
障害者と家族等の支援における関係機関の役割	●			1
関連する専門職等の役割	●	●		2
社会福祉士及び精神保健福祉士の役割			●	1
障害者と家族等に対する支援の実際（多職種連携を含む）	●		●	2
問　題　数	11問	8問	8問	27問

●傾向と対策

　本科目は比較的難易度の高い問題が出題される。そのため0点をとる可能性もあり，決して油断してはいけない科目である。日頃，「障害者総合支援法」とかかわりのない人や，大学生には難しい科目といってよい。

　障害の概念とかかわりのある「ICF」に関する過去問題は「医学概論」に集約されているが，旧科目：就労支援サービスのうち，障害者雇用に関する問題は本科目に移行されており，注意が必要である。しかしながら，これまでの傾向と同じように障害福祉サービスについての設問が主流になることが予想される。加えて事例問題が1〜2題出題されている。この事例問題は制度内容を聞く問題と，支援の方法について問われる問題に分けられる。前者の事例問題は決して簡単な問題ではないため，サービスの種類とその内容といった制度理解が必要になってくる。

●頻出項目
①障害児・者の実態
　障害がある人の数的な把握，在宅に暮らす障害者の割合の推移といった基本的な事項から，最近では，就業状況や障害がある人が行政に求めることといった生活に関する項目と関連させた出題がみられる。
②障害支援区分の認定と支給決定
　介護保険制度と似ているが，一次判定・二次判定の内容，障害支援区分の認定，支給決定など
③介護給付と訓練等給付
④地域生活支援事業
　市町村地域生活支援事業と都道府県地域生活支援事業の内容について（市町村と都道府県の事業を入れ替えて理解を試すのは，国家試験の定番）
　市町村地域生活支援事業に位置づけられている「相談支援事業」
⑤相談支援専門員
⑥その他の関係法令
　障害者基本法，「障害者虐待防止法」，「障害者雇用促進法」，「障害者差別解消法」といった関係法令からも毎年1題ずつ出題されている。

34回-56 「平成28年生活のしづらさなどに関する調査（全国在宅障害児・者等実態調査）」（厚生労働省）における障害者の実態に関する次の記述のうち，**正しいもの**を1つ選びなさい。

1 身体障害者手帳所持者のうち，65歳以上の者は半分に満たない。
2 身体障害者手帳所持者のうち，障害の種類で最も多いのは肢体不自由である。
3 障害者手帳所持者のうち，困った時の相談相手として，相談支援機関と答えた者が最も多い。
4 18歳以上65歳未満の障害者手帳所持者のうち，一月当たりの平均収入として18万円～21万円未満と答えた者が最も多い。
5 障害者手帳の種類別でみると，療育手帳所持者が最も多い。

選択肢考察

×1 厚生労働省が実施している「平成28年生活のしづらさなどに関する調査（全国在宅障害児・者等実態調査)」によれば，**身体障害者手帳の所持者数は428万7,000人**であるのに対して，65歳以上の者は311万2,000人で全体の72.6%を占めている。

○2 身体障害者手帳所持者428万7,000人に対して，肢体不自由は193万1,000人で**全体の45.0%を占め，障害の種類のなかで最も多い。**

×3 困ったときの相談相手は，65歳未満，65歳以上ともに**家族が最も多く**，65歳未満では70.0%，65歳以上では74.1%である。なお，相談支援機関と答えた者は65歳未満で14.9%，65歳以上で10.1%であり，どちらの年齢群でも家族，行政機関，医療機関，友人・知人，福祉サービス提供事業所等に次いで6番目である。

×4 18歳以上65歳未満の障害者手帳所持者では，一月当たりの平均収入は「**6万円以上～9万円未満**」が26.4%と最も多く，「18万円以上～21万円未満」の回答者は4.5%である。

×5 障害者手帳所持者数559万4,000人に対して，**身体障害者手帳の所持者428万7,000人が最も多く**，次いで**療育手帳の96万2,000人，精神障害者保健福祉手帳の84万1,000人**である。

※第37回社会福祉士国家試験受験者は厚生労働省の発表する最新の「令和4年生活のしづらさなどに関する調査」にも目を通しておくこと。

参照ページ 『合格教科書2025』p.21, 196, 197　　　　　　　　　　　　　　**正解 2**

障害者福祉

〈障害者手帳所持者数〉

年齢階級	身体障害者手帳		療育手帳		精神障害者保健福祉手帳	
0〜9歳	31	(0.7%)	97	(10.1%)	4	(0.5%)
10〜17歳	37	(0.9%)	117	(12.2%)	10	(1.2%)
18〜19歳	10	(0.2%)	43	(4.5%)	4	(0.5%)
20〜29歳	74	(1.7%)	186	(19.3%)	74	(8.8%)
30〜39歳	98	(2.3%)	118	(12.3%)	118	(14.0%)
40〜49歳	186	(4.3%)	127	(13.2%)	179	(21.3%)
50〜59歳	314	(7.3%)	72	(7.5%)	141	(16.8%)
60〜64歳	331	(7.7%)	34	(3.5%)	64	(7.6%)
65〜69歳	576	(13.4%)	31	(3.2%)	59	(7.0%)
70〜74歳	577	(13.5%)	35	(3.6%)	45	(5.4%)
75〜79歳	690	(16.1%)	29	(3.0%)	38	(4.5%)
80〜89歳	1,044	(24.4%)	49	(5.1%)	62	(7.4%)
90歳以上	225	(5.2%)	5	(0.5%)	10	(1.2%)
年齢不詳	93	(2.2%)	18	(1.9%)	33	(3.9%)
総数	4,287	(100.0%)	962	(100.0%)	841	(100.0%)

単位：千人

（厚生労働省社会・援護局障害保健福祉部『平成28年生活のしづらさなどに関する調査（全国在宅障害児・者等実態調査）』結果より抜粋）

〈身体障害者手帳所持者数の障害別内訳〉

障害種別	視覚障害	聴覚・言語障害	肢体不自由	内部障害	不詳	総数
所持者数	312 (7.3%)	341 (8.0%)	1,931 (45.0%)	1,241 (28.9%)	462 (10.8%)	4,287 (100.0%)

単位：千人

（厚生労働省社会・援護局障害保健福祉部『平成28年生活のしづらさなどに関する調査（全国在宅障害児・者等実態調査）』結果より抜粋）

 「障害者権利条約」と障害者基本法

34回-61 障害者基本法に関する次の記述のうち，**最も適切なもの**を1つ選びなさい。

1 「障害者」とは，「身体障害，知的障害又は精神障害により，長期にわたり日常生活又は社会生活に相当な制限を受ける者をいう」と定義されている。
2 意思疎通のための手段としての言語に手話が含まれることが明記されている。
3 都道府県は，毎年，障害者のために講じた施策の概況に関する報告書を国に提出しなければならないとされている。
4 社会モデルを踏まえた障害者の定義は，国際障害者年に向けた取組の一環として導入された。
5 障害を理由とする差別の禁止についての規定はない。

選択肢考察

×1 **障害者基本法**は2011（平成23）年に改正され，障害者の定義を「身体障害，知的障害，精神障害（発達障害を含む。）その他の心身の機能の障害（以下「障害」と総称する。）がある者であつて，**障害及び社会的障壁**により継続的に日常生活又は社会生活に相当な制限を受ける状態にあるものをいう」（第2条）としている。社会的障壁により制限を受けるとしたことに特徴がある。

○2 第3条第3号に「**言語（手話を含む。）その他の意思疎通のための手段**」と明記されている。

×3 第13条に「**政府**は，毎年，国会に，障害者のために講じた施策の概況に関する報告書を提出しなけれ

ばならない」としている。都道府県ではないため，選択肢 3 は不適切である。

×4 　選択肢 1 の考察に記載したとおり，同法の障害者の定義では**社会的障壁**により制限を受けているという**社会モデルを踏まえた定義**がなされている。これは，障害者権利条約の批准に向けて改正されたものであり，国際障害者年に向けた取組の一環として導入されたという選択肢 4 は不適切である。なお，**障害者権利条約への批准**は 2014（平成 26）年，**国際障害者年**は 1981（昭和 56）年である。

×5 　第 4 条で「何人も，障害者に対して，障害を理由として，差別することその他の権利利益を侵害する行為をしてはならない」と**障害者に対する差別の禁止**を規定している。

参照ページ 　『合格教科書 2025』p.78, 189, 199, 220 　　　　　　　　　　　　　　　　　　正解 2

障害者福祉制度の発展過程

36 回-57 　障害者福祉制度の発展過程に関する次の記述のうち，**最も適切なもの**を **1 つ**選びなさい。

1 　1949 年（昭和 24 年）に制定された身体障害者福祉法では，障害者福祉の対象が生活困窮者に限定された。
2 　1987 年（昭和 62 年）に精神衛生法が精神保健法に改正され，保護者制度が廃止された。
3 　2004 年（平成 16 年）に改正された障害者基本法では，障害者に対する差別の禁止が基本理念として明文化された。
4 　2005 年（平成 17 年）に制定された障害者自立支援法では，利用者負担は所得に応じた応能負担が原則となった。
5 　2011 年（平成 23 年）に障害者基本法が改正され，法律名が心身障害者対策基本法に改められた。

選択肢考察

×1 　身体障害者福祉法の制定時には，「別表に掲げる身体上の障害のため**職業能力**が損傷されている十八歳以上の者であつて，都道府県知事から身体障害者手帳の交付を受けたものをいう。」とされていた。生活困窮者に限定されてはいない。

×2 　**精神衛生法**が精神保健法に改正されたのは 1987（昭和 62）年であるが，**保護者制度**が廃止されたのは 2013（平成 25）年の**精神保健福祉法の改正時**である。

○3 　2004（平成 16）年に改正された障害者基本法で，「何人も，障害者に対して，障害を理由として，差別することその他の権利利益を侵害する行為をしてはならない」という**基本理念が追加された**。

×4 　2005（平成 17）年に公布された障害者自立支援法で初めて**応益負担**の考え方が障害福祉に取り入れられた。その後，2012（平成 24）年から**応能負担**に変更された。

×5 　**心身障害者対策基本法**は 1970（昭和 45）年に成立したもので，その後 1993（平成 5）年に**障害者基本法**に改正された。

参照ページ 　『合格教科書 2025』p.199 　　　　　　　　　　　　　　　　　　　　　　　　　正解 3

障害者福祉

障害者福祉制度の発展過程

35 回-56 障害者福祉制度の発展過程に関する次の記述のうち，**最も適切なもの**を 1 つ選びなさい。

1 1960 年（昭和 35 年）に成立した精神薄弱者福祉法は，ソーシャルインクルージョンを法の目的とし，脱施設化を推進した。
2 1981 年（昭和 56 年）の国際障害者年では，「Nothing about us without us（私たち抜きに私たちのことを決めるな）」というテーマが掲げられた。
3 2003 年（平成 15 年）には，身体障害者等を対象に，従来の契約制度から措置制度に転換することを目的に支援費制度が開始された。
4 2005 年（平成 17 年）に成立した障害者自立支援法では，障害の種別にかかわらず，サービスを利用するための仕組みを一元化し，事業体系を再編した。
5 2013 年（平成 25 年）に成立した「障害者差別解消法」では，市町村障害者虐待防止センターが規定された。
（注）「障害者差別解消法」とは，「障害を理由とする差別の解消の推進に関する法律」のことである。

選択肢考察

×1 1960（昭和 35）年に制定された精神薄弱者福祉法は，**入所施設の設置を推進していた**。

×2 1981（昭和 56）年の国際障害者年では，「**完全参加と平等**」がテーマであった。「Nothing about us without us（私たち抜きに私たちのことを決めるな）」というテーマは 2006 年 12 月に第 61 回国連総会で採択され，2008 年 5 月に発効した**障害者権利条約**のスローガンである。

×3 2003（平成 15）年に開始された支援費制度では，それまでの**措置制度から契約制度に転換**された。

○4 2005（平成 17）年に成立した障害者自立支援法では，**障害種別の枠を取り払い**，**一元化する**とともに，事業体系が再編された。

×5 **市町村障害者虐待防止センター**は，2011（平成 23）年に成立した「障害者虐待の防止，障害者の養護者に対する支援等に関する法律（障害者虐待防止法）」に規定されている。

参照ページ 『合格教科書 2025』p.199 正解 4

NEW

「障害者総合支援法」

36 回-56 障害者等の法律上の定義に関する次の記述のうち，**最も適切なもの**を 1 つ選びなさい。

1 「障害者虐待防止法」における障害者とは，心身の機能の障害がある者であって，虐待を受けたものをいう。
2 「障害者総合支援法」における障害者の定義では，難病等により一定の障害がある者を含む。
3 知的障害者福祉法における知的障害者とは，知的障害がある者であって，都道府県知事から療育手帳の交付を受けたものをいう。
4 発達障害者支援法における発達障害者とは，発達障害がある者であって，教育支援を必要とするものをいう。
5 児童福祉法における障害児の定義では，障害がある者のうち，20 歳未満の者をいう。
（注） 1 「障害者虐待防止法」とは，「障害者虐待の防止，障害者の養護者に対する支援等に関する法律」のことである。
2 「障害者総合支援法」とは，「障害者の日常生活及び社会生活を総合的に支援するための法律」のことである。

×1 「障害者虐待防止法」第2条における障害者の定義は**障害者基本法第2条に定められる障害者**であり，「身体障害，知的障害，精神障害（発達障害を含む。）その他の心身の機能の障害（以下「障害」と総称する。）がある者であつて，障害及び社会的障壁により継続的に日常生活又は社会生活に相当な制限を受ける状態にあるものをいう。」とされている。「虐待を受けたもの」という規定はない。

○2 「障害者総合支援法」第4条に「治療方法が確立していない疾病その他の特殊の疾病であって政令で定めるものによる障害の程度が主務大臣が定める程度である者であって十八歳以上であるもの」との定義があり**難病等による障害も含まれる**。

×3 知的障害者福祉法には，知的障害に関する**定義はされていない**。**療育手帳**に関しては，「療育手帳制度について（厚生事務次官通知）」に定められている。

×4 発達障害者支援法第2条第2項に，発達障害者は，「発達障害がある者であって発達障害及び社会的障壁により日常生活又は社会生活に制限を受けるものをいい，「発達障害児」とは，発達障害者のうち十八歳未満のものをいう。」と定義されている。**教育支援の必要性は明記されていない**。

×5 児童福祉法における児童は，**18歳未満**の者とされている。

参照ページ 『合格教科書 2025』p.220

正解 2

NEW

「障害者総合支援法」（事例問題）

難 ●●●○●● 易

36回-60 事例を読んで，V相談支援事業所のK相談支援専門員がこの段階で紹介する障害福祉サービスとして，**最も適切なもの**を1つ選びなさい。

〔事 例〕

Lさん（30歳，統合失調症）は，週1回の精神科デイケアを利用している。Lさんは，過去に何度かアルバイトをしたことはあるが，症状の再燃により，短期間で辞めていた。最近になって，症状が改善し，生活リズムも安定したことから，将来を見据えて一般就労を希望するようになった。ただし，自分の能力や適性がわからないため，不安が強い。Lさんの相談を受けたK相談支援専門員は，障害福祉サービスを紹介することにした。

1 就労継続支援A型
2 就労継続支援B型
3 就労移行支援
4 就労定着支援
5 職場適応援助者（ジョブコーチ）

選択肢考察

×1 「障害者総合支援法」第5条第14項に，**就労継続支援**は「**通常の事業所に雇用されることが困難な障害者**につき，就労の機会を提供するとともに，生産活動その他の活動の機会の提供を通じて，その知識及び能力の向上のために必要な訓練その他の主務省令で定める便宜を供与することをいう」と定められている。就労を希望している**L**さんの利用する障害福祉サービスとしては不適切である。

×2 「障害者総合支援法」において，就労継続支援A型とB型はともに**就労継続支援**として第5条第14項に規定されている。したがって選択肢1と同様に不適切である。

○3 **就労移行支援**は同法第5条第13項に，「**就労を希望する障害者**につき，主務省令で定める期間にわたり，生産活動その他の活動の機会の提供を通じて，就労に必要な知識及び能力の向上のために必要な訓

練その他の主務省令で定める便宜を供与することをいう。」とされている。Lさんの希望に沿ったサービスであるため適切である。

×4 **就労定着支援**は同法第5条第15条に定められており，通常の事業所（一般企業等）に雇用された障害者に対して，「**就労の継続を図るために必要な当該事業所の事業主，障害福祉サービス事業を行う者，医療機関その他の者**との連絡調整その他の主務省令で定める便宜を供与する」ものである。これから一般就労を希望しているLさんは対象とはならないため，不適切である。

×5 **職場適応援助者**（ジョブコーチ）は，「**障害者雇用促進法**」第20条に定められており，障害者が「**職場に適応することを容易にするための援助を行う者**」である。これから一般就労を希望しているLさんには不適切である。なお，職場適応援助者（ジョブコーチ）は「障害者総合支援法」に規定される障害福祉サービスではない。

参照ページ 『合格教科書2025』p.207, 210, 211 正解 3

 「障害者総合支援法」（事例問題）

35回-58 事例を読んで，これからの生活においてLさんが利用可能な「障害者総合支援法」に基づく障害福祉サービスとして，**適切なものを2つ**選びなさい。

〔事 例〕
Lさん（30歳）は，視覚障害により障害等級1級の身体障害者手帳の交付を受けている。慣れた場所では白杖(はくじょう)を利用し単独で歩行でき，日中は一般就労に従事している。これまで実家暮らしで家族から介護を受けてきたが，職場近くの賃貸住宅を借り，そこで一人暮らしをしようと準備している。これからは，趣味や外食のため，行ったことがない所にも積極的に外出したいと考えている。Lさんの障害支援区分は3で，調理，洗濯，掃除等の家事援助を必要としている。
1 居宅介護
2 重度訪問介護
3 同行援護
4 行動援護
5 重度障害者等包括支援

選択肢考察

○1 **居宅介護**は，居宅において**入浴，排せつ又は食事の介護その他の便宜を供与する**事業で，「調理，洗濯，掃除等の家事援助を必要としている」というニーズに合致している。

×2 **重度訪問介護**は，「**重度の肢体不自由者**又は重度の知的障害若しくは精神障害により行動上著しい困難を有する障害者」（「障害者総合支援法」施行規則第1条の4）を対象としている。Lさんには該当しない。

○3 **同行援護**は，**移動に著しい困難を有する視覚障害者**の外出に同行し，移動に必要な情報の提供及び移動の援護を行うものである。Lさんの慣れた場所では単独で歩行できるが，行ったことがないところにも外出したいという要望と合致する。

×4 **行動援護**は知的障害または精神障害により行動上著しい困難を有する障害者を対象としたもので，行動する際に生じ得る危険を回避するために必要な援護及び外出時における移動中の介護を行う事業である。Lさんには該当しない。

×5 **重度障害者等包括支援**は，「**常時介護を要する障害者**等であって，意思疎通を図ることに著しい支障が

あるもののうち，四肢の麻痺及び寝たきりの状態にあるもの並びに知的障害又は精神障害により行動上著しい困難を有するもの」（「障害者総合支援法」施行規則第6条の2）が対象である。**L**さんには該当しない。

参照ページ　『合格教科書 2025』p.207　　　　正解 1, 3

 「障害者総合支援法」（事例問題）　　　　　難●●○●●易

35回-60　事例を読んで，この段階において U 相談支援事業所の M 相談支援専門員（社会福祉士）が行う支援の内容として，次のうち**最も適切なもの**を 1 つ選びなさい。

〔事　例〕
　U 相談支援事業所の M 相談支援専門員は，V 精神科病院の地域医療連携室に勤務する A 精神保健福祉士から，精神障害者の B さん（50 歳代）の今後の生活について，相談を受けた。B さんは，V 精神科病院において約 10 年にわたって入院生活を送ってきた。現在，症状は安定しているが，身寄りもなく，帰る場所もない状態であり，聞かれれば，「可能なら就労したい」と答える。そこで，M 相談支援専門員は，A 精神保健福祉士と連携しつつ，B さんとの定期的な面接による相談を行い，これからの生活を一緒に考えることになった。

1　地域移行支援による退院支援
2　地域定着支援による退院支援
3　公共職業安定所（ハローワーク）を利用した求職活動の支援
4　障害者就業・生活支援センターによる職業準備訓練を受けるための支援
5　後見開始の審判申立て支援

選択肢考察

○1　**地域移行支援**は，障害者支援施設に入所している障害者及び精神科病院に入院している精神障害者等に対して，「**住居の確保その他の地域における生活に移行するための活動**に関する相談その他の厚生労働省令で定める便宜を供与する」ものであり，B さんに対する支援としては最も適切である

×2　**地域定着支援**は，**すでに居宅において単身での生活をしている障害者**を対象として緊急の事態などの場合に相談を行う事業である。現在精神科病院に入院している B さんは該当しないため，不適切である。

×3　就職したいという B さんの希望から求職活動の支援は今後必要となるが，**入院中の現段階では適切な支援とはいえない**。

×4　今後の支援とはしては選択肢として挙げられるが，**入院中の現段階は適切な支援とはいえない**。

×5　**成年後見制度**は，判断能力が不十分な人の財産管理や身上監護を行うものである。事例において現段階で最も必要な支援は住居の確保であり，また，**判断能力に問題があるとは考えられないこと**から，不適切である。

参照ページ　『合格教科書 2025』p.212, 213, 275　　　　正解 1

障害者福祉

36回-143 次の記述のうち，就労定着支援に関する説明として，**最も適切なもの**を1つ選びなさい。

1 特別支援学校を卒業したばかりの新卒者の職場定着を支援する。
2 支援は，障害者が通常の事業所に雇用される前から開始される。
3 支援は，最大6か月間提供される。
4 支援の内容には，生産活動の機会の提供を通じて，知識及び能力の向上のために必要な訓練を供与することが含まれる。
5 支援の内容には，障害者が雇用されたことに伴い生じる日常生活又は社会生活を営む上での問題に関する相談，助言が含まれる。

選択肢考察

×1 就労定着支援の対象者は，**就労移行支援，就労継続支援，生活介護，自立訓練**の利用を経て**一般就労へ移行した者**である。特別支援学校を卒業したばかりの新卒者は対象にならない。

×2 就労定着支援の対象者は，**一般就労後6か月を経過した者**である。雇用される前からの支援ではない。

×3 利用期間は**3年間**である。

×4 設問は，**就労継続支援**の支援内容である。

○5 就労の継続を図るために，障害者を雇用した事業所，障害福祉サービス事業者，医療機関等との**連絡調整**，障害者が雇用されることに伴い生じる日常生活又は社会生活を営む上での各般の問題に関する**相談，指導及び助言**その他の**必要な支援**を行う。

参照ページ 『合格教科書2025』p.204, 207, 210, 211 **正解5**

34回-57 「障害者総合支援法」における相談支援などに関する次の記述のうち，**正しいもの**を1つ選びなさい。

1 サービス利用支援では，利用者の自宅を訪問し，身体介護や家事援助等の介助を行う。
2 地域相談支援では，地域生活から施設入所や精神科病院への入院に向けた移行支援を行う。
3 相談支援は，訓練等給付費の支給対象となる。
4 基幹相談支援センターは，地域における相談支援の中核的な役割を担う機関である。
5 指定障害福祉サービスの管理を行う者として相談支援専門員が規定されている。
(注) 「障害者総合支援法」とは，「障害者の日常生活及び社会生活を総合的に支援するための法律」のことである。

選択肢考察

×1 「障害者総合支援法」における「**サービス利用支援**」は，第5条第22項に定められているもので，「**サービス利用計画案**」を作成する相談支援事業であり，身体介護や家事援助等の直接的な支援をする事業ではない。

×2 **地域相談支援**は，第5条第18項に定められている**地域移行支援**及び**地域定着支援**をいい，「施設に入所している障害者」「精神科病院に入院している精神障害者」「地域における生活に移行するために重点

的な支援を必要とする者」に対して**住居の確保や地域生活に移行するための活動に関する相談**等を行うものである。

×3　**訓練等給付費**は，自立訓練，就労移行支援，就労継続支援，就労定着支援，自立生活援助，共同生活援助に対して支給される給付である。相談支援では，**地域相談支援給付費**（第51条の13），または**計画相談支援給付費**（第51条の17）が支給される。

○4　**基幹相談支援センター**は第77条の2に，「**地域における相談支援の中核的な役割を担う機関**」と定められている。

×5　**相談支援専門員**は地域相談支援，計画相談支援などに従事する職種である。障害福祉サービスの管理を行う者として規定されているのは，**サービス管理責任者**である（「障害者総合支援法」に基づく指定障害福祉サービスの事業等の人員，設備及び運営に関する基準第50条第1項第4号など）。

 参照ページ　『合格教科書2025』p.203, 213, 216　　　　　　　　　**正解4**

〈基幹相談支援センターの役割のイメージ〉

基幹相談支援センターは，地域の相談支援の拠点として総合的な相談業務（身体障害・知的障害・精神障害）および成年後見制度利用支援事業を実施し，地域の実情に応じて以下の業務を行う。

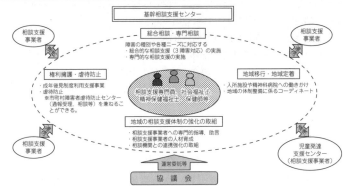

（厚生労働省ホームページより）

NEW

「障害者総合支援法」（事例問題）　　難●○○○○○易

36回-62　事例を読んで，**M相談支援専門員**（社会福祉士）がこの段階で行う支援として，**適切なもの**を**2つ**選びなさい。

〔事　例〕

軽度の知的障害があるAさん（22歳）は，両親と実家で暮らしている。特別支援学校高等部を卒業後，地元企業に就職したが職場に馴染めず3か月で辞めてしまい，その後，自宅に引きこもっている。最近，Aさんは学校時代の友人が就労継続支援B型を利用していると聞き，福祉的就労に関心を持ち始めた。Aさんと両親は，市の相談窓口で紹介されたW基幹相談支援事業所に行き，今後についてM相談支援専門員に相談した。

1　友人と自分を比べると焦りが生じるため，自身の将来に集中するように助言する。
2　一般企業で働いた経験があるので，再度，一般就労を目指すよう励ます。
3　地域にある就労継続支援B型の体験利用をすぐに申し込むよう促す。
4　Aさん自身がどのような形の就労を望んでいるかAさんの話を十分に聞く。
5　Aさんの日常生活の状況や就労の希望について，両親にも確認する。

×1 　相談支援専門員としての基本的な態度に関する問題である。自宅に引きこもっているという特別な
×2 　状況にはあるが，原則として，**本人の話を傾聴すること**，**今後の支援に必要な情報を収集すること**
×3 　が初期の段階では重要である。初めから助言をしたり，励ましたり，何らかの方向性について促す
○4 　といったことは不適切と考えられる。したがって，本事例では選択肢4および選択肢5が適切な支
○5 　援であるといえる。

参照ページ 　『合格教科書 2025』p.210, 211 　　　　　　　　　　　　　　　　　正解 4, 5

「障害者総合支援法」　　　　　　　　　　　　　　　　　難 ●●○●● 易

36回-61 　「障害者総合支援法」における障害支援区分に関する次の記述のうち，**最も適切なもの**を1つ選びな
さい。

1 　障害支援区分に係る一次判定の認定調査の項目は全国一律ではなく，市町村独自の項目を追加してもよい。
2 　障害支援区分の認定は，都道府県が行うものとされている。
3 　市町村は，認定調査を医療機関に委託しなければならない。
4 　障害支援区分として，区分1から区分6までがある。
5 　就労継続支援A型に係る支給決定においては，障害支援区分の認定を必要とする。

×1 　障害支援区分の認定調査項目は，**全国一律**に定められている。

×2 　障害支援区分の認定は，「障害者総合支援法」第20条第2項により，**市町村**が行うものとされている。

×3 　市町村は，認定調査を**指定一般相談支援事業者等に委託**することができる（同法第20条第2項）。医療
　　機関への委託は義務付けられていない。

○4 　選択肢文の通り，障害支援区分には**区分1から区分6**までがある。

×5 　就労継続支援A型事業は，障害支援区分の認定を必要とする事業には**含まれていない**。

参照ページ 　『合格教科書 2025』p.208, 209 　　　　　　　　　　　　　　　　　正解 4

「障害者総合支援法」

35回-57 「障害者総合支援法」における介護給付費等の支給決定に関する次の記述のうち，**適切なもの**を**2つ**選びなさい。

1 市町村は，介護給付費等の支給決定に際して実施する調査を，指定一般相談支援事業者等に委託することができる。
2 障害児に係る介護給付費等の支給決定においては，障害支援区分の認定を必要とする。
3 就労定着支援に係る介護給付費等の支給決定においては，障害支援区分の認定を必要とする。
4 市町村は，介護給付費等の支給決定を受けようとする障害者又は障害児の保護者に対し，支給決定後に，サービス等利用計画案の提出を求める。
5 障害支援区分は，障害の多様な特性その他の心身の状態に応じて必要とされる標準的な支援の度合を総合的に示すものである。
（注） 「障害者総合支援法」とは，「障害者の日常生活及び社会生活を総合的に支援するための法律」のことである。

選択肢考察

○1 「障害者総合支援法」第20条第2項に，**指定一般相談支援事業者等に委託することができる**と規定されている。
×2 障害児は**勘案事項**の調査はあるが，障害支援区分の認定は必要とされない。
×3 **就労定着支援**は訓練等給付費の支給決定となるため，障害支援区分の認定は必要とされない（同法第28条第2項）。
×4 **サービス等利用計画案**は，支給決定の前に提出することになっている（同法第22条第6項）。なお，支給決定後は**サービス等利用計画**を提出することが必要である。
○5 **障害者支援区分**は，「障害者等の障害の多様な特性その他の心身の状態に応じて必要とされる標準的な支援の度合を総合的に示すものとして**厚生労働省令で定める区分**」（同法第4条第4項）と定義されている。

参照ページ 『合格教科書2025』p.207 **正解 1，5**

障害者福祉

「障害者総合支援法」

34回-58 「障害者総合支援法」の実施に関わる関係機関などの役割に関する次の記述のうち，**正しいもの**を**1つ**選びなさい。

1 障害支援区分の認定は，市町村が行う。
2 介護給付費に関する処分に不服がある者は，市町村長に対して審査請求ができる。
3 訓練等給付費の支給決定は，都道府県が行う。
4 自立支援給付や地域生活支援事業の円滑な実施を確保するための基本指針は，都道府県が定める。
5 国，都道府県及び市町村は，自立支援給付に係る費用をそれぞれ3分の1ずつ負担する。

選択肢考察

○1 「障害者総合支援法」第20条第2項に規定されているとおり，**障害支援区分**の認定は**市町村**が行う。

なお，市町村は，支援区分の認定に必要な調査を指定一般相談支援事業者等に委託することができる。

×2　介護給付費に関する処分に不服があるときは，市町村長ではなく，**都道府県知事**に対して**審査請求**をすることができる（第 97 条）。

×3　介護給付費，訓練等給付費の**支給決定**は，障害支援区分の認定と同様，**市町村**が行うものである（第 19 条）。

×4　「自立支援給付及び地域生活支援事業の円滑な実施を確保するための基本的な指針」を定めるのは**厚生労働大臣**である（第 87 条）。都道府県は，「各市町村を通ずる広域的な見地から，障害福祉サービスの提供体制の確保その他この法律に基づく業務の円滑な実施に関する計画」である**都道府県障害福祉計画**を定めることとされている（第 89 条）。なお，市町村は「障害福祉サービスの提供体制の確保その他この法律に基づく業務の円滑な実施に関する計画」である**市町村障害福祉計画**を定めることとなっている（第 88 条）。

×5　**自立支援給付**にかかる費用は，国が **100 分の 50**（1/2）（第 95 条），**都道府県が 100 分の 25**（1/4）（第 94 条），**残りの 100 分の 25**（1/4）を市町村が負担する（第 92 条）こととなっている。

参照ページ　『合格教科書 2025』p.208, 209　　　　　　　　　　**正解 1**

「障害者総合支援法」

 難 ●●○●●● 易

36 回-59　「障害者総合支援法」による自立支援医療に関する次の記述のうち，正しいものを 1 つ選びなさい。

1　自立支援医療の種類には，更生医療が含まれる。
2　自立支援医療の種類にかかわらず，支給認定は都道府県が行う。
3　利用者の自己負担割合は，原則として 3 割である。
4　精神通院医療では，精神障害者保健福祉手帳の所持者以外は支給対象とならない。
5　利用者は，自立支援医療を利用する場合には，自由に医療機関を選択できる。

選択肢考察

○1　自立支援医療には，**育成医療，更生医療，精神通院医療**が含まれる（「障害者総合支援法」施行令第 1 条）。

×2　育成医療，精神通院医療は**都道府県**，更生医療は**市町村**が支給認定の実施主体である。

×3　自己負担額は原則として **1 割**である。なお，**負担額の上限**が設定されている。

×4　精神通院医療の支給対象は，**精神保健福祉法第 5 条第 1 項に規定される精神障害者**であり，精神障害者保健福祉手帳の所持者に限定されてはいない。

×5　自立支援医療は，指定自立支援医療機関で受診する必要があり，**支給認定の際に医療機関が指定**される（「障害者総合支援法」第 54 条第 2 項）。

参照ページ　『合格教科書 2025』p.214, 215, 407　　　　　　　　**正解 1**

身体障害者福祉法

35回-61 身体障害者福祉法に関する次の記述のうち，**正しいもの**を**1つ**選びなさい。

1　身体障害者福祉法の目的は，「身体障害者の更生を援助し，その更生のために必要な保護を行い，もつて身体障害者の福祉の増進を図ること」と規定されている。
2　身体障害者の定義は，身体障害者手帳の交付を受けたかどうかにかかわらず，別表に掲げる身体上の障害がある18歳以上の者をいうと規定されている。
3　身体障害者手帳に記載される身体障害の級別は，障害等級1級から3級までである。
4　都道府県は，身体障害者更生相談所を設置しなければならない。
5　市町村は，その設置する福祉事務所に，身体障害者福祉司を置かなければならない。

選択肢考察

×1　1949（昭和24）年に制定された**身体障害者福祉法**では，選択肢のような目的が掲げられていたが，現在は，「身体障害者の**自立と社会経済活動への参加**を促進するため，身体障害者を援助し，及び必要に応じて保護し，もつて身体障害者の福祉の増進を図ることを目的とする」（身体障害者福祉法第1条）とされている。
×2　身体障害者福祉法第4条に「別表に掲げる身体上の障害がある18歳以上の者であつて，都道府県知事から**身体障害者手帳**の交付を受けたものをいう」と定義されている。
×3　身体障害者手帳の障害等級は**1級から6級**まである。なお，肢体不自由においては7級まであるが，2つ以上重複する場合は6級とし，手帳が交付される。
○4　同法第11条に都道府県が**身体障害者更生相談所**を設置すると規定されている。
×5　身体障害者福祉司は，身体障害者更生相談所には置かなければならないとされているが，市町村の福祉事務所には「身体障害者福祉司を置くことができる」とされており，**義務づけられてはいない**（同法第11条の2）。

参照ページ　『合格教科書2025』p.20, 21, 199, 372　　　　　　　　　**正解 4**

知的障害者福祉法

34回-60 知的障害者福祉法に関する次の記述のうち，**正しいもの**を**1つ**選びなさい。

1　知的障害者に対する入院形態として，医療保護入院が規定されている。
2　市町村は，知的障害者更生相談所を設けなければならないと規定されている。
3　市町村は，その設置する福祉事務所に知的障害者福祉司を置くことができると規定されている。
4　1998年（平成10年）に，精神衛生法から知的障害者福祉法に名称が変更された。
5　知的障害者に対して交付される「療育手帳」について規定されている。

選択肢考察

×1　**医療保護入院**は「精神保健福祉法」第33条に規定され，精神障害者を，家族等の同意があれば，**本人の同意がなくても入院させることができる**とするものである。この精神障害者に知的障害者は含まれない。

障害者福祉

×2 　**知的障害者更生相談所は都道府県**に設置義務がある（第12条）。

○3 　都道府県は「知的障害者更生相談所に，**知的障害者福祉司を置かなければならない**」と義務づけられているが，**市町村**は「福祉事務所に，知的障害者福祉司を**置くことができる**」とされている（第13条）。

×4 　1998（平成10）年に「精神薄弱の用語の整理のための関係法律の一部を改正する法律」によってそれまでの精神薄弱者福祉法から知的障害者福祉法に名称が変更され，1999（平成11）年4月1日から施行された。**精神衛生法**は精神障害者に適切な医療・保護の機会を提供するために1950（昭和25）年に制定された法律で，1987（昭和62）年に**精神保健法**へと改正され，その後1995（平成7）年に「**精神保健及び精神障害者福祉に関する法律**」へと改正された。

×5 　知的障害者に対して交付される**療育手帳**は，知的障害者福祉法には規定されておらず，「**療育手帳制度について**」という厚生事務次官通知によって規定されている。なお，身体障害者福祉法では**身体障害者手帳**が，「**精神保健福祉法**」では**精神障害者保健福祉手帳**が規定されている。

参照ページ　『合格教科書 2025』p.23, 179　　　　　　　　　　　　　　　　　　　　正解 3

 「精神保健福祉法」　　　　　　　　　　　　　　　　　　　　　難●●●●●易

35回-62　「精神保健福祉法」に規定されている入院に関する次の記述のうち，**最も適切なもの**を1つ選びなさい。

1 　任意入院では，入院者から退院の申出があった場合，精神保健指定医の診察により，24時間以内に限り退院を制限することができる。

2 　応急入院では，精神科病院の管理者は，精神保健指定医の診察がなくても，72時間以内に限り入院させることができる。

3 　医療保護入院では，精神保健指定医の診察の結果，必要と認められれば，本人の同意がなくても，家族等のうちいずれかの者の同意に基づき入院させることができる。

4 　医療保護入院では，精神保健指定医の診察の結果，必要と認められれば，本人の同意がなくても，本人に家族等がいない場合は検察官の同意により入院させることができる。

5 　措置入院では，本人に自傷他害のおそれがあると認めた場合，警察署長の権限に基づき入院させることができる。

（注）　「精神保健福祉法」とは，「精神保健及び精神障害者福祉に関する法律」のことである。

選択肢考察

×1 　**任意入院**の場合，**72時間**に限って退院を制限することができるとされている（「精神保健福祉法」第21条第3項）。

×2 　**応急入院は家族等の同意を得ることができない場合に72時間**に限って入院させることができるが，精神保健指定医の診察が必要である（同法第33条の7）。

○3 　選択肢文にある通り，**医療保護入院**では，**精神保健指定医が医療及び保護のため入院の必要があると認めた場合は，家族等のうちいずれかの者の同意があるときは本人の同意がなくても入院させることができる**とされている（同法第33条）。

×4 　医療保護入院において，「家族等のうちいずれかの者」の家族等に含まれるのは，「当該精神障害者の**配偶者，親権を行う者，扶養義務者及び後見人又は保佐人**」であり，検察官は含まれない（同法第33条第2項）。

×5 　**措置入院**は，「医療及び保護のために入院させなければその精神障害のために自身を傷つけ又は他人

に害を及ぼすおそれがあると認めたとき」に**都道府県知事**の権限で入院させるものである。

参照ページ 『合格教科書 2025』p.199, 214, 218　　　　　　　　　　　　　　　　正解 3

「障害者雇用促進法」
難 ●●○●●● 易

34 回-62　「障害者雇用促進法」及び「障害者優先調達推進法」に関する次の記述のうち，**最も適切なもの**を 1 つ選びなさい。

1　国は，障害者就労施設，在宅就業障害者及び在宅就業支援団体から優先的に物品等を調達するよう努めなければならない。
2　国や地方公共団体は，法定雇用率を上回るよう障害者の雇用を義務づける障害者雇用率制度の対象外である。
3　事業主は，障害者就労施設から物品を調達することで障害者雇用義務を履行したとみなすことができる。
4　事業主は，在宅就業支援団体を通じて在宅就業障害者に仕事を発注することで障害者雇用義務を履行したとみなすことができる。
5　事業主は，身体障害者及び知的障害者を雇用する法的義務を負うが，精神障害者については雇用するよう努めればよい。

(注)　1　「障害者雇用促進法」とは，「障害者の雇用の促進等に関する法律」のことである。
　　　2　「障害者優先調達推進法」とは，「国等による障害者就労施設等からの物品等の調達の推進等に関する法律」のことである。

選択肢考察

○1　「障害者優先調達推進法」の第 3 条に，**国及び独立行政法人等**が「優先的に障害者就労施設等から物品等を調達するよう努めなければならない」と規定している。また，**障害者就労施設**等は「障害就労施設」「在宅就業障害者及び在宅就業支援団体」と定められている（同法第 2 条第 4 項）。

×2　国及び地方公共団体については，「障害者雇用促進法」第 38 条で**法定雇用率を上回るよう障害者を雇用すること**を義務づけている。なお，一般事業主については，同法第 43 条で雇用義務について規定している。

×3　障害者就労施設から物品を調達することで**障害者雇用義務を履行したとみなす規定はない**。

×4　選択肢 3 と同様，**在宅就業支援団体**を通じて**在宅就業障害者**に仕事を発注することで**障害者雇用義務を履行したとみなす規定はない**。

×5　「障害者雇用促進法」第 2 条で，障害者について「身体障害，知的障害，精神障害（発達障害を含む。第 6 号において同じ。）その他の心身の機能の障害（以下「障害」と総称する。）があるため，長期にわたり，職業生活に相当の制限を受け，又は職業生活を営むことが著しく困難な者」と定義しており，**精神障害者を除外していない**。

参照ページ 『合格教科書 2025』p.220～230　　　　　　　　　　　　　　　　　正解 1

障害者福祉

 難 ●●●●● 易

35回-145 「障害者雇用促進法」が定める雇用義務に関する次の記述のうち，**正しいものを1つ**選びなさい。

1 精神障害者保健福祉手帳の交付を受けている精神障害者は，雇用義務の対象となる。
2 雇用率のカウントに際し，重度の知的障害者を1人雇用したときは，重度以外の知的障害者を3人雇用したものとして扱われる。
3 民間企業の法定雇用率は，国・地方公共団体の法定雇用率より高く設定されている。
4 厚生労働大臣は，法定雇用率未達成の民間事業主の企業名を公表しなければならない。
5 地方公共団体は，法定雇用率未達成の場合に，不足する障害者数に応じて納付金を納付しなければならない。
(注)「障害者雇用促進法」とは，「障害者の雇用の促進等に関する法律」のことである。

選択肢考察

○1　2018（平成30）年4月1日から**精神障害者が雇用義務の対象**に加わっている。

×2　重度障害者の雇用については**ダブルカウント**といい，**2人雇用したもの**として扱われる。

×3　2024（令和6）年度の民間企業の法定雇用率（2.5%）よりも，**国・地方公共団体の法定雇用率（2.8%）の方が高い**。民間企業の法定雇用率は2023（令和5）年度は2.3%，2024（令和6）年度から2.5%，2026（令和8）年度から2.7%と段階的に引き上げることとされている。

×4　法定雇用率未達成企業であって行政からの指導に従わず，障害者雇入れ計画等による障害者の雇用状況に改善が見られない場合，**企業名を公表することがある**。

×5　地方公共団体は障害者活躍推進計画を作成し，公表している。雇用率未達成だからといって**納付金を納付することはない**。

参照ページ 『合格教科書2025』p.225〜229 正解 1

〈障害者の法定雇用率〉

事業主区分	2024年度
民間企業	2.5%
国，地方公共団体等	2.8%
都道府県等の教育委員会	2.7%

※対象となる事業主の範囲：<u>従業員40.0人以上</u>

「障害者雇用促進法」

36回-144 「障害者雇用促進法」に定める常用雇用労働者数100人以下の一般事業主に関する次の記述のうち，**最も適切なもの**を1つ選びなさい。

1 障害者雇用納付金を徴収されない。
2 報奨金の支給対象とならない。
3 障害者に対する合理的配慮提供義務を負わない。
4 重度身体障害者及び重度知的障害者を雇用した場合，実雇用率の算定に際し1人をもって3人雇用したものとみなされる。
5 法定雇用率未達成の場合に，「対象障害者の雇入れに関する計画」の作成を命じられることはない。
(注) 「障害者雇用促進法」とは，「障害者の雇用の促進等に関する法律」のことである。

選択肢考察

○1 障害者雇用納付金は，常時雇用労働者数**100人を超える事業主**が対象である。障害者雇用率が未達成の場合は納付しなければならない。

×2 報奨金は，常時雇用労働者数が**100人以下の事業主を対象**としている。各月の雇用障害者数の年度間合計数が一定数を超えて障害者を雇用している場合に支払われる。

×3 2021（令和3）年の「障害者差別解消法」改正により，事業主による障害者への**「合理的配慮の提供」は義務**である（2024（令和6）年4月1日施行）。

×4 重度身体障害者及び重度知的障害者を雇用した場合，実雇用率の算定に際し**1人をもって2人雇用した**ものとみなされる。

×5 厚生労働大臣は法定雇用率未達成の企業に対して，「障害者の雇入れに関する計画」の**作成を命じることができる**（第46条）。**常用雇用労働者数に規定はない。**

参照ページ 『合格教科書2025』p.225〜229

正解 1

〈合理的配慮の留意事項の留意事項〉

> 合理的配慮は以下の3つを満たすものとされている。
> ①必要とされる範囲で本来の業務に付随するものに限られること
> ②障害者でない者との比較において同等の機会の提供を受けるためのものであること
> ③事務・事業の目的・内容・機能の本質的な変更には及ばないこと
>
> また，合理的配慮の提供では，その提供に伴う負担が過重でないことも要件である。

障害者福祉

障害者と家族等の支援における関係機関の役割

36回-145 次の記述のうち，公共職業安定所（ハローワーク）が実施する業務として，**最も適切なもの**を1つ選びなさい。

1 労災保険給付の支給
2 無料職業紹介事業の許可
3 有料の職業紹介
4 生活保護における生業扶助の支給
5 障害者雇用に関する技術的助言・指導

選択肢考察

×1 労災保険給付の支給は，**労働基準監督署**の業務である。

×2 無料職業紹介事業の許可は，**厚生労働大臣**が行う。

×3 公共職業安定所（ハローワーク）が行うのは，**無料の職業紹介**である。

×4 生活保護における生業扶助の支給は，**福祉事務所**の業務である。

○5 公共職業安定所（ハローワーク）では，**障害者雇用に関する技術的助言・指導**を行う。

参照ページ 『合格教科書2025』p.228 　　　　　　　　　　　　　　　 **正解 5**

関連する専門職等の役割

36回-58 「障害者総合支援法」における指定特定相談支援事業所の相談支援専門員の役割に関する次の記述のうち，**最も適切なもの**を1つ選びなさい。

1 障害福祉サービスを利用する障害者等に対して，サービス等利用計画案を作成する。
2 障害福祉サービスを利用する障害者等に対して個別支援計画を作成し，従業者に対して，技術指導，助言を行う。
3 障害福祉サービスを利用する障害者等に対して，居宅において入浴，排せつ又は食事の介護等を行う。
4 一般就労を希望する障害者に対して，就業面と生活面の一体的な相談，支援を行う。
5 障害福祉サービスを利用する障害者等に対して，支給決定を行う。

選択肢考察

○1 「障害者総合支援法」第5条第18項に**基本相談支援及び計画相談支援のいずれも行う事業**とされている。**計画相談支援**とはサービス利用支援及び継続サービス利用支援を行うことで，同条第22項にサービス利用支援は**サービス等利用計画案を作成する**こととされている。

×2 個別支援計画を作成し，支援者に対する技術指導，助言を行うのは**サービス管理責任者**の役割である。

×3 相談支援専門員は原則として**直接的な支援は行わない**。居宅において入浴，排泄又は食事の介護等を行うのは，居宅介護事業の従事者である。

×4 就業面及び生活面における一体的な支援を行うのは，**障害者就業・生活支援センターの役割**である。

×5 「障害者総合支援法」第19条に，介護給付費等の支給決定は**市町村**が行うものであることが明記されている。

参照ページ 『合格教科書 2025』p.212

 ## 関連する専門職等の役割

35回-59 「障害者総合支援法」等に基づく専門職などに関する次の記述のうち，**最も適切なもの**を**1**つ選びなさい。

1 居宅介護従業者は，指定障害福祉サービスの提供に係る管理を行う者として配置されている。
2 相談支援専門員は，指定特定相談支援事業所において指定計画相談支援を行う者として配置されている。
3 相談支援専門員は，モニタリングに当たっては，1年に1回，利用者宅を訪問し面接を行わなければならない。
4 児童発達支援管理責任者は，指定障害児相談支援事業所において障害児支援利用計画の作成を行う者として配置されている。
5 居宅介護従業者は，病院又は障害福祉施設への紹介その他の便宜の提供を行う者として配置されている。

選択肢考察

×1 「指定障害福祉サービスの提供に係る管理を行う者」は**サービス管理責任者**であり，居宅介護従業者ではない（「障害者総合支援法」に基づく指定障害福祉サービスの事業等の人員，設備及び運営に関する基準第50条）。

○2 特定相談支援事業所は計画相談支援を行うものであり，**相談支援専門員**はその計画相談の作成を主な業務としている（同法第5条第18項）。

×3 **モニタリングは原則として6か月に1回**行うことが求められている（「障害者総合支援法」施行規則第6条の16第4項）。

×4 **児童発達支援管理責任者**は「障害児通所支援又は障害児入所支援の**提供の管理を行う者**」と規定されている（児童福祉施設の設備及び運営に関する基準第49条）。障害児支援利用計画はサービス等利用計画にあたるもので**障害児相談専門員の業務**である。

×5 **居宅介護**は，「**居宅において入浴，排せつ又は食事の介護**その他の厚生労働省令で定める便宜を供与する」ものである（同法第5条第2項）。

参照ページ 『合格教科書 2025』p.212

障害者福祉

34回-59 事例を読んで，Ｖ相談支援事業所のＦ相談支援専門員（社会福祉士）によるこの段階における支援方針として，**最も適切なもの**を1つ選びなさい。

〔事　例〕

　重症心身障害があるＧさん（40歳）は，70歳代の母親と二人暮らしで，喀痰吸引などの医療的ケアを必要としている。家族や，Ｇさんが通う生活介護事業所の職員は，Ｇさんの表情を読み取りながら長期にわたり生活全般の介助をしてきた。Ｇさんは，先月，誤嚥性肺炎を起こして入院したが，状態が落ち着いてきたので退院することになった。退院先を決めるに当たり，別居している姉が，これを機に，母親の負担も考えて，医療的ケアが可能な共同生活援助（グループホーム）を利用してはどうかと母親に勧めている。一方，母親は看護師などによる自宅への訪問には消極的であるが，可能な限り自宅でＧさんと一緒に生活を続けたいと考えている。そこで，母親はＦ相談支援専門員に相談した。

1　病状や医療的ケアの必要性を考えて，退院先は医師の方針で決定する。
2　母親の負担を考え，姉の提案する共同生活援助（グループホーム）の利用を勧める。
3　Ｇさんに最も身近な母親の意向に沿い，退院後は自宅で生活することを方針として決定する。
4　医療的ケアの必要性を考慮し，医師に対して病院での生活継続を依頼する。
5　Ｇさん参加のもと意思決定支援会議を開催し，Ｇさんが退院後どのような生活を望むのか検討する。

選択肢考察

　厚生労働省から示されている「障害福祉サービスの利用等にあたっての意思決定支援ガイドライン」では，「知的障害や精神障害（発達障害を含む。以下同じ。）等で自己決定に困難を抱える障害者が，日常生活や社会生活に関して**自らの意思が反映された生活を送る**ことが可能となるように」するための**意思決定支援**を求めている。

×1　Ｇさんの意向を確認する前に医師の方針で決定するのは，**Ｇさん自らの意思が反映された生活ではない**ため，適切とはいえない。

×2　Ｇさんの意向を確認する前に姉の提案で利用を勧めるのは，**Ｇさん自らの意思が反映された生活ではない**ため，適切とはいえない。

×3　Ｇさんの意向を確認する前に母親の意向に沿って決定はするのは，**Ｇさん自らの意思が反映された生活ではない**ため，適切とはいえない。

×4　事例では，Ｇさん本人の意思については触れられていない。**Ｇさん本人の意思であることが確認できないため**，適切とはいえない。

○5　Ｇさん参加のもと**意思決定支援会議**を開催すること，そこで**Ｇさん自身がどのような生活を望んでいるのかを確認し，検討していくことが必要**である。したがって選択肢5が適切である。

参照ページ　『合格教科書 2025』p.150　　　　　　　　　　　　　　　**正解 5**

障害者と家族等に対する支援の実際（多職種連携を含む）（事例問題）　

36回-146 事例を読んで，公共職業安定所（ハローワーク）の職員が行う対応として，**最も適切なものを1つ選**びなさい。

〔事 例〕

　民間企業で10年間働いてきたHさん（33歳）は，新たな職務に強いストレスを感じるようになり，出勤できなくなった。医師からうつ病との診断を受け，6か月間休職したが，症状が改善せず退職した。退職から1年が経ち，まだ，うつの症状は残っており，就業面，生活面での不安を感じるものの，金銭面の問題から，とにかく働かなければならないと焦りを感じ，公共職業安定所（ハローワーク）を訪問した。

1　一般就労の経験があるHさんは，問題なく一般就労が可能であると判断し，一般企業からの求人情報を提供する。
2　Hさんの希望は就職であることから，適応訓練についてはあっせんしない。
3　Hさんの確実な就職のため，一般企業ではなく特例子会社の求人を紹介する。
4　本人の了解を得て，障害者就業・生活支援センターを紹介するなど関係機関と連携する。
5　一般就労には週の所定労働時間が20時間以上であることが求められる旨を説明する。

選択肢考察

×1　Hさんはうつの症状が残っており，**就業面での不安を感じている**。問題なく一般就労が可能であるとはいえない。

×2　職場適応訓練は身体障害者，知的障害者，精神障害者等を対象として，実際の職場で作業について実施訓練を行い，それによって職場の環境に適応することを容易にし，訓練終了後は事業所に引き続き雇用されることを目指すものである。**Hさんは就職を希望しており，適応訓練についてのあっせんも検討される**。

×3　特例子会社とは，障害者の雇用の促進及び安定を図るため，事業主が障害者雇用に特別の配慮をした子会社のことであるが，Hさんはもともと一般企業で10年間働いてきた実績がある。**障害者雇用を目指すとしても，一般企業での障害者雇用枠等も検討される**。

○4　障害者就業・生活支援センターは，障害者の職業生活における自立を図るため，雇用，保健，福祉，教育等の関係機関との連携の下，障害者の身近な地域において就業面及び生活面における一体的な支援を行う施設である。就業面，生活面での不安を抱えているHさんに対しては，障害者就業・生活支援センター等を通じた**一体的な支援が求められる**。

×5　Hさんへの説明として，週の所定労働時間が20時間以上であることが要件となるのは，**社会保険の加入**である。一般就労では，**1日8時間週40時間の法定労働時間を越えない範囲**で週の所定労働時間が設定される。

参照ページ　　『合格教科書2025』p.228, 229　　　　　　　　　　　　　　正解 4

34回-144 「障害者総合支援法」の障害者の就労支援などに関する次の記述のうち，**正しいものを1つ選びなさ**い。

1 就労移行支援事業では，利用者が就職できるまで支援を提供するため，利用期間に関する定めはない。
2 就労継続支援A型事業では，雇用契約を締結した利用者については最低賃金法が適用される。
3 就労継続支援A型事業の利用者が一般就労に移行することはできない。
4 就労継続支援B型事業の利用者が一般就労に移行する場合には，就労移行支援事業の利用を経なければならない。
5 就労継続支援B型事業は，利用者に支払える平均工賃が月額20,000円を上回ることが事業認可の条件となっている。

（注）　「障害者総合支援法」とは，「障害者の日常生活及び社会生活を総合的に支援するための法律」のことである。

選択肢考察

×1　**就労移行支援事業**の利用期間は原則として2年間と定められている。

○2　**就労継続支援A型事業**は**雇用契約**を結んで利用する。雇用契約は労働法規に従って結ばれるので，労働関連の法制度が適用される。

×3　就労継続支援A型事業は一般就労に移行することが目的ではないが，**一般就労に移行することを妨げ
てはいない。**

×4　**就労継続支援B型事業**から一般就労に移行する際に就労移行支援事業を利用する必要はない。

×5　「障害者総合支援法」に基づく指定障害福祉サービスの事業費の人員，設備及び運営に関する基準」第
201条第2項には**就労継続支援B型事業では3,000円を下回ってはならない**とされている。就労継続
支援B型事業の2022（令和4）年度の全国の平均工賃額は月額17,031円である。

参照ページ　『合格教科書2025』p.211, 228　　　　　　　　　　　　　　　　　　　　　　　　正解 2

刑事司法と福祉

● 内容一覧 ●

出題項目	国試回数	内容一覧	事例	頁
刑事司法を取り巻く社会環境	35回-149	公共職業安定所（ハローワーク），刑務所出所者等総合的就労支援対策		207
社会福祉士及び精神保健福祉士の役割	35回-148	保護観察所の措置，更生保護法	★	207
刑法	36回-150	刑の一部執行猶予制度，起訴猶予の処分，刑の全部の執行猶予		208
更生保護制度の概要	34回-147	更生保護制度		209
生活環境の調整	34回-148	生活環境の調整，少年法		209
仮釈放等	36回-147	改悛の状，刑法，更生保護法	★	210
	34回-149	仮釈放，更生保護法，刑法	★	211
保護観察	35回-147	保護観察，更生保護法		211
団体・専門職等の役割と連携	36回-148	保護司，更生保護法		212
医療観察制度の概要	35回-150	医療観察制度，社会復帰調整官，精神保健観察		213
関係機関・専門職等の役割と連携	36回-149	医療観察法，社会復帰調整官，精神保健観察	★	213
	34回-150	社会復帰調整官，医療観察制度	★	214

傾向と対策

過去問の傾向を知り，適切な対策を！

● 傾向分析表【刑事司法と福祉】 ●

項 目 名	第36回	第35回	第34回	問題数
刑事司法を取り巻く社会環境		●		1
社会福祉士及び精神保健福祉士の役割		●		1
刑法	●			1
更生保護制度の概要			●	1
生活環境の調整			●	1
仮釈放等	●		●	2
保護観察		●		1
団体・専門職等の役割と連携	●			1
医療観察制度の概要		●		1
関係機関・専門職等の役割と連携	●		●	2
問 題 数	4 問	4 問	4 問	12 問

●傾向と対策

　本科目は旧制度で専門科目にあった「更生保護制度」が見直された科目である。そのため，更生保護制度を中心に押さえておくとよいであろう。更生保護のうちの保護観察，それに関わる保護司がこれまでよく出題されてきている。

　その他の点では，医療観察制度と，新項目として入った刑事司法について基本的な知識は押さえておきたい。

●頻出問題

①更生保護の概念

　更生保護法における定義，更生保護の経緯についてなど

②医療観察制度の概要

　生活環境調査における調査項目・調査方法，調整計画の作成，社会復帰調整官の業務についてなど

③保護観察官・保護司

　保護観察所に配置される保護観察官の業務，法務大臣から委嘱を受けた非常勤の国家公務員である保護司の業務，両者の役割分担についてなど

④関係機関・団体との連携

　裁判所や福祉事務所との連携や役割の意味についてなど

刑事司法を取り巻く社会環境

35回-149 　更生保護における就労支援に関わる機関・団体に関する次の記述のうち，**最も適切なもの**を1つ選びなさい。

1　保護観察所は，保護観察対象者の補導援護として，必要に応じて職業のあっせんを行っている。
2　保護観察対象者は，公共職業安定所（ハローワーク）において，補導援護を受けることが義務化されている。
3　公共職業安定所（ハローワーク）は，協力雇用主に対し，保護観察対象者の雇用を命ずることができる。
4　保護観察所は，協力雇用主に対し，刑務所出所者のみを雇用することを命ずることができる。
5　公共職業安定所（ハローワーク）は，個々の保護観察対象者に対し，求人開拓から就職まで総合的な就労支援を行っている。

選択肢考察

×1　保護観察で行われる補導援護では，職業を補導し，及び就職を助けることが行われるが，**職業のあっせんは行っていない**（更生保護法第58条）。

×2　補導援護は保護観察で行うものなので，**保護観察所が実施する**（同法第29条）。

×3　協力雇用主は，**保護観察対象者や更生緊急保護の対象者を積極的に雇用し，更生につなげることに協力する事業主**である。公共職業安定所（ハローワーク）が雇用を命ずることはできない。

×4　協力雇用主は，あくまでも**刑務所出所者等を理解したうえで雇用する事業主**なので，保護観察所が命じて雇用させることはできない。

○5　2006（平成18）年度より，法務省と厚生労働省が刑務所出所者等の就労支援を目的として「刑務所出所者等総合的就労支援対策」を実施している。この対策で公共職業安定所（ハローワーク）は，**保護観察対象者や更生緊急保護の対象者に総合的な就労支援**を行っている。

参照ページ　『合格教科書2025』p.234　　　　　　　　　　　　　　　　　　　　　　正解 5

 社会福祉士及び精神保健福祉士の役割（事例問題）

35回-148 　事例を読んで，X保護観察所が行うことができる措置に関する次の記述のうち，**正しいもの**を1つ選びなさい。

〔事　例〕
　少年院に収容されているMさん（17歳）は，親元に帰住することが難しいため，親元以外への帰住を希望している。X保護観察所はどのような措置をとるか検討した。

1　Mさんの少年院入院中，釈放後の住居を確保することを調整する。
2　Mさんの仮退院を許可する。
3　Mさんの仮退院時に特別遵守事項を定める。
4　Mさんの少年院入院中に，一般遵守事項から住居に関する事項を削除する。
5　Mさんの仮退院時に保護観察期間を定める。

刑事司法と福祉

○1　**保護観察所の長**は，保護処分の執行のため少年院に収容されている者が，社会復帰をするため，必要があると認めるときは，その者の家族その他の関係人を訪問して協力を求めることその他の方法により，**釈放後の住居，就業先その他の生活環境の調整を行うものとする**（更生保護法第82条）。

×2　仮退院を許可することができるのは，**地方更生保護委員会**である（同法第41条）。

×3　仮退院者の特別遵守事項を定めるのは，**地方更生保護委員会**である（同法第52条第2項）。保護観察所は，地方更生保護委員会に仮退院の申出をする。

×4　一般遵守事項は，**更生保護法第50条に定められた事項**であり，保護観察所が削除することはできない。

×5　仮退院者の処遇を決めるのは，**地方更生保護委員会**である（更生保護法第16条）。また，保護観察期間は原則として20歳までである。

参照ページ　『合格教科書2025』p.234, 236, 237　　　　　　　　　　　正解 1

 刑 法　　　　　　　　　　　　　　　　　　　難●●○●●易

36回-150　刑の一部の執行猶予制度に関する次の記述のうち，**正しいもの**を1つ選びなさい。

1　本制度の導入により，検察官による起訴猶予の処分は廃止された。
2　本制度の導入により，執行する刑の全てを猶予する制度は廃止された。
3　本制度の導入により，釈放後の生活環境の調整をする制度は廃止された。
4　本制度の刑の一部の執行猶予期間は，刑期とともに判決時に言い渡される。
5　本制度において，保護観察が付されることはない。

×1　起訴猶予の処分とは，訴訟条件が備わっているにもかかわらず，検察官の判断で，起訴をしない処分をすることである（刑事訴訟法第248条）。刑の一部の執行猶予制度が導入されても**廃止されていない**。

×2　刑の全部の執行猶予とは，刑の執行をすぐにせず，一定期間の猶予を設けて，その間何もなければ刑の言い渡しの効力がなくなるという制度である（刑法第25条）。刑の一部の執行猶予制度が導入されても**廃止されていない**。

×3　保護観察所の長は，刑事施設等に収容中の者について，その社会復帰を円滑にするため必要があると認めるときは，その者の家族その他の関係人を訪問して協力を求めること等により，釈放後の住居，就業先その他の生活環境の調整を行うものとする（更生保護法第82条第1項）。刑の一部の執行猶予制度が導入されても**廃止されていない**。

○4　刑の一部の執行猶予制度は，裁判所から3年以下の懲役又は禁錮の言渡しを受けた場合において，相当であると認められるときは，**刑の一部の期間を実刑，残りの期間を1年以上5年以下の期間で，一部の執行を猶予することができる制度である**（刑法第27条の2）。この制度は判決時に言い渡される。

×5　刑の一部の執行猶予中，前に禁錮以上の刑に処されたことがない**初入者等は，保護観察に付することができる**（刑法第27条の3第1項）。また，初入者等を除く**薬物使用等の罪を犯した者は，必ず保護観察に付される**（薬物使用等の罪を犯した者に対する刑の一部の執行猶予に関する法律第4条第1項）。

参照ページ　『合格教科書2025』p.239　　　　　　　　　　　　　　正解 4

34回-147　更生保護に関する次の記述のうち，**正しいもの**を１つ選びなさい。

1　更生保護には，犯罪予防の活動の促進が含まれる。
2　更生保護には，再犯・再非行の防止は含まれない。
3　更生保護の処遇は，矯正施設における施設内処遇を主とする。
4　更生保護制度の基本となる法律は監獄法である。
5　更生保護行政をつかさどる国の機関は，厚生労働省である。

選択肢考察

○1　更生保護は，「犯罪をした者及び非行のある少年に対し，社会内において適切な処遇を行うことにより，再び犯罪をすることを防ぎ，又はその非行をなくし，これらの者が善良な社会の一員として自立し，改善更生することを助けるとともに，恩赦の適正な運用を図るほか，**犯罪予防の活動の促進**等を行い，もって，社会を保護し，個人及び公共の福祉を増進することを目的」としている（更生保護法第１条）。
×2　**再犯・再非行の防止も含まれている**。
×3　施設内処遇ではなく**社会内での適切な処遇を中心**としている。
×4　更生保護制度の基本法は，**更生保護法**である。
×5　更生保護を管轄している国の機関は，**法務省**の保護局である。

参照ページ　『合格教科書2025』p.234～237　　　　　　　　　　　　　　　正解 1

34回-148　少年院に収容中の者に対する生活環境の調整に関する次の記述のうち，**最も適切なもの**を１つ選びなさい。

1　仮退院決定後，速やかに開始する。
2　裁判所の発する令状をもって開始する。
3　調整すべき事項に借金返済のための金品の給与が含まれる。
4　少年院の法務技官によって行われる。
5　調整すべき事項に釈放後の就業先や通学先の確保が含まれる。

選択肢考察

×1　保護観察所の長は，刑の執行のため刑事施設に収容されている者または刑もしくは保護処分の執行のため**少年院に収容されている者**について，その社会復帰を円滑にするため必要があると認めるときは，その者の家族その他の関係人を訪問して協力を求めること等により，釈放後の住居，就業先その他の生活環境の調整を行う（更生保護法第82条）。したがって，仮退院決定前から生活環境の調整が行われることで，実際に仮退院後の保護観察になったときのスムーズな社会復帰につながる。
×2　少年院に収容されている者に対する生活環境の調整は，保護観察所の長が行う。**家庭裁判所は，保護観察所の長をして，家庭その他の環境調整に関する措置を行わせることができる**（少年法第24条第２項）。

令状をもって開始する訳ではない。

×3 } 調整すべき事項には，①釈放後の住居を確保すること，②引受人を確保すること，③釈放後の改
○5 } 善更生を助けることについて，**引受人以外の家族その他の関係人の理解及び協力を求めること**，④
釈放後の就業先または通学先を確保すること，⑤改善更生を妨げるおそれのある**生活環境について，釈放後に影響を受けないようにすること**，⑥釈放後に，公共の衛生福祉に関する機関その他の機関から**必要な保護を受けることができるようにすること**，⑦その他健全な生活態度を保持し，**自立した生活を営むために必要な事項**，がある（犯罪をした者及び非行のある少年に対する社会内における処遇に関する規則第112条第1項）。したがって，**金品の給与は含まれていない**。

×4 生活環境の調整は，**保護観察官または保護司が行う**（更生保護法第84条）。

参照ページ 『合格教科書2025』p.240 **正解5**

仮釈放等（事例問題）　　　　　　　　　　難 ●●○●● 易

36回-147 事例を読んで，この場合の仮釈放の手続きに関する次の記述のうち，**最も適切なもの**を1つ選びなさい。

〔事 例〕
裁判所の判決で3年の懲役刑を言い渡されて，刑事施設に収容されていたJさんは，仮釈放の審理の対象となった。

1 仮釈放の要件として，刑の執行から最短でも2年を経過している必要がある。
2 仮釈放の要件として，改悛（かいしゅん）の状があることがある。
3 仮釈放を許す処分を決定するのは，地方裁判所の裁判官である。
4 仮釈放の対象となるのは，初めて刑事施設に入った者に限られる。
5 仮釈放の期間中，Jさんの希望により，保護観察が付される。

選択肢考察

×1 懲役又は禁錮に処せられた者に改悛の状があるときは，**有期刑についてはその刑期の3分の1を**，無期刑については10年を経過した後，仮釈放することができる（刑法第28条）。Jさんは3年の懲役刑なので，刑の執行から**最短で1年**を経過した時から仮釈放が可能である。なお，2022（令和4）年の刑法の改正により，懲役と禁錮を一本化した「拘禁刑」を創設することになっている（2025（令和6）年6月施行）。

○2 選択肢考察1の通り，**改悛の状があることが要件となっている**。なお，改悛の状とは，犯した罪を悔い改めて心を入れかえ，再び犯罪をする可能性がないと判断される状態のことである。

×3 仮釈放の諾否を決定するのは，**地方更生保護委員会である**（更生保護法第39条第1項）。

×4 選択肢考察1の通り，仮釈放の要件は，**改悛の状があって，一定の刑期が経過した者が対象**となるので，刑事施設に初めて入った者に限られてはいない。

×5 仮釈放を許された者は，**仮釈放の期間中，保護観察に付される**（更生保護法第40条）。Jさんの希望で決められるものではない。

参照ページ 『合格教科書2025』p.240，241 **正解2**

34回-149 事例を読んで，仮釈放に関する次の記述のうち，**最も適切なもの**を１つ選びなさい。

〔事 例〕
Ｍさん（25歳）は，交通事故（人身事故）で懲役３年の実刑判決を受けてＶ刑務所に収容され，刑に服して６か月が過ぎた。深く反省し，服役中の行状も良好である。かつてＭさんが勤務していた会社の社長Ａさんは，Ｍさんが釈放された場合，自分が引受人になって再びＭさんを雇用してもよいと考えている。

1 Ｍさんの仮釈放の審理を開始するには，ＭさんがＶ刑務所の長に仮釈放を申し立てなければならない。
2 Ｍさんは，仮釈放になった後は保護観察が付されない可能性がある。
3 Ｍさんの仮釈放の審理において，被害者の意見や心情は反映されない。
4 Ｍさんについて，現在の刑に服した期間では仮釈放の決定はできない。
5 Ｍさんの家族以外の者が仮釈放後の引受人になることはできない。

×1　仮釈放の審理は，**矯正施設の長から地方更生保護委員会に申出することにより**開始する。または，地方更生保護委員会の職権によっても行われる。

×2　仮釈放になった者は，仮釈放の期間中，**保護観察に付される**（更生保護法第40条）。

×3　地方更生保護委員会が行う仮釈放の審理では，被害者として審理対象者の仮釈放に関する意見や被害に関する心情を述べることができる**意見等聴取制度**が設けられている（更生保護法第38条第１項）。

○4　仮釈放を決定するためには，本人に改悛の状があり，**有期刑については刑期の３分の１が経過**（無期刑については，10年が経過）していなければ決定することができない（刑法第28条）。Ｍさんは懲役３年なので，**６か月の刑期では仮釈放の決定はできない**ことになる。

×5　仮釈放では，適切な身元引受人がいなければ認められないことになっているが，身元引受人は**家族に限定されていない**。

参照ページ　『合格教科書2025』p.240, 241　　　　　　　　　　　　　　正解 4

35回-147 保護観察に関する次の記述のうち，**正しいもの**を１つ選びなさい。

1 保護観察処分少年の保護観察の期間は，少年の希望を反映して決定される。
2 保護観察所の長は，保護観察処分少年について，保護観察を継続する必要がなくなったと認めるときは，保護観察を解除する。
3 保護観察所の長は，少年院仮退院者について，少年院に戻して収容する旨の決定をすることができる。
4 仮釈放を許された者は，仮釈放の期間満了後，保護観察に付される。
5 懲役刑の全部の執行を猶予された者は，被害者の請求により保護観察に付される。

×1　保護観察処分少年に対する保護観察の期間は，**20歳に達するまで**（その期間が２年に満たない場合は2

年）である。ただし，例外的に23歳未満まで認められることもある（更生保護法第66条）。少年の希望を反映するものではない。

○2　保護観察所の長は，保護観察処分少年について，保護観察を継続する**必要がなくなったと認めるときは，保護観察を解除**するものとする（同法第69条）。

×3　少年院への戻し収容ができるのは，**家庭裁判所**である（同法第72条第1項）。

×4　仮釈放を許された者は，**仮釈放の期間中**，保護観察に付される（同法第40条）。仮釈放期間満了後ではない。

×5　懲役刑の全部の執行を猶予された者は，**刑法第25条の2第1項に基づいて**，保護観察に付される。被害者の請求により付されるものではない。

参照ページ　『合格教科書2025』p.238, 239　　　　正解 2

団体・専門職等の役割と連携　　　難 ●●●●○ 易

36回-148　保護司に関する次の記述のうち，**正しいもの**を**1つ**選びなさい。

1　法務大臣から委嘱される。
2　検察官の指揮監督を受ける。
3　保護観察における指導監督の権限はない。
4　担当する事件内容によっては給与が支給される。
5　刑事施設収容中の者との面会は禁じられている。

選択肢考察

○1　保護司は，人格及び行動について，社会的信望を有すること等，一定の条件を満たした者のうちから，**法務大臣が委嘱**する（保護司法第3条第1項）。

×2　保護司は，**地方更生保護委員会**または**保護観察所の長**の指揮監督を受けて，事務に従事する（同法第8条の2第1項）。

×3　保護司は，保護観察官で十分でないところを補い，地方更生保護委員会または保護観察所の長の指揮監督を受けて，**指導監督**および補導援護に従事する（更生保護法第32条）。

×4　保護司には，**給与を支給しない**（保護司法第11条第1項）。ただし，予算の範囲内において，その職務を行うために要する費用の全部又は一部の支給を受けることができる（同法第11条第2項）。

×5　保護司は，保護観察官とともに，**刑事施設や少年院に収容されている者の社会復帰ができるように，生活環境の調整を行っている**（更生保護法第82条第1項）。したがって，刑事施設収容中から支援しており，面会は禁じられていない。

参照ページ　『合格教科書2025』p.237　　　　正解 1

医療観察制度の概要

35回-150　「医療観察法」が定める医療観察制度に関する次の記述のうち，**最も適切なもの**を1つ選びなさい。

1　対象となる行為は，殺人，放火，強盗，強制わいせつ，強制性交等及び傷害等に当たる行為である。
2　社会復帰調整官は，各地方裁判所に配属されている。
3　入院決定を受けた者に対して医療を実施する指定入院医療機関は，都道府県知事が指定した病院である。
4　通院決定がなされた場合，指定通院医療機関による医療を受けることができる期間の上限は10年である。
5　地域社会における精神保健観察は，保護観察官と保護司が協働して実施すると規定されている。
(注)　「医療観察法」とは，「心神喪失等の状態で重大な他害行為を行った者の医療及び観察等に関する法律」のことである。

選択肢考察

○1　設問の内容は，「医療観察法」第2条第1項に規定する**重大な他害行為**である。なお，2023（令和5）年の改正により，「強制性交等」は「**不同意性交等**」に名称変更している。
×2　社会復帰調整官は，**保護観察所に配属されている**（同法第20条第1項）。
×3　指定入院医療機関は，**厚生労働大臣**が指定する（同法第43条第1項）。入院決定を受けた者は，指定入院医療機関で入院による医療を受けなければならない。
×4　通院決定による通院は，**原則3年間**としている。ただし，裁判所の決定により，2年を超えない範囲で延長することができる（同法第44条）。
×5　精神保健観察は，保護観察所に配置される**社会復帰調整官**が行う（同法第20条第2項）。

参照ページ　『合格教科書2025』p.243, 244　　　　　　　　　　　　　　　　　　　　　**正解 1**

 関係機関・専門職等の役割と連携（事例問題）

36回-149　事例を読んで，社会復帰調整官の対応として，**最も適切なもの**を1つ選びなさい。

〔事　例〕
　精神保健観察中のKさんは，地域生活を送っている中で家族関係が悪化し，仕事にも行けなくなってきた。保護観察所は，関係機関の担当者とともにケア会議を開催し，Kさんの状態の情報共有と今後の処遇について話し合った。
1　Kさんが継続的に医療を受けるよう，保護司に指導を指示する。
2　指定通院医療機関への通院状況を確認する。
3　精神保健観察の期間延長を決定する。
4　指定入院医療機関に入院させることを決定する。
5　今回作成する処遇の実施計画の内容をKさんに秘匿することを決定する。

選択肢考察

×1　保護司は**更生保護の事務に従事する者**である（更生保護法第32条）。精神保健観察では社会復帰調整官が指導するため，不適切である。
○2　今のKさんの状態を把握するため，指定通院医療機関との情報共有は適切な対応である。ケア会議では，**関係機関間での情報共有を行う**。

×3 　精神保健観察は，地域での継続的な医療ができるように，社会復帰調整官が本人の通院状況や生活状況を見守り，必要な指導等を行うことである（「医療観察法」第106条第2項）。精神保健観察の期間を延長するかを決めるのは，**地方裁判所**である（同法第54条第2項）。

×4 　指定入院医療機関に入院させることを決定するのは，**地方裁判所**である（同法第59条第1項）。

×5 　処遇の実施計画は，ケア会議等に**本人も参加して意見を取り入れながら作成**する（同法第104条第1項）。

参照ページ 　『合格教科書 2025』p.243, 244 　　　　　正解 2

 ## 関係機関・専門職等の役割と連携（事例問題）

34回-150 　事例を読んで，B社会復帰調整官の業務として，**最も適切なもの**を1つ選びなさい。

〔事　例〕
　保護観察所のB社会復帰調整官は，「医療観察法」に基づく処遇の対象者であるCさん（30歳）を担当することになった。Cさんは「医療観察法」第107条に規定されている「守るべき事項」により届け出た居住地で生活している。

1 　Cさんの居住地の保護司にCさんの処遇判断を委ねる。
2 　Cさんの「守るべき事項」に，必要に応じて新たな事項を加える。
3 　Cさんの通院状況や生活状況を見守るとともに，必要な指導を行う。
4 　Cさんの病状が悪化した場合，指定入院医療機関への入院を決定する。
5 　Cさんの病状が安定した場合，「医療観察法」による医療の終了を決定する。

（注） 「医療観察法」とは，「心神喪失等の状態で重大な他害行為を行った者の医療及び観察等に関する法律」のことである。

選択肢考察

×1 　Cさんに対する処遇の判断は，**B社会復帰調整官が行う**。社会復帰調整官は保護観察所に置かれ，精神障害者の保健および福祉その他の医療観察法に基づく対象者の処遇に関する専門的知識に基づき，事務に従事する（第20条第1項・第2項）。

×2 　「守るべき事項」は，**「医療観察法」第107条に規定**されている事項であるため，新たに加えることはできない。

○3 　B社会復帰調整官は，「医療観察法」第106条に基づく精神保健観察として，Cさんの**通院状況や生活状況を見守るとともに，必要な指導を行う**。

×4 　指定入院医療機関への入院は，保護観察所の長の申立てにより，**地方裁判所が決定**する（第59条第1項）。

×5 　医療の終了は，保護観察所の長の申立てにより，**地方裁判所が決定**する（第54条第1項）。

参照ページ 　『合格教科書 2025』p.243, 244 　　　　　正解 3

ソーシャルワークの基盤と専門職

● 内容一覧 ●

傾向と対策

過去問の傾向を知り，適切な対策を！

● 傾向分析表【ソーシャルワークの基盤と専門職】●

項　目　名	第36回	第35回	第34回	第33回	第32回	問題数
社会福祉士及び介護福祉士法	●	●				2
社会福祉士及び精神保健福祉士の専門性			●			1
ソーシャルワークの定義	●	●				2
ソーシャルワークの理念		●	●●		●	4
ソーシャルワークの形成過程	●●	●●	●	●		6
倫理的ジレンマ	●					1
問　題　数	5問	5問	4問	1問	1問	16問

●傾向と対策

　第37回国家試験からの出題形式において，旧科目：相談援助の基盤と専門職は，共通科目（本科目）6問と専門科目6問に分かれた。共通科目としての本科目は「高得点を狙うこと」を目標とするのでなく，「高得点をとらなければならない」と考えた方がよい。例年通りであれば，他の科目より難易度は低めになると考えられる。過去問を研究することで高得点が見込める。ソーシャルワーク専門職のグローバル定義，倫理綱領，またソーシャルワーク発展過程の理論と提唱した人名などについては細かな暗記が求められるが，全体としては範囲がそれほど広くなく，学習した分野が確実に出題される科目であるともいえるので，努力が得点に結びつきやすいだろう。

●頻出項目

①ソーシャルワークの形成過程

　セツルメント活動，COS，生活モデル等

②社会福祉及び介護福祉士法

　定義規定，義務規定等

③日本社会福祉士会の倫理規定

④ソーシャルワークのグローバル定義（2014年）

⑤ソーシャルワークの理念

　社会的包摂（ソーシャルインクルージョン），ノーマライゼーション，権利擁護等

社会福祉士及び介護福祉士法

難●●●●○易

36回-91 社会福祉士及び介護福祉士法における社会福祉士の義務等に関連する次の記述のうち，**正しいもの**を **1つ**選びなさい。

1 後継者の育成に努めなければならない。
2 秘密保持義務として，その業務に関して知り得た人の秘密は，いかなる理由があっても開示してはならない。
3 社会福祉士の信用を傷つけるような行為を禁じている。
4 社会福祉士ではなくとも，その名称を使用できる。
5 誠実義務の対象は，福祉サービスを提供する事業者とされている。

選択肢考察

×1 社会福祉士及び介護福祉士法に，後継者の育成については**記されていない**。

×2 法律上の義務等（虐待の通報等）の**正当な理由がある場合**には，守秘義務は優先されない（第46条）。なお，社会福祉士または介護福祉士でなくなった後においても，同様である。

○3 社会福祉士又は介護福祉士は，社会福祉士又は介護福祉士の**信用を傷つけるような行為をしてはならない**（第45条）。

×4 社会福祉士でない者は，社会福祉士という**名称を使用してはならない**（第48条）。**名称独占資格**である。

×5 **誠実義務の対象**は，福祉サービスを提供する事業者ではなく，**担当する対象者**である（第44条の2）。

参照ページ 『合格教科書2025』p.248, 249 正解 3

社会福祉士及び介護福祉士法

難●●●○●●易

35回-91 次の記述のうち，社会福祉士に関する説明として，**適切なもの**を **2つ**選びなさい。

1 虐待に関わる相談は，社会福祉士が独占している業務である。
2 社会福祉士は，特定の職種の任用資格になっている。
3 社会福祉士の名称は，国家試験の合格をもって使用することができる。
4 社会福祉士でない者が社会福祉士の名称を使用した場合に罰則がある。
5 介護老人保健施設に社会福祉士を置かなければならない。

選択肢考察

×1 虐待に関する相談に限らず，社会福祉全般の相談は，**社会福祉士の独占業務ではない**。

○2 社会福祉主事の**任用資格の一つ**として，社会福祉士が挙げられる。

×3 国家試験に合格することで社会福祉士登録簿への登録資格を得られ，**登録によって名称を使用できる**ようになる。

○4 社会福祉士でない者は，**社会福祉士という名称を使用してはならず**，規定に違反した者は30万円以下の罰金に処される。

×5 介護老人保健施設に社会福祉士を置かなければならないことを示した**法令はない**。

参照ページ 『合格教科書2025』p.248, 249 正解 2, 4

ソーシャルワークの基盤と専門職

社会福祉士及び精神保健福祉士の専門性

34回-91 社会福祉士及び介護福祉士法における社会福祉士と，精神保健福祉士法における精神保健福祉士に関する次の記述のうち，これらの法律に明記されている共通する責務として，**正しいものを1つ選びなさい。**

1 集団的責任の保持
2 権利擁護の促進
3 多様性の尊重
4 資質向上
5 倫理綱領の遵守

選択肢考察

×1　いずれの法律でも，**明記されていない。**「ソーシャルワーク専門職のグローバル定義」（2014（平成26）年）のなかに，「社会正義，人権，集団的責任，及び多様性尊重の諸原理は，ソーシャルワークの中核をなす」と示されている。

×2　いずれの法律でも，**明記されていない。**

×3　いずれの法律でも，**明記されていない。**「ソーシャルワーク専門職のグローバル定義」のなかに，「多様性尊重」が示されている（選択肢考察1を参照）。

○4　記述のとおり。「社会福祉士及び介護福祉士法」第47条の2ならびに「精神保健福祉士法」第41条の2に，**資質向上の責務**が示されている。

×5　いずれの法律でも，**明記されていない。**日本社会福祉士会の「**社会福祉士の倫理綱領**」のなかに，「われわれは，（中略）本綱領を制定してこれを遵守することを誓約する者により，専門職団体を組織する」と示されている。

参照ページ　『合格教科書2025』p.248〜250　　　　　　　　　　　　　正解 4

 ## ソーシャルワークの定義

36回-93　「ソーシャルワーク専門職のグローバル定義」（2014年）に関する次の記述のうち，**最も適切なものを1つ選びなさい。**

1 人間尊重，人間の社会性，変化の可能性の3つの価値を前提とした活動である。
2 人，問題，場所，過程を構成要素とする。
3 価値の体系，知識の体系，調整活動のレパートリーを本質的な要素とする。
4 ソーシャルワーク実践は，価値，目的，サンクション，知識及び方法の集合体である。
5 社会変革と社会開発，社会的結束，および人々のエンパワメントと解放を促進する。

（注）「ソーシャルワーク専門職のグローバル定義」とは，2014年7月の国際ソーシャルワーカー連盟（IFSW）と国際ソーシャルワーク学校連盟（IASSW）の総会・合同会議で採択されたものを指す。

選択肢考察

×1　「人間尊重」「人間の社会性」「変化の可能性」は，**ブトゥリム**（Butrym, T.）が『ソーシャルワークと

は何か』において提示した「**三つの価値前提**」である。

×2 　人（Person），問題（Problem），場所（Place），援助過程（Process）は，**パールマン**（Perlman, H.）が定義した**ケースワークの４つのＰ**である。

×3 　記載内容は**バートレット**（Bartlett, H.）による提言で，ソーシャルワーク実践における本質的な要素は「価値」「知識」「介入（調整活動）」の総体から構成され，**価値と知識が優先される**べきとした。

×4 　記載内容は，**全米ソーシャルワーカー協会の 1958 年の定義**で「ソーシャルワークは，価値，目的，サンクション，知識，方法の諸要素から構成される。**その全体がソーシャルワーク実践である**」と示した。

○5 　**ソーシャルワーク専門職のグローバル定義**では，「ソーシャルワークは，**社会変革と社会開発，社会的結束，および人々のエンパワメントと解放を促進する**，実践に基づいた専門職であり学問である」と示されている。

参照ページ 　『合格教科書 2025』p.252 　　　　　　　　　　　　　　　　　　　　　　　正解 5

 ## ソーシャルワークの定義　　　　　　　　　　　　　　　

35 回-92 　次のうち，「ソーシャルワーク専門職のグローバル定義」（2014 年）に関する記述として，**最も適切なものを 1 つ選びなさい。**

1 　本定義は，各国および世界の各地域を問わず，同一であることが奨励されている。
2 　ソーシャルワーク専門職は，社会変革を任務とするとともに社会的安定の維持にも等しく関与する。
3 　ソーシャルワークの原則において，マイノリティへの「多様性の尊重」と「危害を加えない」ことは，対立せずに実現可能である。
4 　ソーシャルワークの研究と理論の独自性は，サービス利用者との対話的過程とは異なるところで作り上げられてきた。
5 　ソーシャルワークの焦点は多様であるが，実践における優先順位は固定的である。
（注）「ソーシャルワーク専門職のグローバル定義」とは，2014 年 7 月の国際ソーシャルワーカー連盟（IFSW）と国際ソーシャルワーク学校連盟（IASSW）の総会・合同会議で採択されたものを指す。

選択肢考察

×1 　この定義は各国および世界の各地域で展開してよく，この定義を基に，それに反しない範囲で，それぞれの置かれた**社会的・政治的・文化的状況に応じた独自の定義**を作ることができる。

○2 　ソーシャルワークは，社会変革と社会開発，社会的結束，及び人々のエンパワメントと解放を促進する，**実践に基づいた専門職であり学問**である。また，ソーシャルワーク専門職は，それがいかなる特定の集団の周縁化・排除・抑圧にも利用されない限りにおいて，**社会的安定の維持にも等しく関与**する。

×3 　「危害を加えないこと」と「多様性の尊重」は，**状況によっては対立し**，競合する価値観となることがある。たとえば，女性や同性愛者などのマイノリティの権利（生存権さえも）が文化の名において侵害される場合などである。

×4 　多くのソーシャルワーク研究と理論は，サービス利用者との**双方向性のある対話的過程を通して共同で作り上げられてきたもの**であり，それゆえに特定の実践環境に特徴づけられる。

×5 　ソーシャルワークの実践として何を優先するかは，国や時代により，歴史的・文化的・政治的・社会経済的条件により，**多様である**。

参照ページ 　『合格教科書 2025』p.252 　　　　　　　　　　　　　　　　　　　　　　　正解 2

35回-94 事例を読んで，Z障害者支援施設のF生活支援員（社会福祉士）がこの時点で行う支援方針の見直しに関する次の記述のうち，**最も適切なもの**を1つ選びなさい。

〔事例〕

知的障害のあるGさん（35歳）は，日頃から言語的コミュニケーションは難しいところがあるが，Z障害者支援施設から離れた場所にある生家に一時外泊を行った。Gさんが施設に戻った際に，Gさんの家族から，外泊中の様子を伝えられた。自分から気に入った場所に遊びに出掛けたり，簡単な食事は自分で用意したりしていたとのことであった。F生活支援員にとっては，施設ではこれまで見掛けたことのなかったGさんの様子であった。

1 Gさんの支援は，施設と自宅では環境が異なるため，施設の事情や制約に合わせた支援を行うことを再確認する。

2 Gさんの施設での生活では，職員が考えるGさんの最善の利益に関する事柄を優先的に取り入れる。

3 Gさんの興味が広がるよう，Gさんの理解力や意思決定の力を考慮して，思いや選好を確認するよう努める。

4 家族から聞いた話を基に，Gさんの支援に，自立に向けたプログラムとして施設内で実施している料理教室への参加を組み入れる。

5 Gさんの短期的な支援目標を，施設に近接する共同生活援助（グループホーム）への移行に改める。

選択肢考察

×1 Z障害者支援施設の事情や制約にGさんの生活を合わせるのではなく，Gさんの希望や能力に合わせてZ障害者支援施設でどのような支援が可能かをアセスメントし，実践に結び付ける努力が必要である。

×2 職員が考えるGさんの最善の利益に関する事柄ではなく，**Gさんが考える最善の利益に関する事柄をアドボケートする姿勢が必要**である。

○3 記載のとおり。

×4 すぐに自立に向けたプログラムを開始するのではなく，**自立に向けたプログラムが可能なのかアセスメントする必要**がある。また，Gさんの意向を確認せずに料理教室への参加を組み入れることは適切ではない。

×5 共同生活援助への移行が可能なのか，適切なのかのアセスメントが必要である。また，**他の生活の場への移行をGさんが望むのかの確認が必須**である。これらの条件を確認した上で他の生活の場への移行の準備を行う場合には，短期的な支援目標ではなく，中長期的な支援目標を立てる必要がある。

参照ページ 『合格教科書2025』p.254 正解 3

34回-93 「認知症の人の日常生活・社会生活における意思決定支援ガイドライン」（2018年（平成30年）（厚生労働省））と「障害福祉サービス等の提供に係る意思決定支援ガイドライン」（2017年（平成29年）（厚生労働省））における意思決定支援に関する次の記述のうち，**最も適切なもの**を1つ選びなさい。

1 認知症の人の意思決定支援では，家族は本人と利害が対立することがあることから，意思決定支援チームの一員に入らないこととされている。

2 認知症の人の意思決定支援では，本人が実際の経験をすると本人の意思が変わることがあるので，体験利用などの提案は控えた方がよいとされている。

3 障害者の意思決定支援では，それに必要な情報の説明は本人が理解できるように工夫して行い，自己決定の尊重に基づくことが基本的原則である。

4 障害者の意思決定支援では，職員等の価値観においては不合理でも，また他者の権利を侵害する場合でも，その選択を実現する支援を行うことが基本的原則である。

5 障害者の意思決定支援では，本人の自己決定や意思確認の前に，本人をよく知る関係者が集まり，本人の意思を推定する支援を行うことが基本的原則である。

選択肢考察

×1　本人の意志を踏まえて，身近な**信頼できる家族・親族，福祉・医療・地域近隣の関係者**と**成年後見人**等がチームとなって，日常的に見守り，本人の意志や現況を継続的に把握し必要な支援を行う体制を，意志決定支援チームという。

×2　本人が実際の経験を通して意思決定したり，チームにかかわるメンバーの多様な視点から本人の経験を観察したりして，**本人の適応能力や望ましい選択を支援する**。

○3　**意思決定支援**とは，自ら意思を決定することに困難を抱える障害者が，日常生活や社会生活に関して，自らの意思が反映された生活を送ることができるように可能な限り本人が自ら意思決定できるように支援し，本人の意思の確認や意思及び選考を推定し，支援を尽くしても本人の意思及び選考の推定が困難な場合には，最後の手段として，**本人の最善の利益**を検討するために事業者の職員が行う支援の行為及び仕組みをいう（「障害福祉サービス等の提供に係る意思決定支援ガイドライン」）。

×4　障害者の意思決定支援においても，**他者の権利を侵害してはならない**。

×5　あくまでも，**本人の意思決定が最優先**であり，本人の自己決定や意思確認の前に関係者が推定する支援をすることは誤りである。

参照ページ　『合格教科書2025』p.150　　**正解 3**

ソーシャルワークの基盤と専門職

ソーシャルワークの理念

難 ●●●●● 易

32回-94 アドボカシーに関する次の記述のうち，**最も適切なもの**を1つ選びなさい。

1 ケースアドボカシーとは，クライエントと同じ状況に置かれている人たちの権利を守るために，新たな制度を開発する活動である。

2 コーズアドボカシーとは，クライエントの権利を守るために，法的な手段を用いる活動である。

3 セルフアドボカシーとは，クライエントが自らの権利を主張していく活動である。

4 シチズンアドボカシーとは，同じ課題を抱えるクライエントの代弁や制度の改善・開発を目指す活動である。

5 リーガルアドボカシーとは，一人のクライエントの安定した生活を復権させる活動である。

選択肢考察

×1 記述は，**ソーシャルアクション**についてである。

×2 記述は，**リーガルアドボカシー**についてである。

○3 記述は，**セルフアドボカシー**についてである。

×4 記述は，**ピアアドボカシー**についてである。

×5 記述は，**ケースアドボカシー**についてである。

参照ページ 『合格教科書 2025』p.254 正解 3

ソーシャルワークの理念（事例問題）

難 ●●●●● 易

34回-97 事例を読んで，生活困窮者を対象とした自立相談支援機関で相談に当たっている D 相談支援員（社会福祉士）のこの段階における対応として，**適切なもの**を2つ選びなさい。

〔事 例〕

Eさん（45歳，女性）から相談窓口に，「毎日不安でたまらない。どうしたらよいか」という電話があり，その結果，来所面接となった。Eさんは独身で，兄弟はおらず，両親を15年前に相次いで亡くしている。高校卒業後，様々なパートタイムの勤務をしたが長続きはせず，現在は失業中である。軽度のうつ病のため通院しており，主治医からは時間をかけて治療していきましょうと言われている。両親の没後，古い家を相続して住んではいるが，一時，収入があると，物を購入することがやめられず，家中が物で溢れている。既に，手持ちの資金が底をついており，就労を考えたこともあるが，勤務先でのつらい体験が思い浮かび，何事をするにも自信が持てない。また，友人など周囲に相談できる人はほとんどおらず，孤立感を感じている。

1 生活困窮者一時生活支援事業の利用を勧める。

2 生活福祉資金貸付制度の利用を勧める。

3 債務処理に詳しい司法の専門家と連携を取る。

4 Eさんの症状を把握するため，Eさんの了解を得て，通院先の病院と連携を取る。

5 地域での孤立感を軽減するため積極的にボランティア活動へ参加することを提案する。

選択肢考察

×1 **生活困窮者一時生活支援事業**は**住居のない生活困窮者**が対象であるため，Eさんは対象外である。

○2 **生活福祉資金貸付制度**では，総合支援資金と緊急小口資金の貸付にあたっては，就労支援をはじめ包

括的な支援が必要であることから，就職が内定している者等を除いて**生活困窮者自立支援制度**における**自立相談支援事業**の利用を貸付の要件とする。

×3　Eさんに債務があるという情報はないため，**債務処理は必要ない**と考えられる。

○4　生活困窮者が何らかの疾病を抱えるなど健康に関する問題を持っている場合は，**医療機関や保健所等の関係機関，医師や精神保健福祉士等と連携する**ことも必要である（厚生労働省『自立相談支援事業の手引き』第4章）。

×5　うつ病のため，交流範囲を広げたり，新しい体験に挑戦することに無理があり，積極的にボランティア活動へ参加することは**勧められない**。

参照ページ　『合格教科書2025』p.417　　　　　　　　　　　　　　　　　**正解 2, 4**

〈平成27年度生活福祉資金貸付事業の見直しの概要〉

> **1　生活困窮者自立支援制度の利用の要件化**
> 　総合支援資金と緊急小口資金等（臨時特例つなぎ資金を含む）の貸付にあたっては，原則として自立相談支援事業の利用を貸付の要件とします。
> ※　既に就職が決定している者や病気等により一時的に生活費が不足する場合などについては，この限りでない。
>
> **2　緊急小口資金の見直し**
> 　緊急的に支援が必要な場合に，公共料金（電気・ガス・水道・電話などのライフライン）の必要最小限の滞納分の解消などについて，生活困窮者自立支援制度と連携することにより貸付の対象となるよう貸付事由の拡大を図ります。
> 　償還期限を12月まで延長。
>
> **3　総合支援資金の見直し**
> 　借受人に過度な負担とならないよう，貸付期間の見直しを行うとともに，償還期限の短縮を図ります。
> 〔貸付期間〕原則3ヶ月とし，最大12月（延長は3ヶ月ごと3回）までとする。
> 〔償還期間〕10年以内

（厚生労働省「生活福祉金貸付事業の見直しの概要」より）

ソーシャルワークの理念

 難●●○●●易

36回-94　障害者の自立生活運動に関する次の記述のうち，**適切なもの**を**2つ**選びなさい。

1　当事者が人の手を借りずに，可能な限り自分のことは自分ですることを提起している。
2　ピアカウンセリングを重視している。
3　施設において，管理的な保護のもとでの生活ができることを支持している。
4　当事者の自己決定権の行使を提起している。
5　危険に挑む選択に対して，指導し，抑止することを重視している。

選択肢考察

×1　自立生活の理念では，障害者が自分の人生や生活の場面で，**自分で選択していれば，介助者に介助されていても自立している**ことになる。

○2　アメリカで1970年代初めに台頭した自立生活運動で，障害者の力を互いに活かし合い，「障害者こそ障害の専門家である」という**ピアカウンセリングの概念が重要視**された。

×3　障害者の自立生活センターのシンクタンクである障害者自立生活問題研究会が示した自立生活の一つは，「**施設や病院ではなく，地域の中で通常に生活する**」である。

○4　障害者の自立生活運動では，専門家の保護管理の枠を超えて，**障害者自身が主体的に自己決定権を行**

使できるように訴えた。

×5　障害者を守るために障害者の行動を制限してしまうことがあるが（危険やリスクを避けるために外出を禁止する等），それに対して**障害者にはリスクをおかす権利がある**ことを主張した。

参照ページ　『合格教科書 2025』p.201　　　　　　　　　　　　　　　　　　　　　　　　　　　正解 2, 4

ソーシャルワークの形成過程　　　　　　　　　　　　　　　難●●○●●●易

36回-95　ソーシャルワークを発展させた人物に関する次の記述のうち，**最も適切なもの**を**1つ**選びなさい。

1　レヴィ（Levy, C.）は，倫理とは，人間関係とその交互作用に対して価値が適用されたものであるとした。
2　トール（Towle, C.）は，ジェネラリストの観点からソーシャルワークの統合化を図り，ジェネラリスト・ソーシャルワークを提唱した。
3　アプテカー（Aptekar, H.）は，相互連結理論アプローチを提唱し，それぞれの理論は相互に影響を及ぼし合い，結びついていると論じた。
4　ジョンソン（Johnson, L.）は，社会的目標を達成するために不可欠な要素として，4つの基本的ニーズを提示した。
5　ターナー（Turner, F.）は，機能主義の立場に立ちつつ，診断主義の理論を積極的に取り入れ，ケースワークとカウンセリングを区別した。

選択肢考察

○1　レヴィは，「倫理とは，人間関係及びその**交互作用に価値が適用**されたもの」と述べた。

×2　トールは**診断主義アプローチ**の提唱者として，クライエントが人間としてもつ共通の欲求（ニーズ）の理解と，そのニーズに対する公的扶助の役割を論じた。

×3　アプティカーは『ケースワークとカウンセリング』（1955年）において，ケースワークに内在する力動性の概念により，**診断主義と機能主義の統合を提唱した**。機能主義の立場に立ちつつ，診断主義の理論を積極的に取り入れ，**ケースワークとカウンセリングを区別**した。

×4　ジョンソンは，**ジェネラリストの観点からソーシャルワークの統合化**を図った。また，人間の多様性のアプローチを「彼ら自身の文化的文脈の中で，個々人の成長と機能に影響を与える知覚，経験，出来事の意味を確定すること」と説いた。4つのニードを提唱したのは**ブラッドショー**（Bradshaw, J.）で，「感得されたニード」「表明ニード」「比較ニード」「規範的ニード」を示す。

×5　ターナーは，**相互連結理論アプローチ**を提唱し，それぞれの理論は相互に影響を及ぼし合い，結びついていると論じた。

参照ページ　『合格教科書 2025』p.262　　　　　　　　　　　　　　　　　　　　　　　　　　　正解 1

ソーシャルワークの形成過程

35回-93 19世紀中期から20世紀中期にかけてのソーシャルワークの形成過程に関する次の記述のうち，**最も適切なものを1つ選びなさい。**

1 エルバーフェルト制度では，全市を細分化し，名誉職である救済委員を配置し，家庭訪問や調査，相談を通して貧民を減少させることを目指した。
2 セツルメント運動は，要保護者の個別訪問活動を中心に展開され，貧困からの脱出に向けて，勤勉と節制を重視する道徳主義を理念とした。
3 ケースワークの発展の初期段階において，当事者を主体としたストレングスアプローチが提唱された。
4 ミルフォード会議では，それまで分散して活動していたソーシャルワーク関係の諸団体が統合された。
5 全米ソーシャルワーカー協会の発足時には，ケースワークの基本的な事柄を広範囲に検討した結果として，初めて「ジェネリック」概念が提起された。

選択肢考察

○1 エルバーフェルト制度は，1853年にエルバーフェルト市の条例に基づいて実施された制度である。地域を546に区分し，**ボランティアの救済担当者が配置**され，貧困家庭の訪問，調査，相談などの援助を行い，貧民を救済することを目指した。
×2 貧困からの脱出に向けて，勤勉と節制を重視する道徳主義を理念としたのは，**慈善組織協会（COS）**である。COSでは，自助の考えに基づき「**貧困の原因は個人にある**」として貧困者に生活態度の改善を促した。
×3 ケースワークの発展の初期段階に登場したのは，1920年代の**ジェネリックアプローチ**や，1930年代の**機能主義的アプローチ**である。ストレングスアプローチは，1970年代以降に登場した。
×4 20世紀初めに，各分野のケースワーク実践から提示された多様なケースワーク観が提示された。それらによる混乱状態を整理する目的で，1923〜1928年にかけて，アメリカのペンシルバニア州ミルフォードにおいてケースワークの6つの全国組織により会議が開催されたが，**諸団体が統合されたわけではない**。
×5 **1929年のミルフォード会議報告書**において，初めて「ジェネリック」という概念が登場し，統合化へのさきがけとなった。その後，1955年に全米ソーシャルワーカー協会結成を直接的な契機として，統合化への動きが本格化した。

参照ページ 『合格教科書2025』p.163 正解 1

ソーシャルワークの形成過程

34回-92 ソーシャルワークの発展に寄与した代表的な研究者とその理論に関する次の記述のうち，**最も適切なものを1つ選びなさい。**

1 ホリス（Hollis, F.）は，「状況の中の人」という視点で，心理社会的アプローチを提唱した。
2 トール（Towle, C.）は，「ケースワークは死んだ」という論文を発表し，社会問題へ目を向けることを提唱した。
3 パールマン（Perlman, H.）は，社会的要因が心理的要因に従属させられていると指摘し，両者の再統合を提唱した。
4 ロビンソン（Robinson, V.）は，内的な特徴と外的な特徴を統合させて人間を理解することを提唱した。
5 ハミルトン（Hamilton, G.）は，社会科学とのつながりを意識して，「リッチモンドに帰れ」と原点回帰を提唱した。

○1　記述のとおり。ホリスは，クライエント（人）とクライエントが置かれている環境（状況）の相互作用に注目し，**クライエントと環境の両面に働きかけ，調整することの重要性**を説いた。

×2　ケースワークが社会問題に対応しきれない状況に対して，ソーシャルワークに対する自己批判として**「ケースワークは死んだ」**と述べたのは**パールマン**である。トールは，クライエントが人間として共通の欲求をもっているという観点から，ケースワークと公的扶助行政の関係を論じた。

×3　社会的要因が心理的要因に従属させられているという指摘は，**機能主義の理論**である。機能主義と診断主義の再統合を提唱したのはパールマンであるが，パールマンは診断主義派である。

×4　記述は**ジャーメイン**（Germain, C.）が提唱した**生活モデル**で，問題の原因を個人（内的な特徴）と社会環境（外的な特徴）に分けて考えるのではなく，**人と環境が相互に作用し合うもの**として捉え，支援者が**双方の接点に介入して支援**を行う。ロビンソンは，「クライエント自身が，問題を解決する能力を有している」と捉える機能主義派で，援助者はクライエント自身の創造力を引き出す「関係」をつくる理論を示した。

×5　社会環境条件に重点を置くソーシャルワークへの回復を訴え，ソーシャルワークと社会科学との連携を主張して**「リッチモンドに帰れ」**と述べたのは**マイルズ**（Miles, A.）である。ハミルトンは，経験や直感に依拠したケースワークに，科学的根拠，専門的対応，理論的体系を導入した診断主義的ケースワークを提唱し，『ケースワークの理論と実際』を出版した。

参照ページ　『合格教科書 2025』p.253　　　　　正解 1

 ## ソーシャルワークの形成過程　　　　難 ●●○●● 易

33回-94　19世紀末から20世紀初頭のセツルメント活動に関する次の記述のうち，**正しいものを1つ選びなさい。**

1　バーネット（Barnett, S.）が創設したトインビーホールは，イギリスにおけるセツルメント活動の拠点となった。
2　コイト（Coit, S.）が創設したハル・ハウスは，アメリカにおけるセツルメント活動に大きな影響を及ぼした。
3　石井十次が創設した東京神田のキングスレー館は，日本におけるセツルメント活動の萌芽となった。
4　アダムス（Addams, J.）が創設したネイバーフッド・ギルドは，アメリカにおける最初のセツルメントであった。
5　片山潜が創設した岡山孤児院は，日本におけるセツルメント活動に大きな影響を及ぼした。

○1　記述のとおり。

×2　**コイト**がアメリカで設立した最初のセツルメントは，**ネイバーフッド・ギルド**である。ハル・ハウスは，**ジェーン・アダムス**がアメリカのシカゴで開設した。

×3　**キングスレー館**を設立したのは，**片山潜**（1859〜1933）である。

×4　ジェーン・アダムスがアメリカのシカゴで設立したのは，**ハル・ハウス**である。

×5　**岡山孤児院**を設立したのは，**石井十次**（1865〜1914）である。

参照ページ　『合格教科書 2025』p.163　　　　　正解 1

35回-95 リッチモンド（Richmond, M.）の人物と業績に関する次の記述のうち，**適切なものを2つ選びなさ**
い。

1 ケースワークの専門職としてニューヨーク慈善組織協会に採用された。
2 ケースワークの体系化に貢献したことから，後に「ケースワークの母」といわれた。
3 社会改良を意味する「卸売的方法」は，個別救済を意味する「小売的方法」の始点であり終点であると位置づけた。
4 『社会診断』において，ケースワークが社会的証拠の探索と収集を重視することに対して，異議を唱えた。
5 『ソーシャル・ケース・ワークとは何か』において，ケースワークを人間と社会環境との間を調整し，パーソナリ
ティを発達させる諸過程と定義した。

選択肢考察

×1 メアリー・リッチモンドは，1861年にアメリカで誕生し，1889年に**ボルチモアの慈善組織協会**に採用
され，友愛訪問活動に携わった。

○2 慈善組織協会での友愛訪問活動から，リッチモンドは**ソーシャルケースワークの基礎**を築き，「**ケース
ワークの母**」と呼ばれるようになった。

×3 リッチモンドは，「改革の卸売的方法」＝「社会への働きかけ（社会改良）」，「改革の小売的方法」＝「個人
への働きかけ（ケースワーク）」という表現を用いて，「卸売的方法」つまり社会環境に対する活動（社会
改良）の重要性を指摘している。健全な，かつ，完全なる社会改良＝「卸売的方法」はふつう「小売的方
法」に始まって（始点），ふたたびそこに帰っていく（終点）と述べ，社会改良の小売り的方法の必要不
可欠さを独自に展開した。

×4 リッチモンドは『社会（的）診断（論）』（1917年）の中で，ケースワークの理論や方法を科学的に体系
化し，貧困問題を抱える利用者の社会的困難や社会的要求を把握するためには，**社会的証拠の収集が必
要**であるとした。この社会的証拠の収集は「利用者との面接」「利用者の家族」「家族内外の資源」によっ
て行い，収集した社会的証拠について，「比較」「社会的診断」を行うこととし，理論を展開した。

○5 リッチモンドは『ソーシャルワークとは何か』（1922年）の中で，ソーシャル・ケースワークを『ソー
シャル・ケース・ワークは人間と社会環境との間を，個別に意識的に調整することを通して，パーソナリ
ティを発達させる諸過程から成り立っている』と定義している。人を『社会的諸関係の総体』として捉
え，この**諸関係を調整することでパーソナリティの発達を図る**という点に，ケースワークの独自性を求
めた。

参照ページ 『合格教科書2025』p.252, 260   **正解 2, 5**

倫理的ジレンマ（事例問題）

36回-96 事例を読んで，X小学校に配置されているAスクールソーシャルワーカー（社会福祉士）が，Bさんの意思を尊重することに対する倫理的ジレンマとして，**適切なもの**を**2つ**選びなさい。

〔事例〕

Aは，2学期に入ったある日，暗い顔をしているBさん（小学5年生）に声をかけた。Bさんは，初めは何も語らなかったが，一部の同級生からいじめを受けていることを少しずつ話し出した。そして，「今話していることが知られたら，ますますいじめられるようになり，学校にいづらくなる。いじめられていることは，自分が我慢すればよいので，他の人には言わないで欲しい」と思いつめたような表情で話した。

1 クライエントの保護に関する責任
2 別の小学校に配置されているスクールソーシャルワーカーに報告する責任
3 学校に報告する責任
4 保護者会に報告する責任
5 いじめている子の保護者に対する責任

選択肢考察

○1 　AにはいじめられているクライエントのBさんを**保護する責任がある**。しかし，Bさんの意思を尊重するといじめの事実を隠すことになるのでBさんの保護が難しくなる。**倫理的ジレンマの状況である**。倫理的ジレンマとは，相反する複数の倫理的根拠が存在し，どれも重要と考えられる場合，ソーシャルワーカーがどのようにすればよいのかと葛藤することである（社会福祉士養成講座編集委員会編『新・社会福祉士養成講座6 相談援助の基盤と専門職』第3版，中央法規，2015，p.150）。

×2 　Aには別の小学校に配置されているスクールソーシャルワーカーに報告する**責任および倫理的根拠はない**。

○3 　AにはクライエントのBさんが在籍している学校に**報告する責任がある**。学校は，Bさんを保護したり，学校で発生している問題解決に当たったりする責任がある。しかしながら，Bさんの意思を尊重すると，学校への報告はできない。**倫理的ジレンマの状況である**。

×4 　Aには保護者会に報告する**責任および倫理的根拠はない**。

×5 　Aにはいじめている子の保護者に対する**責任および倫理的根拠はない**。

参照ページ 『合格教科書2025』p.256 **正解 1, 3**

ソーシャルワークの理論と方法

● 内容一覧 ●

出題項目	国試回数	内容一覧	事例	頁
ソーシャルワークの理論と方法	33回-98	人と環境との関係		232
システム理論	36回-98	システム理論の考え方		233
	34回-98	ソーシャルワークの対象の捉え方		233
	33回-99	家族システム論		234
	33回-100	エコシステム	★	235
	35回-98	家族システム	★	236
ソーシャルワークの様々な実践モデルとアプローチ	34回-100	様々なアプローチの理解		236
	36回-99	治療モデル・生活モデル・ストレングスモデル		237
	34回-99	エコロジカルアプローチ		238
	33回-106	生活モデルにおけるクライエントの捉え方		238
	33回-101	機能的アプローチ		239
	33回-103	課題中心アプローチに基づく応答	★	240
	36回-100	ソーシャルワークのアプローチ		241
	36回-101	行動変容アプローチ	★	241
	35回-100	エンパワメントアプローチ		242
	35回-99	ソーシャルワークアプローチ		243
	36回-115	解決志向アプローチ	★	244
ケースの発見	35回-109	アウトリーチ		244
エンゲージメント（インテーク）	34回-102	インテーク面接の目的		245
	33回-104	在日外国人支援（生活相談）	★	246
	34回-118	医療ソーシャルワーカーの対応	★	247
アセスメント	36回-102	適切なアセスメントツールの活用	★	248
	33回-107	大学の障害学生支援室の対応	★	248
プランニング	36回-103	プランニングの目標設定		249
	35回-101	プランニング		250
支援の実施	34回-104	介入の技法		250
モニタリング	36回-104	モニタリングの目的と方法	★	251
	35回-102	モニタリング		251
	33回-105	相談援助の過程におけるモニタリング		252
支援の終結と事後評価	35回-103	支援の終結		252
	34回-106	児童養護施設の退所児童への対応	★	253
フォローアップ	36回-105	アフターケアの目的		254
	34回-105	相談援助の過程の理解		254
	33回-110	母子生活支援施設の母子支援員の家庭訪問	★	255
記録の方法と実際	36回-111	SOAPの理解		256
	35回-114	ソーシャルワークの記録		256
	35回-115	支援記録の文体	★	257
	34回-114	ソーシャルワークの記録		257
	33回-115	ソーシャルワークの記録（逐語体）		258
ケアマネジメントの意義と方法	34回-109	ケアマネジメントの意義や目的		258
	36回-107	ケアマネジメントにおける再アセスメント		259
	33回-111	ケアマネジメントの過程		260
グループワークの意義と目的	34回-112	グループワークにおけるグループの相互作用		260

（次ページに続く）

傾向と対策

過去問の傾向を知り，適切な対策を！

● 傾向分析表【ソーシャルワークの理論と方法】 ●

項　目　名	第36回	第35回	第34回	第33回	問題数
ソーシャルワークの理論と方法				●	1
システム理論	●	●	●	●●	5
ソーシャルワークの様々な実践モデルとアプローチ	●●●●	●●	●●	●●●	11
ケースの発見		●			1
エンゲージメント（インテーク）			●●	●	3
アセスメント	●			●	2
プランニング	●	●			2
支援の実施			●		1
モニタリング	●	●			3
支援の終結と事後評価		●	●		2
フォローアップ	●		●		3
記録の方法と実際	●	●●	●		5
ケアマネジメントの意義と方法	●		●	●	3
グループワークの意義と目的			●		1
グループワークの原則		●		●	2
グループワークの展開過程	●●	●	●		4
コミュニティワークの展開	●				1
スーパービジョンの意義，目的，方法	●	●	●	●	4
問　題　数	15問	12問	13問	14問	54問

●傾向と対策

8単元をまんべんなく学習することが必要である。

①システム理論は問題が難化する場合もあるので，最低限，家族システムについては理解しておく。

②出題基準に書いてある3つのモデルと11のアプローチはしっかり学習しておく。

③ソーシャルワークの過程はインテーク等の用語が何を指しているかを理解し，展開される順番も覚える。

④ソーシャルワークの記録，ケアマネジメント，集団を活用した支援，スーパービジョンはある程度限られた内容から繰り返し出題されるため，過去問はもちろん参考書等で該当範囲を学習しておく。

⑤新単元のコミュニティワークは地域福祉の問題をしっかり理解すること。コンサルテーションはスーパービジョンと類似しているが，問題解決のために実施されるものだと理解しよう。

33回-98 次の記述のうち，人と環境との関係に関するソーシャルワーク理論として，**最も適切なもの**を**1つ選**びなさい。

1 リッチモンド（Richmond, M.）は，「人」，「状況」，「人と状況の相互作用」の三重の相互関連性を説いた。
2 ピンカス（Pincus, A.）とミナハン（Minahan, A.）は，生態学的視座に立ち，人が環境の中で生活し，社会的にも機能していると説いた。
3 ホリス（Hollis, F.）は，パーソナリティの変容を目指し，人と環境との間を個別に意識的に調整すると説いた。
4 バートレット（Bartlett, H.）は，人々が試みる対処と環境からの要求との交換や均衡を，社会生活機能という概念で説いた。
5 ジャーメイン（Germain, C.）は，クライエントの環境は，アクション・システムなど，複数のシステムから構成されると説いた。

選択肢考察

×1 「人」と「状況」と両者の「相互作用」からなる三重の相互関連性「状況の中の人間」を説いたのは，ホリスであり，**心理社会的アプローチ**を確立した。リッチモンドは，ソーシャルケースワークの定義を「人と社会環境との間を個別に意識的に調整することを通して，パーソナリティを発達させる諸過程から成り立っている」ものとした。

×2 ピンカスとミナハンはソーシャルワークを「人々と資源に連結や相互作用に焦点がある」と説いている。「**生態学的視座**」に捉えたのは，モンクマン（Monkman, M. M.）である。モンクマンは個人と環境の交互作用（transaction）という生態学的視点でソーシャルワークを捉えている。

×3 ホリスは，ソーシャルワークの焦点を「**全体連関的な状況の中にある人**」としている。本肢の内容はリッチモンドのソーシャルケースワークの定義である。

○4 バートレットは，**ソーシャルワークの関心領域を人々の社会生活機能**におき，それを人々の試みる対処と環境からの**要求の間での交換や均衡**として捉えた。

×5 ジャーメインらは，「人々の持っている内的な資源と彼らの生活状況での外的な社会資源を合致させることがソーシャルワークの仕事である」，すなわち人々の問題状況は，様々な**社会資源のなかで生じる相互作用過程の結果**とみている。アクション・システムとは，「クライエントのニーズの充足や問題解決に向けての共同作業を行うこと」であり，ピンカスとミナハンの**システム理論**である。ジャーメインは，生活モデル（ライフ・モデル・アプローチ）の提唱者である。

参照ページ 『合格教科書2025』p.252, 253　　　　　　　　　　　　　　　　**正解4**

システム理論

難 ●●●○●● 易

36回-98 ソーシャルワーク実践におけるシステム理論の考え方に関する次の記述のうち，**最も適切なもの**を1つ選びなさい。

1 ピンカス（Pincus, A.）とミナハン（Minahan, A.）の実践モデルにおけるターゲットシステムは，目標達成のために，ソーシャルワーカーと協力していく人々を指す。
2 開放システムの変容の最終状態は，初期条件によって一義的に決定される。
3 システムには，他の要素から正負のフィードバックを受けることで，自己を変化・維持させようとする仕組みがある。
4 クライエントの生活上の問題に関し，問題を生じさせている原因と結果の因果関係に着目する。
5 家族の問題に対して，課題を個々の家族員の次元で捉え，個々人に焦点を当てたサービスを提供する。

選択肢考察

×1 ターゲットシステムとは，**クライエントの目標を達成するためにソーシャルワーカーが働きかけて変化を促していく人や組織，制度など**のことである。

×2 開放システムでは，**人が環境から受ける影響（インプット）や人が環境に与える影響（アウトプット）**といった作用が働き，**状態が変化**していく。初期条件によって一義的に最終状態が決定されるというのは**誤り**である。

○3 システムは，**状況を変化させるために機能しようとする**が，変化することによってこれまでの形態が崩れてしまうため，そういった場合に**機能を停止することでシステムを維持させようとする働き**（ホメオスタシス）も備えている。

×4 原因と結果ではなく，**クライエントと生活環境の相互作用**に着目する。

×5 個々としてではなく，**家族を1つのシステムと捉え，家族員の相互作用に焦点を当てて介入**していく。

参照ページ 『合格教科書2025』p.258 正解 3

システム理論

難 ●●●○●● 易

34回-98 システム理論に基づくソーシャルワークの対象の捉え方に関する次の記述のうち，**適切なもの**を2つ選びなさい。

1 家族の様々な問題を家族成員同士の相互関連性から捉える。
2 個人の考え方やニーズ，能力を固定的に捉える。
3 個人や家族，地域等を相互に影響し合う事象として連続的に捉える。
4 問題解決能力を個人の生得的な力と捉える。
5 生活問題の原因を個人と環境のどちらかに特定する。

選択肢考察

○1
○3　｝ 正しい。

ソーシャルワークの理論と方法

×2 　個人の考え方やニーズ，能力は**状況によって変動するもの**であると捉える。

×4 　ソーシャルワークでは問題解決能力はクライエントが本来持っているものとして捉えるが，それは**生得的なものではなく，経験によって身につけた能力**である。その能力を発揮できるような援助を行うことが求められる。

×5 　原因をどちらかに特定するのではなく，**個人と環境の両方に働きかける**。

 参照ページ 　『合格教科書 2025』p.258 　　　　　　　　　　　　　　　　　　　　　正解 1, 3

 システム理論 　　　　　　　　　　　　　　　　　　　　　　　　　　　難●●●○●易

33 回-99 　家族システム論に関する次の記述のうち，**最も適切なもの**を 1 つ選びなさい。

1 　家族内で生じる問題は，原因と結果が円環的に循環している。
2 　各家族員の分化度が高いほど，家族内において相互依存が生じる。
3 　家族の内と外は，区別されず連続している。
4 　ある家族の全体が有する力は，各家族員が持つ力の総和に等しい。
5 　多世代家族において，一つの世代の家族の不安は，別の世代の家族に影響を与えない。

選択肢考察

○1 　「問題の原因と結果を直線的な因果関係で捉えるのではなく，**原因と結果が円環的に循環しているという視点を持つこと**」が求められる。**家族システム**の理解には，相互連関関係と家族全体への視点が求められる。家族療法では，家族を一つのシステムとして捉えている。

×2 　各家族員の分化度が高い状態になると，それぞれが独立した存在になり**相互依存は低くなる**。

×3 　家族システムは，外に対して閉鎖的となり家族内だけで自己完結をしようとする働きと，外に対する働きの両面の視点が求められる。家族の内と外には家族システムとそれを取り巻く社会とを区別する**外的境界**がある。家族は家族の「内と外」とが区別される集団（家族の外的境界）であり，見えない境界（バウンダリー）によって区別される。

×4 　「総和に等しい」は**誤り**である。家族療法では相互交互に作用し合い，**総和プラスアルファの効果を上げる**。

×5 　多世代家族において，一つの世代の不安は**次の世代に影響を及ぼす**。これは，ボーエン（Bowen, M.）が体系化した家族システム論で，家族の関係性は，世代から世代と伝承されていくと考え，その伝承は**多世代伝達過程**と呼ばれている。

 参照ページ 　『合格教科書 2025』p.268 　　　　　　　　　　　　　　　　　　　　　　　正解 1

234

33回-100 事例を読んで，エコシステムの視点に基づく E さんへの F ソーシャルワーカー（社会福祉士）の対応として，**適切なもの**を **2 つ**選びなさい。

〔事 例〕

U 里親養育包括支援（フォスタリング）機関の F ソーシャルワーカーは，里親の E さん（42 歳，女性）宅へ訪問した際，委託を受け養育している G ちゃん（10 歳，女児）のことで相談を受けた。G ちゃんは，最近無断で学校を休み，友達の H ちゃんと万引きをした。E さんは G ちゃんに注意し，諭したが，G ちゃんは二日前に再び万引きをした。E さんは夫に心配を掛けてはすまないと思い，一人で対処してきたが，自分の里親としての力のなさに失望している。

1 「G ちゃんの万引きがやまなければ，児童相談所に委託の解除を相談してはいかがでしょうか」
2 「G ちゃんが通う学校の先生に，G ちゃんの学校での様子について尋ねてみてはいかがでしょうか」
3 「H ちゃんとの付き合いが，G ちゃんの問題を引き起こしているのでしょう」
4 「お一人で悩まれずに，G ちゃんのことをご夫婦で話し合われてはいかがでしょうか」
5 「G ちゃんに欲しい物を尋ね，買ってあげてはいかがでしょうか」

選択肢考察

×1　里親 E さんに「児童相談所への委託の解除」を提案することは，**ストレングスの視点**を否定することになる。ソーシャルワーカーには，里親 E さん自身が問題解決に向かうような働きかけが求められる。

○2　G ちゃんの学校の先生も「**社会資源**」の一つである。外部の社会資源を活用することで学校での G ちゃんの情報も入手できる。

×3　G ちゃんの友達に原因があると断定せずに，まずは G ちゃんに対して否定的な視点ではなく，身体機能・精神心理・社会環境など側面を理解し，**全体を捉える考え方が必要**である。

○4　里親 E さんの夫も「**社会資源**」の一つである。ハミルトン（Hamilton, G.）は環境要因としての社会資源に，**クライエントを取り巻く家族などの人的資源**も挙げている。

×5　G ちゃんの課題が明確でない状態で欲しい物を買うことは不適切である。まずは G ちゃんを全体として捉える**ホリスティックアプローチ**が必要である。

参照ページ　『合格教科書 2025』p.276　　　　　　　　　　　　　　　　　　　　　　　　正解 2, 4

システム理論（事例問題）

35回-98 事例を読んで，R市子ども福祉課の社会福祉士が行う，家族システムの視点に基づいた今後の対応として，**適切なもの**を**2つ**選びなさい。

〔事　例〕

　Jさん（15歳）は，小学6年生の時に父親を交通事故で亡くした後，母親（37歳）と母方の祖母（58歳）の3人で暮らしている。母親は，朝から夜中まで働いているため，家事全般は祖母が担っている。Jさんは，中学生になった頃から，祖母へ暴言を吐くようになり，最近は家の中で暴れたり，家に帰ってこなかったりするようになった。祖母は途方に暮れ，友人でもある近所の民生委員・児童委員に相談すると，R市子ども福祉課の相談窓口を紹介され，来所につながった。

1　祖母に思春期の子への対応方法を学習する機会を提供する。
2　家族の凝集性の高さが問題であるため，母親に祖母との距離を置くよう求める。
3　家族関係を理解するため，3人の互いへの思いを尋ねていく。
4　家族システムを開放するため，Jさんの一時的別居を提案していく。
5　家族の規範を再確認するため，それぞれの役割について話し合う機会を設ける。

選択肢考察

×1　家族システムでは，**家族の構成員同士は相互に作用し合う**と捉える。「祖母からJさんへの一方向の働きかけを変えれば，Jさんの暴言等がおさまるであろう」という見立ては適切ではない。

×2　本事例において，**家族の凝集性は低い**と考えられる。母親に祖母との距離を置くことを求めるのは適切ではない。

○3　Jさん，母親，祖母のそれぞれが認識している関係性や距離感を把握するため，思いを尋ねるのは適切である。

×4　凝集性の低い家族に対して，Jさんの一時的別居が適切であるとはいえない。

○5　家族であっても，**判断や行動の基準は異なる**。3人の認識を確認し，家族としての役割を話し合う機会を設けるのは適切である。

参照ページ　『合格教科書2025』p.268　　　　　　　　正解 3, 5

ソーシャルワークの様々な実践モデルとアプローチ

34回-100 ソーシャルワークのアプローチに関する次の記述のうち，**最も適切なもの**を**1つ**選びなさい。

1　ソロモン（Solomon, B.）のエンパワメントアプローチは，人の自我機能に着目し，自己対処できないほどの問題に直面しバランスを崩した状態を危機と捉える。
2　キャプラン（Caplan, G.）の危機介入アプローチは，クライエントが社会から疎外され，抑圧され，力を奪われていく構造に目を向ける。
3　ホワイト（White, M.）とエプストン（Epston, D.）のナラティヴアプローチは，クライエントの生活史や語り，経験の解釈などに関心を寄せ，希望や意欲など，肯定的側面に着目する。
4　リード（Reid, W.）とエプスタイン（Epstein, L.）の課題中心アプローチは，クライエントが解決を望む問題を吟味し，計画的に取り組む短期支援である。
5　サリービー（Saleebey, D.）のストレングスアプローチは，クライエントの否定的な問題が浸み込んでいるドミナントストーリーに焦点を当て家族療法を行う。

×1　ソロモンのエンパワメントアプローチは，人は，個人と敵対的な社会環境との相互関係によって無力な状態に陥ることが多いと考える。そして**内在化された課題の克服に焦点を当てた**。

×2　キャプランの危機介入アプローチは，危機に陥りやすい状況をあらかじめ把握しておくことによって，危機状態にあるクライエントへの**早期介入**が重要であると唱えた。

×3　ホワイトとエプストンのナラティヴアプローチは，クライエントが語る**ドミナントストーリー**を変容させていき，新たな物語（ナラティヴストーリー）を描いていくのが特徴である。

○4　リードとエプスタインの課題中心アプローチの特徴は，**具体的な課題の解決に向けて短期支援を行う**ことである。

×5　サリービーのストレングスアプローチは，**クライエントのなかに強さ（ストレングス）を見出して評価**し，**クライエント自身が問題解決を行う主体である**と捉える。

参照ページ　『合格教科書 2025』p.260〜269　　　　　　正解 4

ソーシャルワークの様々な実践モデルとアプローチ　難 ●●●○●● 易

36回-99　ソーシャルワークの実践モデルに関する次の記述のうち，**最も適切なもの**を 1 つ選びなさい。

1　生活モデルは，問題を抱えるクライエントの人格に焦点を絞り，問題の原因究明を重視する。
2　生活モデルは，人と環境の交互作用に焦点を当て，人の生活を全体的視点から捉える。
3　治療モデルは，人が疎外される背景にある社会の抑圧構造に注目する。
4　治療モデルは，問題を抱えるクライエントのもつ強さ，資源に焦点を当てる。
5　ストレングスモデルは，クライエントの病理を正確に捉えることを重視する。

×1　クライエントの人格（欠陥）に焦点を絞るのは**治療モデル**である。

○2　正しい。生活モデルは**ジャーメイン**（Germain, C.）が提唱した。

×3　社会構造から抑圧されたり阻害されたりするとクライエントは**パワーレス状態**に陥る。そのようなクライエントを支援していくのは**エンパワメントアプローチ**による実践である。

×4　**ストレングスモデルの説明**である。

×5　クライエントの病理に着目するのは**治療モデル**である。

参照ページ　『合格教科書 2025』p.262〜269　　　　　　正解 2

ソーシャルワークの理論と方法

難●●●○●●易

34回-99 次の記述のうち，ジャーメイン（Germain, C.）によるエコロジカルアプローチの特徴として，**最も適切なもの**を1つ選びなさい。

1 空間という場や時間の流れが，人々の価値観やライフスタイルに影響すると捉える。
2 モデルとなる他者の観察やロールプレイを用いる。
3 クライエントのパーソナリティの治療改良とその原因となる社会環境の改善を目的とする。
4 問題の原因を追求するよりもクライエントの解決イメージを重視する。
5 認知のゆがみを改善することで，感情や行動を変化させ，問題解決を図る。

選択肢考察

○1 正しい。ジャーメインは**人間と環境の相互作用を基本視点**としたエコロジカルアプローチを展開した。
×2 モデルとなる他者の観察やロールプレイを用いるのは，**認知行動療法**である。
×3 クライエントのパーソナリティの治療改良を行うのは**治療モデル**，社会環境の改善に向けて働きかけるのは**生活モデル**である。
×4 クライエントの解決イメージを重視するのは，**解決志向アプローチ**である。
×5 認知のゆがみを改善することで感情や行動を変化させ，問題解決を図るのは**認知療法**である。

参照ページ 『合格教科書 2025』p.266　　　　　　　　　　　　　　　　正解 1

 難●●●○●●易

33回-106 次のうち，生活モデルにおけるクライエントの捉え方として，**最も適切なもの**を1つ選びなさい。

1 環境から一方的に影響を受ける人
2 成長のための力を有する人
3 治療を必要とする人
4 パーソナリティの変容が必要な人
5 問題の原因を有する人

選択肢考察

×1 「生活モデル」は，**人と環境の全体を捉える**。「環境から一方的に影響を受ける人」というのは**誤り**である。
○2 クライエントは「**成長のための力を有する人**」であり，具体的目標の達成に向けられた動機づけや認知的能力，また環境に対する制御能力や自己統制力をもつ人である。ソーシャルワーカーはクライエントのコンピテンスを高める存在でもある。
×3 クライエントを「治療を必要な人」として捉えるのは，**治療モデル**である。
×4 「生活モデル」では，人と環境の交互作用に着目する。パーソナリティの変容ではなく，**クライエントの生活環境を把握し，課題への対応を支援する視点**が求められる。
×5 「生活モデル」では，クライエントは**課題を抱えながらも生活を続けていく人**であり，「問題の原因を

有する人」ではない。

参照ページ 『合格教科書 2025』p.296　　　　　　　　　　　　　　正解 2

 ソーシャルワークの様々な実践モデルとアプローチ　難●●●●○●易

33回-101　次のうち，ソーシャルワークにおける機能的アプローチに関する記述として，**最も適切なもの**を1つ選びなさい。

1　クライエントが被っている差別や抑圧に対抗するため，既存の制度や政策を批判し，これらの変革を目指す。
2　クライエントとのコミュニケーションを通じ，クライエントのパーソナリティの変容と環境との機能不全の改善を目指す。
3　クライエントのニーズを機関の機能との関係で明確化し，援助過程の中でクライエントの社会的機能の向上を目指す。
4　クライエントの望ましい行動を増加させ，好ましくない行動を減少させることを目指す。
5　クライエントの問題の解決へのイメージに焦点を当て，問題が解決した状態を実現することにより，クライエントの社会的機能の向上を目指す。

選択肢考察

×1　機能的アプローチでは，クライエント自身が自らの意思で解決の方向性を決定できるよう，抱えている課題やニーズを機関との関係で明確化する。**「既存の制度や政策を批判」**することや**「変革を目指す」**ものではない。

×2　機能的アプローチでは，クライエントの課題に対し，解決に向け機関の機能を活用できるようにアプローチする。「パーソナリティの変容と環境との機能不全の改善」ではなく，**「人間が社会環境との交互作用の中で環境からの要求に対処していく」**ことが必要である。

○3　機能的アプローチは，本肢のとおりである。

×4　ソーシャルワーカーは，クライエントが自らの意思で解決の方向性を決定できるよう助ける存在である。行動に対して指示的なアプローチはしない。機能的アプローチでは，クライエント自身が自らの意思で解決の方向性を決定できるよう，抱えている課題やニーズを機関との関係で明確化していくなかで**社会的機能を高める**。好ましくない行動を減少させることではない。

×5　**「クライエントの問題解決へのイメージに焦点を当てるもの」**ではない。問題解決に向けて，クライエントが機関の機能を活用できるように，その機能に応じた「フォーム」の形成内容が重要になる。

参照ページ 『合格教科書 2025』p.265〜268　　　　　　　　　　　　正解 3

ソーシャルワークの理論と方法

33回-103 事例を読んで，課題中心アプローチに基づく L 指導員（社会福祉士）の応答として，**適切なものを 2 つ選びなさい。**

〔事 例〕

　W 自立援助ホームの L 指導員は，M さん（18 歳，男性）から将来についての相談を受けた。M さんは就職をして一人暮らしをしたいと思っているが，求人募集に何度応募しても不採用が続いている。自信を失った M さんは，「また駄目かもしれないと思うと，面接が怖いです」とうつむいた。

1 「就職活動をする上で，今，何が一番問題だと M さんは思われますか」と尋ねる。

2 「面接が奇跡的にうまくいったとしたら，どのように感じますか」と尋ねる。

3 「面接が怖いのであれば，採用試験に面接がない職場を探しましょう」と提案する。

4 「M さんが次の面接の日までに取り組む具体的な目標を一緒に考えましょう」と提案する。

5 「大丈夫，M さんなら自信を持って何でもできますよ」と励ます。

選択肢考察

○1　課題中心アプローチでは，課題を**クライエント自身が認識し，解決できる可能性がある具体的な生活諸課題**が対象となる。クライエントが課題について認識しているかどうかを尋ねる質問として適切である。

×2　課題中心アプローチの支援の焦点は，**クライエントが自らの努力によって解決できる可能性をもった具体的な生活課題**が対象となる。本肢の「奇跡的にうまくいったとしたら」というミラクル・クエスチョンは，**解決志向アプローチ**で用いる。

×3　「面接が怖い」という本人の課題に対して，**「面接のない職場を探す」**ことは，対象となる問題解決にはならない。

○4　**課題中心アプローチ**においては，限定された期間・時間のなかで，ソーシャルワーカーとクライエントによる作業が認識され，アセスメントに基づき**具体的課題への取組**がなされる。本肢の「次の面接の日までに取り組む具体的な目標を一緒に考えましょう」と提案することは**問題解決への動機づけ**を高めることにつながる。

×5　「自信を持って何でもできますよ」と励ますことは，**「処遇目標」**として具体的ではなく，クライエント自身による段階的な問題解決行動につながらない。

参照ページ　『合格教科書 2025』p.265　　　　　　　　　　　　　　　　　**正解 1，4**

ソーシャルワークの様々な実践モデルとアプローチ

36回-100 ソーシャルワークのアプローチに関する次の記述のうち，**最も適切なもの**を**1つ**選びなさい。

1 機能的アプローチでは，4つのPを実践の構成要素として，クライエントのコンピテンス，動機づけとワーカビリティを高めることを目指す。

2 問題解決アプローチでは，女性にとっての差別や抑圧などの社会的現実を顕在化させ，個人のエンパワメントと社会的抑圧の根絶を目指す。

3 ユニタリーアプローチでは，ソーシャルワーカーが所属する機関の機能と専門職の役割機能の活用を重視し，クライエントのもつ意志の力を十分に発揮できるよう促すことを目指す。

4 実存主義アプローチでは，クライエントが自我に囚われた状態から抜け出すために，他者とのつながりを形成することで，自らの生きる意味を把握し，疎外からの解放を目指す。

5 フェミニストアプローチでは，システム理論に基づいて問題を定義し，ソーシャルワーカーのクライエントに対する教育的役割を重視し，段階的に目的を達成することを目指す。

選択肢考察

×1 機能的アプローチとは，**支援機関が持っている機能を活かしてクライエントの課題に対応するアプローチ**である。4つのP（6つのP）はパールマンが提唱したもので，**問題解決アプローチ**に活用される。

×2 問題解決アプローチは，**クライエントが抱える課題の全体像を捉えるのではなく，要素を分解して具体的に解決可能な問題に落とし込み，解決を目指す**。

×3 ユニタリーアプローチは，**システム理論をベースに，戦略・ターゲット・段階の3つの視点**でソーシャルワークを捉える。

○4 正しい。実存主義アプローチは**フランクル**が提唱した。

×5 フェミニストアプローチは，**女性のエンパワメントと社会的抑圧の根絶を目指す**ものである。

参照ページ 『合格教科書2025』p.260〜269

正解 4

ソーシャルワークの様々な実践モデルとアプローチ（事例問題）

36回-101 事例を読んで，就労継続支援B型事業所のE職員（社会福祉士）が，クライエントに危険が及ぶような行動を減らすために，行動変容アプローチを応用して行う対応として，**最も適切なもの**を**1つ**選びなさい。

〔事 例〕

知的障害があるFさん（20歳）は，作業中に興味があるものが目に入ると勢いよく外に飛び出してしまうことや，作業時間中でも床に寝転がること等の行動が度々あった。寝転がっているところに起き上がるよう声かけを行うと，引っ張り合いになっていた。Fさんのこれらの行動は，職員や仲間からの注目・関心を集めていた。そこで，Eは，Fさんが席に座って作業を継続することを目標行動にして支援を開始した。

1 Fさんが何かに気を取られて席を立つたびに，報酬を与える。

2 支援を始めて1か月後に，目標行動の変化を評価しベースラインをつける。

3 不適切行動のモデリングとして，職員が寝転がって見せる。

4 作業が継続できるたびにベルを鳴らし，ベルの音と作業を条件づける。

5 寝転がる前の先行条件，寝転がった後の結果といった行動の仕組みを分析する。

×1 　席を立つ度に報酬を与えると，**席を立つという行動が強化される**。静かに席に座って作業を継続することを目標に掲げているので，**誤りである**。

×2 　ベースライン（期）とは**支援開始前の状態**であり，支援が始まっていない段階でFさんの飛び出しや寝転びといった行動が，どのタイミングでどのぐらいの頻度で起こっているかを観察・記録したものが該当する。支援開始1か月後にベースラインをつけるというのは誤りである。

×3 　モデリングとは**行動や考え方の見本を示すこと**であるが，場面に応じた対応を学ぶことを目的に実施される。不適切行動をFさんに見せるのは誤りである。

×4 　**レスポンデント条件付け**によって引き出されるのは生理的反応や感情（例：梅干しを想像すると唾液が出る，チャイムが聞こえると教室での嫌な経験を思い出す等）であり，「**ベルの音がずっと鳴っているから，その間座って作業を継続しよう**」ということにはならない。正の強化（望ましい行動の増加）を促すには，**オペラント条件付け**を用いる。

○ 5 　**先行条件（Antecedent stimulus）→行動（Behavior）→その行動による結果（Consequence）を観察し，分析すること**を，頭文字をとって**ABC分析**という。作業中にFさんの気を引くものが目に入らないような環境設定をする，寝転がると注目を集められるというFさんにとっての「報酬」を取り除くなど，**先行条件や結果を調整することで，行動がどう変わるかをまた観察する**。それを繰り返すことで，**望ましい行動の増加（座って作業を継続すること）**を目指す。

参照ページ 『合格教科書 2025』p.264　　　　　　　　　　　　　　　　　　　　　**正解 5**

 ## ソーシャルワークの様々な実践モデルとアプローチ

35回-100 エンパワメントアプローチに関する次の記述のうち，**適切なもの**を**2つ**選びなさい。

1 　クライエントが持つ資源より，それ以外の資源を優先して活用する。
2 　クライエントのパーソナリティに焦点を絞り，行動の変化を取り扱う。
3 　クライエントのパワーレス状態を生み出す抑圧構造への批判的意識を醸成する。
4 　個人，対人，組織，社会の四つの次元における力の獲得を目指す。
5 　クライエントが，自らの置かれた社会状況を認識しないように注意する。

×1 　**クライエントが持つ資源（知識や技術，人脈など）を認識し，活用することを目指す**ため，それ以外の資源を優先するというのは誤りである。

×2 　クライエントのパーソナリティに焦点を絞るのは**診断的アプローチ**の考え方である。エンパワメントアプローチでは，**クライエントの潜在能力**に着目し，その能力を引き出すことで環境の変化や課題解決を目指す。

○3 　ソロモンによると，クライエントは，社会から敵対・抑圧された経験を持ち，否定的な評価を受け続けたことで，**パワーレス状態**に陥っている。まずは**現状の抑圧されている状況を認識**し，そこに立ち向かう意識を持つことで，本来持っている能力の解放に繋げていく。

○4 　**個人，対人，組織，社会という4つの次元**で状況の改善を目指すため，それぞれ個人的，対人的，組織的，社会的パワーを高めていくアプローチである。

×5　エンパワメントアプローチにおいて，**クライエントが自らの置かれた社会状況を認識することは不可欠である。**

参照ページ　『合格教科書2025』p.266, 267　　　　　　　　　　　　　　正解 3, 4

　ソーシャルワークの様々な実践モデルとアプローチ　

35回-99　ソーシャルワークのアプローチに関する次の記述のうち，**最も適切なもの**を**1つ**選びなさい。

1　行動変容アプローチでは，クライエントの主体的な意思決定や自己選択が重視され，自分の行動と決定によって生きる意味を見いだすことを促す。
2　問題解決アプローチでは，クライエントのニーズを機関の機能との関係で明確化し，援助過程の中で，社会的機能を高めるための力の解放を焦点とする。
3　実存主義アプローチでは，その接触段階で，クライエントの動機づけ・能力・機会についてのソーシャルワーカーからの探求がなされる。
4　ナラティヴアプローチでは，クライエントのドミナントストーリーを変容させることを目指し，オルタナティヴストーリーを作り上げ，人生を再構築するよう促す。
5　機能的アプローチでは，ターゲット問題を明確化し，クライエントが優先順位をつけ，短期処遇を目指す。

選択肢考察

×1　行動変容アプローチは，**社会的機能の改善・向上を目指し，環境との不適応を起こしている行動を軽減させ，逆に望ましい行動を増加させることに焦点を当てる。**生きる意味を見いだすことを促すというのは誤りである。

×2　問題解決アプローチは，**クライエントが抱える問題を明確にし，短期・長期の目標を設定し，利用可能な資源を検討して課題の解決を目指す。**社会的機能を高めるための力の解放を焦点とするというのは誤りである。

×3　実存主義アプローチは，**クライエントが自身の存在意味を確認し，自己を安定させて疎外からの解放を目指す。**ソーシャルワーカーからの探求がなされるわけではない。

○4　ナラティヴアプローチは，**クライエントが好ましいと思っていない自身の物語（ドミナントストーリー）を，ソーシャルワーカーとの対話を通じ，新たな物語（オルタナティブストーリー）に書き換えることで，生きる意欲を向上させることを目指す。**

×5　機能的アプローチは，**ソーシャルワーカーの所属する機関が果たす機能の役割を重視し，クライエントの課題やニーズに合わせ，その機能を個別化して提供する。**短期処遇を目指すアプローチではない。

参照ページ　『合格教科書2025』p.260～269　　　　　　　　　　　　　　正解 4

ソーシャルワークの理論と方法

243

ソーシャルワークの様々な実践モデルとアプローチ（事例問題）　難 ●●○●● 易

36回-115　事例を読んで，Aスクールソーシャルワーカー（社会福祉士）の解決志向アプローチに基づく問いかけとして，**適切なもの**を**2つ**選びなさい。

〔事例〕
　Bさん（高校1年生）は，父親，弟（小学4年生），妹（小学1年生）の4人家族である。父親は長距離トラックの運転手で，Bさんは長女として家事と弟妹の世話を引き受けている。ある日，Aスクールソーシャルワーカーに，「家族のためにやれることをやるのは当然だし，喜んでもらえるのもうれしい。でも毎日勉強とバイトと家事で精一杯。これ以上はもう無理かも…」とつぶやいた。AはこれまでのBさんの頑張りをねぎらいながら，以下の問いかけをした。

1　「もし奇跡が起こって何もかもうまくいくとしたら，どうなると思いますか？」
2　「最悪の状況を0，何もかも解決したのが10なら，今は何点になりますか？」
3　「Bさんが『もう無理かも』と思ったのは，どのようなときですか？」
4　「Bさんが想像する，最悪の事態はどのようなものでしょうか？」
5　「今，Bさんが抱える状況の根本の原因は何だと思いますか？」

選択肢考察

○1　Bさんが今抱えている課題がすべて解決した場面を思い浮かべられるよう，**ミラクル・クエスチョン**を活用している。

○2　Bさんが現在の状態から課題が解決した未来へのステップを実感できるよう，**0から10の段階で捉えるスケーリング・クエスチョン**を活用している。

×3　解決志向アプローチはうまくいっている状態や問題が解決された未来を考えていくので，**辛かった経験について質問するのは適切ではない**。

×4　解決志向アプローチはうまくいっている状態や問題が解決された未来を考えていくので，**ネガティブな想像について質問するのは適切ではない**。

×5　解決志向アプローチはうまくいっている状態や問題が解決された未来を考えていくので，**問題の原因について質問するのは適切ではない**。

参照ページ　『合格教科書2025』p.268, 269　　　　　　　　　　　　　　　　　　　正解 1, 2

ケースの発見　難 ●●●○● 易

35回-109　ソーシャルワークにおけるアウトリーチに関する次の記述のうち，**最も適切なもの**を**1つ**選びなさい。

1　相談機関を訪れたクライエントが対象になる。
2　援助の労力が少なく効率的な活動である。
3　自ら援助を求めない人への関わりとして有効である。
4　住民への関わりや広報を必要としない活動である。
5　援助開始前に行われ，援助開始後においては行われない。

×1 アウトリーチは，**課題を抱えながらも支援が届いていない個人や集団等が対象**となる。ソーシャルワーカーがクライエントの元へ出向くことが一般的であり，相談機関を訪れたクライエントが対象というのは適切ではない。

×2 訪問，チラシ配り，イベントなどを繰り返し実施していても，**課題を自覚していない，または支援を必要としていない相手と信頼関係を築くことは非常に難易度が高く**，効率的な活動とはいえない。

○3 支援を求めていない人は，サービスや活用できる資源について自ら行動を起こすことはない。そういった人に向けて，**アウトリーチは有効**である。

×4 状況の把握や，課題を抱える人を支援につなげる過程において，**近隣住民の協力は必要**である。また，支援活動やサービスが存在していても，それを認識してもらわないと利用にはつながらないため，**広報も必要**である。

×5 支援開始後であっても**モニタリングのためにクライエントを訪問する**など，アウトリーチは有効である。

参照ページ 『合格教科書 2025』p.274, 275　　　　　　　　　　　　　　　　　　　正解 3

 エンゲージメント（インテーク）

34回-102 相談援助の過程におけるインテーク面接に関する次の記述のうち，ソーシャルワーカーの対応として，**最も適切なものを1つ選びなさい。**

1 クライエントの課題と分析を基に援助計画の作成を行う。
2 クライエントが解決したいと望んでいる課題について確認する。
3 クライエントの課題解決に有効な社会資源を活用する。
4 クライエントへの援助が計画どおりに行われているか確認する。
5 クライエントと共に課題解決のプロセスと結果について確認する。

×1 **プランニング**に関する説明である。
○2 正しい。**インテーク面接**に関する説明である。
×3 **介入（インターベンション）**に関する説明である。
×4 **モニタリング**に関する説明である。
×5 **評価と効果測定**に関する説明である。

参照ページ 『合格教科書 2025』p.270, 271　　　　　　　　　　　　　　　　　　　正解 2

ソーシャルワークの理論と方法

エンゲージメント（インテーク）（事例問題）

33回-104 事例を読んで，在日外国人支援を行うX団体のA相談員（社会福祉士）によるBさんへのこの時点での対応として，**適切なもの**を2つ選びなさい。

〔事　例〕

　外国籍の日系人Bさん（45歳，男性）は，半年前に来日し，Y社で働いていたが，1か月前にY社が倒産し職を失った。今後の生活について相談するため，在日外国人支援を行うX団体を訪ねた。A相談員との面接では，以下のことを語った。母国では，今日まで続く不況により一家を養える仕事に就けず，家族の生活費を稼ぐため来日したこと。近い将来，母国で暮らす家族を呼び寄せたいと思っていること。現在求職中であるが日本語能力の低さなどからか，仕事が見付からず，もうこのまま働けないのではと思っていること。手持ちのお金がなくなり当面の生活費が必要なこと。なお，Bさんは在留資格（定住者）を有することを確認した。

1　一旦帰国することを提案する。
2　これまでの就労経験を確認し，働く上での強みを明らかにする。
3　生活福祉資金貸付制度などの仕組みを説明し，希望があれば窓口へ同行することを提案する。
4　日本語を学び直し，日本語能力を早急に高めることを勧める。
5　家族を呼び寄せることは無理であると伝える。

選択肢考察

×1　クライエントは，「家族の生活費を稼ぐため来日した」と語ったことから，一時帰国する提案は**クライエントの不安を取り除くことにはならない**。

○2　「現在求職中」であるため，就労の意欲はある。「これまでの**就労経験を確認**」することは，就職先を考えるために**必要な情報**となる。

○3　「当面の生活費が必要」なことから，市町村社会福祉協議会が窓口になっている，**生活福祉資金貸付制度の利用提案**は適切である。在留カードまたは特別永住者証明書保持者，在留資格・期間が記載されているものを提示することで，外国籍の人も利用できる。窓口に同行することは，問題解決に向けた**クライエントとの協同作業**となる。

×4　失職の理由が会社の倒産であるため，**日本語を学びなおすことは当面の課題ではない**。

×5　「呼び寄せることは無理である」と伝えることは，**信頼関係の構築（ラポール形成）を阻害する**だけでなく，**クライエントの就労意欲をそぐことにつながる**。

参照ページ　『合格教科書2025』p.270, 271　　　　　　　　　　　**正解 2, 3**

34回-118 事例を読んで，X病院に勤務するF医療ソーシャルワーカー（社会福祉士）のこの段階における対応として，**適切なものを2つ選びなさい**。

〔事例〕

Gさん（55歳）は3年前に妻と離婚後，市内で一人暮らしをしていた。Gさんは糖尿病で，X病院に通院してきたが，仕事が忙しく，受診状況は良好ではなかった。ある日，Gさんは街中で倒れ，救急搬送されそのままX病院に入院となった。Gさんの糖尿病はかなり進行しており，主治医から，今後は週三日の透析治療を受ける必要があり，足指を切断する可能性もあることを告げられた。Gさんは，「どうしてこんな目に遭わなければならないのか」とつぶやいた。主治医は，相談室のF医療ソーシャルワーカーに，Gさんの生活相談に乗ってほしいと依頼した。F医療ソーシャルワーカーは，Gさんの思いを受け止めた上で，相談に乗った。

1　相談室の役割を説明し，引き続きの支援の中で活用できる制度やサービスの紹介をしていきたいと伝える。
2　今後の病状の進展によっては，足指の切断も必要ない場合があるので，諦めずに希望を持ってほしいと伝える。
3　今後の暮らしの変化について，収入面や就労継続等の生活課題を整理する。
4　今までの仕事優先の生活を改めるよう指導する。
5　同じような状況にあった人のことを例に挙げ，Gさんも必ず乗り越えられると励ます。

選択肢考察

○1　**初回面接において，Gさんは医療ソーシャルワーカーに対して何をどう相談すればよいかわからない状態**である。相談室の役割や，どのような援助をしていきたいか（活用できる制度やサービスの紹介）などについて説明するのは**適切**である。

×2　治療の内容や経過についてGさんに説明するのは**医師の役割**であり，F医療ソーシャルワーカーの**主観を交えて事例のような説明をするのは不適切**である。

○3　医療ソーシャルワーカーの役割の一つに，**経済的問題の解決，調整援助**がある。収入面や就労継続などの生活課題の整理を行うのは**適切**である。

×4　初回面接では**Gさんの言葉に耳を傾け，信頼関係を構築できるよう努めることが大切**である。たとえ，これまでGさんの仕事が忙しく受診状況が良好でなかったとしても，改善しようのない過去の行動について指導を行うというのは，**適切ではない**。

×5　ソーシャルワークでは，**課題の個別性**（状況や要素が類似していたとしても，どれ一つとして同じ課題はない）を念頭に置いてGさんの話を聞くことが大切である。

参照ページ 『合格教科書2025』p.270, 271 正解 1, 3

アセスメント（事例問題）

難 ●●●●○●○ 易

36回-102 事例を読んで，乳児院の**G**家庭支援専門相談員（社会福祉士）が活用するアセスメントツールに関する次の記述のうち，**最も適切なもの**を**1つ**選びなさい。

〔事 例〕

一人暮らしの**H**さんは，慢性疾患による入退院を繰り返しながら出産したが，直後に長期の入院治療が必要となり，息子は乳児院に入所となった。**H**さんは2か月前に退院し，職場にも復帰したので，息子と一緒に暮らしたいと**G**に相談した。ただ，「職場の同僚ともうまくいかず，助けてくれる人もいないので，一人で不安だ」とも話した。そこで**G**は，引き取りに向けて支援するため，アセスメントツールを活用することにした。

1 同僚との関係を整理するために，ジェノグラムを作成する。
2 息子の発育状況を整理するために，エコマップを作成する。
3 周囲からのサポートを整理するために，エコマップを作成する。
4 自宅周辺の生活環境を整理するために，ソシオグラムを作成する。
5 **H**さんの病状を整理するために，ソシオグラムを作成する。

選択肢考察

×1 ジェノグラムとは，世代ごとに，**家族構成や同居している範囲等を視覚的に把握できるツール**である。

×2 エコマップは，**クライエントやその家族が周囲とどのようにつながっているかをまとめたツール**である。

○3 エコマップは，**利用している社会資源も捉えることができるので適切**である。

×4
×5 } ソシオグラムは，**メンバーが多数いる集団において個々の関係性をまとめたもの**である。

参照ページ 『合格教科書2025』p.283 正解 3

アセスメント（事例問題）

難 ●●●●○○○ 易

33回-107 事例を読んで，**Z**大学の障害学生支援室の**C**ソーシャルワーカー（社会福祉士）の**D**さんへのこの時点での対応として，**適切なもの**を**2つ**選びなさい。

〔事 例〕

Z大学3年生の**D**さん（21歳，男性）は入学前に交通事故に遭い，日常的に車いすを使用している。**D**さんの入学以来，**C**ソーシャルワーカーは面接を行い，必要な支援を提供してきた。ある日，**D**さんが卒業後の生活について相談したいと障害学生支援室を訪れた。「就職活動をする時期になり，卒業後は一人暮らしをしたいと両親に伝えました。両親は，最初は反対していましたが，最終的には賛成してくれました。でも，実際に将来のことを考え始めたら様々なことがとても不安で，就職活動が手につきそうにありません」と，**D**さんは思い詰めた表情で話した。

1 両親にはこれ以上心配を掛けないよう，自分で解決するように伝える。
2 **C**ソーシャルワーカーが**D**さんにとって良いと考える具体的な就職先を伝える。
3 不安について具体的に話すよう促し，解決すべき問題を一緒に整理する。
4 障害者の自立生活や就職活動の経験者がいる自助グループへの参加を提案する。
5 就職して一人暮らしをすることは十分可能なので，自信を持つように伝える。

×1 クライエントは「将来のことを考え始めたら様々なことがとても不安」と話していることから，様々とはどのような問題なのか**「アセスメント」**が必要である。問題を抱えているクライエントに「自分で解決するように伝える」ことは不適切である。

×2 本人の就職に対するニーズを把握していない状態で，**ソーシャルワーカーの判断**で具体的な就職先を伝えることは不適切である。

○3 **問題把握とニーズの確定**のために必要な**情報の整理**を行うことは適切である。**事前評価**(アセスメント)により支援目標・目標設定を行う。

○4 **自助グループへの参加**を通して，自立生活や就職活動の経験者による話を聞くことで**困難に対処できることが期待**できる。自助グループへの参加を提案することは適切である。

×5 事前評価（アセスメント）ができていない状態で，「一人暮らしをすることは十分可能」と**ソーシャルワーカーが判断**することは不適切である。

参照ページ 『合格教科書 2025』p.270 　　　　　　　　　　　　　　　　　　正解 3,4

プランニング

難●●●●○●易

36回-103 ソーシャルワークのプランニングにおける，目標の設定とクライエントの意欲に関する次の記述のうち，**最も適切なもの**を1つ選びなさい。

1 ソーシャルワーカーが，独自の判断で高い目標を設定すると，クライエントの意欲は高まる。
2 クライエントが自分でもできそうだと思う目標を段階的に設定すると，クライエントの意欲は低下する。
3 クライエントが具体的に何をすべきかがわかる目標を設定すると，クライエントの意欲が高まる。
4 クライエントにとって興味がある目標を設定すると，クライエントの意欲は低下する。
5 最終的に実現したい生活像とは切り離して目標を設定すると，クライエントの意欲が高まる。

×1 クライエントの意思や状態をふまえず高い目標を設定しても，**意欲は高まらない**。

×2 スモールステップで段階的に目標設定をしていくことで，**意欲の向上が期待**できる。

○3 短期目標は「何をすればよいか（What）」を意識して立てると，**意欲が高い状態で取り組むことを期待**できる。

×4 クライエントの興味のある内容を設定することで，**意欲の向上が期待**できる。

×5 長期目標は「なぜそれを行うか（Why）」，つまり目標を達成した先に何が待っているのかを明確にすることが大切である。最終的に実現したい生活像と切り離した目標では，**意欲は高まらない**。

参照ページ 『合格教科書 2025』p.270 　　　　　　　　　　　　　　　　　　正解 3

ソーシャルワークの理論と方法

35回-101 相談援助の過程におけるプランニングに関する次の記述のうち, **最も適切なもの**を**1つ**選びなさい。

1 アセスメントと相談援助の実施をつなぐ作業である。
2 短期目標は, 将来的なビジョンを示すものとして設定する。
3 家族の要望に積極的に応えるような計画を立てる。
4 生活状況などについて情報収集し, サービス受給要件を満たしているかを確認することである。
5 クライエントの課題解決能力を超えた課題に挑戦するよう策定する。

選択肢考察

○1 プランニングは, アセスメントで得た情報をもとに, **支援計画を作成する段階**のことである。立てた計画に基づき, 支援が実施される。

×2 最終的に満たしたいニーズや解決したい課題を**長期目標**として設定し, そこに到達するまでの一つひとつのステップを**短期目標**として設定する。将来的なビジョンを示すものではない。

×3 計画を立てるにあたって家族の要望を聞くことは間違ってはいないが, 積極的に応えるというのは誤りである。**支援計画は, クライエント本人の望む生き方やニーズ充足のために立てられるもの**である。

×4 クライエントに関する様々な情報収集や, 必要に応じてサービスの受給要件を確認することは, プランニングの1つ前の段階の**アセスメント**で行う。

×5 **クライエントが本来もつ問題解決能力を引き出し, ニーズ充足に向けてサポートすることは重要**であるが, 能力を超えた課題に挑戦するように策定するというのは誤りである。

参照ページ 『合格教科書 2025』p.270 正解 1

34回-104 相談援助の過程における介入（インターベンション）に関する次の記述のうち, **適切なもの**を**2つ**選びなさい（ただし, 緊急的介入は除く）。

1 介入は, ソーシャルワーカーと医療・福祉関係者との契約によって開始される。
2 介入では, ケース会議などを通じて社会資源の活用や開発を図る。
3 介入は, クライエントや関係者とのパートナーシップを重視して進められる。
4 クライエントのパーソナリティの変容を促す方法は, 間接的な介入方法である。
5 コーズアドボカシーは, 直接的な介入方法である。

選択肢考察

×1 **クライエントと支援者の契約**によって開始される。

○2 〕 介入後はクライエントへの直接援助だけでなく, **支援関係者との連携を図り, 活用できる社会資源**
○3 〕 **を確認しながら支援を展開していく。**

×4 クライエントのパーソナリティの変容を促すアプローチは**直接的な介入**である。

×5 コーズアドボカシーとは, 同じ課題を抱えるグループの代わりに, 支援者が制度の改善や新しい制度

の開発などを進める活動である。**間接的な介入方法**といえる。

参照ページ 『合格教科書 2025』p.271　　　　　　　　　　　　　　　　　　　 正解 2, 3

NEW

 モニタリング（事例問題）　　　　　　　　　　　　　　　　　難●●●○●●易

36回-104　次の事例は，在宅療養支援におけるモニタリングの段階に関するものである。この段階におけるJ医療ソーシャルワーカー（社会福祉士）の対応として，**適切なもの**を**2つ**選びなさい。

〔事　例〕
　Kさん（60歳）は，呼吸器機能に障害があり病院に入院していたが，退院後には自宅で在宅酸素療法を行うことになった。Kさんとその夫は，在宅療養支援診療所のJと話し合いながら，訪問診療，訪問看護，訪問介護等を導入して自宅療養体制を整えた。療養開始後1か月が経ち，Jはモニタリングを行うことにした。
1　Kさんに「自宅での療養で困っていることはありますか」と聞き，新たな要望やニーズの有無を確認する。
2　Kさんの夫に「病気になる前はどのように暮らしていましたか」と聞き，Kさんの生活歴を確認する。
3　訪問介護員に「医療上，何かすべきことはありますか」と医療的ケアの課題を確認する。
4　主治医に「入院前の病状はいかがでしたか」と過去の治療状況を確認する。
5　訪問看護師に「サービス実施状況はどうですか」と経過や課題を確認する。

選択肢考察

○1　**Kさんの現在の状況や要望等を確認**しているので，適切である。
×2　生活歴の確認は**アセスメントの段階**で行っておくものであり，**不適切**である。
×3　**訪問介護員は医療の専門職ではないため**，医療的ケアの課題を確認するのは**不適切**である。
×4　過去の治療状況は**アセスメントの段階**で把握しておくものであり，**不適切**である。
○5　訪問看護師は1か月のKさんの様子をみているので，**経過や課題を確認する**のは**適切**である。

参照ページ 『合格教科書 2025』p.271　　　　　　　　　　　　　　　　　　　 正解 1, 5

 モニタリング　　　　　　　　　　　　　　　　　　　　　　　　難●●●○●●易

35回-102　相談援助の過程におけるモニタリングに関する次の記述のうち，**最も適切なもの**を**1つ**選びなさい。

1　文書や電話ではなく，クライエントとの対面で行うものである。
2　モニタリングの内容を記録に残すよりも，情報収集に集中することを重視する。
3　モニタリングの対象には，クライエントやその家族とともに，サービス提供者等の支援者も含まれる。
4　クライエントの主観的変化よりも，生活状況等の客観的変化の把握を重視する。
5　モニタリングは，インテークの途中で実施される。

選択肢考察

×1　モニタリングでは，対面で行う情報収拾に加えて，**文書や電話を活用すること**もある。
×2　支援が計画に基づいて実施されているか等の**情報収拾は丁寧に行う**ことが求められるが，モニタリン

ソーシャルワークの理論と方法

グで得た情報はその先の支援に活かしていくものである。**記録の果たす役割も大きい。**

○3　モニタリングではクライエントに関わっている支援者からも話を聞き，**サービス提供が順調に行われているか，困りごとはないか等を確認する必要がある。**

×4　アセスメントでは**客観的情報**だけでなく，例えば，支援実施前に精神的孤独を感じていたクライエントが「デイサービスに通って友人と話をするのが楽しみになった」など，**クライエントの主観的変化を把握することも重要である。**

×5　モニタリングは，**支援開始後の経過観察**である。インテークの途中で実施されるというのは誤りである。

参照ページ　『合格教科書 2025』p.271　　　　　　　　　　　　　　　　　　　　　　　　正解 3

 ## モニタリング　　　　　　　　　　　　　　　　　難●●●○●易

33回-105　次のうち，相談援助の過程におけるモニタリングに関する記述として，**最も適切なもの**を1つ選びなさい。

1　クライエントに対する一連の支援終結後に，支援計画の妥当性や効果を測る段階である。
2　支援再開の要否確認のため，問題再発の有無などクライエントの生活状況を確認する段階である。
3　支援計画見直しのため，クライエントの状態変化のありように関する情報を収集する段階である。
4　支援を開始するため，クライエントの問題を把握し，援助関係を形成する段階である。
5　計画どおりに援助が展開されているか否か，計画された援助が効果を上げているか否かなど，援助の経過を観察する段階である。

選択肢考察

×1　モニタリングとは，**支援開始後の経過を観察・評価すること**であり，「一連の支援終結後」ではない。

×2　「支援再開の要否確認」は，**アフターケア**である。

×3　「支援計画の見直し」は，**再アセスメント**である。

×4　「支援を開始するため，クライエントの問題を把握し援助関係を形成する段階」は，**事前評価（アセスメント）**である。

○5　モニタリングとは，**支援開始後の経過を観察・評価すること**である。

参照ページ　『合格教科書 2025』p.271　　　　　　　　　　　　　　　　　　　　　　　　正解 5

 ## 支援の終結と事後評価　　　　　　　　　　　　　　　難●●○●●易

35回-103　相談援助の過程における終結に関する次の記述のうち，**最も適切なもの**を1つ選びなさい。

1　ソーシャルワーカーが，アセスメントを行い判断する。
2　残された問題や今後起こり得る問題を整理し，解決方法を話し合う。
3　クライエントのアンビバレントな感情のうち，肯定的な感情に焦点を当てる。
4　クライエントは，そのサービスを再利用しないことを意味する。
5　問題解決の過程におけるソーシャルワーカーの努力を振り返る。

×1 ニーズが充足した場合やクライエントの生活環境が変わるなど，これまで**実施してきた支援を終了する**るのが終結の段階である。クライエントの同意なく，ソーシャルワーカーがアセスメントによって判断するというのは適切ではない。

○2 すべてのケースがニーズ充足によって終結を迎えるわけではない。クライエントの不安を軽減するためにも，**残された問題や今後起こり得る問題について共有し，検討しておくこと**が必要である。

×3 **アンビバレントな感情**というのは，「退院できるのは嬉しいが，病院のスタッフがサポートしてくれる環境がなくなると思うと，自宅での暮らしに戻るのが不安だ」といったように，**相反する感情**をもっている状態のことである。ソーシャルワーカーには，クライエントの**肯定的な感情と否定的な感情，どちらにも寄り添う**ことが求められる。

×4 自宅で介護保険サービスを利用していたクライエントが，入院によってサービス利用を終了したが，自宅に戻ったので再度利用するといった例のように，**同じサービスが再利用されるケースもある。**

×5 振り返るのはソーシャルワーカーの努力ではなく，**クライエントの変化や成長など**である。

参照ページ 『合格教科書 2025』p.271　　　　　　　　　　　　　　　　　正解 2

 支援の終結と事後評価（事例問題）　　難 ●●●○● 易

34回-106 事例を読んで，V児童養護施設のK児童指導員（社会福祉士）による退所時の対応に関する次の記述のうち，**最も適切なもの**を**1つ**選びなさい。

〔事 例〕
　Lさん（18歳）は5歳の時に父親が亡くなり，その後，母親と二人で暮らしていた。母親は生活に追われ，Lさんへのネグレクトが継続したことから，児童相談所が介入し，翌年，LさんはV児童養護施設に入所した。そして，Lさんが10歳の時に母親は再婚し，相手の子を出産した後も，Lさんを引き取ることなく疎遠になった。Lさんは今春，高校を卒業することになり，V児童養護施設の退所者が多く就職している事業所に就職が決まったため，施設を退所することになった。退所に際して，LさんにK児童指導員が面接を行った。
1　退所後は人に頼ることなく，自ら問題を解決するように伝える。
2　退所後に相談があるときは，児童相談所に行くように伝える。
3　職場での自律的な人間関係を尊重するため，施設から職場には連絡を取らないと伝える。
4　施設が定期的に行っている交流会への参加を促す。
5　母親のことは，あてにせず関わらないように伝える。

×1
×2 ｝ **児童養護施設の役割には，退所した者に対する相談その他の自立のための援助も含まれている**（児童福祉法第41条）。**「退所後に困ったことがあれば，いつでも相談してほしい」**と伝えるのが適切である。

×3 アフターケアの取組の一つとして，本人だけでなく職場に連絡をとってLさんの様子を聞くことが挙げられる。**「施設から職場には連絡を取らないと伝える」**というのは誤りである。

○4 退所後に仕事や学業が忙しくなったとしても，お盆や年末年始等に定期的に交流会を企画することで，帰省のタイミングを合わせられる場合もある。**退所者同士が顔を合わせられる機会を設けるのは適切**である。

×5 Lさんと母親は現在疎遠であるが，**今後の関わりについてK児童指導員が一方的に指示するのは誤り**

である。Lさんの言葉に耳を傾け，どうしたいかという意思に寄り添うことが大切である。

参照ページ　『合格教科書2025』p.271　　　　　　　　　　　　　　　　　　　　正解 4

フォローアップ

難●●●○●易

36回-105　ソーシャルワークの過程におけるアフターケアに関する次の記述のうち，**最も適切なもの**を1つ選びなさい。

1　ソーシャルワーカーや支援チームの状況変化に応じて行う。
2　クライエントとの間に信頼関係を形成することが目的となる。
3　アセスメントの精度を高めることが目的である。
4　問題の新たな発生や再発が起きていないか確認をする。
5　支援計画が十分に実施されたかを評価する。

選択肢考察

×1　アフターケアは，支援終了後のクライエントの状況確認のために行うものである。つまり，ソーシャルワーカーや支援チームの状況変化ではなく，**クライエントの状況変化に応じて行う**。

×2　ソーシャルワークの過程において，クライエントとの間に信頼関係を形成することを主な目的として行うのは，**インテーク（受理面接）**である。

×3　アセスメントでは**支援に入る前の評価や情報収集，問題分析**を行う。アフターケアは支援終了後のクライエントの状況確認のために行うものであり，アセスメントの精度を高めることはアフターケアの目的にはならない。

○4　アフターケアは，**支援終了後のクライエントの状況確認のために行う**ものである。ソーシャルワーカーはクライエントに，以前の問題が再発していないか，新たな問題が生じていないかを確認する。

×5　ソーシャルワークの過程において，支援計画が十分に実施されたかを評価する段階は，**エバリュエーション（事後評価）**である。

参照ページ　『合格教科書2025』p.271　　　　　　　　　　　　　　　　　　　　正解 4

フォローアップ

難●●○●易

34回-105　相談援助の過程におけるフォローアップに関する次の記述のうち，**最も適切なもの**を1つ選びなさい。

1　相談援助が終結したクライエントの状況を調査・確認する段階である。
2　問題解決のプロセスを評価し，残された課題を確認する段階である。
3　クライエントの生活上のニーズを明らかにする段階である。
4　アセスメントの結果を踏まえ，援助の具体的な方法を選択する段階である。
5　クライエントとの信頼関係を形成する段階である。

○1　フォローアップとして，クライエントの状況を調査・確認した際に，**生活に変化があったり新たな課題が見つかった場合には，援助を再開することもある。**

×2　問題解決のプロセスを評価し，残された課題を確認するのは**効果測定**である。

×3　クライエントの生活上のニーズを明らかにするのは，**アセスメント**である。

×4　アセスメントの結果に応じて援助方法を組み立てるのは，**プランニング**である。

×5　クライエントとの信頼関係を形成するのは，**インテーク**である。

参照ページ　『合格教科書 2025』p.270, 271　　　　　　　　　　　　　　　　正解 1

 ## フォローアップ（事例問題）　　　　　　　　　難 ●●●○● 易

33回-110　事例を読んで，V母子生活支援施設（以下「V施設」という。）のH母子支援員（社会福祉士）がJさんに家庭訪問を提案した目的として，**適切なもの**を**2つ**選びなさい。

〔事 例〕

Jさん（38歳，女性）は，半年前にV施設を退所した。退所後は仕事をしながら，息子（12歳）と共にV施設の隣町のアパートで暮らしていた。しかし，最近になって体調を崩し，自己都合により退職した。Jさんは生活に不安を覚え，V施設の支援担当者だったH母子支援員に電話をした。電話では，再就職活動をしているが，適切な職場が見付かっていないこと，手持ちのお金が底をつきそうで今後の生活に不安があること，思春期を迎える息子とのコミュニケーションに戸惑いがあることなどがJさんから話された。話を聞いたH母子支援員は，支援の必要性を感じ早期の家庭訪問を提案した。

1　アパートの家主に同席を願い，Jさんの状況を知ってもらうため。

2　時間の長さを気にせず，訪問面接を行うため。

3　Jさんの生活状況を把握するため。

4　Jさんが，緊張感を持って訪問面接に臨めるようにするため。

5　息子の様子を知るため。

×1　**家主の同席は不要**である。また，Jさんと家主との関係が明確でない時点でJさんの状況を知ってもらうことは，**家庭訪問の目的としては不適切**である。

×2　クライエントは体調を崩して退職し生活に不安を覚えており，手持ちのお金も底をつきそうであることから，**早期に訪問し，状況を把握することが目的**である。「時間の長さを気にせず」訪問するということは不適切である。

○3　まずは**生活状態を把握し，アセスメント**を行うことが必要である。

×4　クライエントは不安を抱えているため**緊張感を持たないように**訪問面接をする必要がある。緊張感を持っての面接は不適切である。

○5　クライエントの不安の原因を把握するため，**息子の様子を知ることは母子の支援に必要**である。

参照ページ　『合格教科書 2025』p.271　　　　　　　　　　　　　　　　正解 3, 5

 ソーシャルワークの理論と方法

記録の方法と実際

36回-111 記録の方式の一つに SOAP 方式がある。その内容に関して，**最も適切なもの**を 1 つ選びなさい。

1 S は，客観的情報であり，利用者の行動を観察した内容を記述する。
2 O は，主観的情報であり，利用者の語った内容を記述する。
3 A は，支援計画であり，他機関や他専門職からの情報を記述する。
4 P は，プロセスであり，利用者の言葉や他機関からの情報に関する判断を記述する。
5 SOAP 記録は，問題と援助者の思考が明確になる問題志向型記録の一つである。

選択肢考察

×1　S は subjective（主観的情報）であり，**クライエント本人の発言や主張**を記述する。

×2　O は objective（客観的情報）であり，**クライエント以外の人**（家族，ソーシャルワーカー等）**から見たクライエントの情報**を記述する。

×3　A は assessment（アセスメント）であり，**S と O で収集した情報からの見立て**を記述する。

×4　P は plan（計画）であり，**クライエントの話を聞きながらどう対応したか，今後どのような計画を立てて支援につなげていくか**等を記述する。

○5　SOAP 記録は，**本人及び周囲が認識している課題**と，それに対する**アクション**（見立て，今後の対応策）が整理できる。

参照ページ　『合格教科書 2025』p.283　　　　　　　　　　　　　　　**正解 5**

記録の方法と実際

35回-114 ソーシャルワークの記録に関する次の記述のうち，**最も適切なもの**を 1 つ選びなさい。

1 フェイスシートには，全体の振り返りや目標達成の評価を記述する。
2 アセスメントシートには，目標を設定し具体的な解決策を記述する。
3 プロセスシートには，目標に対する援助過程を時系列に記述する。
4 プランニングシートには，クライエントの基本的属性を項目ごとにまとめて記述する。
5 クロージングシートには，クライエントの主訴，解決したいことを記述する。

選択肢考察

×1　全体の振り返りや目標達成の評価を記述するのは，**クロージングシート**である。

×2　目標を設定し具体的な解決策を記述するのは，**プランニングシート**である。

○3　**援助のプロセス**（過程）**を記録する**ためのシートなので，**時系列に記述する**必要がある。

×4　クライエントの基本的属性を記述するのは，**フェイスシート**である。

×5　クライエントの主訴，解決したいことを記述するのは，**アセスメントシート**である。

参照ページ　『合格教科書 2025』p.283　　　　　　　　　　　　　　　**正解 3**

記録の方法と実際（事例問題）

難●●○●●易

35回-115 事例は，Y地域包括支援センターのE社会福祉士によるFさん（74歳，男性）への支援記録の一部である。次のうち，用いられている文体として，**最も適切なもの**を1つ選びなさい。

〔事例〕

最近，Fさんからの電話連絡が頻回に続き，電話越しに混乱し，慌てている状況があるため，Fさん宅を訪問。財布をなくしたと探しているので一緒に探したが見付からない。また，部屋が片付けられないのでイライラしている様子。片付けの手伝いをボランティアに頼むことができることを伝えると了承した。

後日片付けの日程の件で訪問。Fさんは片付けのことは忘れており，混乱し，怒り出してしまった。Fさんの言動や生活状況から認知症の進行も考えられるため，関係機関の見守りと早急なケース会議の開催を提案。

1 要約体
2 逐語体
3 過程叙述体
4 圧縮叙述体
5 説明体

選択肢考察

×1 要約体は，Fさんへの支援についてE社会福祉士の視点で情報を要約したものであるため，該当しない。

×2 逐語体は，FさんとE社会福祉士の会話を編集せずそのまま記したものであるため，該当しない。

×3 過程叙述体は，FさんとE社会福祉士のやりとり全体を書き留めたものであるため，該当しない。

○4 圧縮叙述体は，FさんとE社会福祉士のやりとりのうち，全体を短く圧縮したものである。

×5 説明体は，「実際にあったこと」に「E社会福祉士の解釈」を加えて説明したものであり，該当しない。

参照ページ 『合格教科書2025』p.283 正解 4

記録の方法と実際

難●●○●●易

34回-114 ソーシャルワークの記録に関する次の記述のうち，**正しいもの**を1つ選びなさい。

1 時間的順序に沿って過程を細かく記述する文体は，要約体である。
2 クライエントとのインテーク面接の動画を撮影して得た情報を記す様式は，モニタリングシート（経過観察用紙）である。
3 ソーシャルワーカーがクライエントに説明した言葉をそのまま記述する文体は，説明体である。
4 ソーシャルワーカーとクライエントとの相互作用を詳細に記述する文体は，過程叙述体である。
5 ソーシャルワーカーの教育訓練のために記すのが，月報や年報などの業務管理記録である。

選択肢考察

×1 時間的順序に沿って過程を細かく記述するのは，**過程叙述体**である。

×2 インテーク面接で得た情報を記すのは，**フェイスシート**である。

×3 説明体は，**事実に対して記録者の解釈（説明）を加えたもの**である。

○4 **過程叙述体を用いると，ソーシャルワーカーとクライエントの相互作用を詳細に記述することができ**る。過程叙述体の特徴は，**記録者の意見や解釈を加えず，時系列にまとめていること**である。

×5 教育訓練のために記す記録は複数あるが，一例としては，面接技術の習得のために**エコマップ**を活用する等である。エコマップの作成によって，**クライエントを取り巻く環境のアセスメントを行うことができる**。業務管理記録は，**援助の内容を管理・確認するために**用いられる記録である。

参照ページ 『合格教科書 2025』p.283　　　　　　　　　　　　　　　　　　　　　正解 4

 ## 記録の方法と実際　　　　　　　　　　　　　　　　　　難 ●●●●○○ 易

33回-115 ソーシャルワークの記録に関する次の記述のうち，逐語体の説明として，**最も適切なもの**を1つ選びなさい。

1 クライエントの基本的属性に関する事項を整理して記述する。
2 経過記録などに用いられ，ソーシャルワーク過程の事実経過を簡潔に記述する。
3 出来事の主題に関連して重要度の高いものを整理し，要点をまとめて記述する。
4 出来事に対するソーシャルワーカーの解釈や見解を記述する。
5 ソーシャルワーカーとクライエントの会話における発言をありのままに再現して記述する。

選択肢考察

×1 「基本的属性に関する事項を整理する」のは，**フェイスシート**である。

×2 「事実経過を簡潔に記述する」記録は，**圧縮叙述体**である。項目ごとに時系列で簡潔に示す。

×3 「重要度の高いものを整理し，要点をまとめて記述する」記録は，**要約体**である。

×4 「解釈や見解を記述する」記録は，**説明体**である。説明や解釈の記録のことである。

○5 **逐語体**は，発話どおりにそのまま記録した文体のことである。

参照ページ 『合格教科書 2025』p.283　　　　　　　　　　　　　　　　　　　　　正解 5

 ## ケアマネジメントの意義と方法　　　　　　　　　　　　難 ●●●●○○ 易

34回-109 ケアマネジメントの意義や目的に関する次の記述のうち，**適切なもの**を2つ選びなさい。

1 複数のサービス事業者が支援を行うため，ケアマネジャーのモニタリング業務が省略できる。
2 幅広い生活課題に対応するため，身体面，精神面だけでなく，住環境や家族関係など多面的にアセスメントを行う。
3 住み慣れた地域で長く生活が続けられるようにするため，身近な資源を活用・調整する。
4 家族の望みどおりのケアプランが作成されるため，利用者の満足度が高くなる。
5 標準化されたケアプランを選択すればよいため，利用者の負担軽減になる。

×1　ケアマネジャーは，①定期的なモニタリングと②サービス提供状況の急激な変化に応じたモニタリングを行う。利用者の状況の変化を把握し，現在のケアプランでは対応できないという判断になれば，ケアプランの修正が必要となる。複数のサービス事業者が支援を行っているので省略してよいというものではない。

○2　ケアマネジメントにおけるアセスメントでは，主に利用者の①身体機能の状態，②精神心理の状態，③社会環境の状態について把握する。

○3　社会資源の活用にあたっては，クライエントの生活ニーズを無視して地域にあるサービスの利用につなげるサービス優先アプローチにならないように留意する。利用者の生活ニーズに合わせたサービス利用を提案するニーズ優先アプローチでなければならない。

×4　ケアプランは，家族も作成過程に参加したり，利用者本人や家族の負担軽減を意識して作成されるといった特徴はあるが，家族の望みどおりのケアプランを作成することで利用者の満足度が高くなるというのは誤りである。

×5　ケアプランはアセスメントの結果に応じて作成されるものである。標準化されたケアプランを選択することで利用者の負担軽減になるというのは誤りである。

参照ページ　『合格教科書2025』p.274, 275　　　　　　　　　　　　　　　　　正解 2, 3

ケアマネジメントの意義と方法　　　　　　　難●●○●●易

36回-107　次の記述のうち，ケアマネジメントの一連の過程における再アセスメントに関するものとして，最も適切なものを1つ選びなさい。

1　サービスを新たに開始するために，クライエントの望む生活に向けた目標を設定し，その実現に向けて支援内容を決定した。
2　クライエントの生活状況の変化によるサービス内容の見直しのために，新たに情報収集し，課題の分析を行った。
3　クライエントの課題が解決したため，ケアマネジメントを終了することを確認した。
4　クライエントになる可能性のある人の自宅やその地域を訪問し，ニーズを把握した。
5　サービスの終結をした者から，新たにサービス利用の申し出があったため，情報の収集を行った。

×1　クライエントの生活目標に対して具体的にどんなサービスを提供するかを決定する過程は，プランニングである。

○2　在宅で生活していた高齢者が入院することになった等，生活状況の変化が生じた場合は再アセスメントが必要である。

×3　支援の終結の段階で行うことである。

×4　ケースの発見の段階で行うことである。

×5　再アセスメントは継続中のケースにおいて，モニタリングの後に実施する。サービスが終結したタイミングによってはすでにケアマネージャー等が把握している情報もあるかもしれないが，新しいサービス利用の申し込みに際して必要な情報を収集するのはアセスメントに分類される。

参照ページ　『合格教科書2025』p.274, 275　　　　　　　　　　　　　　　　　正解 2

ソーシャルワークの理論と方法

33回-111 ケアマネジメントの過程に関する次の記述のうち，**最も適切なもの**を1つ選びなさい。

1 アセスメントとは，クライエントや家族の意向に沿ってニーズを充足する方法を決定することである。
2 ケアプランの作成とは，ケアマネジメントの対象となるかどうかを確認することである。
3 ケアプランの実施とは，ケアマネジメントについて説明をし，利用意思を文書等により確認することである。
4 リファーラルとは，支援が望まれると判断された人々を，地域の関係機関等が支援提供機関などに連絡し，紹介することである。
5 スクリーニングとは，一定期間の後に支援経過と結果を全体的に評価することである。

選択肢考察

×1　アセスメントとは，クライエントや家族の「**生活状況全般（現在の生活状況）**」をケアマネジャーが把握し，**どのような生活課題（ニーズ）があるか明らかにすること**である。「ニーズを充足する方法を決定すること」は，**ケアプランの作成**である。

×2　ケアプランの作成とは，アセスメントで得たデータに基づいて，クライエントがどのような生活をしていきたいのかアセスメントし，**生活課題や目標設定にもとづいて計画を立案する**ことである。介護保険制度ではケアマネジャーが作成することが多い。「ケアマネジメントの対象になるかどうかを確認すること」は，**スクリーニング**である。

×3　**ケアプランの実施**とは，クライエントに承諾された**ケアプランを実行すること**である。「利用者の意思を文書等で確認すること」は，**契約の段階で実施**される。

○4　**リファーラル（referral）**とは，支援が望まれると判断された人々を地域の関係機関が支援提供機関などに**連絡，紹介すること**である。

×5　**スクリーニング**とは，ケアマネジメントの**対象になるかどうかを確認すること**である。「一定期間後に支援経過と結果を全体的に評価すること」は**再アセスメント**である。

参照ページ　『合格教科書2025』p.274, 275　　　　　　　　　　　　　正解 4

34回-112 グループワークにおけるグループの相互作用に関する次の記述のうち，**最も適切なもの**を1つ選びなさい。

1 グループのメンバー同士の相互作用が促進されるにつれ，グループ規範は消滅していく。
2 サブグループが構成されると，サブグループ内のメンバー同士の相互作用は減少する。
3 グループのメンバー同士の関係性が固定的であるほど，グループの相互援助システムは形成されやすい。
4 同調圧力によって，メンバー同士の自由な相互作用が促進される。
5 グループの凝集性が高まると，メンバーのグループへの所属意識は強くなる。

選択肢考察

×1　グループのメンバー同士の相互作用が促進されると，グループの一員として認められるために**グルー**

プ規範を守ろうという意識が育っていく。

×2　サブグループは, 類似した考え方や同じ目的をもったメンバーで構成されるため, **メンバー同士の相互作用は増加する**と考えられる。

×3　グループ内でメンバーの役割が固定化すると, **相互援助システムは機能しづらくなる。**

×4　同調圧力とは, ある一つの考え方や手法を全員に強いるということなので, 個々のメンバーの意思は尊重されず, **メンバー同士の自由な相互作用は期待できない。**

○5　グループの凝集性が高まるというのは, メンバーの相互作用によって生まれた対人魅力によってメンバー同士が結びついている状態である。グループ内で好意的・肯定的な振る舞いが増え, **所属意識は高くなる**と考えられる。

参照ページ　『合格教科書 2025』p.277〜280　　　　　　　　　　　　　　　**正解 5**

 ## グループワークの原則

35回-111　ソーシャルワークにおけるグループワークに関する次の記述のうち, **最も適切なもの**を**1つ**選びなさい。

1　グループワークとは, 複数の人を対象に行う集団面接のことである。
2　グループの開始期において, ソーシャルワーカーはグループの外から見守る。
3　グループワークでは, 「今, ここで」が大切なので, 事前準備は控える。
4　グループワークにおけるプログラム活動の実施は, 手段ではなく目的である。
5　グループワークは, 個々のメンバーの社会的に機能する力を高めるために行う。

選択肢考察

×1　グループワークは**グループを活用して課題解決やニーズ充足に向かうメンバーを支援する直接援助技術**であって, 集団面接ではない。

×2　開始期は**関係性の構築**に重点が置かれ, ソーシャルワーカーとメンバーの関係, メンバー同士の関係が築かれていく過程である。ソーシャルワーカーは, メンバーの緊張をほぐし, 安心して自由に発言できるような空間作りのため, **積極的に活動に参加する**ことが求められる。

×3　グループワークには**準備期**が設けられ, **グループの抱える課題の把握, 目標設定, プログラムの内容**などをメンバー間での共通認識にする必要がある。

×4　掲げた目標に向かってプログラム活動を実施しているため, **目的ではなく手段**である。

○5　**メンバー同士の相互作用により個々のメンバーのもつ強みが引き出され, 課題解決力などが養われる**ことが期待される。

参照ページ　『合格教科書 2025』p.277〜280　　　　　　　　　　　　　　　**正解 5**

ソーシャルワークの理論と方法

グループワークの原則

難 ●●●○● 易

33回-113 グループワークに関する次の記述のうち，**最も適切なもの**を1つ選びなさい。

1 コイル（Coyle, G.）は，ミシガン学派に所属し，個人を望ましい方向に向けて治療する治療モデルを提唱した。

2 コノプカ（Konopka, G.）は，グループワークの14の原則を示し，治療教育的グループワークの発展に貢献した。

3 ヴィンター（Vinter, R.）は，ソーシャルワーカーの役割を，メンバーとグループの媒介者とし，相互作用モデルを提唱した。

4 トレッカー（Trecker, H.）は，セツルメントやYWCAの実践を基盤とし，グループワークの母と呼ばれた。

5 シュワルツ（Schwartz, W.）は，アメリカ・グループワーカー協会で採択された「グループワーカーの機能に関する定義」（1949年）を起草した。

選択肢考察

×1 1923年，ウェスタン・リザーブ大学ソーシャルワーク大学院にアメリカで最初のグループワーク課程が設置された。グループワークを理論的に体系化した**コイルは「グループワークの母」**とも称され，YMCAやセツルメントでの実践経験をデューイ（Dewey, J.）の進歩主義教育学と結びつけた。**治療モデル（医学モデル）は，リッチモンド（Richmond, M.）のケースワーク理論とフロイト（Freud, S.）の精神分析理論**をその基盤としている。

○2 コノプカは精神分析や心理学の概念を導入し，小集団がもつ治療的機能に着目した。収容施設入所者，非行少年，情緒障害児に対する**治療教育的グループワーク**を開拓した。個人の社会的対処能力の向上を第一に掲げ，**集団援助技術**を「成長指向グループ」と「社会活動（ソーシャルアクション）」の2つに大別し，理論化した**グループワークの基本原理**14項目を掲げた。

×3 ヴィンターはグループワークのモデルの一つである**治療モデル**を生み出した。1950年代後半から60年代初めにかけてヴィンターが率いるミシガン学派は，実践への枠組を提示することでソーシャルワークの方法としてグループワークを位置づけた。**相互作用モデル**は，**シュワルツ**が構築した。

×4 トレッカーは1948年『ソーシャルグループワーク／原理と実際』を著した。青少年の健全育成などの社会教育の領域で行われる**グループワークの理論的基礎を築き，日本のYMCA（キリスト教青年会）など**の働きに影響を与えた。「グループワークの母」はコイルである。

×5 1949年アメリカ・グループワーカー協会（AAGW）の採択した「グループワーカーの機能に関する定義」は，**コイルの提唱**を引き金としている。このグループワーカーの機能に関する定義が，その後の集団援助技術の標準的定義となった。シュワルツは「**相互作用モデル**」の提唱者である。

参照ページ 『合格教科書2025』p.277〜280

正解 2

グループワークの展開過程

36回-109 グループワークに関する次の記述のうち，**最も適切なもの**を1つ選びなさい。

1 グループの発達過程は，メンバー間の関係の変化に影響を受ける。
2 波長合わせとは，メンバー間の親しい接触を通して，お互いに刺激し，影響し合うことである。
3 グループメンバー間の暗黙の葛藤に対しては，それが表面化しないように働きかける。
4 プログラム活動では，全員が同じ動きを行うことを優先するように求める。
5 終結期には，メンバー間の感情の表出や分かち合いを避ける。

選択肢考察

○1　グループは活動を通して成長・発達していくが，例えばグループの中でAさんとBさんが意気投合したり，いつも黙っていたCさんがメンバーを信頼できるようになって初めて発言したなど，**メンバー同士の関係性の変化も，グループの成長・発達に影響を与える。**

×2　波長合わせは，グループワークの**準備期**に重視される。グループワーカーは参加するメンバーに関する理解を深め，どんな課題がありそうか，活動に何を期待されているか等を想像して準備しておく必要がある。

×3　**メンバー間に葛藤や対立が生まれるのは一概に悪いこととはいえない。グループワーカーはそれを受け止め，メンバーが葛藤を解決できるように対応する**ことが求められる（葛藤解決の原則）。

×4　グループとして同じ目標に向かっていても，メンバーによって考え方や担う役割は異なる。**全員が同じ動きを行うことが優先されるわけではない。**

×5　活動の振り返りは目標の達成度など複数の視点で行われるが，**グループ活動の終了に対し，メンバーが感情を表出し分かち合うことも想定される。**

参照ページ 『合格教科書2025』p.277～280　　　　　　　　　　　　　　**正解 1**

グループワークの展開過程（事例問題）

36回-117 事例を読んで，ひきこもり地域支援センターのF職員（社会福祉士）による，グループワークのこの段階における関わりとして，**最も適切なもの**を1つ選びなさい。

〔事 例〕
　Fは，ひきこもり地域支援センターが1か月前に開設した，ひきこもり状態にある人たちのための居場所であるカフェで，グループへの支援を行っている。Fは2年前から根気強く訪問していたGさん（38歳，男性）にもこのグループへ参加しないかと声をかけたところ，「どんなメンバーで，どんなことをしているのか」と興味を示し，久しぶりに外出し，カフェに初めて姿を見せた。Gさんは対人関係のつまずきからひきこもり状態となった経緯があり，人見知りがある。

1 人見知りが激しいことを知っているので，他のメンバーに対応を委ねる。
2 関係づくりができていることを活かしたいので，Gさんと二人で会話を続ける。
3 以前から参加している他のメンバーと話せるように橋渡しをする。
4 メンバー同士の関係を活用し，Gさんの長いひきこもり体験をメンバー間で分かち合うよう促す。
5 Gさんの過去の対人関係をメンバー間で振り返り，気持ちの分かち合いを促す。

×1　**G**さんはひきこもり状態からカフェに顔を出せたことが大きな1歩である。**F**職員のことを頼りにしているGさんの対応を他のメンバーに任せるのは，**適切ではない**。

×2　**G**さんが不安にならないようにある程度会話をする必要はあるが，せっかくグループ活動の場に参加しているので，**2人だけでずっと会話を続けるのは適切ではない**。

○3　**G**さんは人見知りでもあるので，**F**職員が寄り添いながら少しでもグループメンバーと接点をもてるよう，**橋渡しをするのは適切である**。

×4
×5　初めての参加でGさんの経験についてメンバーに語ってもらうこと，メンバーとの分かち合いを促すことは**とてもハードルが高く，適切ではない**。

参照ページ　『合格教科書2025』p.277〜280　　　　　　　　　　　　　　　　　　　**正解 3**

 ## グループワークの展開過程（事例問題）　　難 ●●○●● 易

35回-112　事例を読んで，X基幹相談支援センターのD社会福祉士によるこの段階における対応として，**最も適切なものを1つ選びなさい**。

〔事例〕

X基幹相談支援センターのD社会福祉士は，買物依存のために家族関係の破綻や生活再建に苦労した人たちから，同じような課題で悩む人たちと経験を分かち合いたいとの相談を受け，自助グループの立ち上げを支援した。1年経ち，中心メンバーから，自助グループ運営の助言を求められた。特にルールを定めず開始したためか，グループでは，他のメンバーへの批判が繰り返され，一部のメンバーは，行政への請願を活動の中心とすることを求めるのだという。

1　経験を分かち合いたいとするグループと行政へ請願するグループへの編成を提案する。

2　批判を繰り返すメンバーに退会を勧めるための話合いの場を，中心メンバーと一緒に設ける。

3　メンバー同士でグループの目的やルールについて話し合うことを助言する。

4　グループの司会進行を引き受け，相互援助システムづくりを行う。

5　家族関係の再構築と生活再建に向け，全メンバーとの個別面接を遂行する。

×1　中心メンバーからの相談内容しか把握していない段階で，**1つのグループを分断するような提案をすることは，不適切である**。

×2　ルールを定めないまま運営してきたグループで，**批判を繰り返すメンバーを一方的に排除するような対応をとるのは，不適切である**。

○3　混乱が生まれているのは，自助グループの目的やルールに関して共通認識がないことが一因であると考えられる。**改めて話し合う提案をするのは，適切である**。

×4　**D**社会福祉士はグループの立ち上げ支援を行ったが，中心メンバーとして活動に参加してきたわけではない。そして**求められているのは，グループ運営に関する助言である**。グループ活動の司会進行を引き受けるのは，適切ではない。

×5　個々のメンバーからのヒアリング（聞き取り）は大事ではあるが，**D**社会福祉士は助言を求められている立場であり，自ら面談を行うというのは適切ではない。

参照ページ　『合格教科書2025』p.277〜280　　　　　　　　　　　　　　　　　　　**正解 3**

グループワークの展開過程

34回-111 グループワークの展開過程におけるソーシャルワーカーの対応に関する次の記述のうち，**最も適切なものを1つ**選びなさい。

1 準備期では，情報収集のため，メンバーを一つのグループとして集め，活動を開始する。
2 開始期では，援助の枠組みを明確にする必要がないので，メンバーの行動に対して制限を加えることは避ける。
3 作業期では，メンバーを同化させ，メンバー同士の対立や葛藤が生じないように援助する。
4 作業期では，メンバーがソーシャルワーカーの指示に従って，目標達成に向けて課題に取り組んでいけるよう促す。
5 終結期では，メンバーがグループ体験を振り返り，感情を分かち合えるように援助する。

選択肢考察

×1 情報収集のため，メンバーを一つのグループとして集め，活動を開始するのは**開始期**である。

×2 開始期に行う**契約**では，メンバーに対してグループ活動の枠組みを説明し，メンバーが活動への見通しを立てられるように支援する。

×3 作業期には，**相互援助システムの形成**を目指す。グループのなかに対立や葛藤が生じてもそれを肯定的に捉え，メンバーの関係構築に活かしていくことが求められる。

×4 メンバーが目標達成に向けて課題に取り組んでいけるよう促すのは**開始期**である。ソーシャルワーカーはメンバーに指示をするのではなく，**グループ内の環境を整えることや波長合わせ**といった役割を担う。

○5 終結に際してグループは解散しメンバーとの離別を迎えることになるが，**ソーシャルワーカーはメンバーの複雑な感情を受け止め，ときには自身の感情も含めて分かち合うような援助を展開する。**

参照ページ 『合格教科書2025』p.277〜280　　　　　　　　　　　**正解 5**

コミュニティワークの展開

NEW

36回-108 ロスマン（Rothman, J.）が1960年代に提唱したコミュニティ・オーガニゼーション実践のモデルに関する次の記述のうち，**最も適切なものを1つ**選びなさい。

1 組織化モデルとは，住民の地域生活支援を目標として，当事者の個別支援と連動させて，地域の生活基盤の整備に向けた地域支援を展開する方法である。
2 小地域開発モデルとは，不利な立場に置かれた人々が直面する状況を自らの力では変革できない時に，同じ問題意識を共有する人々と連帯し，権力構造に対して政治的に働きかける方法である。
3 社会計画モデルとは，住民や当事者が求めるサービスや資源の提供を達成するために地域のニーズを調査して，サービス提供機関間の調整を図る方法である。
4 ソーシャルアクションモデルとは，地域が求める目標を達成するために，サービス提供機関が地域の資源を利用して活動を推進する方法である。
5 統合モデルとは，地方自治体による政策実践と，福祉施設等における運営管理実践を一体のものとして，地域を変革することを主たる目標とする方法である。

ソーシャルワークの理論と方法

×1 　組織化モデルは，**ロス**（Ross, M.）が提唱した。**組織のメンバーが自ら課題を発見し，計画を立て，意欲的に社会変革に向けた活動に取り組むモデル**である。

×2 　**小地域開発モデル**は，**同じ課題を抱える地域住民が活動を通して関わり合うことで，団結力や住民の課題解決力が高まる**ことを目指す。本肢の内容はソーシャルアクションモデルの説明である。

○3 　社会計画モデルは，**専門家が地域のニーズを調査し策定した計画に基づいて，限られた地域資源の分配や調整が行われる**。

×4 　ソーシャルアクションモデルは，**社会的に不利な立場にある人たちの権利を取り戻すことを目指して，当事者や支援者が政治や政策に働きかけていく**。

×5 　ロスマンは3つのモデルを示した後，トロップマン（Tropman, J.E.）とともに社会政策の分析に基づいて政策の発展・改善を目指す**ポリシー・プラクティス・モデル**と，ソーシャルワークの実践機関や組織を円滑に運営管理する**アドミニストレーション・モデル**の2つのモデルを追加した。

参照ページ 　『合格教科書 2025』p.166 　　　　　　　　　　　　　　　　　**正解 3**

 ## スーパービジョンの意義，目的，方法

35 回-113 　ソーシャルワークにおけるスーパービジョンに関する次の記述のうち，**最も適切なもの**を1つ選びなさい。

1 　スーパービジョンの目的は，クライエントへの支援やサービスの質を向上させるための専門職育成である。
2 　スーパービジョンの支持的機能は，スーパーバイジーが適切に業務を行うよう目配りすることである。
3 　スーパービジョンの教育的機能は，ストレスに対応するようスーパーバイジーの精神面を支える機能である。
4 　スーパービジョンの管理的機能は，スーパーバイジーが実践するために必要な知識や技術を高める機能である。
5 　スーパービジョン関係は，クライエントとスーパーバイザーとの契約によって成り立つ。

○1 　スーパービジョンは，**ソーシャルワーカーが業務を適切に遂行し，専門性を高めていくための育成手法**である。**支持的機能，教育的機能，管理的機能**を持つ。

×2 　**管理的機能**に関する記述である。

×3 　**支持的機能**に関する記述である。

×4 　**教育的機能**に関する記述である。

×5 　スーパービジョンの契約は，**スーパーバイザー**（上司や教育担当職員が担う場合が多い）と，**スーパーバイジー**（メンバーであるソーシャルワーカー）の間で交わされる。

参照ページ 　『合格教科書 2025』p.282 　　　　　　　　　　　　　　　　　**正解 1**

スーパービジョンの意義，目的，方法

36回-110 スーパービジョンに関する次の記述のうち，**最も適切なもの**を1つ選びなさい。

1 スーパーバイジーは，スーパーバイザーより知識も技量も高い。
2 スーパービジョンの契約は，スーパービジョンの展開過程の終結段階で行われる。
3 スーパービジョンにおける管理的機能では，スーパーバイジーの業務遂行の適切さを確認する。
4 パラレルプロセスは，スーパーバイジーが過去の特定の人間関係をスーパーバイザーとの関係の中に投影することである。
5 スーパーバイザーは，クライエントに最良のサービスを直接提供する。

選択肢考察

×1 両者を比較して，知識と技量が高いのは**スーパーバイザー**である。

×2 契約はスーパービジョンの**開始前**に行われる。

○3 単なる遂行能力のチェックではなく，スーパーバイジーの業務量や業務の質が本人に合っているか，合っていなければスーパーバイザーがそれを調整することも，**管理的機能**に含まれる。

×4 過去の特定の人間関係ではなく，スーパーバイジーが**現在担当しているクライエント**との人間関係を**スーパーバイジーとスーパーバイザーとの関係に投影**されることをいう。

×5 クライエントに最良のサービスを提供するための**間接的なアプローチ**がスーパービジョンである。

参照ページ 『合格教科書2025』p.282 　　　　　　　　　　　　　　　　　**正解 3**

スーパービジョンの意義，目的，方法（事例問題）

34回-113 事例を読んで，R市役所のM婦人相談員（社会福祉士）による部下のA婦人相談員（社会福祉士）に対するスーパービジョンとして，**適切なもの**を2つ選びなさい。

〔事 例〕
R市役所で働き始めて2年目のA婦人相談員は，ある日，Bさん（19歳，女性）からの相談を受けた。Bさんは親からの金銭的搾取と暴言が耐えられず，1年前に家出をし，繁華街の飲食店で仕事をしてきた。しかし，先月，勤め先が倒産して仕事を失い，生活に困窮しているという。また，同居人からの暴力があり，家に居づらく，気持ちが沈み，以前のように活動的に生活できないという。A婦人相談員は，Bさんからの相談内容が多岐にわたり，援助をどのように進めていくべきか決めるのが難しいと感じていた。そこで，職場のM婦人相談員にスーパービジョンを求めた。

1 A婦人相談員にもっと気楽に仕事をするよう助言する。
2 連携するべき関係機関を共に確認し，A婦人相談員が連絡するよう促す。
3 Bさんのアセスメントを行い，援助内容を決めて，A婦人相談員に伝える。
4 A婦人相談員の業務遂行が組織の指針に沿ったものかについて，専門家に相談するよう提案する。
5 A婦人相談員による実際の面接場面やアセスメントを，ジェノグラム等の記載や記録を通し，共に振り返る。

選択肢考察

×1 Bさんの深刻な現状について話を聞き，どのような援助を展開すればよいか悩んでいるA婦人相談員

ソーシャルワークの理論と方法

に対し，**もっと気楽に仕事をするよう勧める**のは**不適切である**。

○2
　　　}　スーパービジョンの**教育的機能**を果たしており，**適切である**。
○5

×3　A婦人相談員の**代わりにケースに介入**し，M婦人相談員がBさんのアセスメントや**支援内容の決定を
行う**というのは適切ではない。

×4　A婦人相談員はBさんの援助の展開について，上司のM婦人相談員にスーパービジョンを求めてい
る。組織の指針から逸れた行動をしたわけではなく，専門家にそのような相談をする必要もないため，
不適切である。

参照ページ　『合格教科書 2025』p.282　　　　　　　　　　　　　　　　　**正解 2, 5**

 ## スーパービジョンの意義，目的，方法　　

33回-114　次のうち，複数のスーパーバイジーがスーパーバイザーの同席なしに行うスーパービジョンの形態と
して，**最も適切なもの**を**1つ**選びなさい。

1　ピア・スーパービジョン
2　グループ・スーパービジョン
3　ライブ・スーパービジョン
4　個人スーパービジョン
5　セルフ・スーパービジョン

選択肢考察

○1　**ピア・スーパービジョン**とは，**上下関係の生じない仲間や同僚間**で行われるスーパービジョンのこと
である。スーパーバイザーは同席しない。

×2　**グループ・スーパービジョン**とは，グループを活用して**複数のスーパーバイジー同士の相互作用によ
る質的な向上を目指すもの**であり，その過程は，グループワークの過程とほぼ同じである。スーパーバ
イザーが同席しグループワークでの援助者の役割を担う。

×3　**ライブ・スーパービジョン**とは，「**今，この場で（here and now）**」職員の指導や援助を行う方法であ
る。面接や指導等の実践場面で，スーパーバイザーが同席し，スーパーバイジーの関わり方を指導する
ことや，実際にモデルとして効果的な関わり方をみせることを指す。

×4　**個人スーパービジョン**とは，スーパーバイザー1人とスーパーバイジー1人が，**1対1の形態**で行
うスーパービジョンのことである。

×5　**セルフ・スーパービジョン**とは，**自分自身で振り返りを行う**スーパービジョンのことである。自分が
スーパーバイザーとなる。

参照ページ　『合格教科書 2025』p.282　　　　　　　　　　　　　　　　　　　**正解 1**

社会福祉調査の基礎

● 内容一覧 ●

出題項目	国試回数	内容一覧	事例	頁
社会福祉調査の意義と目的	35 回-84	社会調査の多様性		271
統計法	36 回-84	基幹統計調査		271
	35 回-85	統計法におけるポイント		272
社会福祉調査における倫理	36 回-85	個人情報		273
社会福祉調査における個人情報保護	34 回-84	調査倫理・個人情報保護		274
社会福祉調査の目的と対象	36 回-86	標本調査	★	275
社会福祉調査でのデータ収集・分析	36 回-88	名義尺度，順序尺度，間隔尺度，比例尺度		275
	35 回-87	測定や尺度		276
量的調査の種類と方法	35 回-86	標本調査における諸特徴		277
	34 回-85	各種の横断調査と縦断調査		278
質問紙の作成方法と留意点	35 回-88	質問紙の作成と調査前の準備		278
	36 回-87	他計式による社会調査		279
質問紙の配布と回収	34 回-86	各種の配布・回収方法		280
	34 回-87	回収後の作業		280
量的調査の集計と分析	34 回-88	記述統計値	★	281
観察法	35 回-89	参与観察		282
	34 回-89	観察法の諸側面		283
面接法	36 回-89	構造化面接，半構造化面接，非構造化面接		283
	34 回-90	面接法の諸形態と諸側面		284
質的調査のデータの分析方法	36 回-90	アクションリサーチ，ドキュメント分析，フィールドノーツ		285
	35 回-90	KJ 法		286

傾向と対策

過去問の傾向を知り，適切な対策を！

● 傾向分析表【社会福祉調査の基礎】●

項 目 名	第36回	第35回	第34回	問題数
社会福祉調査の意義と目的		●		1
統計法	●	●		2
社会福祉調査における倫理	●			1
社会福祉調査における個人情報保護			●	1
社会福祉調査の目的と対象	●			1
社会福祉調査でのデータ収集・分析	●	●		2
量的調査の種類と方法		●	●	2
質問紙の作成方法と留意点	●	●		2
質問紙の配布と回収			●●	2
量的調査の集計と分析			●	1
観察法		●	●	2
面接法	●		●	2
質的調査のデータの分析方法	●	●		2
問 題 数	7問	7問	7問	21問

●傾向と対策

　高得点を狙える科目である。過去に出題された社会調査の設問をみると，量的調査の集計と分析，質的調査方法，質問紙の作成時の留意点などが中心に取り上げられている。つまり，学習しておけば得点できるような設問が出題される傾向がある。出題範囲は広く感じるが，問われる内容は限られている。過去問を振り返り，教科書や参考書で内容を確認し，問題をこなせば，高得点が期待できる。

　まず聞きなれない単語が多く出てくるが，拒否感や苦手意識をもたないことが大事である。なかなか難しい量的調査の分析について取り上げられることもあるが，少しずつ知識を積み上げれば得点を期待できる。

●頻出項目
①量的調査方法
　「全数調査と標本調査」「量的調査の集計と分析」
②質的調査方法
　面接法・観察法による手法の類型と内容
③質問紙の作成
　質問紙を作成する際のルールや工夫，類型など
④社会調査の意義と目的，対象
　社会調査全般の意義・目的，対象

社会福祉調査の意義と目的  難 ●●○●●● 易

35 回-84 社会調査に関する次の記述のうち，**最も適切なもの**を **1 つ**選びなさい。

1 社会調査は，個人ではなく，組織や機関が実施するものである。
2 社会調査は，市場調査や世論調査を含まず，行政調査と学術調査を指している。
3 国勢調査の対象者は，日本に居住する日本国籍をもつ人に限定されている。
4 社会問題の解決のために実施する調査は，社会踏査（social survey）と呼ばれる。
5 社会調査の分析対象は，数量的データに限定されている。

選択肢考察

×1 **社会調査**は組織や機関（例えば企業や行政等）が実施するものだけでなく，**個人が実施するものも含む。** ひとりの学生が卒業論文のために実施するもの，あるいは職場で実施する一職員によるものなども該当する。

×2 社会調査は，行政による調査や学術的な目的で行われる大学や研究所による調査もあるが，**市場調査や，世論調査も含んでいる。**

×3 **国勢調査**は政府によって実施される全国を網羅する調査であるが，日本に居住している人であれば，**日本国籍をもつ人に限定されない。**

○4 社会調査には，センサス，社会踏査，世論調査，市場調査などがある。特に社会踏査は，**社会的な問題を解決することを目的**として行われる調査である。

×5 社会調査はアンケートを駆使して収集する**数量的データだけでなく，質的データも含む。**質的データとは面接や観察等を駆使して，主に言葉で情報を収集するものである。**定性的データ**ともいう。

参照ページ 『合格教科書 2025』p.286 　　　　　　　　　　　　　　　　　　　正解 4

NEW

 統計法  難 ●●●●○● 易

36 回-84 次のうち，統計法における基幹統計調査として，**正しいもの**を **1 つ**選びなさい。

1 社会福祉施設等調査
2 福祉行政報告例
3 介護サービス施設・事業所調査
4 労働安全衛生調査
5 国民生活基礎調査

選択肢考察

×1 **一般統計調査**である。厚生労働省が行う，全国の社会福祉施設等の数，在所者，従事者の状況等を把握し，**社会福祉行政推進のための基礎資料を得ることを目的**とした調査である。

×2 **一般統計調査**である。厚生労働省が行う，社会福祉関係諸法規の施行に伴う各都道府県，指定都市及び中核市における行政の実態を数量的に把握して，国及び地方公共団体の**社会福祉行政運営のための基礎資料を得ることを目的**とした調査である。

×3 **一般統計調査**である。厚生労働省が行う，全国の介護サービスの提供体制，提供内容等を把握することにより，介護サービスの提供面に着目した**基盤整備に関する基礎資料を得ることを目的**とした調査である。

×4 **一般統計調査**である。厚生労働省が行う，事業所が行っている安全衛生管理，労働災害防止活動及びそこで働く労働者の仕事や職業生活における不安やストレス，受動喫煙等の実態を把握し，今後の**労働衛生行政を推進することを目的**とした調査である。

○5 **基幹統計調査**である。厚生労働省が行う，保健，医療，福祉，年金，所得等国民生活の基礎的事項を調査し，厚生労働行政の企画及び運営に必要な基礎資料を得るとともに，**各種調査の調査客体を抽出するための親標本を設定することを目的**とした調査である。

参照ページ 『合格教科書 2025』p.286 正解 5

 統計法

35回-85 統計法に関する次の記述のうち，**最も適切なもの**を**1**つ選びなさい。

1 行政機関の長は，一定の要件を満たす学術研究に対して調査票情報を提供することができる。
2 行政機関の長は，基幹統計調査のデータを加工して，匿名データを自由に作成できる。
3 個人情報の秘密漏えいに関する罰則は定められていない。
4 厚生労働省が実施する社会福祉施設等調査は，基幹統計調査である。
5 一般統計調査には，基幹統計調査も含まれる。

選択肢考察

○1 **統計法**第33条の2にある通り，行政機関の長は，公益性のある学術研究の発展のために一定の要件を満たすものに対して，**調査票情報を提供することができる**。

×2 行政機関の長には**基幹統計調査**のデータを加工したうえで，匿名データを自由に作成する権限はない。

×3 **個人情報の漏えいに関する罰則**は統計法第57条に定められており，「二年以下の懲役又は百万円以下の罰金に処する」とされている。同法の「罰則」に関しては第7章にまとめられている。

×4 厚生労働省の実施する社会福祉施設等調査は，**基幹統計調査には含まれない**。基幹統計は各省庁の実施する種々の調査であり，厚生労働省の調査としては「人口動態統計」等，9つの調査が該当する。

×5 **基幹統計調査は一般統計調査とは別のもの**である。基幹統計調査は，国の行政機関が作成する統計のうち，総務大臣が指定する，特に重要な統計を指す。**統計法**の第2章第2節において定められている。

参照ページ 『合格教科書 2025』p.286 正解 1

社会福祉調査における倫理

難 ●●●●● 易

36回-85 社会調査における倫理に関する次の記述のうち，**最も適切なもの**を **1** つ選びなさい。

1 社会調査の対象者の抽出では，住民基本台帳から制約なく個人情報を閲覧できる。
2 調査の協力は自由意志であるので，対象者への調査に関する説明は不要である。
3 社会調査では，対象者に調査協力の謝礼を渡すことが不可欠である。
4 調査前に対象者の協力同意書があっても，調査の途中又は調査後の対象者からのデータ削除要請に応じることが求められる。
5 仮説に反した調査結果が出た場合，調査結果の公表を差し控える必要がある。

選択肢考察

×1 　**住民基本台帳法**第 11 条の 2 に「統計調査，世論調査，学術研究その他の調査研究のうち，総務大臣が定める基準に照らして公益性が高いと認められるものの実施」「公共的団体が行う地域住民の福祉の向上に寄与する活動のうち，公益性が高いと認められるものの実施」についてはその活動に必要な限度において，**市区町村が定めた手続きにより閲覧が許可**されている。よって，住民基本台帳記載の個人情報を**制約なく閲覧することはできない**。

×2 　調査への協力は自由意思であるが，**調査開始前の説明は必要**である。例えば「人を対象とする生命科学・医学系研究に関する倫理指針ガイダンス」(2021 (令和 3) 年 4 月 16 日) の「第 1 章 総則」「第 1 目的及び基本方針」には，「**研究対象者への事前の十分な説明**を行うとともに，自由な意思に基づく同意を得ること」と示されている。

×3 　調査協力に対する調査協力者への謝礼は不可欠とはいえない。適切な謝礼の提示により調査協力が得られることがあるが，過大な金銭や物品の提供は**調査結果に影響を与える可能性がある**ため，慎重に検討すべきである。

○4 　郵送調査で実施される質問紙調査では，回収した調査データは匿名であるため**回答者の特定ができない**。よって特定の調査データの削除は困難である。インタビュー調査では，調査前に調査協力に関する同意書を文章でかわすだけでなく，**同意撤回書を調査協力者に渡し，データ削除の要請があった場合はそれに応じることが一般的である。

×5 　調査対象者に対して，調査の目的や内容，方法等を事前に説明するが，その中に**結果の公表の内容や方法を含める必要がある**。調査結果が仮説と異なる場合でも，調査対象者に示した通りに行う必要がある。

参照ページ 　　『合格教科書 2025』p.287　　　　　　　　　　　　　　　　　　　　　正解 4

社会福祉調査の基礎

社会福祉調査における個人情報保護

34回-84 社会調査の倫理や個人情報保護に関する次の記述のうち、**最も適切なもの**を1つ選びなさい。

1 施設職員を調査対象者にして、福祉サービスの一般的な苦情対応に関する調査を実施する際に、施設職員は調査に協力する義務があると依頼状に明記した。

2 調査者が、研究目的で住民基本台帳から作成した調査対象者の住所リストを、調査終了後に自分の主催する介護予防啓発イベントの案内状の郵送に利用した。

3 質問紙調査の回答の仕方で分からない箇所があるので教えて欲しいという調査対象者からの問合せに、調査対象者全体への公平性に欠けるため説明を控えた。

4 面接調査の音声データから記録を作成する際、調査対象者の名前や面接の中で出てきた人名を、アルファベット順に記号化した。

5 面接調査終了後、調査対象者1名から協力辞退の申出があったため、その調査対象者のデータについて年齢と所属を書き換えてから分析に利用した。

選択肢考察

×1 調査に協力する義務があるという表現はいいすぎである。社会調査は「お願い」という表現のほうが適切であり、依頼状においても、**対象者の自由な選択**により協力しない自由を許容することが読み取れる文面にする必要がある。

×2 この住所リストは研究目的で作成したものであるため、**それ以外の目的に使用してはならない。**本肢では自分の主催する介護予防啓発イベントのために利用したとあるが、これは適切な利用でなく、**研究目的から外れていると考えられる。**

×3 回答の仕方に疑問が呈された際には、調査者は**十分に回答する必要がある。**本肢のような個別質問に回答することは、調査対象者全体の公平性に欠けるとはいえない。むしろ個別に対応すべき状況である。

○4 調査対象者の名前や面接の中で出てきた人名を、**すべてそのまま実名で記載する必要はない。**実名のまま記載してもよいが、**記号化**したほうが進めやすいならば、本肢のように、記録作成の時点からアルファベットにすることは問題ない。

×5 協力辞退の申出があったのであれば、**分析対象から外す**べきである。たとえその人から得られた情報が分析対象データになり得るとしても、年齢と所属を書き換えることは**改ざん**であり、倫理的な観点から、**してはならない行為**である。

参照ページ 『合格教科書 2025』p.287, 288 **正解 4**

社会福祉調査の目的と対象（事例問題）

難 ●●○●● 易

36回-86 次の事例を読んで，S県が実施した標本調査の母集団として，**最も適切なもの**を１つ選びなさい。

〔事 例〕

S県内の高校に在籍している全ての生徒のうち，日常的に家族の世話や介護等を担っている高校生が，どのくらい存在するかを調べるために，標本調査を実施した。

1 全国の高校に在籍する全生徒
2 全国の高校に在籍する全生徒のうち，日常的に家族の世話や介護等を担っている者
3 S県内の高校に在籍する全生徒
4 S県内の高校に在籍する全生徒のうち，日常的に家族の世話や介護等を担っている者
5 S県内の高校に在籍する全生徒のうち，標本となった者

選択肢考察

×1　調査目的がS県内の高校に在籍する生徒の状況を把握することであるため，母集団は全国の高校に在籍する生徒ではない。

×2　調査目的から**母集団は全国の高校に在籍する生徒ではない**。母集団を「日常的に家族の世話や介護等を担っている高校生」として標本調査をする場合，調査開始前に当該高校生が具体的に誰なのかを把握した上で標本抽出する必要がある。

○3　調査目的がS県内の高校に在籍する生徒に占める，「日常的に家族の世話や介護等を担っている高校生」の割合を調べることであるため，本選択肢が最も適切である。調査票は「日常的に家族の世話や介護等を担っている高校生」だけでなく，そうではない高校生にも配布する。回収した調査票のデータから，「S県内の高校に在籍している高校生」に占める，**「日常的に家族の世話や介護等を担っている高校生」の割合を推計**する。

×4　調査目的はS県内の高校に在籍する生徒に占める，日常的に家族の世話や介護等を担っている高校生の割合を調べることではあるが，選択肢2解説の通り，**母集団は日常的に家族の世話や介護等を担っている高校生ではない**。

×5　標本とは，調査目的の母集団から統計学的に妥当な数や方法によって抽出された調査対象者のことである。調査目的から「**S県内の高校に在籍する全生徒」は母集団であり，標本ではない**。

参照ページ　『合格教科書2025』p.289　　　　　　　　　　　　**正解 3**

社会福祉調査でのデータ収集・分析

難 ●●●○● 易

36回-88 尺度に関する次の記述のうち，**最も適切なもの**を１つ選びなさい。

1 比例尺度では，平均値を算出することができる。
2 順序尺度で測定した1と2の差と，3と4の差の等間隔性は担保されている。
3 名義尺度で測定した変数は，中央値を求めることができる。
4 間隔尺度では，測定値の間隔が数値として意味をもつことはない。
5 名義尺度，間隔尺度，順序尺度，比例尺度の順で，尺度としての水準が高い。

○1　比例尺度と間隔尺度は，**平均値を算出することができる**。間隔尺度と比例尺度はともに**量的尺度**または**連続尺度**と呼ばれる。平均値以外にもデータのばらつきを示す標準偏差，分散等を算出することができる。

×2　順序尺度は項目間の大小に違いがあるが，**選択肢の数字間の間隔は等しいとはいえない**。例えば，満足度を尋ねるための選択肢として「1. 満足していない」「2. あまり満足していない」「3. 満足している」「4. 非常に満足している」を考える。選択肢の1〜4は数字の大小を表すのみで，「1と2」，「2と3」，「3と4」の間の間隔が満足度に関して等しいかどうかは明らかではないため，差の等間隔性が担保されているとはいえない。「1と2の差」と「3と4の差」とが等間隔である尺度は間隔尺度と比例尺度である。

×3　**中央値**とはデータを順番に並べて，真ん中に位置する値のことである。中央値が算出できるのは，順序尺度，間隔尺度，比例尺度である。名義尺度の選択肢の数字は分類以外の意味を持たず，**中央値を算出できない**。名義尺度は**最頻値**を求めることができる。

×4　間隔尺度は測定値間，つまり選択肢間の間隔が等しい尺度である。一方，順序尺度は測定値間の間隔が等しいとはいえず，その間隔は意味を持たない。選択肢は**順序尺度**の説明である。

×5　尺度は**名義尺度，順序尺度，間隔尺度，比例尺度の順**に高くなる。名義尺度は計算や大小の比較はできない。順序尺度は大小の比較はできるが，四則演算ができない。間隔尺度は大小の比較に加えて，足し算・引き算ができる。比例尺度はそれらに加えて，掛け算・割り算ができる。

参照ページ　『合格教科書 2025』p.292　　　　　　　　　　　　　　　　　　　　　　　　正解 1

 社会福祉調査でのデータ収集・分析　　　　　　　　　

35 回-87　社会調査における測定と尺度に関する次の記述のうち，**適切なもの**を **2 つ**選びなさい。

1　信頼性とは，測定しようとする概念をどのくらい正確に把握できているかを意味する。
2　妥当性とは，同じ調査を再度行ったときに，どのくらい類似した結果を得ているかを意味する。
3　順序尺度では，大小や優劣を測定できる。
4　間隔尺度の例として，身長や体重がある。
5　比例尺度の方が，間隔尺度よりも情報量が多い。

×1　**妥当性**についての説明である。妥当性は**測定しようとする概念を的確に測定できているかを示すもの**である。

×2　**信頼性**についての説明である。信頼性は同じ尺度で調査を繰り返し実施した場合に，**類似した結果が得られるかを示すもの**である。**クロンバックの信頼性係数**がよく用いられる。

○3　**順序尺度とはカテゴリー間に順序の存在する尺度**である。具体的には大小や優劣が測定できる。比例尺度のように数値がそもそも備わっているものとは異なる。

×4　身長と体重は間隔尺度でなく，**比例尺度**である。比例尺度には絶対点としてゼロが存在するが，間隔尺度には絶対点としてのゼロが存在しないという違いがある。

○5　比例尺度ではゼロに意味があるという特徴がある。いずれも**量的尺度**または**連続尺度**と呼ばれ，順序

尺度と違い，**平均値等の数値の意味が具体的に解釈できる**。

参照ページ 『合格教科書 2025』p.293　　　　　　　　　　　　　　　　　正解 3，5

〈4つの測定尺度〉

名義尺度	事象を分類（区別）するだけの便宜的な数値であり，データ間の大小関係（カテゴリー間の順序性）に関する比較判断はできない。住所・電話番号・ユニフォームの背番号などの値が該当する。なお，要約統計量には，最頻値が使用される。また，多変量解析法の利用などに際し，ある条件を満たすときに「1」，そうでないときに「0」の二つの値（2値）を割りあてる場合には，「ダミー変数」と呼ばれることがある。
順序尺度 （順位尺度）	相対的な順序関係をあらわす数値であり，（各カテゴリー間の差は等しいと限らないため）カテゴリー間の差の大きさに関する比較判断はできない。競技の順位・学校の成績（S・A・B・C・D）などの値が該当する。なお，要約統計量には，最頻値・中央値が使用される。
間隔尺度	数値間に等しい感覚をもつ連続した数値であり，カテゴリー間の数値の差の大きさに関する比較判断が可能。温度計，西暦表，知能検査などの値が該当する。なお，要約統計量には，中央値，算術平均，分散が使用される。
比例尺度 （比率尺度）	数値間に等しい間隔をもつ連続した数値であり，かつ絶対的な原点「0（ゼロ）」を有するため，カテゴリー間の比率（比例関係）に関する比較判断が可能。重さ，長さ，時間などの値が該当する。なお，要約統計量には，最頻値，中央値，算術平均，分散，幾何平均，変動係数が使用される。

(福祉教育カレッジ編『イラストでみる社会福祉用語事典』第2版，エムスリーエデュケーション，2017をもとに作表)

量的調査の種類と方法

35回-86 標本調査に関する次の記述のうち，**最も適切なもの**を1つ選びなさい。

1 標本調査では，非標本誤差は生じない。
2 標本抽出には，性別や年齢といった母集団の特性を基準にする抽出法がある。
3 標準誤差は，質問の意味の取り違え，回答忘れなど，回答者に起因する。
4 系統抽出法では，抽出台帳に規則性がない場合，標本に偏りが生じる。
5 確率抽出法では，標本誤差は生じない。

選択肢考察

×1　**標本誤差**とは母集団から標本を抽出する際に生じる誤差のことであり，**非標本誤差**とは標本誤差以外の誤差のことである（例えば無回答や回答不備等）。いずれも誤差は生じうるが，小さいことが望ましい。

○2　母集団の特性を基準にする抽出法には，**層化無作為抽出法**がある。性別や年齢等の特性をもとに，抽出する各標本集団の大きさの比率を求めたうえで，調査票の配布・回収を実施する。

×3　質問の意味の取り違えや回答忘れ等は，標本誤差でなく**非標本誤差に該当**する。非標本誤差には調査者に起因するものもあり，例えば他計式の調査で面接者が質問内容を間違える等がありうる。

×4　**系統抽出法**では抽出台帳に規則性が「ある」場合に標本に偏りが生じる。性別や年齢等のある特定の間隔で特別な対象者が配置されている場合などに，この偏りが生じうる。

×5　**確率抽出法**とは，抽出される標本に調査者の主観等による偏りが生じない抽出法，つまり無作為による抽出法である。**無作為抽出**された標本では統計学的に，**標本誤差を推定することができる**。反対に**非確率抽出法**とは，無作為ではなく調査者の何らかの主観に基づいて標本を抽出する有意抽出のことである。有意抽出では標本誤差の推測はできない。

参照ページ 『合格教科書 2025』p.289，290　　　　　　　　　　　　　　　　　正解 2

社会福祉調査の基礎

量的調査の種類と方法

34回-85 横断調査と縦断調査に関する次の記述のうち，**最も適切なもの**を１つ選びなさい。

1 同一の調査票を使って，昨年は N 県，今年は P 県で量的調査を実施することは，パネル調査に当たる。
2 横断調査と縦断調査の違いは，調査地域の広さや調査対象者数などといった調査の規模が異なることによる。
3 パネル調査では，調査を重ねるごとに調査対象者が増加する傾向がある。
4 出生時期を同じくする集団を調査対象にして，複数の時期に調査を行うことは，縦断調査に含まれる。
5 縦断調査のデータ分析は，横断調査に比べて，二つの変数間で原因と結果という因果関係を推論することには適していない。

選択肢考察

×1 　**パネル調査**とは，**同一の調査対象者**に，**異なる時点で同じ質問項目を用いて複数回の調査を実施する**ものを指す。本肢では，時点は異なるものの，N 県と P 県という別の県であり，明らかに調査対象者が異なるため，パネル調査とはいえない。

×2 　**横断調査と縦断調査**の決定的な違いは，**調査を実施する回数**である。前者が１回のみ，後者が複数回の実施である。本肢にあるような，対象地域や対象人数等の規模では区別されない。横断調査のなかには規模の大きいものもあれば小さいものもあり，縦断調査も同様である。

×3 　パネル調査は**同一の調査対象者を追跡する**ため，途中で調査対象者が協力を辞退することがあり得る。増加でなく**減少**する。意図的な辞退だけでなく，死亡や転居，行方不明等によっても，減少し得る。調査対象者が減少することを**パネルの摩耗**と呼ぶ。

○4 　出生時期が同じである集団を**コーホート**と呼ぶ。コーホートを対象にして複数回実施する調査は，**縦断調査の一つである**。この場合，通常は必ずしも同一の調査対象者に限定しないため，各回の調査対象者が違うことがあり得る。

×5 　縦断調査は，横断調査よりも**因果関係**の分析に適している。横断調査は一時点における変数間の分析であるため，どちらが原因でどちらが結果なのか，特定するのが困難な場合がある。縦断調査は時間的前後関係が明確なため，**因果関係をより設定しやすい**。

参照ページ 『合格教科書 2025』p.291 正解 4

 ## 質問紙の作成方法と留意点

35回-88 質問紙を作成する際の留意点に関する次の記述のうち，**最も適切なもの**を１つ選びなさい。

1 回答者の理解を促進するため，ワーディングはできるだけ多くの専門用語を用いることが望ましい。
2 回答者の回答を容易にするため，一つの質問に複数の論点を含む質問文を作成することが望ましい。
3 配布した質問紙の回収後の集計作業を効率的に行うため，自由回答法を多く用いることが望ましい。
4 選択肢法を用いる場合は，想定される回答を網羅するため，選択肢の内容が相互に重複していることが望ましい。
5 作成した質問紙の構成や内容が適切かを検討するため，プリテストを実施することが望ましい。

×1　**ワーディング**とは質問紙で用いる言葉づかいのことを指しており，できるだけ専門用語を用いないことが望ましい。**どの調査対象者でもわかるような平易な言葉**が望ましい。

×2　一つの質問に複数の論点を含む質問文は望ましくない。これは**ダブルバーレル**と呼ばれるものであり，避けるべきものとされる。**一つの質問では一つの論点に絞って質問文を作成**すべきである。

×3　**自由回答法**では，回答者が自分で文章を考えて回答を行う。そのため集計作業の際に回答内容を確認し，整理する必要があり，通常は時間と労力を要する。集計作業の効率性を求めるのであれば**選択肢法**を用いる。

×4　**選択肢法**では，「想定される回答を網羅する」ことは問題ないが，「選択肢の内容が相互に重複」していることは必ずしも望ましくない。

○5　**プリテスト**は本調査に先駆けて事前に少数者に対して実施する調査である。その目的は，質問紙の構成や内容が適切であるかを検討すること等にある。必須ではないが**実施することが望ましい**。**予備調査**とも呼ばれる。

参照ページ　『合格教科書 2025』p.297　　　　　　　　　　　　　　　　　　**正解 5**

質問紙の作成方法と留意点　　難●●●●○●易

36回-87　次のうち，質問への回答を他計式で記入する社会調査として，**適切なもの**を**2つ**選びなさい。

1　郵送調査
2　留置調査
3　個別面接調査
4　集合調査
5　オペレーターによる電話調査

×1　**郵送調査**は調査対象者が調査票に回答を記入する調査であるため，**自計式**である。郵送調査では質問内容の誤解や記入漏れが起こる可能性がある。回答者が特定できない調査であるため，回収後は回答者に回答内容を確認できない。

×2　**留置調査**は調査対象者に一定期間，調査票を預けた後，調査対象者が記入したものを回収する方法であり，**自計式**である。留置調査は**配票調査**とも呼ばれる。郵送調査と同様に，回収後に回答者に回答内容を確認できない。

○3　**個別面接調査**は，面接しながら調査者が回答を記入するため，**他計式**である。そのため，プライバシーに関わる質問に対して回答者は回答しにくい。一方，記入漏れがおきにくく，回答中に質問があれば調査者に尋ねることができる。

×4　**集合調査**は調査対象者を特定の場所に集めて調査票を配布し回収する方法であり，回答は調査対象が記入するため，**自計式**である。特定の場に集まった人であるため，回答者の属性，関心等が偏る可能性がある。比較的に回答率が高い。

○5　**オペレーターによる電話調査**は，電話で質問しながら調査者が回答を記入するため，**他計式**である。複雑で難しい質問や，質問数が多い質問には不向きな調査である。一方，記入漏れは起きにくい。

社会福祉調査の基礎

質問紙の配布と回収 難 ●●●○●● 易

34回-86 質問紙調査に関する次の記述のうち，**最も適切なもの**を1つ選びなさい。

1 インターネット調査は，自計式であるため，調査コストを抑えることができる。
2 留置調査は，他計式であるため，調査対象者以外の者が回答することを回避できる。
3 郵送調査は，他計式であるため，調査対象者の匿名性が確保されにくい。
4 電話調査は，自計式であるため，質問数が多い調査に向いている。
5 訪問面接調査は，自計式であるため，調査者の態度が調査対象者の回答に与える影響を抑制できる。

選択肢考察

○1 **インターネット調査**は，調査対象者自らが回答するのが基本であるため，**自計式**といえる。調査コストは，時間・労力等において，ほかの方法と比べれば「抑えることができる」といってよい。

×2 **留置調査**は，基本的には**自計式**である。また，その場で回答してもらうものではないため，仮に調査対象者以外の人が回答したとしても，それを防ぐことは完全にはできない。

×3 **郵送調査**は，基本的には**自計式**である。また，郵送で調査票を送り返すため，調査対象者自身の住所や宛名は記入せずとも実施可能である。そのため匿名性に関しては，本肢と異なり，むしろ確保されやすいといえる。

×4 **電話調査**は，**他計式**である。典型的には，調査者は調査対象者が電話先で回答する声をもとに，自らの手元でデータを書き記していく。また，電話調査は通常，質問数を少なく設定する。質問数が多い調査には向かない。

×5 **訪問面接調査**は，**他計式**である。調査者は調査対象者と対面で向き合い，質問や選択肢を読み上げ，調査対象者から語られる回答を手元で書き記していく。この調査では，調査者の語り口や態度，さらには外見までが回答に影響を与え得ることを考慮しなければならない。

 質問紙の配布と回収 難 ○●●●●● 易

34回-87 調査票の回収後の手続に関する次の記述のうち，**最も適切なもの**を1つ選びなさい。

1 1問も回答されていない状態の調査票であっても，有効回答に含める。
2 調査票の数が非常に多い場合，個別の調査票ごとの誤記入や回答漏れの確認は必ずしも必要ではない。
3 自由回答のデータ化では，事前に用意したコード表に該当するものがない場合，新たにコードを追加することはできない。
4 調査票の中に，それまでの回答から判断して回答が矛盾していると明確に確認できる箇所があっても，調査者は修正を加えることはできない。
5 データ分析をする前に，データに入力の誤り等が含まれていないかを確認するため，予備的に集計しチェックする必要がある。

×1 　**有効回答**とは，集計や分析の対象にし得る回答のことであり，意味をなさない回答票を除いた後のものをいう。意味をなさない回答票とは，1問も回答されていない状態のものや回答がすべて同じ番号の選択肢に偏っているもの等である。

×2 　誤記入や回答漏れに関しては，**個別の調査票ごとに確認する必要**がある。これは調査票の数にかかわらず，必要な作業である。回収数が多いからといって，省いてよいものではない。

×3 　**自由回答**では，事前に用意したコードだけでは，不十分なことがある。集計や分析の過程において，必要に応じて新たにコードを作成する。臨機応変にコードを作成できることは，**選択式回答**にはない長所である。

×4 　基本的な姿勢として，明確に矛盾していると分かる事態であっても，調査者が**調査票の回答を本人の承諾なしに書き換えるのは，倫理的に行うべきではない。**ただし，紙媒体での調査票の場合，こうした特例があると解釈できなくもない。例えば，現在無職の者が，現在の職業に関する欄に回答していた場合，その回答箇所を削除する等である。

○5 　これは予備調査を意味するものではない。**予備調査**は，**本調査の前に実施する少数対象の調査**である。本肢で述べているのは，本調査終了後に予備的に集計することである。本調査が終わったからといってすぐ分析を始められるわけでなく，こうした作業を行う必要がある。これは**データクリーニング**の一環を意味していると考えられる。

参照ページ 　『合格教科書 2025』p.301 　　　　　　　　　　　　　　　　　　　　　　　　**正解 5**

 量的調査の集計と分析（事例問題）

34回-88 　事例を読んで，集計結果に関する次の記述のうち，**正しいもの**を1つ選びなさい。

〔事 例〕

　Xデイサービスでは，本日9名の参加者が来所して交流を行い，心身機能の維持のための活動を行った。参加者は，男性が65歳，68歳，72歳の3名であり，女性が65歳，65歳，66歳，67歳，70歳，77歳の6名である。

1 　参加者全体の年齢の中央値は65である。
2 　男性参加者の年齢の分散は，女性参加者の年齢の分散より大きい。
3 　男性参加者と女性参加者の年齢の最小値は異なる。
4 　女性参加者の年齢の最頻値は77である。
5 　参加者全体の年齢の範囲は12である。

選択肢考察

×1 　**中央値**とは，**参加者全体の真ん中に位置する値**のことである。本問での参加者数は9人であるので，5番目の人がそれに当たる。そのため67が中央値である。本肢の「65」とは，参加者全体の**最小値**であり，**最頻値**でもある。

×2 　**分散**とは，**全体のばらつきを示す値**である。求め方は，参加者各自の値から平均値を引いたものを2乗し，それを総和したうえで，全体人数で割る。男性参加者の年齢の分散は8.2，女性参加者の年齢の分散は17.9であり女性の方が大きい。

×3 　**最小値**とは，**参加者のうち最も小さい値**のことである。ここでは，男性参加者の最小値は65，女性参

加者の最小値も 65 であり，同じである。なお**最大値**は，男性参加者が 72，女性参加者が 77 であり，異なる。

×4 **最頻値**とは，**該当者が最も多い値**のことである。ここでは，女性参加者のうち最も多いのは 65 であり，2 名いる。よって，65 が最頻値である。なお，本肢の「77」は，全体の最大値であり，女性の最大値でもある。

○5 **範囲**とは，**最大値から最小値を引いたもの**である。ここでは，77 − 65 = 12 である。

参照ページ 『合格教科書 2025』p.294   正解 5

 観察法   難 ●●●●○ 易

35回-89 参与観察に関する次の記述のうち，**適切なものを 2 つ**選びなさい。

1 調査中に対象者が意識しないように，調査終了後に観察していたことを伝える。
2 観察の記録は，現地で見聞きしたことについて，網羅的に記すことが原則である。
3 観察を通して現地で得た聞き取りの録音データの文字起こし作業に当たっては，録音データの中から調査者が気になった部分や必要だと思う部分を抽出し，要約する作業を最初に行う。
4 現地で記録したメモを，できるだけ早く観察ノートに記録する。
5 観察ノートを整理する際は，調査者の感想を記さないように留意する。

選択肢考察

×1 **参与観察**はインフォーマルな調査であり，調査終了後に伝えることもあり得る。しかし，倫理的な観点からいえば，調査前に観察（調査）を行うことを伝える必要がある。

○2 現地で得られた情報に関しては選りすぐりをせず，**網羅的にメモを取る**ことが必要である。参与観察の最中にはどんな情報でもよいので記録することが重要である。

×3 要約は最初に行うべきではない。要約することで選りすぐりをする結果を促進しかねない。文字起こしでは，**発話内容をそのまま忠実に文字に起こす**ことが必要である。

○4 記憶が定かなうちに速記メモをできるだけ早く**観察ノートに記録**することは重要である。参与観察は自らも作業や動作をしており，その場でしっかりとした文章でメモを取れないこともある。

×5 観察ノートは現地の人々の発話の記録だけではない。調査者当人がそこでどのように感じたかを記すことも重要である。**カルチャーショック**や違和感等は参与観察から得られる，非常に重要な知見につながり得る。

参照ページ 『合格教科書 2025』p.298   正解 2, 4

34回-89 調査手法としての観察法に関する次の記述のうち，**最も適切なもの**を1つ選びなさい。

1 マジックミラー（ワンウェイミラー）を使った観察を行ってはならない。
2 調査者が，調査対象とする集団や地域社会に入り込み，人々と活動や生活を共にしながら，データ収集をすることもある。
3 実験室のような人工的な環境を作り，その中を観察して調査することはしない。
4 調査対象者の生活に関わる日記や写真を質的データとして扱うことはない。
5 客観的データを収集するためには，調査者は調査対象者とオーバーラポールになる必要がある。

選択肢考察

×1 **マジックミラー(ワンウェイミラー)**は観察法で用いられる有効な道具の一つである。例えばプレイルームで子どもが遊ぶ様子をマジックミラー越しに観察することは，実際に行われている。観察者が目に入らないことで，調査対象者がより自然な言動をとることが期待される。

○2 調査対象を対象として観察するだけでなく，観察者が対象のなかに入り込み，同じ体験をしながら記録を進める方法を**参与観察**という。観察法の主要な方法の一つである。傍観するだけでは得られない感情の細やかな機微や，自己の気づきなどが得られる。

×3 自然科学ほどの厳密な人工的環境は整えられないまでも，**社会科学の各領域の観察において，実験室のような環境を用意することがある**。よって，「しない」という表現は断定的である。実験前後での数値の比較や，実験過程の観察などは，実際になされているやり方である。

×4 調査対象者の日記や写真は，有効なデータになり得る。直接の観察から得られるデータを**一次資料**，本肢のようなデータを**二次資料**と呼ぶ。直接の観察ではたどり着けないような詳細な情報や，かつての貴重な情報が得られることが少なくない。

×5 **ラポール**とは調査者と調査対象者の間の信頼関係のことをいう。それが過剰になり，弊害を伴うほどに至る関係を**オーバーラポール**という。ラポールは観察法を行ううえで必要だが，オーバーラポールは客観的データを収集できなくさせる可能性がある。

参照ページ 『合格教科書2025』p.298 **正解 2**

36回-89 調査手法としての面接法に関する次の記述のうち，**最も適切なもの**を1つ選びなさい。

1 構造化面接では，対象者に語りたいことを自由に話してもらうことが重要である。
2 非構造化面接では，調査者は事前に10項目以上の質問項目と質問の順番を設定し，その順番どおりに質問していく必要がある。
3 半構造化面接では，インタビューのおおむね半分程度の時間を，質問内容や質問の順番などが詳細に決められた質問紙によって面接が進められる。
4 面接調査では，表情や身振りといった非言語表現も重視する。
5 グループ・インタビューの調査者は，対象者同士の会話を促さないようにする。

×1 選択肢は**非構造化面接**の説明である。**構造化面接**は事前に面接時間や内容等を全て決めてから行う面接法である。構造化面接では**全てがマニュアル化**されている。調査者と調査対象者との相互作用は少ないため，客観的なデータを取得することができる。

×2 **非構造化面接**は，調査対象者が自由に語りたいことを話してもらう方法である。非構造化面接法は**自由面接法**とも呼ばれる。調査者と調査対象者との相互作用により，調査対象者の実態等を把握していく。**参与観察やエスノグラフィー**等で用いられることが多い。

×3 **半構造化面接**は構造化面接と非構造化面接の中間にあたる。事前に面接時間や内容等をある程度，決めてから行う手法であり，面接中は臨機応変に質問内容等を変更しながら行う。

○4 **面接調査**では，会話の内容といった言語的なものだけでなく，表情，身振りといった**非言語情報**にも注意を払い，記録する必要がある。面接調査には1対1の個別的な面接だけでなく，集団面接として複数を一緒に行う場合もある。

×5 **グループ・インタビュー**では，調査者は調査対象者の会話を促進するよう工夫をする必要がある。特にグループ・インタビューでは**メンバーの相互行為**が重要である。また，共通の特徴・属性（年齢，出身地等）をもつ調査対象者を集めて行うグループ・インタビューのことをフォーカス・グループ・インタビューと呼ぶ。

参照ページ 『合格教科書 2025』 p.299　　　　　　正解 4

 面接法　　　　　　　　　　　

34回-90 調査手法としての面接法に関する次の記述のうち，**最も適切なもの**を1つ選びなさい。

1 面接調査の質問項目が構造化されているほど，調査者に高度な面接能力が必要とされる。
2 グループインタビューでは，調査対象者同士が相互に影響を与えることを防ぐために，調査者は一人ずつの調査対象者に対して順に質問し回答を得る。
3 半構造化面接では質問項目を事前に用意し，いつ，どの順番で質問を行うかを面接中に調査者が判断する。
4 非構造化面接では，予想される調査対象者の回答を「イエス」「ノー」で記入できるシートを作成する。
5 録音データを分析する場合は，調査者が面接中に最も重要と判断した部分を要約して逐語記録を作成する。

選択肢考察

×1 **質問項目が構造化されている**ということは，質問項目がきっちり定まっていて，調査者が誰であっても影響を受けにくいということである。実際は本肢と逆であり，高度な面接能力が必要なのは，むしろ**構造化されていない**面接調査であり，調査者の力量や経験によって結果に違いが生じやすい。

×2 **グループ・インタビュー**には，一人ずつ面接を行う**個別面接**だけでなく，複数人を一緒に行う**集団面接**がある。集団面接のうち，調査対象者同士が相互に影響を与えあうことにあえて意味を見出す方法として，**フォーカス・グループ・インタビュー**がある。

○3 面接には，全く構造化されていない**非構造化面接**と，逆にしっかり構造化された**構造化面接**，そしてその中間としての**半構造化面接**がある。半構造化面接では，事前に質問を用意しておくものの，質問の順序は臨機応変に変え，用意していない質問をとっさに追加することがある。

×4 逆である。**非構造化面接**は調査者が自由にその場で質問を出していく。それによって，予想されない

情報が引き出される可能性がある。本肢のように「イエス」「ノー」で構造化された質問をたずねるのは，**構造化面接**の一種といえる。

×5　逐語記録というのは，要約したものの記録でなく，**一語一句すべての発話を記録するもの**である。調査者の恣意的な判断によって情報の取捨選択をしない。たとえ録音データがあったとしても，このように要約する場合には，逐語記録とはいえない。

参照ページ　『合格教科書 2025』p.299　　　　　　　　　　　　　　　　　正解 3

質的調査のデータの分析方法　　　　　　難 ●●●●○●● 易

36回-90　社会調査における記録の方法とデータ収集法に関する次の記述のうち，**適切なもの**を**2つ**選びなさい。

1　質的調査で対象者を選定するときには，無作為抽出法を行うことが不可欠である。
2　アクションリサーチでは，量的調査でデータを収集することがある。
3　ドキュメント分析の対象となるデータには，手紙や日記などの私的文章も含まれる。
4　質的調査のデータとしては，画像や映像の使用を避ける方が望ましい。
5　フィールドノーツは，調査者の解釈を含めずに作成する必要がある。

選択肢考察

×1　質的調査は，量的調査と比べて**機縁法**や**スノーボールサンプリング**といった**有意抽出法**により調査対象者を抽出することが多い。機縁法は，人との縁で条件にあった調査対象者を集める方法である。スノーボールサンプリングは，調査対象者から次の調査対象者を紹介してもらう方法である。

○2　**アクションリサーチ**は研究だけでなく臨床現場への実践を目的とする方法であり，量的調査や質的調査に限定されない。アクションリサーチは**クルト・レビン**（Kurt Lewin）によって提唱された。アクションリサーチでは調査者と調査対象者とが協働して，調査や実践を行う。

○3　**ドキュメント分析**は，公的に公開されているような記録だけでなく，新聞，雑誌，日記等の私的文章も研究対象となる。文章化されたデータを分析する手法のひとつに**テキストマイニング**がある。テキストマイニングでは，言葉の発生頻度や傾向等を分析する。

×4　質的調査の調査対象には，新聞記事等の文章，インタビュー調査の音声や**逐次記録**だけでなく，画像や映像も含まれる。逐次記録はインタビュー調査等で得た会話データを，文字に起こして文章化したものである。

×5　**フィールドノーツ**には，調査者の気づきやといった解釈も含めて作成することが望ましい。記述する内容は調査日時，場所，調査した人物の状況等である。調査後，フィールドノーツをもとに分析を行う。

参照ページ　『合格教科書 2025』p.300, 301　　　　　　　　　　　　　　正解 2, 3

35回-90 Q市社会福祉協議会では，地域の潜在的な福祉ニーズを探索するため，地域住民向けのワークショップを開催した。参加者が，KJ法を参考に意見を整理することとした。
次の記述のうち，参加者が行う意見整理の進め方として，**適切なもの**を**2つ**選びなさい。

1 参加者は，一つのカードに様々な自分の意見をできるだけ多く書き出す。
2 提出したカードを並べた後，全体を眺めながら内容が類似しているものをグループとしてまとめる。
3 グループ化する際は，カードが1枚だけで残ることがないように，いずれかのグループに割り当てる。
4 各々のグループに名前を付ける際には，福祉に関する専門用語を用いなければならない。
5 グループに名前を付けた後，グループ間の相互関係を検討し，図解する。

選択肢考察

×1 **1つのカードには1つの事項を記す**のがKJ法の一般的なやり方である。1つのカードに「意見をできるだけ多く書き出す」という進め方をすると，カードの整理ができず，グループ化ができない。

○2 **類似しているものをグループ化していく作業は**KJ法において必須の手続きである。その際全体を眺めることも重要であり，特定の局面のみでグループ化をしないようにする。

×3 グループ化のプロセスにおいて，どのグループにも属さないカードが残ることがある。この場合むりやり「いずれかのグループに割り当てる」ことはしない。**最後まで孤立するカードの存在も尊重**すべきである。

×4 グループ化をしたうえで，出来上がったグループには名前を付けることになる。その際に「専門用語を用いなければならない」ということはない。あくまでその**カード群に相応しい名前**を付けるべきである。

○5 グループに名前を付けた後は，**グループ間の相互関係を検討**する作業を行う。似たグループ同士をまとめ，より大きなグループとすることもある。それを図解するのもKJ法の重要な手続きである。

参照ページ 『合格教科書2025』p.300, 301 **正解 2, 5**

● 収載問題一覧 ●

36回 番号	頁	番号	頁	35回 番号	頁	番号	頁	34回 番号	頁	番号	頁	33回 番号	頁
1	4	54	105	1	5	51	102	1	5	51	103	15	45
2	6	55	106	2	8	52	104	2	9	52	100	17	44
3	9	56	186	3	15	53	108	3	16	53	110	33	138
4	18	57	185	4	15	54	102	4	17	54	109	43	152
5	11	58	200	5	17	55	104	5	13	55	106	94	226
6	11	59	194	6	10	56	186	6	13	56	183	98	232
7	19	60	187	7	12	57	193	7	14	57	190	99	234
8	24	61	192	8	24	58	188	8	26	58	193	100	235
9	25	62	191	9	28	59	201	9	27	59	202	101	239
10	26	77	114	10	28	60	189	10	30	60	195	103	240
11	23	78	116	11	29	61	195	11	31	61	184	104	246
12	32	79	117	12	33	62	196	12	31	62	197	105	252
13	33	80	123	13	34	77	113	13	35	77	118	106	238
14	36	81	124	14	37	78	124	14	36	78	121	107	248
15	41	82	128	15	46	79	125	15	42	79	122	110	255
16	50	83	128	16	47	80	126	16	58	80	127	111	260
17	41	84	271	17	54	81	129	17	48	81	116	113	262
18	55	85	273	18	61	82	120	18	57	82	131	114	268
19	60	86	275	19	63	83	115	19	43	83	121	115	258
20	50	87	279	20	51	84	271	20	62	84	274		
21	61	88	275	21	54	85	272	21	53	85	278		
22	82	89	283	22	87	86	277	22	78	86	280		
23	70	90	285	23	70	87	276	23	79	87	280		
24	73	91	217	24	77	88	278	24	81	88	281		
25	71	93	218	25	68	89	282	25	69	89	283		
26	67	94	223	26	67	90	286	26	74	90	284		
27	86	95	224	27	72	91	217	27	77	91	218		
28	80	96	228	28	75	92	219	28	82	92	225		
29	91	98	233	29	76	93	225	29	83	93	221		
30	91	99	237	30	84	94	220	30	85	97	222		
31	89	100	241	31	90	95	227	31	88	98	233		
32	139	101	241	32	136	98	236	32	137	99	238		
33	168	102	248	33	144	99	243	33	140	100	236		
34	162	103	249	34	179	100	242	34	171	102	245		
35	173	104	251	35	170	101	250	35	141	104	250		
36	142	105	254	36	143	102	251	36	141	105	254		
37	169	107	259	37	159	103	252	37	178	106	253		
38	156	108	265	38	143	109	244	38	136	109	258		
39	164	109	263	39	177	111	261	39	167	111	265		
40	180	110	267	40	172	112	264	40	175	112	260		
41	174	111	256	41	176	113	266	41	166	113	267		
42	157	112	118	42	145	114	256	42	146	114	257		
43	148	115	244	43	148	115	257	43	149	115	119		
44	146	117	263	44	154	143	58	44	147	118	247		
45	153	143	190	45	150	144	95	45	155	143	113		
46	150	144	199	46	160	145	198	46	151	144	204		
47	158	145	200	47	158	147	211	47	160	147	209		
48	165	146	203	48	161	148	207	48	163	148	209		
49	95	147	210	49	97	149	207	49	98	149	211		
50	108	148	212	50	101	150	213	50	99	150	214		
51	100	149	213										
52	96	150	208										
53	107												

32回

番号	頁
16	59
18	56
94	222

31回

番号	頁
16	52
18	46

28回

番号	頁
16	49

26回

番号	頁
18	44

問　　　題

◎　指示があるまで開かないでください。

注 意 事 項

1 試験時間等

試験時間は，受験票のとおりです。

午前の試験問題数は 83 問です。

2 解答用紙への氏名の記入

解答用紙には，すでに「受験番号（ ● 塗りつぶし含む）」「カナ」氏名が印刷されています。「受験番号」と「カナ」氏名が正しいかどうか確認して，「氏名」欄に，受験票に印刷されている氏名を記入してください。

（例）受験番号　Ｄ０１２−３４５６７　の場合

社会福祉士・精神保健福祉士
国家試験（午前）解答用紙

会　場	福祉大学
1	第1教室

カ　ナ	フクシ　タロウ
氏　名	

3 解答方法

（1） 出題形式は五肢択一を基本とする多肢選択形式となっています。各問題には1から5まで5つの答えがありますので，そのうち，問題に対応した答えを〔例1〕では1つ，〔例2〕では2つ選び，解答用紙に解答してください。

〔例1〕 問題 201　次のうち，県庁所在地として，正しいものを1つ選びなさい。

　　　　1　函館市

　　　　2　郡山市

　　　　3　横浜市

　　　　4　米子市

　　　　5　北九州市

正答は「3」ですので，解答用紙の

問題 201 ① ② ③ ④ ⑤ のうち，③ を塗りつぶして，

問題 201 ① ② ● ④ ⑤ としてください。

〔例2〕 **問題202** 次のうち，首都として，**正しいものを2つ選びなさい。**

     1　シドニー

     2　ブエノスアイレス

     3　上海

     4　ニューヨーク

     5　パリ

正答は「2 と 5」ですので，解答用紙の

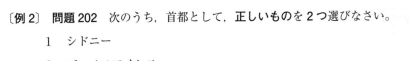

問題 202　①　②　③　④　⑤　のうち，②⑤ を塗りつぶして，

問題 202　①　●　③　④　●　としてください。

(2)　採点は，光学式読取装置によって行います。解答は，鉛筆又はシャープペンシルを使用し，◯ の**外**にはみださないように**濃く塗りつぶしてください。**ボールペンは使用できません。また，塗りつぶしが薄い場合は，正答であっても正しく読み取れないため，注意してください。

良い解答の例‥‥‥‥　●

悪い解答の例‥‥‥‥　（解答したことになりません）

     レ点　塗り残し　線　　なぞる　中黒　はみ出し　薄い
                               （ずれ）

(3)　一度解答したところを訂正する場合は，消しゴムで消し残りのないように完全に消してください。鉛筆の跡が残ったり，✖ のような消し方などをした場合は，訂正したことになりませんので注意してください。

(4)　〔**例1**〕の問題に2つ以上解答した場合は，誤りになります。〔**例2**〕の問題に1つ又は3つ以上解答した場合は，誤りになります。

(5)　解答用紙は，折り曲げたり，チェックやメモなどで汚したりしないように特に注意してください。

4　その他の注意事項

(1)　印刷不良や落丁があった場合は，手を挙げて試験監督員に連絡してください。

(2)　問題の内容についての質問には，一切お答えできません。

問題 1 成熟時の発達を 100％としたスキャモン（Scammon, R.）の臓器別発育曲線に関する次の記述のうち，**正しいもの**を **1** つ選びなさい。

1 25歳を 100％として表している図である。
2 身長など一般型は S 字型カーブを示す。
3 リンパ型は 12 歳頃に約 90％となる。
4 神経型は 12 歳頃に最も発達する。
5 生殖型は 12 歳頃に 70％となる。

問題 2 事例を読んで，国際生活機能分類（ICF）のモデルに基づく記述として，**最も適切なもの**を **1** つ選びなさい。

〔事 例〕

Ａさん（78 歳，男性）は脳梗塞を発症し左片麻痺となった。室内は手すりを伝って歩いている。外出時は車いすが必要で，近隣に住む長女が車いすを押して買物に出かけている。週 1 回のデイサービスでのレクリエーションに参加するのを楽しみにしている。

1 年齢，性別は「心身機能」に分類される。
2 左片麻痺は「個人因子」に分類される。
3 手すりに伝って歩くことは「活動」に分類される。
4 近隣に長女が住んでいるのは「参加」に分類される。
5 デイサービスの利用は「環境因子」に分類される。

問題 3 次のうち，身体障害者手帳の交付対象となる内部障害として，**正しいもの**を **1** つ選びなさい。

1 視覚障害
2 そしゃく機能障害
3 平衡機能障害
4 ヒト免疫不全ウイルスによる免疫機能障害
5 体幹機能障害

問題 4 目の構造と病気に関する次の記述のうち，**最も適切なもの**を **1** つ選びなさい。

1 眼球の外層にある白目の部分は角膜である。
2 白内障は水晶体が混濁してものが見えにくくなる。
3 緑内障は眼圧が下がって視野障害を来す。
4 加齢黄斑変性症では視力は保たれる。
5 糖尿病性網膜症では失明は起こらない。

問題 5 　自閉スペクトラム症（ASD）に関する次の記述のうち，**最も適切なもの**を 1 つ選びなさい。
1 　成人になってから発症する。
2 　こだわりは強くない。
3 　幻覚がみられる。
4 　常同的な行動は認められない。
5 　相手の気持ちを理解することが苦手である。

問題 6 　次のうち，精神疾患の診断・統計マニュアル（DSM-5）において，発達障害に当たる「神経発達症群/神経発達障害群」に分類されるものとして，**正しいもの**を 1 つ選びなさい。
1 　神経性無食欲症
2 　統合失調症
3 　パニック障害
4 　適応障害
5 　注意欠如・多動症（ADHD）

問題 7 　廃用症候群に関する次の記述のうち，**正しいもの**を 1 つ選びなさい。
1 　若年者にも生じる。
2 　数日間の安静では，筋力低下は起こらない。
3 　長期臥床により筋肉量が増加する。
4 　骨粗 鬆 症は安静臥床により改善する。
5 　予防することはできない。

心理学理論と心理的支援

問題 8 　知覚に関する次の記述のうち，大きさの恒常性の事例として，**最も適切なもの**を 1 つ選びなさい。
1 　形と大きさが同じ図形は，空間内でまとまっているように知覚される。
2 　電光掲示板で表示されている絵や文字が動いて，大きさが変化して見える。
3 　同じ人物が遠くにいる場合と近くにいる場合とでは，距離の違いほどに人の大きさが違って見えない。
4 　線遠近法を使った絵画では，奥行きを感じることで書かれている物の大きさの違いが知覚される。
5 　月を見ると，建物の上など低い位置にあるときは，天空高くにあるときよりも大きく見える。

問題 9 　次の記述のうち，オペラント条件づけの事例として，**最も適切なもの**を 1 つ選びなさい。
1 　電車に乗っているときに事故にあってしまい，それ以降電車に乗るのが怖くなってしまった。
2 　以前に食べたときに体調が悪くなった食品を見ただけで，気分が悪くなってしまった。
3 　犬にベルの音を聞かせながら食事を与えていると，ベルの音だけで唾液が分泌するようになった。
4 　人に迷惑をかけるいたずらをした子どもを叱ったら，その行動をしなくなった。
5 　病院で受けた注射で痛い経験をした子どもが，予防接種のときに医師の白衣を見ただけで怖くなって泣き出した。

問題 10 記憶に関する次の記述のうち，ワーキングメモリー（作動記憶）について，**最も適切なものを 1つ選びなさい。**

1 自転車の運転など，一連の動作に関する記憶である。
2 休みの日に外出したなど，個人の経験に関する記憶である。
3 カラスは鳥であるなど，一般的な知識に関する記憶である。
4 感覚器が受け取った情報を，長期間そのまま保持する記憶である。
5 暗算をするときなど，入力された情報とその処理に関する一時的な記憶である。

問題 11 職場でうまく適応できない原因に関する相談者の次の発言のうち，ワイナー（Weiner, B.）による原因帰属の理論に基づき，安定し，かつ外的な原因による例として，**最も適切なものを 1つ選びなさい。**

1 自分の能力不足が原因だと思います。
2 最近の体調不良が原因です。
3 業務内容が難しかったことが原因です。
4 たまたま運が悪かったのが原因です。
5 自分の努力不足が原因だと感じています。

問題 12 心的外傷後ストレス障害（PTSD）の症状に関する次の記述のうち，回避症状の事例として，**最も適切なものを 1つ選びなさい。**

1 ささいな事でもひどく驚いてしまうようになった。
2 事故が起きたのは全て自分のせいだと考えてしまう。
3 つらかった出来事を急に思い出すことがある。
4 交通事故にあった場所を通らないようにして通勤している。
5 大声を聞くと虐待されていたことを思い出し苦しくなる。

問題 13 次のうち，小学校就学前の 5歳児を対象とできる心理検査として，**最も適切なものを 1つ選びなさい。**

1 矢田部ギルフォード（YG）性格検査
2 田中ビネー知能検査V
3 ミネソタ多面人格目録（MMPI）
4 文章完成法テスト（SCT）
5 WAIS-Ⅳ

問題 14 クライエント中心療法に関する次の記述のうち，**最も適切なものを 1つ選びなさい。**

1 クライエントの話を非指示的に傾聴していく。
2 解決に焦点をあわせ，クライエントの強みを発展させる。
3 クライエントの家族関係を変容しようとする。
4 クライエントの意識を無意識化していく。
5 クライエントの認知や行動に焦点を当てていく。

問題 15 持続可能な開発目標（SDGs）に関する次の記述のうち，**最も適切なもの**を**1つ**選びなさい。

1 1989年にアメリカのオレゴン州で策定された，行政評価のための指標である。
2 生活に関する八つの活動領域から構成された指標である。
3 貧困に終止符を打つとともに，気候変動への具体的な対策を求めている。
4 1995年より毎年各国の指数が公表されている。
5 貨幣換算した共通の尺度によって，一律に各指標を測定する。

問題 16 次の記述のうち，ウェルマン（Wellman, B.）のコミュニティ解放論の説明として，**最も適切なもの**を**1つ**選びなさい。

1 特定の関心に基づくアソシエーションが，地域を基盤としたコミュニティにおいて多様に展開しているとした。
2 現代社会ではコミュニティが地域という空間に限定されない形で展開されるとした。
3 人口の量と密度と異質性から都市に特徴的な生活様式を捉えた。
4 都市の発展過程は，住民階層の違いに基づいて中心部から同心円状に拡大するとした。
5 アメリカの94のコミュニティの定義を収集・分析し，コミュニティ概念の共通性を見いだした。

問題 17 次のうち，人々が社会状況について誤った認識をし，その認識に基づいて行動することで，結果としてその認識どおりの状況が実現してしまうことを指す概念として，**最も適切なもの**を**1つ**選びなさい。

1 予言の自己成就
2 創発特性
3 複雑性の縮減
4 ホメオスタシス
5 逆機能

問題 18 「第16回出生動向基本調査結果の概要（2022年（令和4年））」（国立社会保障・人口問題 研究所）に関する次の記述のうち，**最も適切なもの**を**1つ**選びなさい。

1 「いずれ結婚するつもり」と回答した未婚者の割合が，これまでの出生動向基本調査の中で最も高かった。
2 第1子の妊娠が分かった時に就業していた妻が，子どもが1歳になった時も就業していたことを示す「就業継続率」は，2015年（平成27年）の調査の時よりも低下した。
3 「結婚したら子どもを持つべき」との考えに賛成する未婚者の割合は，2015年（平成27年）の調査の時よりも上昇した。
4 未婚男性がパートナーとなる女性に望む生き方として，結婚し，子どもをもつが，仕事も続ける「両立コース」が最も多く選択された。
5 子どもを追加する予定がほぼない結婚持続期間15〜19年の夫婦の平均出生子ども数（完結出生子ども数）は，2015年（平成27年）の調査の時よりも上昇した。

問題 19 次の記述のうち，ライフサイクルについての説明として，**最も適切なもの**を 1 つ選びなさい。

1 個人の発達の諸段階であり，生物学的，心理学的，社会学的，経済学的な現象がそれに伴って起きることを示す概念である。

2 生活を構成する諸要素間の相対的に安定したパターンを指す概念である。

3 社会的存在としての人間の一生を，生まれた時代や様々な出来事に関連付けて捉える概念である。

4 個人の人生の横断面に見られる生活の様式や構造，価値観を捉えるための概念である。

5 人間の出生から死に至るプロセスに着目し，標準的な段階を設定して人間の一生の規則性を捉える概念である。

問題 20 次のうち，信頼，規範，ネットワークなどによる人々のつながりの豊かさを表すために，パットナム（Putnam, R.）によって提唱された概念として，**正しいもの**を 1 つ選びなさい。

1 ハビトゥス

2 ソーシャルキャピタル（社会関係資本）

3 文化資本

4 機械的連帯

5 外集団

問題 21 次の記述のうち，囚人のジレンマに関する説明として，**最も適切なもの**を 1 つ選びなさい。

1 協力し合うことが互いの利益になるにもかかわらず，非協力への個人的誘因が存在する状況。

2 一人の人間が二つの矛盾した命令を受けて，身動きがとれない状況。

3 相手のことをよく知らない人同士が，お互いの行為をすれ違いなく了解している状況。

4 非協力的行動には罰を，協力的行動には報酬を与えることで，協力的行動が促される状況。

5 公共財の供給に貢献せずに，それを利用するだけの成員が生まれる状況。

現代社会と福祉

問題 22 福祉における政府と民間の役割に関する次の記述のうち，**最も適切なもの**を 1 つ選びなさい。

1 平行棒理論とは，救済に値する貧民は救貧行政が扱い，救済に値しない貧民は民間慈善事業が扱うべきだとする考え方を指す。

2 繰り出し梯子（はしご）理論とは，ナショナルミニマムが保障された社会では，民間慈善事業が不要になるとの考え方を指す。

3 社会市場のもとでは，ニーズと資源との調整は，価格メカニズムにより行われ，そこに政府が関与することはない。

4 準市場のもとでは，サービスの供給に当たり，競争や選択の要素を取り入れつつ，人々の購買力の違いによる不平等を緩和するための施策が講じられることがある。

5 ニュー・パブリック・マネジメント（NPM）とは，福祉サービスの供給に参入した民間企業の経営効率化のために，その経営に行政職員を参画させる取組を指す。

問題 23 次のうち，1930 年代のアメリカにおけるニューディール政策での取組として，**正しいものを 1 つ選びなさい。**

1 社会保障法の制定
2 公民権法の制定
3 メディケア（高齢者等の医療保険）の導入
4 ADA（障害を持つアメリカ人法）の制定
5 TANF（貧困家族一時扶助）の導入

（注）「障害を持つアメリカ人法」とは，「障害に基づく差別の明確かつ包括的な禁止について定める法律」のことである。

問題 24 日本の貧困に関する次の記述のうち，**最も適切なものを 1 つ選びなさい。**

1 日本の 2010 年代における「貧困率」は，経済協力開発機構（OECD）加盟国の平均を大きく下回っている。
2 「2019 年国民生活基礎調査の概況」（厚生労働省）によれば，子どもがいる現役世帯の世帯員の「貧困率」は，「大人が二人以上」の世帯員よりも「大人が一人」の世帯員の方が高い。
3 「2019 年国民生活基礎調査の概況」（厚生労働省）によれば，子どもの「貧困率」は 10％を下回っている。
4 「平成 29 年版厚生労働白書」によれば，高齢者の「貧困率」は，子どもの「貧困率」に比べて低い。
5 2018 年（平成 30 年）の時点で，生活保護世帯に属する子どもの大学進学率は 60％を超えている。

（注）ここでいう「貧困率」とは，等価可処分所得が中央値の半分に満たない世帯員の割合（相対的貧困率）を指す。

問題 25 次の記述のうち，ブラッドショー（Bradshaw, J.）のニード類型を踏まえたニードの説明として，**最も適切なものを 1 つ選びなさい。**

1 クライエントがニードを表明しなければ，ニードのアセスメントを行うことはできない。
2 社会規範に照らしてニードの有無が判断されることはない。
3 クライエントと専門職との間で，ニードの有無の判断が食い違うことはない。
4 他人と比較してニードの有無が判断されることはない。
5 クライエントがニードを自覚しなければ，クライエントからのニードは表明されない。

問題 26 次のうち，日本における第 1 次ベビーブーム期の出生者が後期高齢者になるために，国が示した，医療や介護等の供給体制を整備する目途となる年次として，**最も適切なものを 1 つ選びなさい。**

1 1973 年（昭和 48 年）
2 1990 年（平成 2 年）
3 2000 年（平成 12 年）
4 2025 年（令和 7 年）
5 2035 年（令和 17 年）

問題　**27**　次のうち，「外国人との共生社会の実現に向けたロードマップ」で示された内容として，**最も適切なものを1つ**選びなさい。

1　在留外国人の出身国籍が多様化する傾向が止まり，南米諸国出身の日系人が在留者の大部分を占めるようになった。

2　日本社会に活力を取り込むために，高度で専門的な技術・知識を有する者以外の外国人材の受入れを抑制する。

3　外国人との共生社会は，一人ひとりの外国人が日本社会に適応するための努力をすれば実現可能である。

4　外国人が安全に安心して暮らせるように，外国人に対する情報発信や相談体制を強化する。

5　共生社会の実現のために，在留外国人には納税及び社会保険への加入の義務を免除する。

（注）「外国人との共生社会の実現に向けたロードマップ」とは，外国人材の受入れ・共生に関する関係閣僚会議が2022年（令和4年）6月14日に策定した文書のことである。

問題　**28**　次のうち，エスピン-アンデルセン（Esping-Andersen, G.）の福祉レジーム論に関する記述として，**最も適切なものを1つ**選びなさい。

1　福祉レジームは，残余的モデルと制度的モデルの2つの類型からなる。

2　市場や家族の有する福祉機能は，福祉レジームの分析対象とはされない。

3　スウェーデンとドイツは同一の福祉レジームに属する。

4　各国の社会保障支出の大小といった量的差異に限定した分析を行っている。

5　福祉レジームの分析に当たり，脱商品化という概念を用いる。

問題　**29**　所得の再分配に関する次の記述のうち，**最も適切なものを1つ**選びなさい。

1　市場での所得分配によって生じる格差を是正する機能を有しうる。

2　現物給付を通して所得が再分配されることはない。

3　同一の所得階層内部での所得の移転を，垂直的な所得再分配という。

4　積立方式による公的年金では，世代間の所得再分配が行われる。

5　高所得者から低所得者への所得の移転を，水平的な所得再分配という。

問題　**30**　次のうち，社会福祉法に設置根拠をもつものとして，**正しいものを2つ**選びなさい。

1　地域包括支援センター

2　母子家庭等就業・自立支援センター

3　福祉に関する事務所（福祉事務所）

4　運営適正化委員会

5　要保護児童対策地域協議会

問題 31 居住支援に関する次の記述のっち，**最も適切なもの**を1つ選びなさい。

1 住宅確保要配慮者居住支援協議会は，住宅確保要配慮者に対し家賃の貸付けを行っている。
2 住居確保給付金は，収入が一定水準を下回る被用者に限定して，家賃を支給するものである。
3 シルバーハウジングにおけるライフサポートアドバイザーは，身体介護を行うために配置されている。
4 「住宅セーフティネット法」は，住宅確保要配慮者が住宅を購入するための費用負担についても定めている。
5 地方公共団体は，公営住宅法に基づき，住宅に困窮する低額所得者を対象とする公営住宅を供給している。

（注）「住宅セーフティネット法」とは，「住宅確保要配慮者に対する賃貸住宅の供給の促進に関する法律」のことである。

地域福祉の理論と方法

問題 32 社会福祉協議会の歴史に関する次の記述のうち，**正しいもの**を1つ選びなさい。

1 1951年（昭和26年）に制定された社会福祉事業法で，市町村社会福祉協議会が法制化された。
2 1962年（昭和37年）に社会福祉協議会基本要項が策定され，在宅福祉サービスを市町村社会福祉協議会の事業として積極的に位置づける方針が示された。
3 1983年（昭和58年）に社会福祉事業法が一部改正され，都道府県社会福祉協議会を実施主体とする地域福祉権利擁護事業が開始された。
4 1992年（平成4年）に新・社会福祉協議会基本要項が策定され，社会福祉協議会の活動原則として住民主体の原則が初めて位置づけられた。
5 2000年（平成12年）に社会福祉法へ改正されたことにより，市町村社会福祉協議会の目的は地域福祉の推進にあることが明文化された。

問題 33 地域福祉に関連する法律，事業に規定されている対象に関する次の記述のうち，**正しいもの**を1つ選びなさい。

1 ひきこもり支援推進事業の対象となるひきこもり状態にある者のひきこもりとは，「ひきこもりの評価・支援に関するガイドライン」によれば，原則的には2年以上家庭にとどまり続けていることをいう。
2 ヤングケアラー支援体制強化事業におけるヤングケアラーとは，家族への世話などを日常的に行っている18歳から39歳までの者をいう。
3 生活福祉資金の貸付対象における低所得世帯とは，資金の貸付けにあわせて必要な支援を受けることにより独立自活できると認められる世帯であって，必要な資金の融通を他から受けることが困難である者をいう。
4 生活困窮者自立支援法における生活困窮者とは，最低限度の生活を維持できていない者をいう。
5 日常生活自立支援事業の対象者とは，本事業の契約内容について理解できない者のうち，成年後見制度を利用していない者をいう。

（注）「ひきこもりの評価・支援に関するガイドライン」とは，厚生労働科学研究費補助金こころの健康科学研究事業（厚生労働省）においてまとめられたものである。

問題 34 次の記述のうち，市町村地域福祉計画に関する社会福祉法の規定として，**正しいものを1つ選び**なさい。

1 社会福祉を目的とする事業に従事する者の確保又は資質の向上に関する事項について定める。

2 福祉サービスの適切な利用の推進及び社会福祉を目的とする事業の健全な発達のための基盤整備に関する事項について定める。

3 地域における高齢者の福祉，障害者の福祉，児童の福祉その他の福祉に関し，共通して取り組むべき事項について定める。

4 市町村地域福祉計画を定め，または変更しようとするときは，あらかじめ，都道府県の意見を聞かなければならない。

5 市町村地域福祉計画の公表に当たって，市町村はその内容等について，都道府県の承認を受けなければならない。

問題 35 社会福祉法に規定されている市町村による重層的支援体制整備事業に関する次の記述のうち，**正しいものを1つ選びなさい。**

1 重層的支援体制整備事業は，地域生活課題の解決に資する包括的な支援体制を整備するための事業である。

2 重層的支援体制整備事業は，市町村の必須事業である。

3 市町村は，重層的支援体制整備事業の実施にあたって，包括的相談支援事業，参加支援事業，地域づくり事業のいずれか一つを選択して，実施することができる。

4 重層的支援体制整備事業のうち，包括的相談支援事業は，住宅確保要配慮者に対する居住支援を行う事業である。

5 市町村は，重層的支援体制整備事業実施計画を策定しなければならない。

問題 36 地域福祉に係る組織，団体に関する現行法上の規定の内容として，**最も適切なものを1つ選びな**さい。

1 特定非営利活動促進法において，特定非営利活動法人は，内閣府の認可により設立される。

2 民生委員法において，民生委員協議会は，民生委員の職務に関して，関係各庁に意見を具申することができる。

3 社会福祉法において，社会福祉法人は，社会福祉事業以外の事業を実施してはならない。

4 保護司法において，保護司会連合会は，市町村ごとに組織されなければならない。

5 社会福祉法において，市町村社会福祉協議会の役員には，関係行政庁の職員が5分の1以上就任しなければならない。

問題　37　事例を読んで，生活困窮者自立相談支援事業の B 相談支援員（社会福祉士）の支援方針として，**最も適切なもの**を 1 つ選びなさい。
〔事　例〕
　　C さん（60 歳）は，一人暮らしで猫を多頭飼育している。以前は近所付き合いがあったが今はなく，家はいわゆるごみ屋敷の状態である。B 相談支援員は，近隣住民から苦情が出ていると民生委員から相談を受けた。そこで B が C さん宅を複数回訪問すると，C さんは猫を可愛がっており，餌代がかかるため，自身の食事代を切り詰めて生活していることが分かった。C さんは，今の生活で困っていることは特になく，近隣の苦情にどのように対応すればよいか分からない，と言っている。

1　C さんの衛生環境改善のため，市の清掃局にごみを強制的に回収してもらうことにする。
2　C さんの健康のため，保健所に連絡をして猫を引き取ってもらうことにする。
3　C さんの地域とのつながりを回復するため，苦情を言う住民も含めて，今後の関わり方を検討することにする。
4　C さんの主体性を尊重するため，C さんに積極的に関わることを控えることにする。
5　C さんと地域とのコンフリクトを避けるため，引っ越しのあっせんを行うことにする。

問題　38　地域福祉の財源に関する次の記述のうち，**最も適切なもの**を 1 つ選びなさい。
1　市区町村社会福祉協議会の平均財源構成比（2019 年（平成 31 年））をみると，会費・共同募金配分金・寄付金を合計した財源の比率が最も高い。
2　共同募金は，社会福祉を目的とする事業を経営する者以外にも配分できる。
3　社会福祉法人による地域における公益的な取組とは，地元企業に投資し，法人の自主財源を増やしていくことである。
4　個人又は法人が認定特定非営利活動法人に寄付をした場合は，税制上の優遇措置の対象となる。
5　フィランソロピーとは，SNS などを通じて，自らの活動を不特定多数に発信し寄附金を募る仕組みである。

問題　39　事例を読んで，N 市において地域福祉計画の策定を担当している D 職員（社会福祉士）が策定委員会での意見を踏まえて提案したニーズ把握の方法として，**最も適切なもの**を 1 つ選びなさい。
〔事　例〕
　　地域福祉計画の改定時期を迎えた N 市では，その見直しに向け策定委員会で協議を行った。委員の一人から，「子育て世代に向けた施策や活動が十分ではない」という提起があった。また，これに呼応して，「子育て世代といっても，様々な環境で子育てをしている人がいる」「まずは子育て中の人の生の声を実際に聞いた方がよい」といった意見に賛同が集まった。D は，こうした声を踏まえて，どのように多様な子育て世代のニーズを把握すれば良いかについて考え，最も有効と思われる方法を策定委員会に提案した。

1　N 市の子育て支援課の職員（社会福祉士）を対象とした個別インタビュー
2　子育て中の親のうち，世代や環境等の異なる親たちを対象としたグループインタビュー
3　利用者支援事業の相談記録を対象とした質的な分析
4　特定の小学校に通う子どもの保護者を対象とした座談会
5　保育所を利用している全世帯を対象としたアンケート調査

問題 40 事例を読んで，包括的な支援体制の構築に向けて，社会福祉協議会のＥ職員（社会福祉士）が行う支援の方針として，**適切なもの**を**2つ**選びなさい。

〔事　例〕

Ｐ地区では，Ｑ国の外国人居住者が増加している。Ｆさんは，Ｑ国の外国人居住者のまとめ役を担っており，Ｅのところに相談に訪れた。Ｆさんは，日常会話程度の日本語は話せるが，日本の慣習に不慣れなために，過去に近隣住民とトラブルが生じてしまい，地域で気軽に相談できる日本人がいない。Ｆさんを含めて，Ｐ地区で暮らす外国人の多くが，地域活動にはあまり参加していない状態で，地域から孤立しているようである。Ｅは，このような外国人居住者の社会的孤立の問題を解決するための対策を検討した。

1　Ｆさんらを講師として招き，地域で暮らす外国人居住者の暮らしや文化について，近隣住民が学ぶ機会を設ける。

2　日本語が上達できるよう，Ｆさんに日本語の学習教材を提供する。

3　外国人居住者が主体的に参加できるように，これまでの地域活動のあり方を見直す。

4　近隣住民と再びトラブルが生じることを避けるため，自治会長に外国人居住者に対する生活指導を依頼する。

5　外国人居住者に日本の文化や慣習を遵守させるため，地域のルールを作成する。

問題 41 事例を読んで，Ａ市社会福祉協議会のＧ生活支援コーディネーター（社会福祉士）が提案する支援策等として，**適切なもの**を**2つ**選びなさい。

〔事　例〕

Ａ市のＵボランティアグループのメンバーから地域の空き家を活用した活動をしたいという相談があった。そこでＧが「協議体」の会議で地区の民生委員に相談すると，その地区では外出せずに閉じこもりがちな高齢者が多いということであった。Ｇはグループのメンバーと相談し，そのような高齢者が自由に話のできる場にすることを目標に，週2回，通いの場を開設した。1年後，メンバーからは「顔馴染みの参加者は多くなったが，地域で孤立した高齢者が来ていない」という声が上がった。

1　地域で孤立していると思われる高齢者が，通いの場になにを望んでいるかについて，地区の民生委員に聞き取り調査への協力を依頼する。

2　通いの場に参加している高齢者に対して，活動の満足度を調査する。

3　孤立した高齢者のための通いの場にするためにはなにが必要かについて「協議体」で議論する。

4　孤立した高齢者が参加するという目標を，現在の活動に合ったものに見直す。

5　孤立している高齢者向けに健康体操等の体を動かすプログラムを取り入れる。

（注）　ここでいう「協議体」とは，介護保険制度の生活支援・介護予防サービスの体制整備に向けて，市町村が資源開発を推進するために設置するものである。

問題　42　次のうち，法律で規定されている福祉計画の記述として，**最も適切なもの**を**1つ**選びなさい。

1　市町村障害者計画は，市町村が各年度における指定障害福祉サービスの種類ごとの必要な量の見込みについて定める計画である。

2　都道府県子ども・若者計画は，都道府県が子どもの貧困対策について定める計画である。

3　都道府県老人福祉計画は，都道府県が介護保険事業に係る保険給付の円滑な実施の支援について定める計画である。

4　市町村地域福祉計画は，市町村が地域福祉の推進について市町村社会福祉協議会の地域福祉活動計画と一体的に定める計画である。

5　市町村子ども・子育て支援事業計画は，市町村が教育・保育及び地域子ども・子育て支援事業の提供体制の確保について定める計画である。

問題　43　次のうち，入所の仕組みを利用契約制度と措置制度に分けた場合，措置制度に分類されている施設として，**適切なもの**を**2つ**選びなさい。

1　軽費老人ホーム

2　老人短期入所施設

3　障害者支援施設

4　児童養護施設

5　救護施設

問題　44　地方公共団体の事務に関する次の記述のうち，**正しいもの**を**1つ**選びなさい。

1　地方公共団体の事務は，自治事務，法定受託事務，団体委任事務，機関委任事務の4つに分類される。

2　児童扶養手当の給付事務は，自治事務である。

3　社会福祉法人の認可事務は，法定受託事務である。

4　生活保護の決定事務は，団体委任事務である。

5　児童福祉施設の監査事務は，機関委任事務である。

問題　45　「令和5年版地方財政白書（令和3年度決算）」（総務省）に示された民生費に関する次の記述のうち，**正しいもの**を**1つ**選びなさい。

1　歳出純計決算額は，前年度に比べて減少した。

2　目的別歳出の割合は，都道府県では社会福祉費よりも災害救助費の方が高い。

3　目的別歳出の割合は，市町村では児童福祉費よりも老人福祉費の方が高い。

4　性質別歳出の割合は，都道府県では繰出金よりも人件費の方が高い。

5　性質別歳出の割合は，市町村では補助費等よりも扶助費の方が高い。

問題　46　社会福祉に係る法定の機関に関する次の記述のうち，**最も適切なもの**を**1つ**選びなさい。

1　都道府県は，児童相談所を設置しなければならない。

2　都道府県は，発達障害者支援センターを設置しなければならない。

3　市町村は，保健所を設置しなければならない。

4　市町村は，地方社会福祉審議会を設置しなければならない。

5　市町村は，身体障害者更生相談所を設置しなければならない。

問題 47 次のうち，現行法上，計画期間が3年を1期とすると規定されている計画として，**正しいもの**を1つ選びなさい。

1 市町村こども計画
2 市町村介護保険事業計画
3 市町村障害者計画
4 市町村健康増進計画
5 市町村地域福祉計画

問題 48 次のうち，福祉計画を策定する際に用いられるパブリックコメントに関する記述として，**最も適切なもの**を1つ選びなさい。

1 行政機関が計画の素案を公表して広く意見や情報を募集する機会を設けることにより，人々の意見を計画に反映させる。
2 特定のニーズに対応するサービスの種類と必要量を客観的に算出することにより，サービスの整備目標を算出する。
3 専門家等に対して同じ内容のアンケート調査を繰り返し実施することにより，意見を集約していく。
4 集団のメンバーが互いの知恵や発想を自由に出し合うことにより，独創的なアイデアを生み出す。
5 意見やアイデアを記したカードをグループ化していくことにより，様々な情報を分類・整理していく。

社会保障

問題 49 「国立社会保障・人口問題研究所の人口推計」に関する次の記述のうち，**正しいもの**を1つ選びなさい。

1 2020年から2045年にかけて，0〜14歳人口は増加する。
2 2020年から2045年にかけて，高齢化率は上昇する。
3 2020年から2045年にかけて，15〜64歳人口は増加する。
4 65歳以上人口は，2045年には5,000万人を超えている。
5 2020年から2045年にかけて，総人口は半減する。

(注) 「国立社会保障・人口問題研究所の人口推計」とは，「日本の将来推計人口（令和5年推計）」の出生中位（死亡中位）の仮定の場合を指す。

問題 50 出産・育児に係る社会保障の給付等に関する次の記述のうち，**最も適切なもの**を1つ選びなさい。

1 「産前産後期間」の間は，国民年金保険料を納付することを要しない。
2 出産育児一時金は，産前産後休業中の所得保障のために支給される。
3 育児休業給付金は，最長で子が3歳に達するまで支給される。
4 児童手当の費用は，国と地方自治体が折半して負担する。
5 児童扶養手当の月額は，第1子の額よりも，第2子以降の加算額の方が高い。

(注) 「産前産後期間」とは，国民年金の第1号被保険者の出産予定日又は出産日が属する月の前月から4か月間（多胎妊娠の場合は，出産予定日又は出産日が属する月の3月前から6か月間）を指す。

問題　51　社会保険の負担に関する次の記述のうち，**最も適切なもの**を1つ選びなさい。

1　国民年金の第1号被保険者の月々の保険料は，その月の収入に応じて決まる。
2　介護保険の保険料は，都道府県ごとに決められる。
3　後期高齢者医療の保険料は，全国一律である。
4　障害基礎年金を受給しているときは，国民年金保険料を納付することを要しない。
5　国民健康保険の保険料は，世帯所得にかかわらず，定額である。

問題　52　事例を読んで，Hさんに支給される社会保障給付として，**最も適切なもの**を1つ選びなさい。
〔事　例〕
　Hさん（45歳）は，妻と中学生の子との3人家族だったが，先日，妻が業務上の事故によって死亡した。Hさんは，数年前に，持病のためそれまで勤めていた会社を退職し，それ以来，無職，無収入のまま民間企業で働く妻の健康保険の被扶養者になっていた。

1　国民年金法に基づく死亡一時金
2　厚生年金保険法に基づく遺族厚生年金
3　国民年金法に基づく遺族基礎年金
4　健康保険法に基づく埋葬料
5　労働者災害補償保険法に基づく傷病補償年金

問題　53　労働保険に関する次の記述のうち，**最も適切なもの**を1つ選びなさい。

1　労働者災害補償保険の療養補償給付を受ける場合，自己負担は原則1割である。
2　労働者災害補償保険は，政府が管掌する。
3　日雇労働者は，雇用保険の適用除外とされている。
4　雇用保険の失業等給付の保険料は，その全額を事業主が負担する。
5　教育訓練給付は，雇用保険の被保険者ではなくなった者には支給されない。

問題　54　事例を読んで，障害者の所得保障制度に関する次の記述のうち，**最も適切なもの**を1つ選びなさい。
〔事　例〕
　Jさんは，以前休日にオートバイを運転して行楽に出かける途中，誤ってガードレールに衝突する自損事故を起こし，それが原因で，その時から障害基礎年金の1級相当の障害者となった。現在は30歳で，自宅で電動車いすを利用して暮らしている。

1　Jさんの障害の原因となった事故が17歳の時のものである場合は，20歳以降に障害基礎年金を受給できるが，Jさんの所得によっては，その一部又は全部が停止される可能性がある。
2　Jさんの障害の原因となった事故が25歳の時のものであった場合は，年金制度への加入歴が定められた期間に満たないので，障害基礎年金を受給できない。
3　Jさんの障害の原因となった事故が雇用労働者であった時のものである場合は，労働者災害補償保険の障害補償給付を受けられる。
4　Jさんに未成年の子がある場合は，Jさんは特別障害者手当を受給できる。
5　Jさんが障害の原因となった事故を起こした時に，健康保険の被保険者であった場合は，給与の全額に相当する傷病手当金を継続して受給することができる。

問題 55 老齢基礎年金に関する次の記述のうち，**最も適切なもの**を 1 つ選びなさい。

1 老齢基礎年金は，受給者の選択により 55 歳から繰り上げ受給をすることができる。

2 老齢基礎年金は，保険料納付済期間が 25 年以上なければ，受給することができない。

3 老齢基礎年金と老齢厚生年金は，どちらか一方しか受給することができない。

4 老齢基礎年金は，支給開始時に決められた額が死亡時まで変わらずに支給される。

5 老齢基礎年金の年金額の算定には，保険料免除を受けた期間の月数が反映される。

> 障害者に対する支援と障害者自立支援制度

問題 56 障害者等の法律上の定義に関する次の記述のうち，**最も適切なもの**を 1 つ選びなさい。

1 「障害者虐待防止法」における障害者とは，心身の機能の障害がある者であって，虐待を受けたものをいう。

2 「障害者総合支援法」における障害者の定義では，難病等により一定の障害がある者を含む。

3 知的障害者福祉法における知的障害者とは，知的障害がある者であって，都道府県知事から療育手帳の交付を受けたものをいう。

4 発達障害者支援法における発達障害者とは，発達障害がある者であって，教育支援を必要とするものをいう。

5 児童福祉法における障害児の定義では，障害がある者のうち，20 歳未満の者をいう。

(注) 1 「障害者虐待防止法」とは，「障害者虐待の防止，障害者の養護者に対する支援等に関する法律」のことである。

2 「障害者総合支援法」とは，「障害者の日常生活及び社会生活を総合的に支援するための法律」のことである。

問題 57 障害者福祉制度の発展過程に関する次の記述のうち，**最も適切なもの**を 1 つ選びなさい。

1 1949 年（昭和 24 年）に制定された身体障害者福祉法では，障害者福祉の対象が生活困窮者に限定された。

2 1987 年（昭和 62 年）に精神衛生法が精神保健法に改正され，保護者制度が廃止された。

3 2004 年（平成 16 年）に改正された障害者基本法では，障害者に対する差別の禁止が基本理念として明文化された。

4 2005 年（平成 17 年）に制定された障害者自立支援法では，利用者負担は所得に応じた応能負担が原則となった。

5 2011 年（平成 23 年）に障害者基本法が改正され，法律名が心身障害者対策基本法に改められた。

問題 58 「障害者総合支援法」における指定特定相談支援事業所の相談支援専門員の役割に関する次の記述のうち，**最も適切なもの**を 1 つ選びなさい。

1 障害福祉サービスを利用する障害者等に対して，サービス等利用計画案を作成する。

2 障害福祉サービスを利用する障害者等に対して個別支援計画を作成し，従業者に対して，技術指導，助言を行う。

3 障害福祉サービスを利用する障害者等に対して，居宅において入浴，排せつ又は食事の介護等を行う。

4 一般就労を希望する障害者に対して，就業面と生活面の一体的な相談，支援を行う。

5 障害福祉サービスを利用する障害者等に対して，支給決定を行う。

問題 59 「障害者総合支援法」による自立支援医療に関する次の記述のうち，**正しいもの**を **1 つ**選びなさい。

1 自立支援医療の種類には，更生医療が含まれる。
2 自立支援医療の種類にかかわらず，支給認定は都道府県が行う。
3 利用者の自己負担割合は，原則として 3 割である。
4 精神通院医療では，精神障害者保健福祉手帳の所持者以外は支給対象とならない。
5 利用者は，自立支援医療を利用する場合には，自由に医療機関を選択できる。

問題 60 事例を読んで，V 相談支援事業所の K 相談支援専門員がこの段階で紹介する障害福祉サービスとして，**最も適切なもの**を **1 つ**選びなさい。

〔事 例〕

L さん（30 歳，統合失調症）は，週 1 回の精神科デイケアを利用している。L さんは，過去に何度かアルバイトをしたことはあるが，症状の再燃により，短期間で辞めていた。最近になって，症状が改善し，生活リズムも安定したことから，将来を見据えて一般就労を希望するようになった。ただし，自分の能力や適性がわからないため，不安が強い。L さんの相談を受けた K 相談支援専門員は，障害福祉サービスを紹介することにした。

1 就労継続支援 A 型
2 就労継続支援 B 型
3 就労移行支援
4 就労定着支援
5 職場適応援助者（ジョブコーチ）

問題 61 「障害者総合支援法」における障害支援区分に関する次の記述のうち，**最も適切なもの**を **1 つ**選びなさい。

1 障害支援区分に係る一次判定の認定調査の項目は全国一律ではなく，市町村独自の項目を追加してもよい。
2 障害支援区分の認定は，都道府県が行うものとされている。
3 市町村は，認定調査を医療機関に委託しなければならない。
4 障害支援区分として，区分 1 から区分 6 までがある。
5 就労継続支援 A 型に係る支給決定においては，障害支援区分の認定を必要とする。

問題 62 事例を読んで，M相談支援専門員（社会福祉士）がこの段階で行う支援として，**適切なものを2つ**選びなさい。

〔事 例〕

　軽度の知的障害があるAさん（22歳）は，両親と実家で暮らしている。特別支援学校高等部を卒業後，地元企業に就職したが職場に馴染（なじ）めず3か月で辞めてしまい，その後，自宅に引きこもっている。最近，Aさんは学校時代の友人が就労継続支援B型を利用していると聞き，福祉的就労に関心を持ち始めた。Aさんと両親は，市の相談窓口で紹介されたW基幹相談支援事業所に行き，今後についてM相談支援専門員に相談した。

1　友人と自分を比べると焦りが生じるため，自身の将来に集中するように助言する。

2　一般企業で働いた経験があるので，再度，一般就労を目指すよう励ます。

3　地域にある就労継続支援B型の体験利用をすぐに申し込むよう促す。

4　Aさん自身がどのような形の就労を望んでいるかAさんの話を十分に聞く。

5　Aさんの日常生活の状況や就労の希望について，両親にも確認する。

低所得者に対する支援と生活保護制度

問題 63 生活保護法に関する次の記述のうち，**正しいものを2つ**選びなさい。

1　保護が実施機関の職権によって開始されることはない。

2　保護は，生活困窮に陥った原因に基づいて決定される。

3　最低限度の生活を保障することを目的としている。

4　自立の見込みがあることを要件として，保護を受けることができる。

5　自立を助長することを目的としている。

問題 64 事例を読んで，生活保護法の定める内容に関する次の記述のうち，**最も適切なものを1つ**選びなさい。

〔事 例〕

　単身で2LDKの賃貸マンション暮らしのBさん（44歳）は，建設業に従事していたが半年前に自宅で骨折をして仕事を続けられなくなり，退職した。Bさんには遠く離れた故郷に父親（75歳）がいるが，父親も生活に余裕がない。Bさんは生活費が底をつき，生活保護を受給し，リハビリに励むこととなった。その後Bさんはリハビリが終わり，医師から軽労働なら就労できる状態だと診断された。求職活動をしたものの，年齢や技能の関係で仕事は見つかっていない。そこでBさんは今よりもう少し安い家賃のアパートに移ろうかと考えている。

1　就労に必要な技能修得の費用が生業扶助から支給される。

2　アパートに転居する際の敷金が生活扶助から支給される。

3　父親から仕送りを受けると，その金額の多寡にかかわらず保護は廃止される。

4　医師から就労できる状態だと診断された時点で，保護は廃止される。

5　父親は後期高齢者であるため，Bさんを扶養する義務はない。

問題 65 生活保護の種類と内容に関する次の記述のうち，正しいものを 1 つ選びなさい。

1 生活扶助の第 1 類の経費は，世帯共通の費用とされている。
2 住宅扶助には，住宅の補修その他住宅の維持のために必要な経費が含まれる。
3 介護扶助には，介護保険の保険料が含まれる。
4 医療扶助によって，入院中の被保護者に対して入院患者日用品費が支給される。
5 出産扶助は，原則として現物給付によって行われる。

問題 66 生活保護制度における都道府県及び都道府県知事の役割や権限に関する次の記述のうち，正しいものを 1 つ選びなさい。

1 都道府県は，福祉事務所を任意に設置できる。
2 都道府県知事は，地域の実情を踏まえて生活保護法上の保護基準を変更することができる。
3 都道府県は，町村が福祉事務所を設置する場合，その保護費の一部を負担する。
4 都道府県知事は，保護施設の設備及び運営について，基準を定めるよう努めることとされている。
5 都道府県知事は，生活保護法に定めるその職権の一部を，その管理に属する行政庁に委任することができる。

問題 67 事例を読んで，Ｃさんが生活福祉資金貸付制度を利用する場合の内容に関する次の記述のうち，最も適切なものを 1 つ選びなさい。

〔事 例〕

Ｃさん（50 歳）は，Ｒ市で一人暮らしをしていたが，会社が倒産し，無職となった。雇用保険（基本手当）の給付を受けていたが，受給期間終了後も再就職先が見つからず，生活が苦しくなったので生活福祉資金貸付制度の総合支援資金を利用したいと思い，Ｒ市の社会福祉協議会に相談に訪れた。

1 貸付を受けるためには，連帯保証人が必須となる。
2 貸付金の償還が免除されることはない。
3 離職理由によって，最終貸付日から返済が開始されるまでの据置期間が異なる。
4 借入れの申込み先は，Ｒ市の福祉事務所である。
5 資金の貸付けを受ける場合には，必要な相談支援を受けることが求められる。

問題 68 事例を読んで，生活困窮者自立相談支援機関の D 相談支援員（社会福祉士）が提案する自立支援計画案の内容に関する次の記述のうち，**最も適切なもの**を 1 つ選びなさい。

〔事 例〕

E さん（50 歳）は，実家で両親と 3 人暮らしである。両親はともに 80 代で，実家は持ち家だが他に資産はなく，一家は両親の老齢基礎年金で生活している。E さんは大学卒業後，出身地の会社に就職したが人間関係がこじれて 5 年前に退職し，その後は定職に就かず，実家でひきこもり状態である。E さんの状況を両親が心配し，また E さん自身もこの状況をどうにかしたいと考えて，E さんは両親とともに生活困窮者自立相談支援機関に来所した。D 相談支援員は，アセスメントを経て，E さんに今後の支援内容を提案した。

1 社会福祉協議会での被保護者就労支援事業の利用
2 公共職業安定所（ハローワーク）での生活困窮者就労準備支援事業の利用
3 認定事業者での生活困窮者就労訓練の利用
4 地域若者サポートステーションでの「求職者支援制度」の利用
5 生活保護法に基づく授産施設の利用

(注) 「求職者支援制度」とは，職業訓練の実施等による特定求職者の就職に関する法律（求職者支援法）に基づく制度のことである。

問題 69 「ホームレスの実態に関する全国調査」（厚生労働省）に関する次の記述のうち，**正しいもの**を 1 つ選びなさい。

1 概数調査によれば，全国のホームレス数は 2022 年に比べて増加している。
2 概数調査によれば，性別人数では男性より女性が多数を占めている。
3 生活実態調査によれば，ホームレスの平均年齢は 2016 年調査に比べて低下している。
4 生活実態調査によれば，路上生活期間「10 年以上」は 2016 年調査に比べて増加している。
5 生活実態調査によれば，「生活保護を利用したことがある」と回答した人は全体の約 7 割程度である。

(注) 「ホームレスの実態に関する全国調査」（厚生労働省）とは，「ホームレスの実態に関する全国調査（概数調査）」（2023 年（令和 5 年））及び「ホームレスの実態に関する全国調査（生活実態調査）」（2021 年（令和 3 年））を指している。

保健医療サービス

問題 70 公的医療保険における一部負担金に関する次の記述のうち，**正しいもの**を 1 つ選びなさい。

1 療養の給付に要した費用の一部負担金の割合は，一律 3 割である。
2 被用者保険に加入中の生活保護の被保護者は，一部負担金のみが医療扶助の対象となる。
3 正常な分娩による出産費用の一部負担金の割合は，3 割である。
4 1 か月の医療費の一部負担金が限度額を超えた場合，保険外併用療養費制度により払戻しが行われる。
5 入院時の食事提供の費用は，全額自己負担である。

問題 71 「令和2（2020）年度国民医療費の概況」（厚生労働省）に示された日本の医療費に関する次の記述のうち，**正しいもの**を1つ選びなさい。

1　国民医療費の総額は40兆円を超えている。
2　人口一人当たりの国民医療費は60万円を超えている。
3　国民医療費に占める薬局調剤医療費の割合は，入院医療費の割合よりも高い。
4　国民医療費の財源に占める公費の割合は，保険料の割合よりも高い。
5　国民医療費に占める歯科診療医療費の割合は，入院外医療費の割合より高い。

問題 72 診療報酬に関する次の記述のうち，**最も適切なもの**を1つ選びなさい。

1　診療報酬の請求は，各月分について行わなければならない。
2　請求された診療報酬は，中央社会保険医療協議会が審査する。
3　医療機関が診療報酬を請求してから報酬を受け取るまで約6か月掛かる。
4　診療報酬点数表には，医科，歯科，高齢の点数表がある。
5　診療報酬点数は，1点の単価が1円とされている。

問題 73 医療法に基づく医療計画に関する次の記述のうち，**正しいもの**を1つ選びなさい。

1　国が，地域の実情に合わせて策定することになっている。
2　医療提供体制の確保を図るためのものである。
3　医療圏は，一次医療圏と二次医療圏の2つから構成されている。
4　病院の定義や人員，設備の基準を定めることになっている。
5　2年ごとに見直される。

問題 74 訪問看護に関する次の記述のうち，**最も適切なもの**を1つ選びなさい。

1　訪問看護は，看護師の指示で訪問看護サービスを開始する。
2　訪問看護ステーションには，栄養士を配置しなければならない。
3　訪問看護の対象は，65歳以上の者に限定されている。
4　訪問看護ステーションの管理者は，医師でなければならない。
5　訪問看護は，居宅において看護師等により行われる療養上の世話又は必要な診療の補助を行う。

問題 75 次の事例を読んで，医療ソーシャルワーカー（社会福祉士）が紹介した現時点で利用可能な制度として，**適切なもの**を**2つ**選びなさい。

〔事 例〕

入院中の F さん（39 歳，会社員）は，大学卒業後から継続して協会けんぽ（全国健康保険協会管掌健康保険）の被保険者であり，同じ会社の正社員である妻 35 歳と息子 7 歳との 3 人暮らしである。20 代より生活習慣病を患い，保健指導と治療がなされたが行動変容は難しかった。F さんは，3 日前に糖尿病性腎症による人工透析導入のため入院することとなった。医師からは，約 1 か月間の入院となり，退院後は週に 3 日の継続的な透析治療が必要との説明を受けた。F さんは，仕事は継続したいが，医療費や入院期間中の収入面の不安を訴えたことから，医師より医療ソーシャルワーカーを紹介された。

1 生活保護制度
2 労働者災害補償保険制度
3 高額療養費制度
4 傷病手当金制度
5 雇用保険制度

問題 76 「人生の最終段階における医療・ケアの決定プロセスに関するガイドライン（2018 年（平成 30 年）改訂版）」（厚生労働省）に沿った対応の方針として，**最も適切なもの**を**1つ**選びなさい。

〔事 例〕

G さん（72 歳）は，妻（70 歳）と二人暮らし。10 年前より筋萎縮性側索硬化症（ALS）と診断を受け，在宅で療養を続けてきた。診断を受けた当初，「人工呼吸器は装着せずに，自宅で自然な状態で最期を迎えたい」と言っていた。1 か月前から言語の表出，自発呼吸が困難となり，人工呼吸器の装着について検討することとなった。

1 診断を受けた当初の G さんの意思を優先する。
2 G さんに代わって，妻の判断を優先する。
3 G さん，家族，医療・ケアチームによる話し合いの場を設定する。
4 家庭裁判所に判断を求める。
5 医師の医学的判断により決定する。

権利擁護と成年後見制度

問題 77 次のうち，日本国憲法における社会権として，**正しいもの**を**2つ**選びなさい。
1 財産権
2 肖像権
3 教育を受ける権利
4 団体交渉権
5 自己決定権

問題 **78** 事例を読んで，Hの相続における法定相続分に関する次の記述のうち，**正しいもの**を1つ選びなさい。

〔事 例〕

Hは，多額の財産を遺して死亡した。Hの相続人は，配偶者J，子のK・L・M，Hよりも先に死亡した子Aの子（Hの孫）であるB・Cの計6人である。なお，Lは養子であり，Mは非嫡出子である。Hは生前にMを認知している。

1 配偶者Jの法定相続分は3分の1である。
2 子Kの法定相続分は6分の1である。
3 養子Lの法定相続分は7分の1である。
4 非嫡出子Mの法定相続分は8分の1である。
5 孫Bの法定相続分は7分の1である。

問題 **79** 遺言に関する次の記述のうち，**最も適切なもの**を1つ選びなさい。

1 成年被後見人は，事理弁識能力が一時回復した時であっても遺言をすることができない。
2 自筆証書遺言を発見した相続人は，家庭裁判所の検認を請求しなければならない。
3 公正証書によって遺言をするには，遺言者がその全文を自書しなければならない。
4 自筆証書によって遺言をするには，証人2人以上の立会いがなければならない。
5 遺言に相続人の遺留分を侵害する内容がある場合は，その相続人の請求によって遺言自体が無効となる。

問題 **80** 事例を読んで，Dさんについて後見開始の審判をEさんが申し立てた主な理由として，**最も適切なもの**を1つ選びなさい。

〔事 例〕

Dさん（80歳）は，子のEさんが所有する建物に居住していたが，認知症のため，現在は指定介護老人福祉施設に入所している。Dさんの年金だけでは施設利用料の支払いが不足するので，不足分はEさんの預金口座から引き落とされている。施設で安定した生活を営んでいるものの医師からは白内障の手術を勧められている。近時，Dさんの弟であるFが多額の財産を遺して亡くなり，Dさんは，Dさんの他の兄弟とともにFさんの財産を相続することとなった。Eさんは，家庭裁判所に対しDさんについて後見を開始する旨の審判を申し立てた。

1 Dさんの手術についての同意
2 Dさんが入所する指定介護老人福祉施設との入所契約の解約
3 Dさんが参加するFさんについての遺産分割協議
4 Dさんが入所前に居住していたEさん所有の建物の売却
5 Dさんの利用料不足分を支払っているEさんの預金の払戻し

問題 81 事例を読んで，Ｇさんの成年後見監督人に関する次の記述のうち，**最も適切なもの**を１つ選びなさい。

〔事 例〕
　　知的障害のあるＧさん（30 歳）は，兄であるＨさんが成年後見人に選任され支援を受けていた。しかし，数年後にＧさんとＨさんの関係が悪化したため，成年後見監督人が選任されることとなった。

1　Ｇさんは，成年後見監督人の選任請求を家庭裁判所に行うことができない。
2　Ｈさんの妻は，Ｈさんの成年後見監督人になることができる。
3　ＧさんとＨさんに利益相反関係が生じた際，成年後見監督人はＧさんを代理することができない。
4　成年後見監督人は，Ｈさんが成年後見人を辞任した場合，成年後見人を引き継がなければならない。
5　成年後見監督人は，ＧさんとＨさんの関係がさらに悪化し，Ｈさんが後見業務を放置した場合，Ｈさんの解任請求を家庭裁判所に行うことができる。

問題 82　次のうち，「成年後見関係事件の概況（令和４年１月～12 月）」（最高裁判所事務総局家庭局）に示された「成年後見人等」に選任された最も多い者として，**正しいもの**を１つ選びなさい。
1　親族
2　弁護士
3　司法書士
4　社会福祉士
5　市民後見人

（注）「成年後見人等」とは，成年後見人，保佐人及び補助人のことである。

問題 83　成年被後見人Ｊさんへの成年後見人による意思決定支援に関する次の記述のうち，「意思決定支援を踏まえた後見事務のガイドライン」に沿った支援として，**最も適切なもの**を１つ選びなさい。
1　Ｊさんには意思決定能力がないものとして支援を行う。
2　Ｊさんが自ら意思決定できるよう，実行可能なあらゆる支援を行う。
3　一見して不合理にみえる意思決定をＪさんが行っていた場合には，意思決定能力がないものとみなして支援を行う。
4　本人にとって見過ごすことのできない重大な影響を生ずる場合にも，Ｊさんにより表明された意思があればそのとおり行動する。
5　やむを得ずＪさんの代行決定を行う場合には，成年後見人にとっての最善の利益に基づく方針を採る。

（注）「意思決定支援を踏まえた後見事務のガイドライン」とは，2020 年（令和２年）に，最高裁判所，厚生労働省等により構成される意思決定支援ワーキング・グループが策定したものである。

午前問題（共通科目）用マークシート

社会福祉士
精神保健福祉士　国家試験
（午前）解 答 用 紙

会　場	福祉大学
1	第1教室

カ　ナ	
氏　名	

受験番号

	D	0	1	2	－	3	4	5	6	7
Ⓢ	●	⓪	⓪	⓪	●	⓪	⓪	⓪	⓪	⓪
Ⓟ		①	●	①		①	①	①	①	①
		②	②	●		②	②	②	②	②
		③	③	③		●	③	③	③	③
●		④	④	④		④	●	④	④	④
		⑤	⑤	⑤		⑤	⑤	●	⑤	⑤
		⑥	⑥	⑥		⑥	⑥	⑥	●	⑥
		⑦	⑦	⑦		⑦	⑦	⑦	⑦	●
		⑧	⑧	⑧		⑧	⑧	⑧	⑧	⑧
		⑨	⑨	⑨		⑨	⑨	⑨	⑨	⑨

（例）受験番号　D012－34567　の場合

※実際の解答用紙には，すでに「受験番号(●塗りつぶし含む)」「カナ氏名」が印刷されています。「受験番号」と「カナ氏名」が正しいかどうか確認して，「カナ氏名」の下の欄に，漢字で氏名を記入してください。

問題 1	① ② ③ ④ ⑤	問題 43	① ② ③ ④ ⑤
問題 2	① ② ③ ④ ⑤	問題 44	① ② ③ ④ ⑤
問題 3	① ② ③ ④ ⑤	問題 45	① ② ③ ④ ⑤
問題 4	① ② ③ ④ ⑤	問題 46	① ② ③ ④ ⑤
問題 5	① ② ③ ④ ⑤	問題 47	① ② ③ ④ ⑤
問題 6	① ② ③ ④ ⑤	問題 48	① ② ③ ④ ⑤
問題 7	① ② ③ ④ ⑤	問題 49	① ② ③ ④ ⑤
問題 8	① ② ③ ④ ⑤	問題 50	① ② ③ ④ ⑤
問題 9	① ② ③ ④ ⑤	問題 51	① ② ③ ④ ⑤
問題 10	① ② ③ ④ ⑤	問題 52	① ② ③ ④ ⑤
問題 11	① ② ③ ④ ⑤	問題 53	① ② ③ ④ ⑤
問題 12	① ② ③ ④ ⑤	問題 54	① ② ③ ④ ⑤
問題 13	① ② ③ ④ ⑤	問題 55	① ② ③ ④ ⑤
問題 14	① ② ③ ④ ⑤	問題 56	① ② ③ ④ ⑤
問題 15	① ② ③ ④ ⑤	問題 57	① ② ③ ④ ⑤
問題 16	① ② ③ ④ ⑤	問題 58	① ② ③ ④ ⑤
問題 17	① ② ③ ④ ⑤	問題 59	① ② ③ ④ ⑤
問題 18	① ② ③ ④ ⑤	問題 60	① ② ③ ④ ⑤
問題 19	① ② ③ ④ ⑤	問題 61	① ② ③ ④ ⑤
問題 20	① ② ③ ④ ⑤	問題 62	① ② ③ ④ ⑤
問題 21	① ② ③ ④ ⑤	問題 63	① ② ③ ④ ⑤
問題 22	① ② ③ ④ ⑤	問題 64	① ② ③ ④ ⑤
問題 23	① ② ③ ④ ⑤	問題 65	① ② ③ ④ ⑤
問題 24	① ② ③ ④ ⑤	問題 66	① ② ③ ④ ⑤
問題 25	① ② ③ ④ ⑤	問題 67	① ② ③ ④ ⑤
問題 26	① ② ③ ④ ⑤	問題 68	① ② ③ ④ ⑤
問題 27	① ② ③ ④ ⑤	問題 69	① ② ③ ④ ⑤
問題 28	① ② ③ ④ ⑤	問題 70	① ② ③ ④ ⑤
問題 29	① ② ③ ④ ⑤	問題 71	① ② ③ ④ ⑤
問題 30	① ② ③ ④ ⑤	問題 72	① ② ③ ④ ⑤
問題 31	① ② ③ ④ ⑤	問題 73	① ② ③ ④ ⑤
問題 32	① ② ③ ④ ⑤	問題 74	① ② ③ ④ ⑤
問題 33	① ② ③ ④ ⑤	問題 75	① ② ③ ④ ⑤
問題 34	① ② ③ ④ ⑤	問題 76	① ② ③ ④ ⑤
問題 35	① ② ③ ④ ⑤	問題 77	① ② ③ ④ ⑤
問題 36	① ② ③ ④ ⑤	問題 78	① ② ③ ④ ⑤
問題 37	① ② ③ ④ ⑤	問題 79	① ② ③ ④ ⑤
問題 38	① ② ③ ④ ⑤	問題 80	① ② ③ ④ ⑤
問題 39	① ② ③ ④ ⑤	問題 81	① ② ③ ④ ⑤
問題 40	① ② ③ ④ ⑤	問題 82	① ② ③ ④ ⑤
問題 41	① ② ③ ④ ⑤	問題 83	① ② ③ ④ ⑤
問題 42	① ② ③ ④ ⑤		

午前問題（共通科目）解答

社会福祉士
精神保健福祉士 国家試験
（午前）解答用紙

会場	福祉大学
1	第1教室

カナ	フクシ　タロウ
氏名	福祉　太郎

受験番号：D012-34567

（例）　受験番号　D012-34567　の場合

※実際の解答用紙には，すでに「受験番号（●塗りつぶし含む）」「カナ氏名」が印刷されています。「受験番号」と「カナ氏名」が正しいかどうか確認して，「カナ氏名」の下の欄に，漢字で氏名を記入してください。

問題1	②		問題43	④⑤
問題2	③		問題44	③
問題3	④		問題45	⑤
問題4	②		問題46	①
問題5	⑤		問題47	②
問題6	⑤		問題48	①
問題7	①		問題49	⑤
問題8	③		問題50	①
問題9	④		問題51	④
問題10	⑤		問題52	③
問題11	④		問題53	②
問題12	④		問題54	①
問題13	⑤		問題55	⑤
問題14	①		問題56	②
問題15	④		問題57	③
問題16	③		問題58	①
問題17	①		問題59	①
問題18	④		問題60	③
問題19	⑤		問題61	④
問題20	②		問題62	④⑤
問題21	①		問題63	④
問題22	④		問題64	①
問題23	①		問題65	②
問題24	②		問題66	⑤
問題25	④		問題67	⑤
問題26	④		問題68	③
問題27	④		問題69	④
問題28	⑤		問題70	②
問題29	①		問題71	①
問題30	④		問題72	④
問題31	⑤		問題73	④
問題32	⑤		問題74	⑤
問題33	③		問題75	③④
問題34	④		問題76	③
問題35	①		問題77	④
問題36	②		問題78	④
問題37	③		問題79	②
問題38	④		問題80	③
問題39	③		問題81	⑤
問題40	①		問題82	④
問題41	①		問題83	②
問題42	⑤			

和文索引

欧文索引

編　集
　　福祉教育カレッジ

執　筆（科目別）
●医学概論
　　山内　忍（獨協医科大学 法医学講座 助教）
　　一杉　正仁（滋賀医科大学 社会医学講座 法医学部門 教授）
●心理学と心理的支援
　　斎藤　佐智子（特定医療法人 群馬会群馬病院）
●社会学と社会システム
　　田並　尚恵（川崎医療福祉大学 医療福祉学部 医療福祉学科 准教授）
●社会福祉の原理と政策
　　高木　寛之（山梨県立大学 人間福祉学部 福祉コミュニティ学科 教授）
●社会保障
　　中田　雅章（中田社会福祉士事務所 所長）
●権利擁護を支える法制度
　　海老澤　浩史（株式会社ふくし合格ネット 代表取締役/海老澤社労士・社会福祉士事務所 代表）
　　小畑　彩（適材適所研究所 社会福祉士）　旧科目：相談援助の理論と方法（秘密・プライバシー・個人情報）
●地域福祉と包括的支援体制
　　横地　厚（和泉短期大学 児童福祉学科 准教授）　旧科目：福祉行財政と福祉計画
　　廣瀬　晃代（福祉教育カレッジ 専任講師）　旧科目：地域福祉の理論と方法
●障害者福祉
　　伊藤　浩（社会福祉法人 幸会 理事長）
●刑事司法と福祉
　　海老澤　浩史（株式会社ふくし合格ネット 代表取締役/海老澤社労士・社会福祉士事務所 代表）
●ソーシャルワークの基盤と専門職
　　長谷川　万希子（高千穂大学 人間科学部 教授）
●ソーシャルワークの理論と方法
　　小畑　彩（適材適所研究所 社会福祉士）
●社会調査の基礎
　　井上　信次（新見公立大学 健康科学部地域福祉学科 教授）

社会福祉士国試対策過去問題集 2025 共通科目編

2002 年 9 月 27 日　第 1 版第 1 刷発行
2024 年 4 月 25 日　2025 年版第 1 刷発行
編　集　　福祉教育カレッジ
発　行　　エムスリーエデュケーション株式会社
　　　　　〒103-0015 東京都中央区日本橋箱崎町 24-1 日本橋箱崎ビル 6 階
　　　　　（出版）TEL　03（6879）3002　FAX　050（3153）1427
　　　　　URL　https://www.m3e.jp/books/
印刷所　　三報社印刷株式会社

ISBN978-4-86399-581-9　C3036